2016年四川经济形势分析与预测

ANALYSIS AND FORECAST OF ECONOMY OF SICHUAN
(2016)

主　编／杨　钢
副主编／达　捷　陈　映　魏良益

社会科学文献出版社
SOCIAL SCIENCES ACADEMIC PRESS (CHINA)

图书在版编目(CIP)数据

2016年四川经济形势分析与预测/杨钢主编. —北京：社会科学文献出版社，2016.1
（四川蓝皮书）
ISBN 978-7-5097-8562-1

Ⅰ.①2… Ⅱ.①杨… Ⅲ.①区域经济-经济分析-四川省-2016 ②区域经济-经济预测-四川省-2016 Ⅳ.①F127.71

中国版本图书馆CIP数据核字（2015）第312841号

四川蓝皮书
2016年四川经济形势分析与预测

主　　编／杨　钢
副 主 编／达　捷　陈　映　魏良益

出 版 人／谢寿光
项目统筹／高振华
责任编辑／张丽丽　高振华

出　　版／社会科学文献出版社·皮书出版分社（010）59367127
地址：北京市北三环中路甲29号院华龙大厦　邮编：100029
网址：www.ssap.com.cn
发　　行／市场营销中心（010）59367081　59367090
读者服务中心（010）59367028
印　　装／北京季蜂印刷有限公司
规　　格／开　本：787mm×1092mm　1/16
印　张：30　字　数：500千字
版　　次／2016年1月第1版　2016年1月第1次印刷
书　　号／ISBN 978-7-5097-8562-1
定　　价／98.00元

皮书序列号／B-2015-408

权威·前沿·原创

皮书系列为

“十二五”国家重点图书出版规划项目

社长致辞

我们是图书出版者，更是人文社会科学内容资源供应商；

我们背靠中国社会科学院，面向中国与世界人文社会科学界，坚持为人文社会科学的繁荣与发展服务；

我们精心打造权威信息资源整合平台，坚持为中国经济与社会的繁荣与发展提供决策咨询服务；

我们以读者定位自身，立志让爱书人读到好书，让求知者获得知识；

我们精心编辑、设计每一本好书以形成品牌张力，以优秀的品牌形象服务读者，开拓市场；

我们始终坚持“创社科经典，出传世文献”的经营理念，坚持“权威、前沿、原创”的产品特色；

我们“以人为本”，提倡阳光下创业，员工与企业共享发展之成果；

我们立足于现实，认真对待我们的优势、劣势，我们更着眼于未来，以不断的学习与创新适应不断变化的世界，以不断的努力提升自己的实力；

我们愿与社会各界友好合作，共享人文社会科学发展之成果，共同推动中国学术出版乃至内容产业的繁荣与发展。

社会科学文献出版社社长

中国社会学会秘书长

谢寿光

2016年1月

社会科学文献出版社成立于1985年，是直属于中国社会科学院的人文社会科学专业学术出版机构。

成立以来，特别是1998年实施第二次创业以来，依托于中国社会科学院丰厚的学术出版和专家学者两大资源，坚持“创社科经典，出传世文献”的出版理念和“权威、前沿、原创”的产品定位，社科文献立足内涵式发展道路，从战略层面推动学术出版五大能力建设，逐步走上了智库产品与专业学术成果系列化、规模化、数字化、国际化、市场化发展的经营道路。

先后策划出版了著名的图书品牌和学术品牌“皮书”系列、“列国志”、“社科文献精品译库”、“全球化译丛”、“全面深化改革研究书系”、“近世中国”、“甲骨文”、“中国史话”等一大批既有学术影响又有市场价值的系列图书，形成了较强的学术出版能力和资源整合能力。2015年社科文献出版社发稿5.5亿字，出版图书约2000种，承印发行中国社科院院属期刊74种，在多项指标上都实现了较大幅度的增长。

凭借着雄厚的出版资源整合能力，社科文献出版社长期以来一直致力于从内容资源和数字平台两个方面实现传统出版的再造，并先后推出了皮书数据库、列国志数据库、“一带一路”数据库、中国田野调查数据库、台湾大陆同乡会数据库等一系列数字产品。数字出版已经初步形成了产品设计、内容开发、编辑标引、产品运营、技术支持、营销推广等全流程体系。

在国内原创著作、国外名家经典著作大量出版，数字出版突飞猛进的同时，社科文献出版社从构建国际话语体系的角度推动学术出版国际化。先后与斯普林格、博睿、牛津、剑桥等十余家国际出版机构合作面向海外推出了“皮书系列”“改革开放30年研究书系”“中国梦与中国发展道路研究丛书”“全面深化改革研究书系”等一系列在世界范围内引起强烈反响的作品；并持续致力于中国学术出版走出去，组织学者和编辑参加国际书展，筹办国际性学术研讨会，向世界展示中国学者的学术水平和研究成果。

此外，社科文献出版社充分利用网络媒体平台，积极与中央和地方各类媒体合作，并联合大型书店、学术书店、机场书店、网络书店、图书馆，逐步构建起了强大的学术图书内容传播平台。学术图书的媒体曝光率居全国之首，图书馆藏率居于全国出版机构前十位。

上述诸多成绩的取得，有赖于一支以年轻的博士、硕士为主体，一批从中国社科院刚退出科研一线的各学科专家为支撑的300多位高素质的编辑、出版和营销队伍，为我们实现学术立社，以学术品位、学术价值来实现经济效益和社会效益这样一个目标的共同努力。

作为已经开启第三次创业梦想的人文社会科学学术出版机构，我们将以改革发展为动力，以学术资源建设为中心，以构建智慧型出版社为主线，以“整合、专业、分类、协同、持续”为各项工作指导原则，全力推进出版社数字化转型，坚定不移地走专业化、数字化、国际化发展道路，全面提升出版社核心竞争力，为实现“社科文献梦”奠定坚实基础。

经 济 类

经济类皮书涵盖宏观经济、城市经济、大区域经济，
提供权威、前沿的分析与预测

经济蓝皮书

2016 年中国经济形势分析与预测

李　扬 / 主编　　2015 年 12 月出版　　定价 :79.00 元

◆　本书为总理基金项目，由著名经济学家李扬领衔，联合中国社会科学院等数十家科研机构、国家部委和高等院校的专家共同撰写，系统分析了 2015 年的中国经济形势并预测 2016 年我国经济运行情况。

世界经济黄皮书

2016 年世界经济形势分析与预测

王洛林　张宇燕 / 主编　　2015 年 12 月出版　　定价 :79.00 元

◆　本书由中国社会科学院世界经济与政治研究所的研究团队撰写，2015 年世界经济增长继续放缓，增长格局也继续分化，发达经济体与新兴经济体之间的增长差距进一步收窄。2016 年世界经济增长形势不容乐观。

产业蓝皮书

中国产业竞争力报告（2016）NO.6

张其仔 / 主编　　2016 年 12 月出版　　估价 :98.00 元

◆　本书由中国社会科学院工业经济研究所研究团队在深入实际、调查研究的基础上完成。通过运用丰富的数据资料和最新的测评指标，从学术性、系统性、预测性上分析了 2015 年中国产业竞争力，并对未来发展趋势进行了预测。

G20 国家创新竞争力黄皮书

二十国集团（G20）国家创新竞争力发展报告（2016）

李建平　李闽榕　赵新力 / 主编　　2016 年 11 月出版　估价 :138.00 元

◆　本报告在充分借鉴国内外研究者的相关研究成果的基础上，紧密跟踪技术经济学、竞争力经济学、计量经济学等学科的最新研究动态，深入分析 G20 国家创新竞争力的发展水平、变化特征、内在动因及未来趋势，同时构建了 G20 国家创新竞争力指标体系及数学模型。

国际城市蓝皮书

国际城市发展报告（2016）

屠启宇 / 主编　　2016 年 1 月出版　　估价 :79.00 元

◆　本书作者以上海社会科学院从事国际城市研究的学者团队为核心，汇集同济大学、华东师范大学、复旦大学、上海交通大学、南京大学、浙江大学相关城市研究专业学者。立足动态跟踪介绍国际城市发展实践中，最新出现的重大战略、重大理念、重大项目、重大报告和最佳案例。

金融蓝皮书

中国金融发展报告（2016）

李　扬　王国刚 / 主编　2015 年 12 月出版　定价 :79.00 元

◆　本书由中国社会科学院金融研究所组织编写，概括和分析了 2015 年中国金融发展和运行中的各方面情况，研讨和评论了 2015 年发生的主要金融事件。本书由业内专家和青年精英联合编著，有利于读者了解掌握 2015 年中国的金融状况，把握 2016 年中国金融的走势。

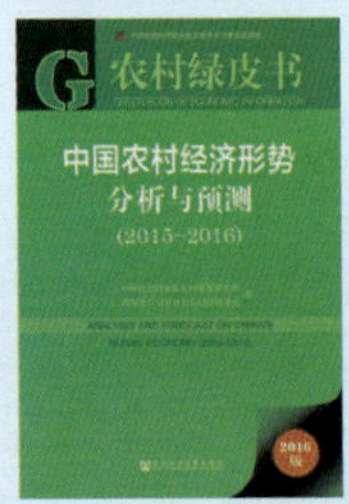

农村绿皮书

中国农村经济形势分析与预测（2015 ~ 2016）

中国社会科学院农村发展研究所　国家统计局农村社会经济调查司 / 著
2016 年 4 月出版　估价 :69.00 元

◆　本书描述了 2015 年中国农业农村经济发展的一些主要指标和变化，以及对 2016 年中国农业农村经济形势的一些展望和预测。

西部蓝皮书

中国西部发展报告（2016）

姚慧琴　徐璋勇 / 主编　　2016 年 7 月出版　　估价 :89.00 元

◆　本书由西北大学中国西部经济发展研究中心主编，汇集了源自西部本土以及国内研究西部问题的权威专家的第一手资料，对国家实施西部大开发战略进行年度动态跟踪，并对 2016 年西部经济、社会发展态势进行预测和展望。

民营经济蓝皮书

中国民营经济发展报告 No.12（2015 ~ 2016）

王钦敏 / 主编　　2016 年 1 月出版　估价 :75.00 元

◆　改革开放以来，民营经济从无到有、从小到大，是最具活力的增长极。本书是中国工商联课题组的研究成果，对 2015 年度中国民营经济的发展现状、趋势进行了详细的论述，并提出了合理的建议。是广大民营企业进行政策咨询、科学决策和理论创新的重要参考资料，也是理论工作者进行理论研究的重要参考资料。

经济蓝皮书夏季号

中国经济增长报告（2015 ~ 2016）

李　扬 / 主编　　2016 年 8 月出版　估价 :69.00 元

◆　中国经济增长报告主要探讨 2015~2016 年中国经济增长问题，以专业视角解读中国经济增长，力求将其打造成一个研究中国经济增长、服务宏微观各级决策的周期性、权威性读物。

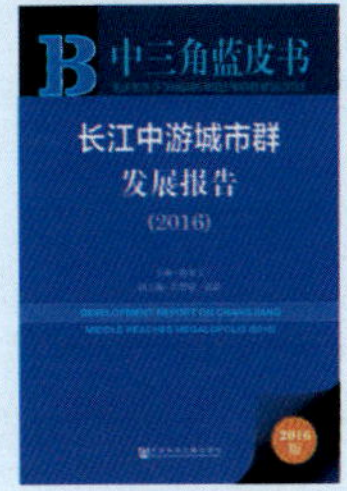

中三角蓝皮书

长江中游城市群发展报告（2016）

秦尊文 / 主编　　2016 年 10 月出版　估价 :69.00 元

◆　本书是湘鄂赣皖四省专家学者共同研究的成果，从不同角度、不同方位记录和研究长江中游城市群一体化，提出对策措施，以期为将“中三角”打造成为继珠三角、长三角、京津冀之后中国经济增长第四极奉献学术界的聪明才智。

社会政法类

社会政法类皮书聚焦社会发展领域的热点、难点问题，
提供权威、原创的资讯与视点

社会蓝皮书

2016年中国社会形势分析与预测

李培林 陈光金 张 翼/主编 2015年12月出版 定价:79.00元

◆ 本书由中国社会科学院社会学研究所组织研究机构专家、高校学者和政府研究人员撰写，聚焦当下社会热点，对2015年中国社会发展的各个方面内容进行了权威解读，同时对2016年社会形势发展趋势进行了预测。

法治蓝皮书

中国法治发展报告No.14（2016）

李 林 田 禾/主编 2016年3月出版 估价:105.00元

◆ 本年度法治蓝皮书回顾总结了2015年度中国法治发展取得的成就和存在的不足，并对2016年中国法治发展形势进行了预测和展望。

反腐倡廉蓝皮书

中国反腐倡廉建设报告No.6

李秋芳 张英伟/主编 2017年1月出版 估价:79.00元

◆ 本书抓住了若干社会热点和焦点问题，全面反映了新时期新阶段中国反腐倡廉面对的严峻局面，以及中国共产党反腐倡廉建设的新实践新成果。根据实地调研、问卷调查和舆情分析，梳理了当下社会普遍关注的与反腐败密切相关的热点问题。

生态城市绿皮书

中国生态城市建设发展报告（2016）

刘举科　孙伟平　胡文臻 / 主编　2016 年 6 月出版　估价 :98.00 元

◆　报告以绿色发展、循环经济、低碳生活、民生宜居为理念，以更新民众观念、提供决策咨询、指导工程实践、引领绿色发展为宗旨，试图探索一条具有中国特色的城市生态文明建设新路。

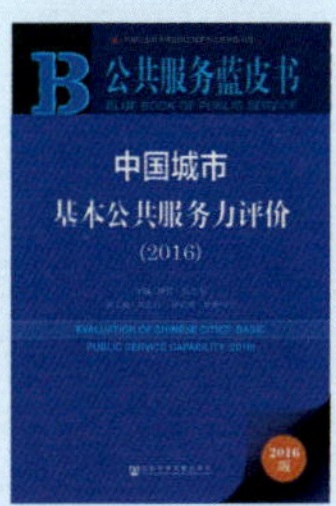

公共服务蓝皮书

中国城市基本公共服务力评价（2016）

钟　君　吴正杲 / 主编　2016 年 12 月出版　估价 :79.00 元

◆　中国社会科学院经济与社会建设研究室与华图政信调查组成联合课题组，从 2010 年开始对基本公共服务力进行研究，研创了基本公共服务力评价指标体系，为政府考核公共服务与社会管理工作提供了理论工具。

教育蓝皮书

中国教育发展报告（2016）

杨东平 / 主编　2016 年 5 月出版　估价 :79.00 元

◆　本书由国内的中青年教育专家合作研究撰写。深度剖析 2015 年中国教育的热点话题，并对当下中国教育中出现的问题提出对策建议。

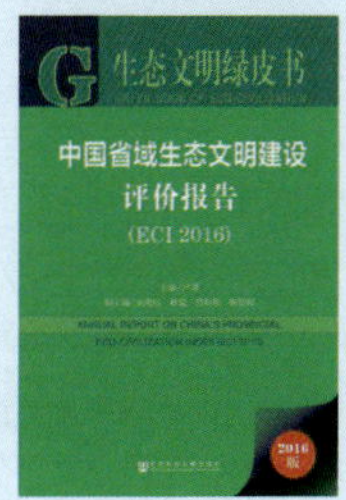

生态文明绿皮书

中国省域生态文明建设评价报告（ECI 2016）

严耕 / 主编　　2016 年 12 月出版　　估价 :85.00 元

◆　本书基于国家最新发布的权威数据，对我国的生态文明建设状况进行科学评价，并开展相应的深度分析，结合中央的政策方针和各省的具体情况，为生态文明建设推进，提出针对性的政策建议。

行业报告类

行业报告类皮书立足重点行业、新兴行业领域，提供及时、前瞻的数据与信息

房地产蓝皮书

中国房地产发展报告 No.13（2016）

魏后凯　李景国 / 主编　　2016 年 5 月出版　　估价 :79.00 元

◆　蓝皮书秉承客观公正、科学中立的宗旨和原则，追踪 2015 年我国房地产市场最新资讯，深度分析，剖析因果，谋划对策，并对 2016 年房地产发展趋势进行了展望。

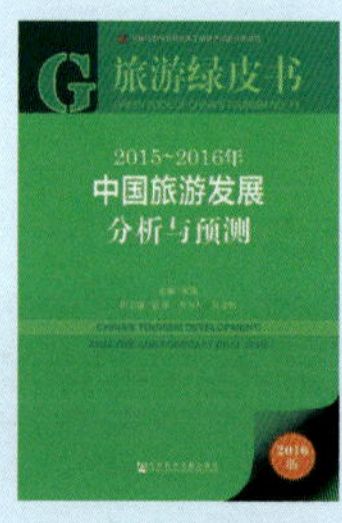

旅游绿皮书

2015 ~ 2016 年中国旅游发展分析与预测

宋　瑞 / 主编　　2016 年 1 出版　　估价 :98.00 元

◆　本书中国社会科学院旅游研究中心组织相关专家编写的年度研究报告，对 2015 年旅游行业的热点问题进行了全面的综述并提出专业性建议，并对 2016 年中国旅游的发展趋势进行展望。

互联网金融蓝皮书

中国互联网金融发展报告（2016）

李东荣 / 主编　　2016 年 8 月出版　　估价 :79.00 元

◆　近年来，许多基于互联网的金融服务模式应运而生并对传统金融业产生了深刻的影响和巨大的冲击，“互联网金融”成为社会各界关注的焦点。 本书探析了 2015 年互联网金融的特点和 2016 年互联网金融的发展方向和亮点。

资产管理蓝皮书

中国资产管理行业发展报告（2016）

智信资产管理研究院 / 编著　　2016 年 6 月出版　　估价 :89.00 元

◆　中国资产管理行业刚刚兴起，未来将中国金融市场最有看点的行业，也会成为快速发展壮大的行业。本书主要分析了 2015 年度资产管理行业的发展情况，同时对资产管理行业的未来发展做出科学的预测。

老龄蓝皮书

中国老龄产业发展报告（2016）

吴玉韶 党俊武 / 编著
2016 年 9 月出版　估价 :79.00 元

◆　本书着眼于对中国老龄产业的发展给予系统介绍，深入解析，并对未来发展趋势进行预测和展望，力求从不同视角、不同层面全面剖析中国老龄产业发展的现状、取得的成绩、存在的问题以及重点、难点等。

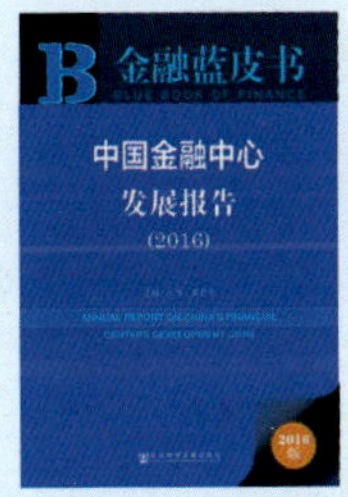

金融蓝皮书

中国金融中心发展报告（2016）

王　力　黄育华 / 编著　　2017 年 11 月出版　　估价 :75.00 元

◆　本报告将提升中国金融中心城市的金融竞争力作为研究主线，全面、系统、连续地反映和研究中国金融中心城市发展和改革的最新进展，展示金融中心理论研究的最新成果。

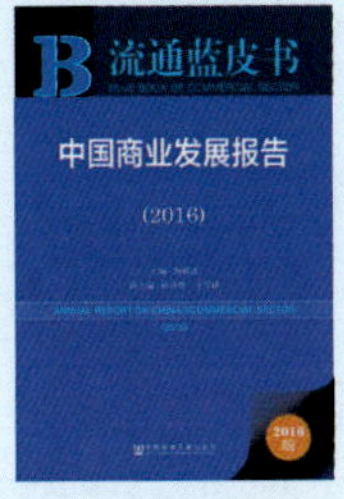

流通蓝皮书

中国商业发展报告（2016）

荆林波 / 编著　2016 年 5 月出版　　估价 :89.00 元

◆　本书是中国社会科学院财经院与利丰研究中心合作的成果，从关注中国宏观经济出发，突出了中国流通业的宏观背景，详细分析了批发业、零售业、物流业、餐饮产业与电子商务等产业发展状况。

国别与地区类

国别与地区类皮书关注全球重点国家与地区，
提供全面、独特的解读与研究

美国蓝皮书

美国研究报告（2016）

黄　平　郑秉文 / 主编　2016 年 7 月出版　估价 :89.00 元

◆　本书是由中国社会科学院美国所主持完成的研究成果，它回顾了美国 2015 年的经济、政治形势与外交战略，对 2016 年以来美国内政外交发生的重大事件以及重要政策进行了较为全面的回顾和梳理。

拉美黄皮书

拉丁美洲和加勒比发展报告（2015~2016）

吴白乙 / 主编　2016 年 5 月出版　估价 :89.00 元

◆　本书对 2015 年拉丁美洲和加勒比地区诸国的政治、经济、社会、外交等方面的发展情况做了系统介绍，对该地区相关国家的热点及焦点问题进行了总结和分析，并在此基础上对该地区各国 2016 年的发展前景做出预测。

日本经济蓝皮书

日本经济与中日经贸关系研究报告（2016）

王洛林　张季风 / 编著　2016 年 5 月出版　估价 :79.00 元

◆　本书系统、详细地介绍了 2015 年日本经济以及中日经贸关系发展情况，在进行了大量数据分析的基础上，对 2016 年日本经济以及中日经贸关系的大致发展趋势进行了分析与预测。

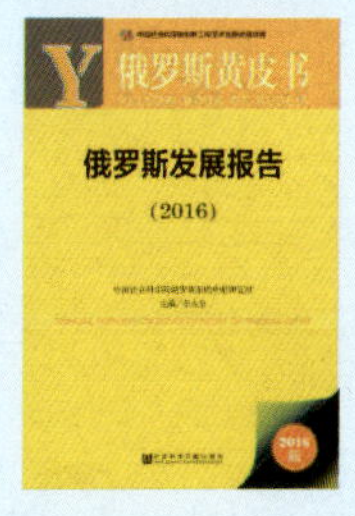

俄罗斯黄皮书

俄罗斯发展报告（2016）

李永全 / 编著　2016 年 7 月出版　估价 :79.00 元

◆　本书系统介绍了 2015 年俄罗斯经济政治情况，并对 2015 年该地区发生的焦点、热点问题进行了分析与回顾；在此基础上，对该地区 2016 年的发展前景进行了预测。

国际形势黄皮书

全球政治与安全报告（2016）

李慎明　张宇燕 / 主编　2015 年 12 月出版　定价 :69.00 元

◆　本书旨在对本年度全球政治及安全形势的总体情况、热点问题及变化趋势进行回顾与分析，并提出一定的预测及对策建议。作者通过事实梳理、数据分析、政策分析等途径，阐释了本年度国际关系及全球安全形势的基本特点，并在此基础上提出了具有启示意义的前瞻性结论。

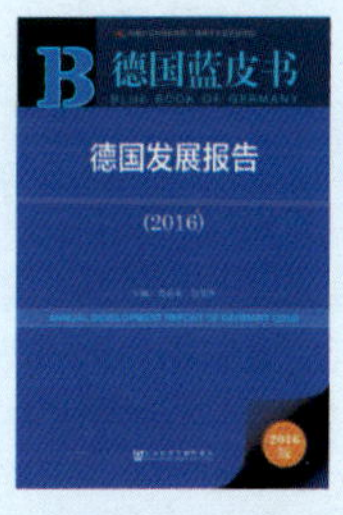

德国蓝皮书

德国发展报告（2016）

郑春荣　伍慧萍 / 主编　2016 年 6 月出版　估价 :69.00 元

◆　本报告由同济大学德国研究所组织编撰，由该领域的专家学者对德国的政治、经济、社会文化、外交等方面的形势发展情况，进行全面的阐述与分析。

中欧关系蓝皮书

中欧关系研究报告（2016）

周弘 / 编著　2016 年 12 月出版　估价 :98.00 元

◆　本书由欧洲所暨欧洲学会推出，旨在分析、评估和预测年度中欧关系发展态势。本报告的作者均为欧洲方面的专家，他们对欧洲与中国在各个领域的发展情况进行了深入地分析和研究，对读者了解和把握中欧关系是非常有益的参考。

地方发展类

地方发展类皮书关注中国各省份、经济区域，
提供科学、多元的预判与资政信息

北京蓝皮书

北京公共服务发展报告（2015~2016）

施昌奎 / 主编　　2016 年 1 月出版　估价：69.00 元

◆　本书是由北京市政府职能部门的领导、首都著名高校的教授、知名研究机构的专家共同完成的关于北京市公共服务发展与创新的研究成果。

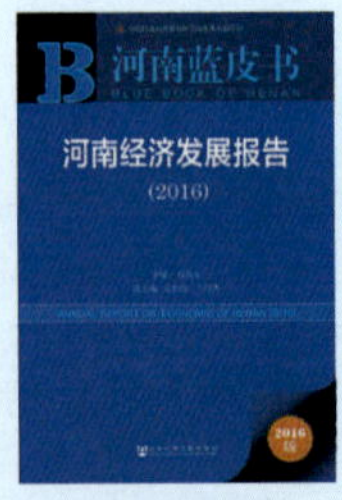

河南蓝皮书

河南经济发展报告（2016）

河南省社会科学院 / 编著　2016 年 12 月出版　估价 :79.00 元

◆　本书以国内外经济发展环境和走向为背景，主要分析当前河南经济形势，预测未来发展趋势，全面反映河南经济发展的最新动态、热点和问题，为地方经济发展和领导决策提供参考。

京津冀蓝皮书

京津冀发展报告（2016）

文　魁　祝尔娟 / 编著　2016 年 4 月出版　估价 :89.00 元

◆　京津冀协同发展作为重大的国家战略，已进入顶层设计、制度创新和全面推进的新阶段。本书以问题为导向，围绕京津冀发展中的重要领域和重大问题，研究如何推进京津冀协同发展。

文化传媒类

文化传媒类皮书透视文化领域、文化产业，
探索文化大繁荣、大发展的路径

新媒体蓝皮书

中国新媒体发展报告 No.7（2016）

唐绪军 / 主编　　2016 年 6 月出版　　估价 :79.00 元

◆　本书是由中国社会科学院新闻与传播研究所组织编写的关于新媒体发展的最新年度报告，旨在全面分析中国新媒体的发展现状，解读新媒体的发展趋势，探析新媒体的深刻影响。

移动互联网蓝皮书

中国移动互联网发展报告（2016）

官建文 / 编著　　2016 年 6 月出版　　估价 :79.00 元

◆　本书着眼于对中国移动互联网 2015 年度的发展情况做深入解析，对未来发展趋势进行预测，力求从不同视角、不同层面全面剖析中国移动互联网发展的现状、年度突破以及热点趋势等。

文化蓝皮书

中国文化产业发展报告（2016）

张晓明　王家新　章建刚 / 主编　　2016 年 4 月出版　　估价 :79.00 元

◆　本书由中国社会科学院文化研究中心编写。从 2012 年开始，中国社会科学院文化研究中心设立了国内首个文化产业的研究类专项资金——“文化产业重大课题研究计划”，开始在全国范围内组织多学科专家学者对我国文化产业发展重大战略问题进行联合攻关研究。本书集中反映了该计划的研究成果。

经济类

G20国家创新竞争力黄皮书
二十国集团（G20）国家创新竞争力发展报告（2016）
著(编)者:李建平 李闽榕 赵新力
2016年11月出版 / 估价:138.00元

产业蓝皮书
中国产业竞争力报告（2016）NO.6
著(编)者:张其仔 2016年12月出版 / 估价:98.00元

城市创新蓝皮书
中国城市创新报告（2016）
著(编)者:周天勇 旷建伟 2016年8月出版 / 估价:69.00元

城市蓝皮书
中国城市发展报告 NO.9
著(编)者:潘家华 魏后凯 2016年9月出版 / 估价:69.00元

城市群蓝皮书
中国城市群发展指数报告（2016）
著(编)者:刘士林 刘新静 2016年10月出版 / 估价:69.00元

城乡一体化蓝皮书
中国城乡一体化发展报告（2015～2016）
著(编)者:汝信 付崇兰 2016年7月出版 / 估价:85.00元

城镇化蓝皮书
中国新型城镇化健康发展报告（2016）
著(编)者:张占斌 2016年5月出版 / 估价:79.00元

创新蓝皮书
创新型国家建设报告（2015～2016）
著(编)者:詹正茂 2016年11月出版 / 估价:69.00元

低碳发展蓝皮书
中国低碳发展报告（2016）
著(编)者:齐晔 2016年3月出版 / 估价:89.00元

低碳经济蓝皮书
中国低碳经济发展报告（2016）
著(编)者:薛进军 赵忠秀 2016年6月出版 / 估价:85.00元

东北蓝皮书
中国东北地区发展报告（2016）
著(编)者:马克 黄文艺 2016年8月出版 / 估价:79.00元

工业化蓝皮书
中国工业化进程报告（2016）
著(编)者:黄群慧 吕铁 李晓华 等
2016年11月出版 / 估价:89.00元

管理蓝皮书
中国管理发展报告（2016）
著(编)者:张晓东 2016年9月出版 / 估价:98.00元

国际城市蓝皮书
国际城市发展报告（2016）
著(编)者:屠启宇 2016年1月出版 / 估价:79.00元

国家创新蓝皮书
中国创新发展报告（2016）
著(编)者:陈劲 2016年9月出版 / 估价:69.00元

金融蓝皮书
中国金融发展报告（2016）
著(编)者:李扬 王国刚 2015年12月出版 / 定价:79.00元

京津冀产业蓝皮书
京津冀产业协同发展报告（2016）
著(编)者:中智科博（北京）产业经济发展研究院
2016年6月出版 / 估价:69.00元

京津冀蓝皮书
京津冀发展报告（2016）
著(编)者:文魁 祝尔娟 2016年4月出版 / 估价:89.00元

经济蓝皮书
2016年中国经济形势分析与预测
著(编)者:李扬 2015年12月出版 / 定价:79.00元

经济蓝皮书·春季号
2016年中国经济前景分析
著(编)者:李扬 2016年5月出版 / 估价:79.00元

经济蓝皮书·夏季号
中国经济增长报告（2015～2016）
著(编)者:李扬 2016年8月出版 / 估价:99.00元

经济信息绿皮书
中国与世界经济发展报告（2016）
著(编)者:杜平 2015年12月出版 / 定价:89.00元

就业蓝皮书
2016年中国本科生就业报告
著(编)者:麦可思研究院 2016年6月出版 / 估价:98.00元

就业蓝皮书
2016年中国高职高专生就业报告
著(编)者:麦可思研究院 2016年6月出版 / 估价:98.00元

临空经济蓝皮书
中国临空经济发展报告（2016）
著(编)者:连玉明 2016年11月出版 / 估价:79.00元

民营经济蓝皮书
中国民营经济发展报告 NO.12（2015～2016）
著(编)者:王钦敏 2016年1月出版 / 估价:75.00元

农村绿皮书
中国农村经济形势分析与预测（2015～2016）
著(编)者:中国社会科学院农村发展研究所
国家统计局农村社会经济调查司
2016年4月出版 / 估价:69.00元

农业应对气候变化蓝皮书
气候变化对中国农业影响评估报告 No.2
著(编)者:矫梅燕 2016年8月出版 / 估价:98.00元

企业公民蓝皮书
中国企业公民报告 NO.4
著(编)者:邹东涛　2016年1月出版 / 估价:79.00元

气候变化绿皮书
应对气候变化报告（2016）
著(编)者:王伟光 郑国光　2016年11月出版 / 估价:98.00元

区域蓝皮书
中国区域经济发展报告（2015～2016）
著(编)者:梁昊光　2016年5月出版 / 估价:79.00元

全球环境竞争力绿皮书
全球环境竞争力报告（2016）
著(编)者:李建平 李闽榕 王金南
2016年12月出版 / 估价:198.00元

人口与劳动绿皮书
中国人口与劳动问题报告 NO.17
著(编)者:蔡昉 张车伟　2016年11月出版 / 估价:69.00元

商务中心区蓝皮书
中国商务中心区发展报告 NO.2（2016）
著(编)者:魏后凯 李国红　2016年1月出版 / 估价:89.00元

世界经济黄皮书
2016年世界经济形势分析与预测
著(编)者:王洛林 张宇燕　2015年12月出版 / 定价:79.00元

世界旅游城市绿皮书
世界旅游城市发展报告（2016）
著(编)者:鲁勇 周正宇 宋宇　2016年6月出版 / 估价:88.00元

西北蓝皮书
中国西北发展报告（2016）
著(编)者:孙发平 苏海红 鲁顺元
2015年12月出版 / 估价:79.00元

西部蓝皮书
中国西部发展报告（2016）
著(编)者:姚慧琴 徐璋勇　2016年7月出版 / 估价:89.00元

县域发展蓝皮书
中国县域经济增长能力评估报告（2016）
著(编)者:王力　2016年10月出版 / 估价:69.00元

新型城镇化蓝皮书
新型城镇化发展报告（2016）
著(编)者:李伟 宋敏 沈体雁　2016年11月出版 / 估价:98.00元

新兴经济体蓝皮书
金砖国家发展报告（2016）
著(编)者:林跃勤 周文　2016年7月出版 / 估价:79.00元

长三角蓝皮书
2016年全面深化改革中的长三角
著(编)者:张伟斌　2016年10月出版 / 估价:69.00元

中部竞争力蓝皮书
中国中部经济社会竞争力报告（2016）
著(编)者:教育部人文社会科学重点研究基地
南昌大学中国中部经济社会发展研究中心
2016年10月出版 / 估价:79.00元

中部蓝皮书
中国中部地区发展报告（2016）
著(编)者:宋亚平　2016年12月出版 / 估价:78.00元

中国省域竞争力蓝皮书
中国省域经济综合竞争力发展报告（2015～2016）
著(编)者:李建平 李闽榕 高燕京
2016年2月出版 / 估价:198.00元

中三角蓝皮书
长江中游城市群发展报告（2016）
著(编)者:秦尊文　2016年10月出版 / 估价:69.00元

中小城市绿皮书
中国中小城市发展报告（2016）
著(编)者:中国城市经济学会中小城市经济发展委员会
中国城镇化促进会中小城市发展委员会
《中国中小城市发展报告》编纂委员会
中小城市发展战略研究院
2016年10月出版 / 估价:98.00元

中原蓝皮书
中原经济区发展报告（2016）
著(编)者:李英杰　2016年6月出版 / 估价:88.00元

自贸区蓝皮书
中国自贸区发展报告（2016）
著(编)者:王力 王吉培　2016年10月出版 / 估价:69.00元

社会政法类

北京蓝皮书
中国社区发展报告（2016）
著(编)者:于燕燕　2017年2月出版 / 估价:79.00元

殡葬绿皮书
中国殡葬事业发展报告（2016）
著(编)者:李伯森　2016年4月出版 / 估价:158.00元

城市管理蓝皮书
中国城市管理报告（2016）
著(编)者:谭维克 刘林　2017年2月出版 / 估价:118.00元

城市生活质量蓝皮书
中国城市生活质量报告（2016）
著(编)者:张连城 张平 杨春学 郎丽华
2016年7月出版 / 估价:89.00元

城市政府能力蓝皮书
中国城市政府公共服务能力评估报告（2016）
著(编)者:何艳玲　2016年7月出版 / 估价:69.00元

创新蓝皮书
中国创业环境发展报告（2016）
著(编)者:姚凯 曹祎遐　2016年1月出版 / 估价:69.00元

慈善蓝皮书
中国慈善发展报告（2016）
著(编)者:杨团　2016年6月出版 / 估价:79.00元

地方法治蓝皮书
中国地方法治发展报告 NO.2（2016）
著(编)者:李林 田禾　2016年1月出版 / 估价:98.00元

法治蓝皮书
中国法治发展报告 NO.14（2016）
著(编)者:李林 田禾　2016年3月出版 / 估价:105.00元

反腐倡廉蓝皮书
中国反腐倡廉建设报告 NO.6
著(编)者:李秋芳 张英伟　2017年1月出版 / 估价:79.00元

非传统安全蓝皮书
中国非传统安全研究报告（2015～2016）
著(编)者:余潇枫 魏志江　2016年5月出版 / 估价:79.00元

妇女发展蓝皮书
中国妇女发展报告 NO.6
著(编)者:王金玲　2016年9月出版 / 估价:148.00元

妇女教育蓝皮书
中国妇女教育发展报告 NO.3
著(编)者:张李玺　2016年10月出版 / 估价:78.00元

妇女绿皮书
中国性别平等与妇女发展报告（2016）
著(编)者:谭琳　2016年12月出版 / 估价:99.00元

公共服务蓝皮书
中国城市基本公共服务力评价（2016）
著(编)者:钟君 吴正杲　2016年12月出版 / 估价:79.00元

公共管理蓝皮书
中国公共管理发展报告（2016）
著(编)者:贡森 李国强 杨维富
2016年4月出版 / 估价:69.00元

公共外交蓝皮书
中国公共外交发展报告（2016）
著(编)者:赵启正 雷蔚真　2016年4月出版 / 估价:89.00元

公民科学素质蓝皮书
中国公民科学素质报告（2016）
著(编)者:李群 许佳军　2016年3月出版 / 估价:79.00元

公益蓝皮书
中国公益发展报告（2016）
著(编)者:朱健刚　2016年5月出版 / 估价:78.00元

国际人才蓝皮书
海外华侨华人专业人士报告（2016）
著(编)者:王辉耀 苗绿　2016年8月出版 / 估价:69.00元

国际人才蓝皮书
中国国际移民报告（2016）
著(编)者:王辉耀　2016年2月出版 / 估价:79.00元

国际人才蓝皮书
中国海归发展报告（2016）NO.3
著(编)者:王辉耀 苗绿　2016年10月出版 / 估价:69.00元

国际人才蓝皮书
中国留学发展报告（2016）NO.5
著(编)者:王辉耀 苗绿　2016年10月出版 / 估价:79.00元

国家公园蓝皮书
中国国家公园体制建设报告（2016）
著(编)者:苏杨 张玉钧 石金莲 刘锋 等
2016年10月出版 / 估价:69.00元

海洋社会蓝皮书
中国海洋社会发展报告（2016）
著(编)者:崔凤 宋宁而　2016年7月出版 / 估价:89.00元

行政改革蓝皮书
中国行政体制改革报告（2016）NO.5
著(编)者:魏礼群　2016年4月出版 / 估价:98.00元

华侨华人蓝皮书
华侨华人研究报告（2016）
著(编)者:贾益民　2016年12月出版 / 估价:98.00元

环境竞争力绿皮书
中国省域环境竞争力发展报告（2016）
著(编)者:李建平 李闽榕 王金南
2016年11月出版 / 估价:198.00元

环境绿皮书
中国环境发展报告（2016）
著(编)者:刘鉴强　2016年5月出版 / 估价:79.00元

基金会蓝皮书
中国基金会发展报告（2016）
著(编)者:刘忠祥　2016年4月出版 / 估价:69.00元

基金会绿皮书
中国基金会发展独立研究报告（2016）
著(编)者:基金会中心网 中央民族大学基金会研究中心
2016年6月出版 / 估价:88.00元

基金会透明度蓝皮书
中国基金会透明度发展研究报告（2016）
著(编)者:基金会中心网 清华大学廉政与治理研究中心
2016年9月出版 / 估价:85.00元

教师蓝皮书
中国中小学教师发展报告（2016）
著(编)者:曾晓东 鱼霞　2016年6月出版 / 估价:69.00元

教育蓝皮书
中国教育发展报告（2016）
著(编)者:杨东平　2016年5月出版 / 估价:79.00元

科普蓝皮书
中国科普基础设施发展报告（2016）
著(编)者:任福君　2016年6月出版 / 估价:69.00元

科学教育蓝皮书
中国科学教育发展报告（2016）
著(编)者:罗晖 王康友　2016年10月出版 / 估价:79.00元

劳动保障蓝皮书
中国劳动保障发展报告（2016）
著(编)者:刘燕斌　2016年8月出版 / 估价:158.00元

连片特困区蓝皮书
中国连片特困区发展报告（2016）
著(编)者:游俊 冷志明 丁建军
2016年3月出版 / 估价:98.00元

民间组织蓝皮书
中国民间组织报告（2016）
著(编)者:黄晓勇　2016年12月出版 / 估价:79.00元

民调蓝皮书
中国民生调查报告（2016）
著(编)者:谢耘耕　2016年5月出版 / 估价:128.00元

民族发展蓝皮书
中国民族发展报告（2016）
著(编)者:郝时远 王延中 王希恩
2016年4月出版 / 估价:98.00元

女性生活蓝皮书
中国女性生活状况报告 NO.10（2016）
著(编)者:韩湘景　2016年4月出版 / 估价:79.00元

汽车社会蓝皮书
中国汽车社会发展报告（2016）
著(编)者:王俊秀　2016年1月出版 / 估价:69.00元

青年蓝皮书
中国青年发展报告（2016）NO.4
著(编)者:廉思 等　2016年4月出版 / 估价:69.00元

青少年蓝皮书
中国未成年人互联网运用报告（2016）
著(编)者:李文革 沈杰 季为民
2016年11月出版 / 估价:89.00元

青少年体育蓝皮书
中国青少年体育发展报告（2016）
著(编)者:郭建军 杨桦　2016年9月出版 / 估价:69.00元

区域人才蓝皮书
中国区域人才竞争力报告 NO.2
著(编)者:桂昭明 王辉耀
2016年6月出版 / 估价:69.00元

群众体育蓝皮书
中国群众体育发展报告（2016）
著(编)者:刘国永 杨桦　2016年10月出版 / 估价:69.00元

人才蓝皮书
中国人才发展报告（2016）
著(编)者:潘晨光　2016年9月出版 / 估价:85.00元

人权蓝皮书
中国人权事业发展报告 NO.6（2016）
著(编)者:李君如　2016年9月出版 / 估价:128.00元

社会保障绿皮书
中国社会保障发展报告（2016）NO.8
著(编)者:王延中　2016年4月出版 / 估价:99.00元

社会工作蓝皮书
中国社会工作发展报告（2016）
著(编)者:民政部社会工作研究中心
2016年8月出版 / 估价:79.00元

社会管理蓝皮书
中国社会管理创新报告 NO.4
著(编)者:连玉明　2016年11月出版 / 估价:89.00元

社会蓝皮书
2016年中国社会形势分析与预测
著(编)者:李培林 陈光金 张翼
2015年12月出版 / 定价:79.00元

社会体制蓝皮书
中国社会体制改革报告（2016）NO.4
著(编)者:龚维斌　2016年4月出版 / 估价:79.00元

社会心态蓝皮书
中国社会心态研究报告（2016）
著(编)者:王俊秀 杨宜音　2016年10月出版 / 估价:69.00元

社会组织蓝皮书
中国社会组织评估发展报告（2016）
著(编)者:徐家良 廖鸿　2016年12月出版 / 估价:69.00元

生态城市绿皮书
中国生态城市建设发展报告（2016）
著(编)者:刘举科 孙伟平 胡文臻
2016年9月出版 / 估价:148.00元

生态文明绿皮书
中国省域生态文明建设评价报告（ECI 2016）
著(编)者:严耕　2016年12月出版 / 估价:85.00元

世界社会主义黄皮书
世界社会主义跟踪研究报告（2015～2016）
著(编)者:李慎明　2016年4月出版 / 估价:258.00元

水与发展蓝皮书
中国水风险评估报告（2016）
著(编)者:王浩　2016年9月出版 / 估价:69.00元

体育蓝皮书
长三角地区体育产业发展报告（2016）
著(编)者:张林　2016年4月出版 / 估价:79.00元

体育蓝皮书
中国公共体育服务发展报告（2016）
著(编)者:戴健　2016年12月出版 / 估价:79.00元

土地整治蓝皮书
中国土地整治发展研究报告 NO.3
著(编)者:国土资源部土地整治中心
2016年5月出版 / 估价:89.00元

土地政策蓝皮书
中国土地政策发展报告（2016）
著(编)者:高延利 李宪文 唐健
2016年12月出版 / 估价:69.00元

危机管理蓝皮书
中国危机管理报告（2016）
著(编)者:文学国 范正青　2016年8月出版 / 估价:89.00元

形象危机应对蓝皮书
形象危机应对研究报告（2016）
著(编)者:唐钧　2016年6月出版 / 估价:149.00元

医改蓝皮书
中国医药卫生体制改革报告（2016）
著(编)者:文学国 房志武　2016年11月出版 / 估价:98.00元

医疗卫生绿皮书
中国医疗卫生发展报告 NO.7（2016）
著(编)者:申宝忠 韩玉珍　2016年4月出版 / 估价:75.00元

政治参与蓝皮书
中国政治参与报告（2016）
著(编)者:房宁　2016年7月出版 / 估价:108.00元

政治发展蓝皮书
中国政治发展报告（2016）
著(编)者:房宁 杨海蛟　2016年5月出版 / 估价:88.00元

智慧社区蓝皮书
中国智慧社区发展报告（2016）
著(编)者:罗昌智 张辉德　2016年7月出版 / 估价:69.00元

中国农村妇女发展蓝皮书
农村流动女性城市生活发展报告（2016）
著(编)者:谢丽华　2016年12月出版 / 估价:79.00元

宗教蓝皮书
中国宗教报告（2016）
著(编)者:邱永辉　2016年5月出版 / 估价:79.00元

行业报告类

保健蓝皮书
中国保健服务产业发展报告 NO.2
著(编)者:中国保健协会 中共中央党校
2016年7月出版 / 估价:198.00元

保健蓝皮书
中国保健食品产业发展报告 NO.2
著(编)者:中国保健协会
中国社会科学院食品药品产业发展与监管研究中心
2016年7月出版 / 估价:198.00元

保健蓝皮书
中国保健用品产业发展报告 NO.2
著(编)者:中国保健协会
国务院国有资产监督管理委员会研究中心
2016年2月出版 / 估价:198.00元

保险蓝皮书
中国保险业创新发展报告（2016）
著(编)者:项俊波　2016年12月出版 / 估价:69.00元

保险蓝皮书
中国保险业竞争力报告（2016）
著(编)者:项俊波　2015年12月出版 / 估价:99.00元

采供血蓝皮书
中国采供血管理报告（2016）
著(编)者:朱永明 耿鸿武　2016年8月出版 / 估价:69.00元

彩票蓝皮书
中国彩票发展报告（2016）
著(编)者:益彩基金　2016年4月出版 / 估价:98.00元

餐饮产业蓝皮书
中国餐饮产业发展报告（2016）
著(编)者:邢颖　2016年4月出版 / 估价:69.00元

测绘地理信息蓝皮书
测绘地理信息转型升级研究报告（2016）
著(编)者:库热西·买合苏提　2016年12月出版 / 估价:98.00元

茶业蓝皮书
中国茶产业发展报告（2016）
著(编)者:杨江帆 李闽榕　2016年10月出版 / 估价:78.00元

产权市场蓝皮书
中国产权市场发展报告（2015～2016）
著(编)者:曹和平　2016年5月出版 / 估价:89.00元

产业安全蓝皮书
中国出版传媒产业安全报告（2016）
著(编)者:北京印刷学院文化产业安全研究院
2016年4月出版 / 估价:69.00元

产业安全蓝皮书
中国文化产业安全报告（2016）
著(编)者:北京印刷学院文化产业安全研究院
2016年4月出版 / 估价:89.00元

产业安全蓝皮书
中国新媒体产业安全报告（2016）
著(编)者:北京印刷学院文化产业安全研究院
2016年5月出版 / 估价:69.00元

大数据蓝皮书
网络空间和大数据发展报告（2016）
著(编)者:杜平 2016年2月出版 / 估价:69.00元

电子商务蓝皮书
中国电子商务服务业发展报告 NO.3
著(编)者:荆林波 梁春晓 2016年5月出版 / 估价:69.00元

电子政务蓝皮书
中国电子政务发展报告（2016）
著(编)者:洪毅 杜平 2016年11月出版 / 估价:79.00元

杜仲产业绿皮书
中国杜仲橡胶资源与产业发展报告（2016）
著(编)者:杜红岩 胡文臻 俞锐
2016年1月出版 / 估价:85.00元

房地产蓝皮书
中国房地产发展报告 NO.13（2016）
著(编)者:魏后凯 李景国 2016年5月出版 / 估价:79.00元

服务外包蓝皮书
中国服务外包产业发展报告（2016）
著(编)者:王晓红 刘德军
2016年6月出版 / 估价:89.00元

服务外包蓝皮书
中国服务外包竞争力报告（2016）
著(编)者:王力 刘春生 黄育华
2016年11月出版 / 估价:85.00元

工业和信息化蓝皮书
世界网络安全发展报告（2016）
著(编)者:洪京一 2016年4月出版 / 估价:69.00元

工业和信息化蓝皮书
世界信息化发展报告（2016）
著(编)者:洪京一 2016年4月出版 / 估价:69.00元

工业和信息化蓝皮书
世界信息技术产业发展报告（2016）
著(编)者:洪京一 2016年4月出版 / 估价:79.00元

工业和信息化蓝皮书
世界制造业发展报告（2016）
著(编)者:洪京一 2016年4月出版 / 估价:69.00元

工业和信息化蓝皮书
移动互联网产业发展报告（2016）
著(编)者:洪京一 2016年4月出版 / 估价:79.00元

工业设计蓝皮书
中国工业设计发展报告（2016）
著(编)者:王晓红 于炜 张立群
2016年9月出版 / 估价:138.00元

互联网金融蓝皮书
中国互联网金融发展报告（2016）
著(编)者: 李东荣 2016年8月出版 / 估价:79.00元

会展蓝皮书
中外会展业动态评估年度报告（2016）
著(编)者:张敏 2016年1月出版 / 估价:78.00元

节能汽车蓝皮书
中国节能汽车产业发展报告（2016）
著(编)者:中国汽车工程研究院股份有限公司
2016年12月出版 / 估价:69.00元

金融监管蓝皮书
中国金融监管报告（2016）
著(编)者:胡滨 2016年4月出版 / 估价:89.00元

金融蓝皮书
中国金融中心发展报告（2016）
著(编)者:王力 黄育华 2017年11月出版 / 估价:75.00元

金融蓝皮书
中国商业银行竞争力报告（2016）
著(编)者:王松奇 2016年5月出版 / 估价:69.00元

经济林产业绿皮书
中国经济林产业发展报告（2016）
著(编)者:李芳东 胡文臻 乌云塔娜 杜红岩
2016年12月出版 / 估价:69.00元

客车蓝皮书
中国客车产业发展报告（2016）
著(编)者:姚蔚 2016年2月出版 / 估价:85.00元

老龄蓝皮书
中国老龄产业发展报告（2016）
著(编)者:吴玉韶 党俊武 2016年9月出版 / 估价:79.00元

流通蓝皮书
中国商业发展报告（2016）
著(编)者:荆林波 2016年5月出版 / 估价:89.00元

旅游安全蓝皮书
中国旅游安全报告（2016）
著(编)者:郑向敏 谢朝武 2016年5月出版 / 估价:128.00元

旅游绿皮书
2015～2016年中国旅游发展分析与预测
著(编)者:宋瑞 2016年1月出版 / 估价:98.00元

煤炭蓝皮书
中国煤炭工业发展报告（2016）
著(编)者:岳福斌 2016年12月出版 / 估价:79.00元

民营企业社会责任蓝皮书
中国民营企业社会责任年度报告（2016）
著(编)者:中华全国工商业联合会
2016年7月出版 / 估价:69.00元

民营医院蓝皮书
中国民营医院发展报告（2016）
著(编)者:庄一强　2016年10月出版 / 估价:75.00元

能源蓝皮书
中国能源发展报告（2016）
著(编)者:崔民选 王军生 陈义和
2016年8月出版 / 估价:79.00元

农产品流通蓝皮书
中国农产品流通产业发展报告（2016）
著(编)者:贾敬敦 张东科 张玉玺 张鹏毅 周伟
2016年1月出版 / 估价:89.00元

期货蓝皮书
中国期货市场发展报告(2016)
著(编)者:李群 王在荣　2016年11月出版 / 估价:69.00元

企业公益蓝皮书
中国企业公益研究报告（2016）
著(编)者:钟宏武 汪杰 顾一 黄晓娟 等
2016年12月出版 / 估价:69.00元

企业公众透明度蓝皮书
中国企业公众透明度报告 (2016) NO.2
著(编)者:黄速建 王晓光 肖红军
2016年1月出版 / 估价:98.00元

企业国际化蓝皮书
中国企业国际化报告（2016）
著(编)者:王辉耀　2016年11月出版 / 估价:98.00元

企业蓝皮书
中国企业绿色发展报告 NO.2（2016）
著(编)者:李红玉　朱光辉　2016年8月出版 / 估价:79.00元

企业社会责任蓝皮书
中国企业社会责任研究报告（2016）
著(编)者:黄群慧 钟宏武 张蒽 等
2016年11月出版 / 估价:79.00元

企业社会责任能力蓝皮书
中国上市公司社会责任能力成熟度报告（2016）
著(编)者:肖红军 王晓光 李伟阳
2016年11月出版 / 估价:69.00元

汽车安全蓝皮书
中国汽车安全发展报告（2016）
著(编)者:中国汽车技术研究中心
2016年7月出版 / 估价:89.00元

汽车电子商务蓝皮书
中国汽车电子商务发展报告（2016）
著(编)者:中华全国工商业联合会汽车经销商商会
北京易观智库网络科技有限公司
2016年5月出版 / 估价:128.00元

汽车工业蓝皮书
中国汽车工业发展年度报告（2016）
著(编)者:中国汽车工业协会 中国汽车技术研究中心
丰田汽车（中国）投资有限公司
2016年4月出版 / 估价:128.00元

汽车蓝皮书
中国汽车产业发展报告（2016）
著(编)者:国务院发展研究中心产业经济研究部
中国汽车工程学会 大众汽车集团（中国）
2016年8月出版 / 估价:158.00元

清洁能源蓝皮书
国际清洁能源发展报告（2016）
著(编)者:苏树辉 袁国林 李玉崙
2016年11月出版 / 估价:99.00元

人力资源蓝皮书
中国人力资源发展报告（2016）
著(编)者:余兴安　2016年12月出版 / 估价:79.00元

融资租赁蓝皮书
中国融资租赁业发展报告（2015～2016）
著(编)者:李光荣 王力　2016年1月出版 / 估价:89.00元

软件和信息服务业蓝皮书
中国软件和信息服务业发展报告（2016）
著(编)者:洪京一　2016年12月出版 / 估价:198.00元

商会蓝皮书
中国商会发展报告NO.5（2016）
著(编)者:王钦敏　2016年7月出版 / 估价:89.00元

上市公司蓝皮书
中国上市公司社会责任信息披露报告（2016）
著(编)者:张旺 张杨　2016年11月出版 / 估价:69.00元

上市公司蓝皮书
中国上市公司质量评价报告（2015～2016）
著(编)者:张跃文 王力　2016年11月出版 / 估价:118.00元

设计产业蓝皮书
中国设计产业发展报告（2016）
著(编)者:陈冬亮 梁昊光　2016年3月出版 / 估价:89.00元

食品药品蓝皮书
食品药品安全与监管政策研究报告（2016）
著(编)者:唐民皓　2016年7月出版 / 估价:69.00元

世界能源蓝皮书
世界能源发展报告（2016）
著(编)者:黄晓勇　2016年6月出版 / 估价:99.00元

水利风景区蓝皮书
中国水利风景区发展报告（2016）
著(编)者:兰思仁　2016年8月出版 / 估价:69.00元

私募市场蓝皮书
中国私募股权市场发展报告（2016）
著(编)者:曹和平　2016年12月出版 / 估价:79.00元

碳市场蓝皮书
中国碳市场报告（2016）
著(编)者:宁金彪　2016年11月出版 / 估价:69.00元

体育蓝皮书
中国体育产业发展报告（2016）
著(编)者:阮伟 钟秉枢 2016年7月出版 / 估价:69.00元

投资蓝皮书
中国投资发展报告（2016）
著(编)者:谢平 2016年4月出版 / 估价:128.00元

土地市场蓝皮书
中国农村土地市场发展报告（2016）
著(编)者:李光荣 高传捷 2016年1月出版 / 估价:69.00元

网络空间安全蓝皮书
中国网络空间安全发展报告（2016）
著(编)者:惠志斌 唐涛 2016年4月出版 / 估价:79.00元

物联网蓝皮书
中国物联网发展报告（2016）
著(编)者:黄桂田 龚六堂 张全升
2016年1月出版 / 估价:69.00元

西部工业蓝皮书
中国西部工业发展报告（2016）
著(编)者:方行明 甘犁 刘方健 姜凌 等
2016年9月出版 / 估价:79.00元

西部金融蓝皮书
中国西部金融发展报告（2016）
著(编)者:李忠民 2016年8月出版 / 估价:75.00元

协会商会蓝皮书
中国行业协会商会发展报告（2016）
著(编)者:景朝阳 李勇 2016年4月出版 / 估价:99.00元

新能源汽车蓝皮书
中国新能源汽车产业发展报告（2016）
著(编)者:中国汽车技术研究中心
日产（中国）投资有限公司 东风汽车有限公司
2016年8月出版 / 估价:89.00元

新三板蓝皮书
中国新三板市场发展报告（2016）
著(编)者:王力 2016年6月出版 / 估价:69.00元

信托市场蓝皮书
中国信托业市场报告（2015～2016）
著(编)者:用益信托工作室
2016年2月出版 / 估价:198.00元

信息安全蓝皮书
中国信息安全发展报告（2016）
著(编)者:张晓东 2016年2月出版 / 估价:69.00元

信息化蓝皮书
中国信息化形势分析与预测（2016）
著(编)者:周宏仁 2016年8月出版 / 估价:98.00元

信用蓝皮书
中国信用发展报告（2016）
著(编)者:章政 田侃 2016年4月出版 / 估价:99.00元

休闲绿皮书
2016年中国休闲发展报告
著(编)者:宋瑞
2016年10月出版 / 估价:79.00元

药品流通蓝皮书
中国药品流通行业发展报告（2016）
著(编)者:佘鲁林 温再兴
2016年8月出版 / 估价:158.00元

医药蓝皮书
中国中医药产业园战略发展报告（2016）
著(编)者:裴长洪 房书亭 吴滌心
2016年3月出版 / 估价:89.00元

邮轮绿皮书
中国邮轮产业发展报告（2016）
著(编)者:汪泓 2016年10月出版 / 估价:79.00元

智能养老蓝皮书
中国智能养老产业发展报告（2016）
著(编)者:朱勇 2016年10月出版 / 估价:89.00元

中国SUV蓝皮书
中国SUV产业发展报告 （2016）
著(编)者:靳军 2016年12月出版 / 估价:69.00元

中国金融行业蓝皮书
中国债券市场发展报告（2016）
著(编)者:谢多 2016年7月出版 / 估价:60.00元

中国上市公司蓝皮书
中国上市公司发展报告（2016）
著(编)者:中国社会科学院上市公司研究中心
2016年9月出版 / 估价:98.00元

中国游戏蓝皮书
中国游戏产业发展报告（2016）
著(编)者:孙立军 刘跃军 牛兴侦
2016年4月出版 / 估价:69.00元

中国总部经济蓝皮书
中国总部经济发展报告（2015～2016）
著(编)者:赵弘 2016年9月出版 / 估价:79.00元

资本市场蓝皮书
中国场外交易市场发展报告（2016）
著(编)者:高峦 2016年8月出版 / 估价:79.00元

资产管理蓝皮书
中国资产管理行业发展报告（2016）
著(编)者:智信资产管理研究院
2016年6月出版 / 估价:89.00元

文化传媒类

传媒竞争力蓝皮书
中国传媒国际竞争力研究报告（2016）
著(编)者:李本乾 刘强
2016年11月出版 / 估价:148.00元

传媒蓝皮书
中国传媒产业发展报告（2016）
著(编)者:崔保国 2016年5月出版 / 估价:98.00元

传媒投资蓝皮书
中国传媒投资发展报告（2016）
著(编)者:张向东 谭云明
2016年6月出版 / 估价:128.00元

动漫蓝皮书
中国动漫产业发展报告（2016）
著(编)者:卢斌 郑玉明 牛兴侦
2016年7月出版 / 估价:79.00元

非物质文化遗产蓝皮书
中国非物质文化遗产发展报告（2016）
著(编)者:陈平 2016年5月出版 / 估价:98.00元

广电蓝皮书
中国广播电影电视发展报告（2016）
著(编)者:国家新闻出版广电总局发展研究中心
2016年7月出版 / 估价:98.00元

广告主蓝皮书
中国广告主营销传播趋势报告 NO.9
著(编)者:黄升民 杜国清 邵华冬 等
2016年10月出版 / 估价:148.00元

国际传播蓝皮书
中国国际传播发展报告（2016）
著(编)者:胡正荣 李继东 姬德强
2016年11月出版 / 估价:89.00元

纪录片蓝皮书
中国纪录片发展报告（2016）
著(编)者:何苏六 2016年10月出版 / 估价:79.00元

科学传播蓝皮书
中国科学传播报告（2016）
著(编)者:詹正茂 2016年7月出版 / 估价:69.00元

两岸创意经济蓝皮书
两岸创意经济研究报告（2016）
著(编)者:罗昌智 董泽平 2016年12月出版 / 估价:98.00元

两岸文化蓝皮书
两岸文化产业合作发展报告（2016）
著(编)者:胡惠林 李保宗 2016年7月出版 / 估价:79.00元

媒介与女性蓝皮书
中国媒介与女性发展报告(2015~2016)
著(编)者:刘利群 2016年8月出版 / 估价:118.00元

媒体融合蓝皮书
中国媒体融合发展报告（2016）
著(编)者:梅宁华 宋建武 2016年7月出版 / 估价:79.00元

全球传媒蓝皮书
全球传媒发展报告（2016）
著(编)者:胡正荣 李继东 唐晓芬
2016年12月出版 / 估价:79.00元

少数民族非遗蓝皮书
中国少数民族非物质文化遗产发展报告（2016）
著(编)者:肖远平（彝）柴立（满）
2016年6月出版 / 估价:128.00元

视听新媒体蓝皮书
中国视听新媒体发展报告（2016）
著(编)者:国家新闻出版广电总局发展研究中心
2016年7月出版 / 估价:98.00元

文化创新蓝皮书
中国文化创新报告（2016）NO.7
著(编)者:于平 傅才武 2016年7月出版 / 估价:98.00元

文化建设蓝皮书
中国文化发展报告（2016）
著(编)者:江畅 孙伟平 戴茂堂
2016年4月出版 / 估价:108.00元

文化科技蓝皮书
文化科技创新发展报告（2016）
著(编)者:于平 李凤亮 2016年10月出版 / 估价:89.00元

文化蓝皮书
中国公共文化服务发展报告（2016）
著(编)者:刘新成 张永新 张旭 2016年10月出版 / 估价:98.00元

文化蓝皮书
中国公共文化投入增长测评报告（2016）
著(编)者:王亚南 2016年12月出版 / 估价:79.00元

文化蓝皮书
中国少数民族文化发展报告（2016）
著(编)者:武翠英 张晓明 任乌晶
2016年9月出版 / 估价:69.00元

文化蓝皮书
中国文化产业发展报告（2016）
著(编)者:张晓明 王家新 章建刚
2016年4月出版 / 估价:79.00元

文化蓝皮书
中国文化产业供需协调检测报告（2016）
著(编)者:王亚南 2016年2月出版 / 估价:79.00元

文化蓝皮书
中国文化消费需求景气评价报告（2016）
著(编)者:王亚南 2016年2月出版 / 估价:79.00元

文化品牌蓝皮书
中国文化品牌发展报告（2016）
著(编)者:欧阳友权　2016年4月出版 / 估价:89.00元

文化遗产蓝皮书
中国文化遗产事业发展报告（2016）
著(编)者:刘世锦　2016年3月出版 / 估价:89.00元

文学蓝皮书
中国文情报告（2015～2016）
著(编)者:白烨　2016年5月出版 / 估价:69.00元

新媒体蓝皮书
中国新媒体发展报告NO.7（2016）
著(编)者:唐绪军　2016年7月出版 / 估价:79.00元

新媒体社会责任蓝皮书
中国新媒体社会责任研究报告（2016）
著(编)者:钟瑛　2016年10月出版 / 估价:79.00元

移动互联网蓝皮书
中国移动互联网发展报告（2016）
著(编)者:官建文　2016年6月出版 / 估价:79.00元

舆情蓝皮书
中国社会舆情与危机管理报告（2016）
著(编)者:谢耘耕　2016年8月出版 / 估价:98.00元

地方发展类

安徽经济蓝皮书
芜湖创新型城市发展报告（2016）
著(编)者:张志宏　2016年4月出版 / 估价:69.00元

安徽蓝皮书
安徽社会发展报告（2016）
著(编)者:程桦　2016年4月出版 / 估价:89.00元

安徽社会建设蓝皮书
安徽社会建设分析报告（2015～2016）
著(编)者:黄家海 王开玉 蔡宪
2016年4月出版 / 估价:89.00元

澳门蓝皮书
澳门经济社会发展报告（2015～2016）
著(编)者:吴志良 郝雨凡　2016年5月出版 / 估价:79.00元

北京蓝皮书
北京公共服务发展报告（2015～2016）
著(编)者:施昌奎　2016年1月出版 / 估价:69.00元

北京蓝皮书
北京经济发展报告（2015～2016）
著(编)者:杨松　2016年6月出版 / 估价:79.00元

北京蓝皮书
北京社会发展报告（2015～2016）
著(编)者:李伟东　2016年7月出版 / 估价:79.00元

北京蓝皮书
北京社会治理发展报告（2015～2016）
著(编)者:殷星辰　2016年6月出版 / 估价:79.00元

北京蓝皮书
北京文化发展报告（2015～2016）
著(编)者:李建盛　2016年5月出版 / 估价:79.00元

北京旅游绿皮书
北京旅游发展报告（2016）
著(编)者:北京旅游学会　2016年7月出版 / 估价:88.00元

北京人才蓝皮书
北京人才发展报告（2016）
著(编)者:于淼　2016年12月出版 / 估价:128.00元

北京社会心态蓝皮书
北京社会心态分析报告（2015～2016）
著(编)者:北京社会心理研究所
2016年8月出版 / 估价:79.00元

北京社会组织管理蓝皮书
北京社会组织发展与管理（2015～2016）
著(编)者:黄江松　2016年4月出版 / 估价:78.00元

北京体育蓝皮书
北京体育产业发展报告（2016）
著(编)者:钟秉枢 陈杰 杨铁黎
2016年10月出版 / 估价:79.00元

北京养老产业蓝皮书
北京养老产业发展报告（2016）
著(编)者:周明明 冯喜良　2016年4月出版 / 估价:69.00元

滨海金融蓝皮书
滨海新区金融发展报告（2016）
著(编)者:王爱俭 张锐钢　2016年9月出版 / 估价:79.00元

城乡一体化蓝皮书
中国城乡一体化发展报告•北京卷（2015～2016)
著(编)者:张宝秀 黄序　2016年5月出版 / 估价:79.00元

创意城市蓝皮书
北京文化创意产业发展报告（2016）
著(编)者:张京成 王国华　2016年12月出版 / 估价:69.00元

创意城市蓝皮书
青岛文化创意产业发展报告（2016）
著(编)者:马达 张丹妮　2016年6月出版 / 估价:79.00元

创意城市蓝皮书
台北文化创意产业发展报告（2016）
著(编)者:陈耀竹 邱琪瑄 2016年11月出版 / 估价:89.00元

创意城市蓝皮书
无锡文化创意产业发展报告（2016）
著(编)者:谭军 张鸣年 2016年10月出版 / 估价:79.00元

创意城市蓝皮书
武汉文化创意产业发展报告（2016）
著(编)者:黄永林 陈汉桥 2016年12月出版 / 估价:89.00元

创意城市蓝皮书
重庆创意产业发展报告（2016）
著(编)者:程宇宁 2016年4月出版 / 估价:89.00元

地方法治蓝皮书
南宁法治发展报告（2016）
著(编)者:杨维超 2016年12月出版 / 估价:69.00元

福建妇女发展蓝皮书
福建省妇女发展报告（2016）
著(编)者:刘群英 2016年11月出版 / 估价:88.00元

甘肃蓝皮书
甘肃经济发展分析与预测（2016）
著(编)者:朱智文 罗哲 2016年1月出版 / 估价:79.00元

甘肃蓝皮书
甘肃社会发展分析与预测（2016）
著(编)者:安文华 包晓霞 2016年1月出版 / 估价:79.00元

甘肃蓝皮书
甘肃文化发展分析与预测（2016）
著(编)者:安文华 周小华 2016年1月出版 / 估价:79.00元

甘肃蓝皮书
甘肃县域社会发展评价报告（2016）
著(编)者:刘进军 柳 民 王建兵
2016年1月出版 / 估价:79.00元

甘肃蓝皮书
甘肃舆情分析与预测（2016）
著(编)者:陈双梅 郝树声 2016年1月出版 / 估价:79.00元

甘肃蓝皮书
甘肃商务发展报告（2016）
著(编)者:杨志武 王福生 王晓芳
2016年1月出版 / 估价:69.00元

广东蓝皮书
广东全面深化改革发展报告（2016）
著(编)者:周林生 涂成林 2016年11月出版 / 估价:69.00元

广东蓝皮书
广东社会工作发展报告（2016）
著(编)者:罗观翠 2016年6月出版 / 估价:89.00元

广东蓝皮书
广东省电子商务发展报告（2016）
著(编)者:程晓 邓顺国 2016年7月出版 / 估价:79.00元

广东社会建设蓝皮书
广东省社会建设发展报告（2016）
著(编)者:广东省社会工作委员会
2016年12月出版 / 估价:99.00元

广东外经贸蓝皮书
广东对外经济贸易发展研究报告（2015~2016）
著(编)者:陈万灵 2016年5月出版 / 估价:89.00元

广西北部湾经济区蓝皮书
广西北部湾经济区开放开发报告（2016）
著(编)者:广西北部湾经济区规划建设管理委员会办公室
广西社会科学院广西北部湾发展研究院
2016年10月出版 / 估价:79.00元

广州蓝皮书
2016年中国广州经济形势分析与预测
著(编)者:庾建设 沈奎 谢博能 2016年6月出版 / 估价:79.00元

广州蓝皮书
2016年中国广州社会形势分析与预测
著(编)者:张强 陈怡霓 杨秦 2016年6月出版 / 估价:79.00元

广州蓝皮书
广州城市国际化发展报告（2016）
著(编)者:朱名宏 2016年11月出版 / 估价:69.00元

广州蓝皮书
广州创新型城市发展报告（2016）
著(编)者:尹涛 2016年10月出版 / 估价:69.00元

广州蓝皮书
广州经济发展报告（2016）
著(编)者:朱名宏 2016年7月出版 / 估价:69.00元

广州蓝皮书
广州农村发展报告（2016）
著(编)者:朱名宏 2016年8月出版 / 估价:69.00元

广州蓝皮书
广州汽车产业发展报告（2016）
著(编)者:杨再高 冯兴亚 2016年9月出版 / 估价:69.00元

广州蓝皮书
广州青年发展报告（2015～2016）
著(编)者:魏国华 张强 2016年7月出版 / 估价:69.00元

广州蓝皮书
广州商贸业发展报告（2016）
著(编)者:李江涛 肖振宇 荀振英
2016年7月出版 / 估价:69.00元

广州蓝皮书
广州社会保障发展报告（2016）
著(编)者:蔡国萱 2016年10月出版 / 估价:65.00元

广州蓝皮书
广州文化创意产业发展报告（2016）
著(编)者:甘新 2016年8月出版 / 估价:79.00元

广州蓝皮书
中国广州城市建设与管理发展报告（2016）
著(编)者:董皞 陈小钢 李江涛 2016年7月出版 / 估价:69.00元

广州蓝皮书
中国广州科技和信息化发展报告（2016）
著(编)者:邹采荣 马正勇 冯 元 2016年8月出版 / 估价:79.00元

广州蓝皮书
中国广州文化发展报告（2016）
著(编)者:徐俊忠 陆志强 顾涧清 2016年7月出版 / 估价:69.00元

贵阳蓝皮书
贵阳城市创新发展报告•白云篇（2016）
著(编)者:连玉明 2016年10月出版 / 估价:89.00元

贵阳蓝皮书
贵阳城市创新发展报告•观山湖篇（2016）
著(编)者:连玉明 2016年10月出版 / 估价:89.00元

贵阳蓝皮书
贵阳城市创新发展报告•花溪篇（2016）
著(编)者:连玉明 2016年10月出版 / 估价:89.00元

贵阳蓝皮书
贵阳城市创新发展报告•开阳篇（2016）
著(编)者:连玉明 2016年10月出版 / 估价:89.00元

贵阳蓝皮书
贵阳城市创新发展报告•南明篇（2016）
著(编)者:连玉明 2016年10月出版 / 估价:89.00元

贵阳蓝皮书
贵阳城市创新发展报告•清镇篇（2016）
著(编)者:连玉明 2016年10月出版 / 估价:89.00元

贵阳蓝皮书
贵阳城市创新发展报告•乌当篇（2016）
著(编)者:连玉明 2016年10月出版 / 估价:89.00元

贵阳蓝皮书
贵阳城市创新发展报告•息烽篇（2016）
著(编)者:连玉明 2016年10月出版 / 估价:89.00元

贵阳蓝皮书
贵阳城市创新发展报告•修文篇（2016）
著(编)者:连玉明 2016年10月出版 / 估价:89.00元

贵阳蓝皮书
贵阳城市创新发展报告•云岩篇（2016）
著(编)者:连玉明 2016年10月出版 / 估价:89.00元

贵州房地产蓝皮书
贵州房地产发展报告NO.3（2016）
著(编)者:武廷方 2016年6月出版 / 估价:89.00元

贵州蓝皮书
册亨经济社会发展报告 (2016)
著(编)者:黄德林 2016年1月出版 / 估价:69.00元

贵州蓝皮书
贵安新区发展报告（2016）
著(编)者:马长青 吴大华 2016年4月出版 / 估价:69.00元

贵州蓝皮书
贵州法治发展报告（2016）
著(编)者:吴大华 2016年5月出版 / 估价:79.00元

贵州蓝皮书
贵州民航业发展报告（2016）
著(编)者:申振东 吴大华 2016年10月出版 / 估价:69.00元

贵州蓝皮书
贵州人才发展报告（2016）
著(编)者:于杰 吴大华 2016年9月出版 / 估价:69.00元

贵州蓝皮书
贵州社会发展报告（2016）
著(编)者:王兴骥 2016年5月出版 / 估价:79.00元

海淀蓝皮书
海淀区文化和科技融合发展报告（2016）
著(编)者:陈名杰 孟景伟 2016年5月出版 / 估价:75.00元

海峡西岸蓝皮书
海峡西岸经济区发展报告（2016）
著(编)者:福建省人民政府发展研究中心
福建省人民政府发展研究中心咨询服务中心
2016年9月出版 / 估价:65.00元

杭州都市圈蓝皮书
杭州都市圈发展报告（2016）
著(编)者:董祖德 沈翔 2016年5月出版 / 估价:89.00元

杭州蓝皮书
杭州妇女发展报告（2016）
著(编)者:魏颖 2016年4月出版 / 估价:79.00元

河北经济蓝皮书
河北省经济发展报告（2016）
著(编)者:马树强 金浩 刘兵 张贵
2016年3月出版 / 估价:89.00元

河北蓝皮书
河北经济社会发展报告（2016）
著(编)者:周文夫 2016年1月出版 / 估价:79.00元

河北食品药品安全蓝皮书
河北食品药品安全研究报告（2016）
著(编)者:丁锦霞 2016年6月出版 / 估价:79.00元

河南经济蓝皮书
2016年河南经济形势分析与预测
著(编)者:胡五岳 2016年2月出版 / 估价:69.00元

河南蓝皮书
2016年河南社会形势分析与预测
著(编)者:刘道兴 牛苏林 2016年4月出版 / 估价:69.00元

河南蓝皮书
河南城市发展报告（2016）
著(编)者:谷建全 王建国 2016年3月出版 / 估价:79.00元

河南蓝皮书
河南法治发展报告（2016）
著(编)者:丁同民 闫德民 2016年6月出版 / 估价:79.00元

河南蓝皮书
河南工业发展报告（2016）
著(编)者:龚绍东 赵西三 2016年1月出版 / 估价:79.00元

河南蓝皮书
河南金融发展报告（2016）
著(编)者:河南省社会科学院
2016年6月出版 / 估价:69.00元

河南蓝皮书
河南经济发展报告（2016）
著(编)者:河南省社会科学院
2016年12月出版 / 估价:79.00元

河南蓝皮书
河南农业农村发展报告（2016）
著(编)者:吴海峰 2016年4月出版 / 估价:69.00元

河南蓝皮书
河南文化发展报告（2016）
著(编)者:卫绍生 2016年3月出版 / 估价:79.00元

河南商务蓝皮书
河南商务发展报告（2016）
著(编)者:焦锦淼 穆荣国 2016年4月出版 / 估价:88.00元

黑龙江产业蓝皮书
黑龙江产业发展报告（2016）
著(编)者:于渤 2016年10月出版 / 估价:79.00元

黑龙江蓝皮书
黑龙江经济发展报告（2016）
著(编)者:曲伟 2016年1月出版 / 估价:79.00元

黑龙江蓝皮书
黑龙江社会发展报告（2016）
著(编)者:张新颖 2016年1月出版 / 估价:79.00元

湖南城市蓝皮书
区域城市群整合（主题待定）
著(编)者:童中贤 韩未名 2016年12月出版 / 估价:79.00元

湖南蓝皮书
2016年湖南产业发展报告
著(编)者:梁志峰 2016年5月出版 / 估价:98.00元

湖南蓝皮书
2016年湖南电子政务发展报告
著(编)者:梁志峰 2016年5月出版 / 估价:98.00元

湖南蓝皮书
2016年湖南经济展望
著(编)者:梁志峰 2016年5月出版 / 估价:128.00元

湖南蓝皮书
2016年湖南两型社会与生态文明发展报告
著(编)者:梁志峰 2016年5月出版 / 估价:98.00元

湖南蓝皮书
2016年湖南社会发展报告
著(编)者:梁志峰 2016年5月出版 / 估价:88.00元

湖南蓝皮书
2016年湖南县域经济社会发展报告
著(编)者:梁志峰 2016年5月出版 / 估价:98.00元

湖南蓝皮书
湖南城乡一体化发展报告（2016）
著(编)者:陈文胜 刘祚祥 邝奕轩 等
2016年7月出版 / 估价:89.00元

湖南县域绿皮书
湖南县域发展报告 NO.3
著(编)者:袁准 周小毛 2016年9月出版 / 估价:69.00元

沪港蓝皮书
沪港发展报告（2015～2016）
著(编)者:尤安山 2016年4月出版 / 估价:89.00元

吉林蓝皮书
2016年吉林经济社会形势分析与预测
著(编)者:马克 2016年2月出版 / 估价:89.00元

济源蓝皮书
济源经济社会发展报告（2016）
著(编)者:喻新安 2016年4月出版 / 估价:69.00元

健康城市蓝皮书
北京健康城市建设研究报告（2016）
著(编)者:王鸿春 2016年4月出版 / 估价:79.00元

江苏法治蓝皮书
江苏法治发展报告 NO.5（2016）
著(编)者:李力 龚廷泰 2016年9月出版 / 估价:98.00元

江西蓝皮书
江西经济社会发展报告（2016）
著(编)者:张勇 姜玮 梁勇 2016年10月出版 / 估价:79.00元

江西文化产业蓝皮书
江西文化产业发展报告（2016）
著(编)者:张圣才 汪春翔 2016年10月出版 / 估价:128.00元

经济特区蓝皮书
中国经济特区发展报告（2016）
著(编)者:陶一桃 2016年12月出版 / 估价:89.00元

辽宁蓝皮书
2016年辽宁经济社会形势分析与预测
著(编)者:曹晓峰 张晶 梁启东
2016年12月出版 / 估价:79.00元

拉萨蓝皮书
拉萨法治发展报告（2016）
著(编)者:车明怀 2016年7月出版 / 估价:79.00元

洛阳蓝皮书
洛阳文化发展报告（2016）
著(编)者:刘福兴 陈启明 2016年7月出版 / 估价:79.00元

南京蓝皮书
南京文化发展报告（2016）
著(编)者:徐宁 2016年12月出版 / 估价:79.00元

内蒙古蓝皮书
内蒙古反腐倡廉建设报告 NO.2
著(编)者:张志华 无极 2016年12月出版 / 估价:69.00元

浦东新区蓝皮书
上海浦东经济发展报告（2016）
著(编)者:沈开艳 陆沪根　2016年1月出版 / 估价:69.00元

青海蓝皮书
2016年青海经济社会形势分析与预测
著(编)者:赵宗福　2015年12月出版 / 估价:69.00元

人口与健康蓝皮书
深圳人口与健康发展报告（2016）
著(编)者:陆杰华 罗乐宣 苏杨
2016年11月出版 / 估价:89.00元

山东蓝皮书
山东经济形势分析与预测（2016）
著(编)者:李广杰　2016年11月出版 / 估价:89.00元

山东蓝皮书
山东社会形势分析与预测（2016）
著(编)者:涂可国　2016年6月出版 / 估价:89.00元

山东蓝皮书
山东文化发展报告（2016）
著(编)者:张华 唐洲雁　2016年6月出版 / 估价:98.00元

山西蓝皮书
山西资源型经济转型发展报告（2016）
著(编)者:李志强　2016年5月出版 / 估价:89.00元

陕西蓝皮书
陕西经济发展报告（2016）
著(编)者:任宗哲 白宽犁 裴成荣
2016年1月出版 / 估价:69.00元

陕西蓝皮书
陕西社会发展报告（2016）
著(编)者:任宗哲 白宽犁 牛昉
2016年1月出版 / 估价:69.00元

陕西蓝皮书
陕西文化发展报告（2016）
著(编)者:任宗哲 白宽犁 王长寿
2016年1月出版 / 估价:65.00元

陕西蓝皮书
丝绸之路经济带发展报告（2016）
著(编)者:任宗哲 石英 白宽犁
2016年8月出版 / 估价:79.00元

上海蓝皮书
上海传媒发展报告（2016）
著(编)者:强荧 焦雨虹　2016年1月出版 / 估价:69.00元

上海蓝皮书
上海法治发展报告（2016）
著(编)者:叶青　2016年5月出版 / 估价:69.00元

上海蓝皮书
上海经济发展报告（2016）
著(编)者:沈开艳　2016年1月出版 / 估价:69.00元

上海蓝皮书
上海社会发展报告（2016）
著(编)者:杨雄 周海旺　2016年1月出版 / 估价:69.00元

上海蓝皮书
上海文化发展报告（2016）
著(编)者:荣跃明　2016年1月出版 / 估价:74.00元

上海蓝皮书
上海文学发展报告（2016）
著(编)者:陈圣来　2016年1月出版 / 估价:69.00元

上海蓝皮书
上海资源环境发展报告（2016）
著(编)者:周冯琦 汤庆合 任文伟
2016年1月出版 / 估价:69.00元

上饶蓝皮书
上饶发展报告（2015～2016）
著(编)者:朱寅健　2016年3月出版 / 估价:128.00元

社会建设蓝皮书
2016年北京社会建设分析报告
著(编)者:宋贵伦 冯虹　2016年7月出版 / 估价:79.00元

深圳蓝皮书
深圳法治发展报告（2016）
著(编)者:张骁儒　2016年5月出版 / 估价:69.00元

深圳蓝皮书
深圳经济发展报告（2016）
著(编)者:张骁儒　2016年6月出版 / 估价:89.00元

深圳蓝皮书
深圳劳动关系发展报告（2016）
著(编)者:汤庭芬　2016年6月出版 / 估价:79.00元

深圳蓝皮书
深圳社会建设与发展报告（2016）
著(编)者:张骁儒 陈东平　2016年6月出版 / 估价:79.00元

深圳蓝皮书
深圳文化发展报告(2016)
著(编)者:张骁儒　2016年1月出版 / 估价:69.00元

四川法治蓝皮书
四川依法治省年度报告 NO.2（2016）
著(编)者:李林 杨天宗 田禾
2016年3月出版 / 估价:108.00元

四川蓝皮书
2016年四川经济形势分析与预测
著(编)者:杨钢　2016年1月出版 / 估价:89.00元

四川蓝皮书
四川城镇化发展报告（2016）
著(编)者:侯水平 范秋美　2016年4月出版 / 估价:79.00元

四川蓝皮书
四川法治发展报告（2016）
著(编)者:郑泰安　2016年1月出版 / 估价:69.00元

四川蓝皮书
四川企业社会责任研究报告（2015～2016）
著(编)者:侯水平 盛毅 2016年4月出版 / 估价:79.00元

四川蓝皮书
四川社会发展报告（2016）
著(编)者:郭晓鸣 2016年4月出版 / 估价:79.00元

四川蓝皮书
四川生态建设报告（2016）
著(编)者:李晟之 2016年4月出版 / 估价:79.00元

四川蓝皮书
四川文化产业发展报告（2016）
著(编)者:侯水平 2016年4月出版 / 估价:79.00元

体育蓝皮书
上海体育产业发展报告（2015～2016）
著(编)者:张林 黄海燕 2016年10月出版 / 估价:79.00元

体育蓝皮书
长三角地区体育产业发展报告（2015～2016）
著(编)者:张林 2016年4月出版 / 估价:79.00元

天津金融蓝皮书
天津金融发展报告（2016）
著(编)者:王爱俭 孔德昌 2016年9月出版 / 估价:89.00元

图们江区域合作蓝皮书
图们江区域合作发展报告（2016）
著(编)者:李铁 2016年4月出版 / 估价:98.00元

温州蓝皮书
2016年温州经济社会形势分析与预测
著(编)者:潘忠强 王春光 金浩 2016年4月出版 / 估价:69.00元

扬州蓝皮书
扬州经济社会发展报告（2016）
著(编)者:丁纯 2016年12月出版 / 估价:89.00元

长株潭城市群蓝皮书
长株潭城市群发展报告（2016）
著(编)者:张萍 2016年10月出版 / 估价:69.00元

郑州蓝皮书
2016年郑州文化发展报告
著(编)者:王哲 2016年9月出版 / 估价:65.00元

中医文化蓝皮书
北京中医药文化传播发展报告（2016）
著(编)者:毛嘉陵 2016年5月出版 / 估价:79.00元

珠三角流通蓝皮书
珠三角商圈发展研究报告（2016）
著(编)者:王先庆 林至颖 2016年7月出版 / 估价:98.00元

遵义蓝皮书
遵义发展报告（2016）
著(编)者:曾征 龚永育 2016年12月出版 / 估价:69.00元

国别与地区类

阿拉伯黄皮书
阿拉伯发展报告（2015～2016）
著(编)者:罗林 2016年11月出版 / 估价:79.00元

北部湾蓝皮书
泛北部湾合作发展报告（2016）
著(编)者:吕余生 2016年10月出版 / 估价:69.00元

大湄公河次区域蓝皮书
大湄公河次区域合作发展报告（2016）
著(编)者:刘稚 2016年9月出版 / 估价:79.00元

大洋洲蓝皮书
大洋洲发展报告（2015～2016）
著(编)者:喻常森 2016年10月出版 / 估价:89.00元

德国蓝皮书
德国发展报告（2016）
著(编)者:郑春荣 伍慧萍
2016年5月出版 / 估价:69.00元

东北亚黄皮书
东北亚地区政治与安全（2016）
著(编)者:黄凤志 刘清才 张慧智 等
2016年5月出版 / 估价:69.00元

东盟黄皮书
东盟发展报告（2016）
著(编)者:杨晓强 庄国土 2016年12月出版 / 估价:75.00元

东南亚蓝皮书
东南亚地区发展报告（2015～2016）
著(编)者:厦门大学东南亚研究中心 王勤
2016年4月出版 / 估价:79.00元

俄罗斯黄皮书
俄罗斯发展报告（2016）
著(编)者:李永全 2016年7月出版 / 估价:79.00元

非洲黄皮书
非洲发展报告 NO.18（2015～2016）
著(编)者:张宏明 2016年9月出版 / 估价:79.00元

国际形势黄皮书
全球政治与安全报告（2016）
著(编)者:李慎明　张宇燕
2015年12月出版 / 定价:69.00元

韩国蓝皮书
韩国发展报告（2016）
著(编)者:牛林杰 刘宝全
2016年12月出版 / 估价:89.00元

加拿大蓝皮书
加拿大发展报告（2016）
著(编)者:仲伟合　2016年4月出版 / 估价:89.00元

拉美黄皮书
拉丁美洲和加勒比发展报告（2015～2016）
著(编)者:吴白乙　2016年5月出版 / 估价:89.00元

美国蓝皮书
美国研究报告（2016）
著(编)者:郑秉文 黄平
2016年6月出版 / 估价:89.00元

缅甸蓝皮书
缅甸国情报告（2016）
著(编)者:李晨阳　2016年8月出版 / 估价:79.00元

欧洲蓝皮书
欧洲发展报告（2015～2016）
著(编)者:周弘 黄平 江时学
2016年7月出版 / 估价:89.00元

日本经济蓝皮书
日本经济与中日经贸关系研究报告（2016）
著(编)者:王洛林 张季风
2016年5月出版 / 估价:79.00元

日本蓝皮书
日本研究报告（2016）
著(编)者:李薇　2016年4月出版 / 估价:69.00元

上海合作组织黄皮书
上海合作组织发展报告（2016）
著(编)者:李进峰 吴宏伟 李伟
2016年7月出版 / 估价:98.00元

世界创新竞争力黄皮书
世界创新竞争力发展报告（2016）
著(编)者:李闽榕 李建平 赵新力
2016年1月出版 / 估价:148.00元

土耳其蓝皮书
土耳其发展报告（2016）
著(编)者:郭长刚 刘义　2016年7月出版 / 估价:69.00元

亚太蓝皮书
亚太地区发展报告（2016）
著(编)者:李向阳　2016年1月出版 / 估价:69.00元

印度蓝皮书
印度国情报告（2016）
著(编)者:吕昭义　2016年5月出版 / 估价:89.00元

印度洋地区蓝皮书
印度洋地区发展报告（2016）
著(编)者:汪戎　2016年5月出版 / 估价:89.00元

英国蓝皮书
英国发展报告（2015～2016）
著(编)者:王展鹏　2016年10月出版 / 估价:89.00元

越南蓝皮书
越南国情报告（2016）
著(编)者:广西社会科学院 罗梅 李碧华
2016年8月出版 / 估价:69.00元

越南蓝皮书
越南经济发展报告（2016）
著(编)者:黄志勇　2016年10月出版 / 估价:69.00元

以色列蓝皮书
以色列发展报告（2016）
著(编)者:张倩红　2016年9月出版 / 估价:89.00元

中东黄皮书
中东发展报告 No.18（2015～2016）
著(编)者:杨光　2016年10月出版 / 估价:89.00元

中欧关系蓝皮书
中欧关系研究报告（2016）
著(编)者:周弘　2016年12月出版 / 估价:98.00元

中亚黄皮书
中亚国家发展报告（2016）
著(编)者:孙力 吴宏伟　2016年8月出版 / 估价:89.00元

皮书起源

“皮书”起源于十七、十八世纪的英国，主要指官方或社会组织正式发表的重要文件或报告，多以“白皮书”命名。在中国，“皮书”这一概念被社会广泛接受，并被成功运作、发展成为一种全新的出版形态，则源于中国社会科学院社会科学文献出版社。

皮书定义

皮书是对中国与世界发展状况和热点问题进行年度监测，以专业的角度、专家的视野和实证研究方法，针对某一领域或区域现状与发展态势展开分析和预测，具备原创性、实证性、专业性、连续性、前沿性、时效性等特点的公开出版物，由一系列权威研究报告组成。

皮书作者

皮书系列的作者以中国社会科学院、著名高校、地方社会科学院的研究人员为主，多为国内一流研究机构的权威专家学者，他们的看法和观点代表了学界对中国与世界的现实和未来最高水平的解读与分析。

皮书荣誉

皮书系列已成为社会科学文献出版社的著名图书品牌和中国社会科学院的知名学术品牌。2011 年，皮书系列正式列入“十二五”国家重点出版规划项目；2012~2015 年，重点皮书列入中国社会科学院承担的国家哲学社会科学创新工程项目；2016 年，46 种院外皮书使用“中国社会科学院创新工程学术出版项目”标识。

中国皮书网

www.pishu.cn

发布皮书研创资讯，传播皮书精彩内容

引领皮书出版潮流，打造皮书服务平台

栏目设置：

□ 资讯：皮书动态、皮书观点、皮书数据、皮书报道、皮书发布、电子期刊

□ 标准：皮书评价、皮书研究、皮书规范

□ 服务：最新皮书、皮书书目、重点推荐、在线购书

□ 链接：皮书数据库、皮书博客、皮书微博、在线书城

□ 搜索：资讯、图书、研究动态、皮书专家、研创团队

中国皮书网依托皮书系列“权威、前沿、原创”的优质内容资源，通过文字、图片、音频、视频等多种元素，在皮书研创者、使用者之间搭建了一个成果展示、资源共享的互动平台。

自2005年12月正式上线以来，中国皮书网的IP访问量、PV浏览量与日俱增，受到海内外研究者、公务人员、商务人士以及专业读者的广泛关注。

2008年、2011年，中国皮书网均在全国新闻出版业网站荣誉评选中获得“最具商业价值网站”称号；2012年，获得“出版业网站百强”称号。

2014年，中国皮书网与皮书数据库实现资源共享，端口合一，将提供更丰富的内容，更全面的服务。

权威报告 热点资讯 海量资源

当代中国与世界发展的高端智库平台

皮书数据库 www.pishu.com.cn

皮书数据库是专业的人文社会科学综合学术资源总库，以大型连续性图书——皮书系列为基础，整合国内外相关资讯构建而成。包含六大子库，涵盖两百多个主题，囊括了近十几年间中国与世界经济社会发展报告，覆盖经济、社会、政治、文化、教育、国际问题等多个领域。

皮书数据库以篇章为基本单位，方便用户对皮书内容的阅读需求。用户可进行全文检索，也可对文献题目、内容提要、作者名称、作者单位、关键字等基本信息进行检索，还可对检索到的篇章再做二次筛选，进行在线阅读或下载阅读。智能多维度导航，可使用户根据自己熟知的分类标准进行分类导航筛选，使查找和检索更高效、便捷。

权威的研究报告，独特的调研数据，前沿的热点资讯，皮书数据库已发展成为国内最具影响力的关于中国与世界现实问题研究的成果库和资讯库。

皮书俱乐部会员服务指南

1. 谁能成为皮书俱乐部成员?

- 皮书作者自动成为俱乐部会员
- 购买了皮书产品（纸质书/电子书）的个人用户

2. 会员可以享受的增值服务

- 免费获赠皮书数据库100元充值卡
- 加入皮书俱乐部，免费获赠该纸质图书的电子书
- 免费定期获赠皮书电子期刊
- 优先参与各类皮书学术活动
- 优先享受皮书产品的最新优惠

3. 如何享受增值服务?

（1）免费获赠100元皮书数据库体验卡

第1步 刮开皮书附赠充值的涂层（右下）；

第2步 登录皮书数据库网站（www.pishu.com.cn），注册账号；

第3步 登录并进入“会员中心”—“在线充值”—“充值卡充值”，充值成功后即可使用。

（2）加入皮书俱乐部，凭数据库体验卡获赠该书的电子书

第1步 登录社会科学文献出版社官网（www.ssap.com.cn），注册账号；

第2步 登录并进入“会员中心”—“皮书俱乐部”，提交加入皮书俱乐部申请；

第3步 审核通过后，再次进入皮书俱乐部，填写页面所需图书、体验卡信息即可自动兑换相应电子书。

4. 声明

解释权归社会科学文献出版社所有

四川蓝皮书编委会

主要编撰者简介

杨　钢　经济学硕士，研究员，研究生导师，四川省社会科学院副院长，四川大学兼职教授。享受国务院特殊津贴的专家，四川省有突出贡献的中青年优秀专家，曾为四川省科技顾问团顾问，四川省学术技术带头人。主要研究领域：宏观经济学、产业经济学。主持、主研国家基金课题和省规划课题十余项，出版学术专著、公开发表学术论文百余本（篇），获四川省人民政府二等奖四项、三等奖六项。多项政策建议被省委省政府采纳。

达　捷　经济学博士，研究员，西南财经大学客座教授，四川省社会科学院产业经济研究所所长，四川省学术和技术带头人后备人选。长期从事产业经济、金融投资与资本市场领域的研究以及政府和企业顾问工作。出版学术专著、在经济类核心学术刊物发表论文及主持、参与各类课题研究计数十项，荣获多项优秀科研成果奖且多项成果成为政府决策的参考。

陈　映　经济学博士，研究员，硕士生导师，四川省社会科学院产业经济研究所副所长、《经济体制改革》杂志副主编。长期从事区域经济、产业经济等领域研究工作。近年来，独著和合著学术专著十余部，在CSSCI来源期刊上发表论文数十篇，主持和主研国家社会科学基金课题和省级规划课题数十项。获第五届吴玉章人文社会科学优秀奖1项，获四川省哲学社会科学优秀成果一等奖2项、二等奖2项、三等奖1项。

魏良益　管理学博士，副研究员，四川省社会科学院乐山分院副院长，四川省社会科学院产业经济研究所产业投资与资本营运研究室主任。主要研究领域：产业经济、企业管理、创业与创新管理。主要研究成果：主持国家社科基金课题1项；主持省软科学计划课题2项；主研省规划课题多项，主研省部级横向课题多项；对策建议多项获省领导批示；公开发表论文数十篇（CSSCI）。

摘　要

《2016 年四川经济形势分析与预测》一书，由四川省社会科学院产业经济研究所具体负责，并整合政府部门、高等院校等科研力量共同编撰而成。全书共五个部分：第一部分为“总报告”，对经济新常态背景下四川经济运行的总体情况进行了分析，对 2016 年经济发展走势进行了预测；第二部分为“综合篇”，包括四川固定资产投资、消费、金融、进出口等的分析与预测；第三部分为“区域篇”，对成都经济区、川东北经济区、攀西经济区和川西北经济区经济发展进行了分析与预判；第四部分为“产业与行业篇”，涵盖四川三次产业、部分重点产业和行业的分析与预测；第五部分为“专题篇”，涉及四川经济发展以及全面深化改革中的重点、难点问题，如新型城镇化建设、县域经济发展、混合所有制发展、民族地区发展、人口与劳动就业、农民工住房保障、上市公司运行；等等。

目录

Ⅳ 产业与行业篇

Ⅴ 专题篇

皮书数据库阅读使用指南

前 言

四川省地处中国的西南腹地，辖区面积48.6万平方公里，居中国第5位，辖21个市（州），183个县（市、区），山青、水秀、人美，宜居、宜业、宜商，素有“天府之国”的美誉。四川是我国的资源大省、人口大省、经济大省，人口和经济总量均居西部首位，产业种类完备，市场潜力巨大，在西部经济版图中具有举足轻重的地位。经历了汶川地震和芦山地震洗礼的四川各族人民，展现出开放包容、团结奋进、越挫越勇的精神风貌，在这片充满诗情画意的土地上书写着从悲壮走向豪迈的壮丽篇章。

近年来，四川省经济发展受到了全球经济复苏乏力和国内经济下行压力较大的严重影响，在党中央、国务院和四川省省委、省政府的坚强领导下，面对芦山强烈地震、特大暴雨洪灾等重大自然灾害和多重困难叠加的严峻考验，全省坚持经济发展的工作重心不动摇，认真贯彻落实稳增长、促改革、调结构、惠民生系列重大决策部署和政策措施，抢抓国家稳增长政策机遇，加快经济转型升级，加大投资力度，狠抓工业回升，落实“楼市新政”，有效防止了经济增速过快下滑，确保了经济发展总体平稳、稳中有升。

2016年是实施“十三五”规划的开局之年，也是全省经济发展承前启后、攻坚克难的关键时期。四川经济不仅有中国经济进入新常态后的四大变化，也有自身的一些特点。第一，传统比较优势虽然显著削弱，但发展劳动密集、资源密集、资金密集与一定技术结合的产业，有比东部更大的优势。第二，四川及其邻近省市区对家电、住房、汽车等的排浪式消费浪潮，虽在迅速减弱，但仍然有更大可拓展空间。第三，由于改革开放的步伐明显滞后于东部，人才、技术、劳动力、现有产能、经济结构等方面，有比东部更大的弹性和挖掘空间。第四，四川在汶川灾后重建期间发力较猛，不少基础设施项目提前建设，部分要素潜力过度挖掘，虽然增长速度显著快于全国，但也导致政府、国有融资平台和部分企业的负债过大。综合分析，四川经济也进入阶段转换期，成就过去奇迹的时代正在逐步消失，只是在时间上比全国略为滞后几年，有着更多一些的回旋空间。如何认识和抓住当前的重大历史机遇，找准发展定位，明确发展目标，制订发展规划，构建现代产业体系，以实现四川省经济在总量、结构、质量上有重大提升，让全省的重要支柱产业在国际分工体系中占有一席之地，让各种重要产品参与国际市场大流通，成为我们必须面对的重大问题。而要全面、深刻认识四川省经济发展面临的新问题、新机遇，就需要大批经济、管理、法律、金融等领域的专家学者辛勤工作。

本书以四川省经济发展面临的新环境、新机遇为出发点，以四川省经济问题为主要研究对象，以为省委省政府进行经济发展战略决策、制定经济宏观调控政策提供对策建议为主要目标，充分调动全社会各种资源为全省经济发展服务。本书在分析2015年全省各项经济工作的基础上，对2016年全省经济发展形势做出了初步分析和预测。全书分为总报告、综合篇、区域篇、产业与行业篇、专题篇五大部分。其中，总报告主要对全省总体经济发展进行了分析与预测；综合篇，主要对固定资产投资、消费、金融、进出口等宏观经济形势做出了分析和预判；区域篇，重点对成都经济区、川东北经济区、攀西经济区、川西北经济区等区域经济发展形势做了分析和预测；产业与行业篇，重点对四川省农业、工业、服务业、能源电力产业、房地产业、汽车产业、旅游产业、信息安全产业等做了分析和预测；专题篇，对四川省新型城镇化建设、县域经济、农民工住房保障、生物医药产业实施知识产权保护、民族地区经济社会发展、现代中药产业发展、银行业金融总量与地区经济增长、民营企业“走出去”、上市公司运行、油气装备制造业知识产权、我国西部地区农村信用合作社发展模式等重点、热点问题进行了研究与分析。

本书各报告由四川省社会科学院、四川省商务厅、四川省农业大学、金融投资报、西南石油大学等单位的专家学者撰写，得到了省统计局、省发改委、省经信委、省财政厅、省商务厅、省科技厅、省住建厅、省农业厅、省人社厅、省民委、中国人民银行四川省分行等单位的大力支持，在此一并表示感谢。

本书的编撰和出版得到了社会科学文献出版社的领导和同仁的帮助和支持，在此表示深深的感谢！

由于编撰经验不足，编撰过程中的缺点和不足在所难免，敬请各位同行和广大读者指正。

总报告

General Report

B.1

对2016年和“十三五”期间四川省经济形势的分析及建议

盛 毅 李雷雷*

摘 要： 2015年，四川经济相继出现了一些新的情况。增长速度回落幅度收窄，动力不足矛盾更为明显；消费增长相对平稳，投资和出口继续回落；部分传统产业回暖，新兴产业增速减缓；重点城市增速放慢，新兴城市增速居前。展望今后几年，GDP增速有望实现7%~8%。消费增长可保持在8%~9%的水平，每年可贡献4个百分点以上。投资增速可能下降到10%左右，每年贡献约3个百分点。包括省际贸易在内的“贸易逆差”将转为“贸易顺差”。

关键词： 经济形势 稳增长 四川省

* 盛毅，四川省社会科学院副院长兼四川省对策研究中心秘书长，研究员，四川省有突出贡献的优秀专家，主要研究领域为产业经济、企业管理；李雷雷，四川省社会科学院产业经济研究所硕士研究生，主要研究方向为产业经济、宏观经济。

2015 年，既可能是四川经济增长速度由快速回落转向开始触底的一年，也可能是结构调整由以做“减法”为主开始转向以做“加法”为主的一年，还可能是稳增长措施从以政策激励为主开始转向以体制创新为主的一年。分析 2015 年经济发展状况和特点，预测下一阶段的走势，有助于把握大势，采取更加具有针对性的政策措施。

一 2015年的经济走势及特点

四川上半年经济增长速度与全国走势基本一致，比前两年回落幅度缩小，波动范围收窄，总体表现平稳。一季度地区生产总值增速为7.4%，上半年略为回升到8%，前三季度继续保持8%；预计全年能够实现8%左右的目标，比全国高 1.1 个百分点，在全国各省市中排第 16 位左右，在经济大省中排 4 ~5 位，地区生产总值超过辽宁升至全国第 7 位。1 ~9 月全社会固定资产投资增长 11.7%，比全国高 1.4 个百分点。规模以上工业增加值增长 8%，比全国高 1.8 个百分点。第三产业增加值增长 9.5%，也高于全国 1 个百分点。全社会商品零售总额增长 12%，比全国高 1.5 个百分点。粮食继续保持稳产的局面。社会商品零售物价指数低于 2%，工业品出厂价格与全国一样，持续 40 多个月负增长。地方一般公共预算收入增长虽然只有个位数，上半年仅为 6%，但增速比第一季度有所提高。规模以上工业企业利润总额虽然接近零增长，但同期全国工业企业利润总额同比是下降的。前三季度四川居民人均可支配收入同比增长 9.5%。其中城镇居民人均可支配收入 19475 元，增长 8.4%；农村居民人均可支配收入 7517 元，增长 10%，高于全国平均增幅 0.5 个百分点。主要指标达到或超过预期目标并高于全国平均水平。

表 1 2014 年与 2015 年前三季度全国各省市 GDP

单位：亿元，%

名次	地 区	2015 年前三季度	2014 年	GDP 增速
1	广 东	52522	48131	7.9
2	江 苏	51202	45642.77	8.5
3	山 东	45713	42814.23	8.0
4	浙 江	29684	27822	8.0

续表

名次	地　区	2015 年前三季度	2014 年	GDP 增速
5	河　南	26927	25445	8.2
6	河　北	21280	21710	6.5
7	四　川	22120	20682	8.0
8	辽　宁	—	20361.68	—
9	湖　北	20423.41	18874.15	8.8
10	湖　南	20250.50	18531.24	8.7
11	上　海	17866.24	16607.08	6.8
12	福　建	16398.67	15215.75	9.0
13	北　京	16002.40	14774.06	6.7
14	安　徽	15628.20	14709.50	8.7
15	内蒙古	12093	11709.03	7.5
16	陕　西	12334.66	11567.42	7.6
17	天　津	12321.02	11101.31	9.4
18	江　西	11568.60	10797.91	9.2
19	广　西		9792.20	—
20	重　庆	11252.67	9500.83	11.0
21	山　西	—	9109.90	—
22	黑龙江	—	8987.03	—
23	吉　林	—	8449.09	—
24	云　南	8897.37	8212.42	8.3
25	贵　州	7195.58	6169.53	10.8
26	新　疆	—	5884.48	—
27	甘　肃	4630.46	4430.89	8.0
28	海　南	2643.53	2453.50	8.2
29	宁　夏	—	1880.27	—
30	青　海	1633.66	1541.28	8.3
31	西　藏	—	661.56	
	全　国	487774	457406	6.9

资料来源：各省市统计局网站，空缺部分为未找到当年数据。

2015 年前三季度四川经济运行的主要特点有以下几个。

（一）增长速度回落幅度收窄，短期触底迹象明显

前三季度增长速度在 7.5% ~8% 波动，变动幅度明显小于前几年。与 2014 年相比只小幅回落了 0.5 个百分点，下滑区间明显收窄，预示自 2012 年的经济快速下滑正在宣告结束，尽管二季度的速度快于一季度，创下近几年来

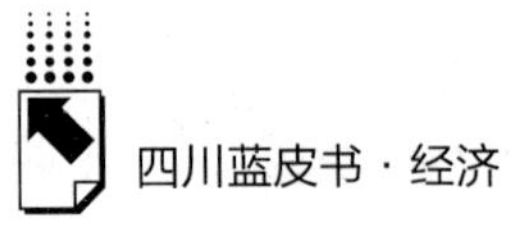

季度最大升幅，有回升的趋势，但三季度又与二季度走平，预计未来一段时间，经济增速可能基本稳定下来，再继续大幅下降的可能性小。

（二）产业结构调整初见成效，新兴产业后劲不足

部分传统优势产业如酒、饮料和精制茶制造业、石油和天然气开采业、非金属矿物制品业经过近两年的调整，2015 年上半年都实现了两位数以上的增速，摆脱下降局面，出现了一定程度回升，对工业的贡献率达到 41.4%，拉动工业增长 3.4 个百分点，对经济增长的贡献增加。而这几年增长很快的电子信息、汽车等，增速显著回落，尤其是电子信息产业，其规模以上电子制造业工业增加值，已经从高峰时增长 30% 以上，下降到 2014 年的 12.8%，2015 年 1 ~7 月则负增长 2.6%，增速总体呈逐月下降态势。计算机行业的低迷成为导致四川省电子制造业负增长的主要因素。2015 年 1 ~7 月，占四川省计算机产业规模比重 70% 的鸿富锦、戴尔、联想、纬创、仁宝 5 家企业中，除纬创公司外，其余公司全部负增长。汽车制造业 2015 年上半年虽增长 12.3%，但比前几年已经大大回落。而 2014 年确定的高端成长型产业发展虽然加快。其中，航空、航天器及设备制造业产值增长 27.1%，信息安全产品产值增长 30%，新能源汽车产量增长近 3 倍，但这类产业基数小，短期难以支持总量过万亿元的工业增长。同时，电力、煤炭、钢铁、水泥、有色金属等产能过剩的矛盾还很突出，调整任务短期难以完成。

（三）消费成为增长主引擎，投资对增长的贡献减弱

消费增长快于投资增长，对稳定经济增长的贡献最大。2015 年 1 ~9 月，社会商品零售总额增速基本保持稳定，其中消费中的部分新业态发展势头强劲，如限额以上批发和零售业通过互联网实现的商品零售额同比增长 70% 以上。旅游、证券等领域也呈现高速增长态势。消费的稳定增长，使第三产业所占比重同比提高 4 个百分点以上。房地产投资继续走弱，2015 年上半年四川商品房销售面积、房地产开发投资增速虽然高于全国增速，其中房地产开发投资增速还比全国高 7.9 个百分点，但与过去几年相比，回落幅度明显。产业投资仍然低迷，基础设施投资增速有所减缓，2015 年 1 ~9 月的投资增速，与近几年同期相比，是较低的一年。投资额大的领域增速均出现回落，导致投资对经济增长的贡献下降。

（四）稳增长盯投资和工业，政策措施出台频繁

四川省委、省政府针对经济下行压力大的实际，及时组织召开片区座谈会，研究推动国家稳增长、促改革、调结构、惠民生系列重大政策措施的对接落实，指导各市（州）围绕“十个抓紧抓实”推动政策落地见效，充分发挥各级各类政策的集成效应。同时，针对督察调研收集的10个方面的问题，及时召开全省投资暨重点项目推进工作现场会和全省铁路建设投资推进工作会，以及工业经济、投资促进等专题会议，集中出台关于加强资源要素价格管理、扩大四川产品销售等4个方面的36条措施和促进房地产市场健康发展的政策措施。其中促进稳增长的36条措施自二季度实施以来，已经收到一定成效。各地根据省里的要求，也出台了关于稳投资、稳工业、稳消费、稳房地产等的政策措施。坚持向改革要动力，进一步简政放权，出台全面推进大众创业、万众创新的意见，制定了2015年“互联网+”重点工作方案，“中国制造2025四川行动纲要”等。

（五）地区间增速排位变化，后发城市跻身前列

前些年发展快的城市如凉山、内江、达州、南充、宜宾、成都、自贡等，由于诸多产业面临产能过剩的调整压力，增长速度明显放慢。而一些过去发展滞后的城市如遂宁、泸州、广安、眉山、资阳等，在基础设施投资和承接产业转移的推动下，增长速度加快，成为全省发展的亮点。

表2　2015年上半年四川各市州GDP增速

单位：%

城　市	增速	城市	增速
遂　宁	13.3	阿坝州	8.4
泸　州	12.1	德　阳	8.3
广　安	10.8	自　贡	8.2
眉　山	10.5	成　都	8
雅　安	9.1	宜　宾	7.8
乐　山	9	南　充	7.3
资　阳	8.9	甘孜州	6.3

续表

城　市	增速	城市	增速
攀枝花	8.8	内　江	5.4
绵　阳	8.7	达　州	5.2
广　元	8.7	凉　山	2.2
巴　中	8.7		

资料来源：四川省统计局网站。

根据以上指标的运行特点，2015 年可能是本轮四川经济增长由急速下降进入企稳的转折点，一些行业出现的积极变化，正在改变未来一段时间四川工业的走势，为“十三五”开局打造良好开端。之所以出现这种情况，得益于四个方面的艰苦努力。第一，中央坚持稳增长的取向，根据形势变化持续推出各种政策措施，创造了相对宽松的宏观经济环境。第二，四川省针对下行压力大于全国的实际，推出了比全国力度更大的稳增长措施，并加大了结构调整和工作督察力度，确保了这些政策措施的落实。第三，企业主动调整产品结构，加快开发新产品和新市场，使传统产业得以止滑回升。第四是公路、铁路、机场、水利、生态建设等投资项目增多，消化了水泥、钢材、有色金属的部分库存，使这类企业有了喘口气的条件；而一些新的消费热点的兴起，尤其是建筑及装潢材料、通信器材、旅游、电子商务等的快速增长，又带动了这类工业的增长。

当然，在看到四川省经济开始回稳的同时，也要看到其结构性矛盾仍然存在，有的方面的矛盾还在加深。要想继续保持经济稳定在现有水平，并力争略有回升，必须充分借助“一带一路”、长江经济带、互联网+、中国制造2025等国家战略和行动方案实施的重大历史机遇，结合我国“十三五”时期的发展谋划，重点抓好新兴行业的引进和培育，加快推进传统工业的技术改造，建设好各种改革创新平台，鼓励探索新的经营模式，进一步改善工业发展的环境，全面检查落实省委、省政府 2015 年已经部署的工业发展任务，促进一些具备条件的工业和生产性服务业项目上马，确保工业和投资回升的势头能够持续，将工业推入稳步增长轨道。

二　对2016年和“十三五”期间经济发展的形势预测

分析 2016 年和“十三五”期间四川的经济形势，预测主要经济指标的走势，需要从中国经济新常态和四川经济新阶段两个视角去认识，在此基础上分析各种新情况和新问题，提出有针对性的建议。

（一）中国经济新常态的实质

中国经济新常态，是对中国经济进入新阶段的形象概括。新阶段（走向成熟阶段）与过去（经济起飞阶段）相比，比较优势迅速削减，传统增长动力明显减弱，由此导致了一系列深刻变化。首先，人力价格、资源价格、环境成本、汇率四者共同上升，使一般加工制造产品缺乏国际竞争力，不仅国外资本不愿意投资这类项目，而且国内的部分产能也开始向国外转移，由此导致传统产业对经济增长的贡献由正转负，同时制约了与之配套的原材料、运输等产业的投资增长。其次，在对大宗消费品如家电、房地产、汽车等的消费呈爆发式增长这一阶段基本结束后，国内需求虽然仍然保持较快增长，但力度有所减弱，对服务这类产业的原材料工业和零部件生产冲击也很大。再次，计划经济时期积累的人才、技术、生产等潜能，通过经济体制改革和扩大对外开放，基本得以释放，改革开放的边际收益大大降低，改革在短期内不一定带来红利，产生“负利”的可能性也很大。最后，由过度利用资源、环境、资金导致的透支，以及按传统增长方式需要形成的产能，导致产业结构不合理、政府和企业负债过高、环境资源约束多等诸多问题，解决这些问题需要时间。

上述四个方面，决定了我国必须转换经济增长动力和经济结构，经济增长速度必然下降，我们说的“三期叠加”，正是我国发展阶段转换必须承受的阵痛。

（二）适应和引领新常态的前提是稳增长

如果完全按现有经济内在动力运行，经济增长速度可能已经低于6%。基于增强信心、解决就业、全面建成小康社会等的需要，必须将增长速度保持在可容忍范围内，即6.5%以上，因此，2016年乃至“十三五”期间，国家层面可能以6.5%作为增长速度的底线，对经济进行宏观调控。既然稳增长是前提，宏观调控的着力点将重点围绕增长速度底线展开，调结构、促改革也必须在这一前提下推进。

靠什么稳增长？从“三驾马车”分析，由于低端出口产品产值基数太大，而由低端向中高端升级短期不可能完成，因此出口对经济增长的贡献将长时间呈负值。消费对经济增长的贡献相对稳定，一般每年能贡献4.5个百分点，如果投资比较景气，消费可能贡献 5 个百分点以上，如果投资不景气，消费可能只贡献 3 个多百分点。因此，要实现 6.5% 以上的增长，投资需要贡献 3 个百分点。根据过去 13 年的经验值，投资年均增长 22.3%，投资贡献 4.89 个百分点，满足这一要求的投资增速，不能低于 14%，即使结构有所优化，资本形成与投资之比回升到 0.7∶1 的水平，投资增速也不能低于 12%。从三次产业看，第三产业发展相对稳定，每年能贡献 4 个百分点左右。余下的 3 个百分点，需要工业来完成，也就是工业每年要增长 7% 左右。

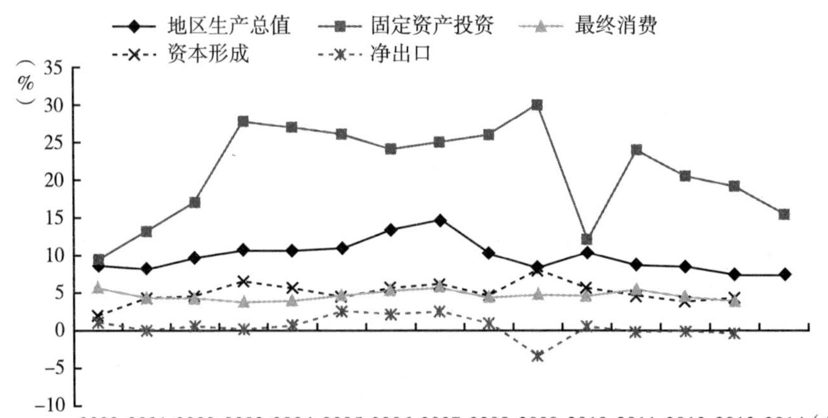

图 1　我国 GDP、投资、消费、出口增长速度走势

表 3　我国第三产业对经济增长的贡献情况

单位：个百分点

时间	1990 ~ 2013 年	2004 ~ 2013 年	2009 ~ 2013 年	2004 ~ 2011 年
平均	3.67	4.48	3.96	4.71
最高	6.6	6.6	4.1	6.6
最低	0.7	3.5	3.5	4.0

表 4　我国工业对经济增长的贡献情况

单位：个百分点

时间	1990 ~ 2013 年	2004 ~ 2013 年	2009 ~ 2013 年	1991 ~ 1997 年
平均	5.0	4.46	3.82	6.81
最高	8.3	6.2	5.1	8.3
最低	1.5	3.1	3.1	5.3

表5　我国最终消费对经济增长的贡献情况

单位：个百分点

时间	2000～2013年	2004～2013年	2009～2013年
平均	4.5	4.6	4.5
最高	5.6	5.6	5.3
最低	3.6	3.9	3.9

表6　我国投资对经济增长的贡献情况

单位：个百分点

时间	2000～2013年	2004～2013年	2009～2013年
平均	4.89	5.17	5.16
最高	8.1	8.1	8.1
最低	1.9	3.6	3.6

为维持10%以上的增长，国家发改委准备了许多工程包和政策工具，投资领域概括为“11+6+3+1”，其中“11”指粮食水利、信息电网油气重大网络、交通、生态保护、清洁能源、健康和养老服务、油气及矿产资源、新兴产业、增强制造业竞争力、现代物流、城市轨道交通；“6”包括互联网升级、绿色节能、住房、旅游休闲、教育文化、养老健康；“3”则侧重于“一带一路”、京津冀、长江经济带三个区域经济主题的建设；而“1”则特指重大装备走出去及国际产能合作。但这些项目投资的实施主体，仍将以政府为主，希望国家预算发挥主导作用，用好融资平台。配合项目落到实处，中央将调整财政性资金投资方式，对市场失灵的环节，由直接支持项目改为更多采取股权投资等市场化方式予以支持；推动地方融资平台转型改制进行市场化融资；研究完善研发费用计核办法，扩大企业研发费用扣除范围；扩大抵押补充贷款规模，并将发放范围扩展至中国进出口银行和中国农业发展银行，适当增加年度信贷计划；再度降息降准；落实好各项稳定外贸发展的政策措施；加快出口退税进度，推进全国一体化通关；加强出口产品质量、品牌和营销渠道建设，引导加工贸易向产业链中高端延伸；加快跨境电子商务、市场采购贸易、外贸综合服务等新型模式发展；降低政策性出口信用保险费率；发挥PPP、创业融资方式作用等。

尽管如此，从最近两年的情况看，投资增速已经降到12%以下（2015年

1～8月为10.9%），工业增长速度则下降到7%以下（2015年1～8月为6.3%），由于未来几年将这两项指标维持到目前水平已经很难，所以要保持6.5%以上的增长，实施的难度是非常大的，即使借助透支以后的潜力，也很难保证完成任务。在增长速度回落后，财政收入、城乡居民收入增长速度自然会下降到个位数，而产能过剩又将强化供大于求的矛盾，使物价水平保持在较低水平。如果国际环境和现有宏观调控政策不出现大的变化，这种格局不会改变。

（三）四川经济发展新阶段的特点

四川经济不仅有中国经济进入新常态后的四大变化，也有自身的一些特点。首先，传统比较优势虽然显著削弱，但发展劳动密集型、资源密集型、资金密集型及与一定技术结合的产业，有比东部更大的优势。其次，四川及其邻近省市区对家电、住房、汽车等的排浪式消费浪潮，虽在迅速减弱，但仍然有很大的可拓展空间。再次，由于改革开放的步伐明显滞后于东部，在人才、技术、劳动力、现有产能、经济结构等方面，有比东部更大的弹性和挖掘空间。最后，四川在汶川灾后重建期间发力较猛，不少基础设施项目提前建设，部分要素潜力被过度挖掘，虽然使增长速度显著快于全国，但也使政府、国有融资平台和部分企业的负债过大。综合分析，四川经济也进入阶段转换期，成就过去奇迹的时代正在逐步消失，只是在时间上比全国略为滞后几年，有着更多一些的回旋空间。

（四）四川稳增长面临的挑战很大

如果全国经济增长速度能够稳定在6.5%左右，四川经济发展因为滞后全国几年，尚处于由起飞向成熟过渡的阶段，综合成本应当略低一些，投资的潜力应当更大一些，有条件使投资增速和工业增速高于全国。但囿于传统比较优势显著削弱、新的比较优势难以迅速形成，使我们不得不面对经济增速不断下降、结构调整压力陡增的现实。今后几年速度究竟比全国能够高出多少，则主要取决于以下三个方面的因素。

一是能否在未来承接国内外制造业转移中，获得更大份额。虽然国内外一般制造业转移高潮基本结束，但吸引发达国家和东部地区的企业投资，仍然有较大潜力，只要继续坚持做好投资促进工作，有可能可以争取到更多的转移项目。

二是能否促进更多产品和服务走出去，使“出口”不拖后腿。四川与外部的贸易，一直是“逆差”，对经济增长的贡献为负值。作为适宜发展制造业和服务业的区域，四川建设辐射国内外的制造业基地和服务业基地，让更多的产品和服务进入省外市场，将根本改变“三驾马车”中出口为“短腿”的格局。

三是能否通过结构优化升级明显改善效率，获取集约效益。四川的投资效益、工业经济效益、服务业效益都不高，不少领域和行业的效益水平明显低于全国平均水平。尤其是投入产出比近年下降比全国还快，改善投资效率和产业运行效率，将使同样的投入和产能，实现更大的产出。

承接产业转移是重要突破口。虽然目前承接产业转移的速度与过去相比，已经大大下降，尤其是受国家清理不规范政策的制约，以及区域之间竞争激烈的影响，难度已经显著增加，靠原有方式不可能收到明显效果，但如果工作做得好，也有可能比其他省市区取得更多成效。促进产品和服务走出去有较大潜力。一方面，四川制造业在许多行业已经形成一定产能，有条件进一步扩大省外市场；另一方面，旅游文化业、医疗和科技服务业，拓展省外市场的空间也很大，可以加快走出去的步伐。结构优化升级有可挖掘的潜力。结构效率的提升是一个相对缓慢的过程，现有的潜力只可能逐步释放，不能指望短期取得很大进展。

综合分析四川省经济面临的环境和条件，我们认为在“十三五”期间，如果投资增速能够保持在12%（2015年1~8月已经下降到11%）以上，工业增长速度能够稳定在8%左右（2015年1~8月已经下降到7.9%），实现比全国高1个百分点左右的GDP增速，是有希望的。过去30多年，四川经济增速平均比全国高出1个百分点，近几年一般要高出2个百分点。但未来要做到比6.5%高1个百分点，难度很大。考虑到2016年四川消化灾后重建期间透支的任务仍然很重，速度可按7%左右安排，留有一点余地。“十三五”期间，则按7%~7.5%安排。相应地，财政收入、城乡居民收入增长速度也按与GDP增速基本同步的速度安排。

表7 四川省第三产业对经济增长的贡献情况

单位：个百分点

时间	1990~2013年	2004~2013年	2009~2013年	2004~2011年
平均	4.42	4.52	4.86	4.36
最高	5.96	5.96	5.96	5.96
最低	2.40	3.67	3.84	3.67

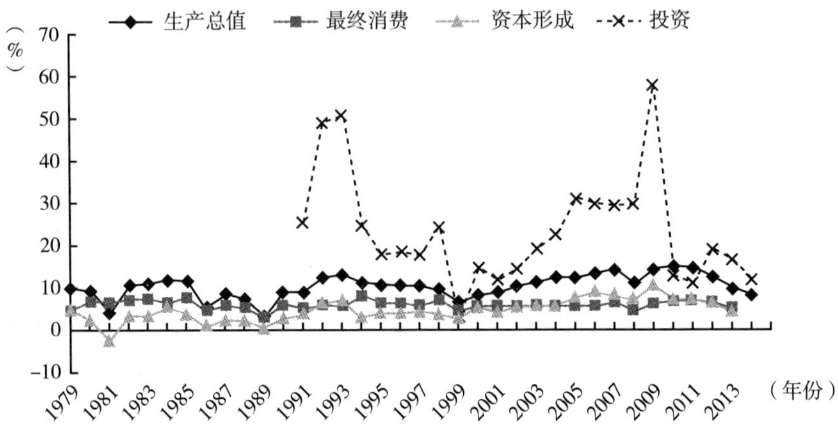

图2　四川省GDP增速及消费、投资对GDP拉动作用走势

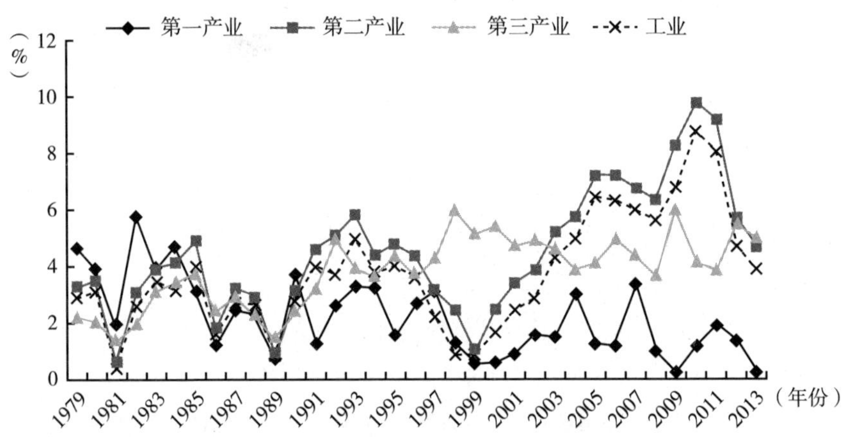

图3　四川省各产业对经济增长拉动作用走势

表8　四川省工业对经济增长的贡献情况

单位：个百分点

时间	1990～2013年	2004～2013年	2009～2013年	1991～1997年
平均	4.31	6.14	6.41	3.75
最高	8.73	8.73	8.73	0.50
最低	0.87	3.86	3.86	2.20

表 9　四川省最终消费对经济增长的贡献情况

单位：个百分点

时间	2000～2013 年	2004～2013 年	2009～2013 年
平均	5.98	6.09	6.48
最高	7.09	7.09	7.09
最低	4.69	4.69	5.43

表 10　四川省投资对经济增长的贡献情况

单位：个百分点

时间	2000～2013 年	2004～2013 年	2009～2013 年
平均	6.77	7.34	7.18
最高	10.72	10.72	10.72
最低	4.18	4.18	4.18

三　对下阶段稳增长调结构的几点建议

1. 坚持稳步筑底、稳中促变、重点突破的方针

2016 年仍然是四川省消化灾后重建透支，将快速回落的增长速度稳定下来，为深化经济结构调整奠定扎实基础的关键一年。因此，稳增长，调结构、促改革等，要以保持经济稳定增长为前提，财政收入、城乡居民收入增长速度，则要以经济增长速度为参照。由于落实国家“一带一路”和长江经济带战略的相关项目刚进入实质性启动阶段，房地产业的调整还将继续，新审批的一批重大项目也面临资金筹集困难问题，再加上相当数量的过剩产能企业关停，稳增长的压力会非常大。因此 2016 年要在力促经济增长速度平稳筑底的同时加快产业结构、投资结构、城乡结构、区域结构、政府债务结构等的调整，利用国家战略和创新改革试验区带来的机遇，以及《四川省推进“一带一路”建设重点工作（2015～2016）》等的安排，再部署一批具有带动性的重大项目，针对制约发展的关键环节，制定一批重大改革开放举措。抓好现有稳增长政策的落实工作，对接实施好中央稳增长系列政策措施，确保政策落地生根。加强督察指导，狠抓工作落实，将稳增长政策落到实处。争取成德绵协同创新、军民

融合、高新区自主创新项目实质性启动，争取获得建设自贸区的批复。进一步强化多点多极支撑。积极培育区域经济新引擎，协调推动五大经济区发展，加快天府新区建设，做强县域产业支撑，使得全省经济的增长更加充满活力。

2. 将稳定工业增长、促进结构优化升级放在首位

稳工业不仅可以支撑 GDP 稳定增长，而且能促进工业投资增长，还能刺激与其配套的基础设施需求。稳工业的核心是抓好工业投资，力争工业投资增速达到 5% 以上。可以从三个方面着力：一是引导有市场前景的企业通过技术改造和加强营销，进一步扩大产能，提升产品档次；二是继续加大承接产业转移的力度，重点吸引中高端制造业投资，围绕汽车、电子、重大装备、医药、食品等龙头企业，延伸产业链条和壮大集群规模；三是大力鼓励川商回乡创业和个人创办专业化加工制造企业，尤其要利用好县乡的资源和劳动力优势，推动大众创业。要利用国家推进“中国制造 2025”和“互联网 +”的良好环境，加大行业整合力度，促进产业优化升级。由于四川工业经济总量不大，层次也不高，工业投资走出去不是主要任务，因此在引导部分过剩产能走出去的过程中，要注意与产品走出去和投资引进来相结合。全力促进工业提质增效，集中力量推进五大高端成长型产业发展，提升七大战略性新兴产业规模实力，支持七大优势产业向中高端发展，充分发挥工业在经济中的重要支撑作用。

3. 在继续保持投资较快增长前提下优化投资结构

2016 年全社会固定资产投资增速按 10% 安排，努力保持在 12% 左右。在投资领域的着力点上，争取房地产开发投资降幅减小，增速不低于 10%。交通、信息、水利等基础设施投资基本稳定，增速能够保持在 10% 以上。现代服务业、社会事业、生态建设等领域的投资有所增加，增速保持在 10% 以上。在主要任务方面，加快天府新区、部分城市新区建设步伐。争取已具备开工条件的高速公路、铁路、机场、岷江航电等全面开工。围绕加快构建进出川的国际大通道、发展“互联网 +”等战略举措，布局一批网络基础设施工程。主动对接“一带一路”、长江经济带等国家战略，围绕“7 +6 +3 +1”投资重点领域，以及新推出的 4 个工程包，积极谋划、抓紧实施一批项目，同时争取更多项目纳入国家“盘子”，把机遇变成推动四川发展的实实在在的动力。继续扩大有效需求。着眼国家政策支持、重大基础设施项目建设，继续抓好全省重点投资项目建设。

4. 加快构建有利于创新和可持续发展的体制机制

四川当前和今后一段时间，面临的机遇和挑战不少，而利用这些机遇和应对当前挑战，再继续使用过去的许多手段和办法，已经不奏效了。因此，需要根据转变经济发展方式的要求，借助国家批复的改革创新试验区、自主创新示范区及“一带一路”和长江经济带战略等政策，以及立足四川发展面临的主要障碍，大力推进区域协调体制机制、科技创新体制机制、投融资管理体制、开放合作体制机制、政府职能转变等方面的改革。尤其要千方百计激活民间投资，大力探索利用民间资金支持基础设施建设及支持民间创新创业活动的政策和办法。推广“菁蓉汇”等创客载体的经验，大力推进“众创四川”创新创业平台和“天府创客”孵化园建设，推动各地加快构建创新创业孵化体系，落实支持创新成果转化的政策措施，鼓励科技人员创新创业，激发市场新活力；用好天府新区、成都高新区国家自主创新示范区、绵阳科技城、攀西战略资源创新开发试验区政策，打造四川省新的增长点。加大简政放权力度，全面破除束缚市场主体的障碍，继续落实好四川省出台的支持民营经济发展的十五条措施，重点鼓励民间投资通过特许经营、合资合作、资产收购等方式，参与投资、建设和运营省内基础设施和公益性事业项目。

5. 积极探索工业制成品和服务业走出去的路径

四川向经济强省跨越的最重要任务，是实现大量的产品和服务走向国内外市场，这也是促进产业投资增长的最重要举措。当前可重点抓好三个方面的走出去工作。一是促进重大装备、电子信息、汽车、白酒等大宗产品拓展国内外市场，尤其是通过商品交易会、有关展会等，拓展“一带一路”沿线国家、东部地区市场，可以考虑对省外销售增长快的企业，给予一定支持。二是在国内外加大对文化旅游业的宣传力度，针对自驾游、休闲度假旅游等迅速发展的趋势，建设相关的设施和推出有代表性的项目，吸引更多国内外游客入川。对吸引省外游客多的旅行社，给予一定奖励。三是促进专业市场、购物中心、劳务、物流、文化、教育、研发等拓展省外业务的力度，培育面向省外的各种新兴服务业。对注册在四川的大型物流企业、互联网企业、金融企业等，给予更多的支持。

6. 加强就业工作指导和积极化解结构性失业矛盾

部分传统产业如建筑、钢铁、煤炭、水泥、食品、餐饮、纺织等，会随着投资下降、企业关停和部分产能走出去，出现相当数量的下岗工人。一方面由

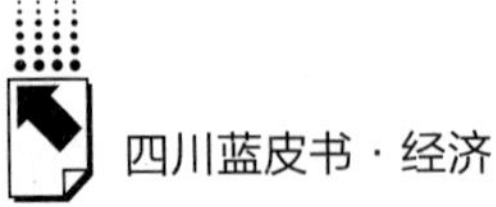

于这些人员文化水平和技能不高，在其他行业就业比较困难，其中进城的农民工，基本上没有什么技能，不可能进入有一定技能要求的行业；另一方面，现代制造业和服务业，随着信息技术和智能制造技术的运用，生产效率提高，用人数量增幅小。此外，近几年是大学生毕业高峰，就业压力本身就很大。因此，要充分做好应对2016年和今后几年的就业矛盾将迅速增大的准备，把促进就业作为重要工作来抓。

综　合　篇

Comprehensive Reports

B.2
2016年四川省固定资产投资发展分析与预测

杨　钢　陈　妤*

摘　要： 2015 年，在全国经济下行的压力下，四川省固定资产投资仍然继续保持了平稳增长，增速略高于平均水平，呈现第三产业投资增长较快、工业投资稳中略升、资金到位增速回落、民间投资小幅回升、房地产市场需求有所回暖等特点，同时也存在投资驱动发展模式效率低下、经济增长过度依赖于投资驱动、工业投资增长仍然乏力等问题。展望 2016 年，四川省固定资产投资总体上有望继续保持平稳增长态势，第一产业投资增速可能回落，第二产业投资可能小幅回升，第三产业投资有望保持稳定增长。

* 杨钢，四川省社会科学院副院长，研究员，国务院特殊津贴专家，主要研究领域为宏观经济、产业经济；陈妤，四川省社会科学院产业经济研究所研究实习员，硕士，主要研究方向为宏观经济、计量经济、货币政策。

关键词： 四川省 固定资产投资

2015年是“十二五”时期的收官之年，是承前启后、攻坚克难的关键时期，为应对经济下行压力持续加大的严峻形势，四川省上下认真贯彻落实党中央、国务院和省委、省政府关于促投资稳增长的重大决策部署和政策措施，精准对接国家重点投资方向，将促投资稳增长作为全年工作的重中之重，全省投资运行情况总体良好，为促进全省经济保持健康发展做出了重要贡献。2015年1～9月四川省累计完成固定资产投资19748.7亿元，增长10.8%，为全年完成全社会固定资产投资增长10%左右的预期目标打下了良好基础。预计2015年全年完成固定资产投资26193.5亿元，增长11.1%；2016年完成固定资产投资29475.1亿元，增长12.5%。

一 2015年1～9月四川省固定资产投资情况分析

（一）投资继续保持稳定增长，增速略高于全国平均水平

在全国经济进入新常态的背景下，四川省固定资产投资增速虽有所回落，但仍然在一定程度上保持了平稳增长。四川省全社会固定资产投资2015年1～9月累计完成19748.7亿元，同比增长10.8%，高于省人代会通过的全年投资增速预期目标0.8个百分点，增速较2014年同期下降2个百分点（见图1）；其中，固定资产投资（不含农户投资）18978.9亿元，增长11.7%，高于全国平均增速1.4个百分点，总量排在全国第7位，仅低于山东、江苏、河南、河北、广东、浙江。

（二）第三产业仍然是拉动投资增长的重要动力

2015年1～9月，四川省三次产业投资比重由2014年同期的2.7∶30.7∶66.6调整为3.2∶28.3∶68.5。其中，第一产业固定资产投资624.8亿元，同比增长29.5%，较2014年同期提高24.1个百分点；第二产业固定资产投资5587亿元，同比增长2.2%，第二产业投资小幅回升，较2014年同期提高2.6个百分点，在当前工业发展较为困难的形势下，第二产业投资增速持续低迷，占全省投资的比

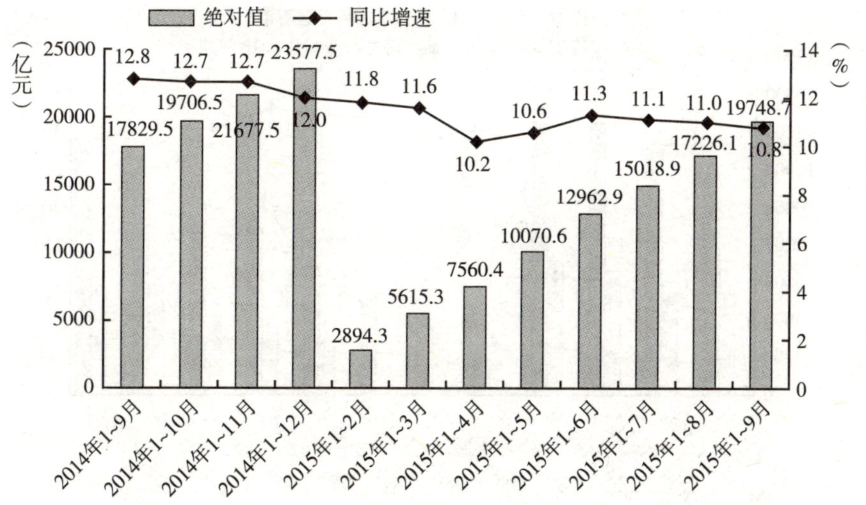

图1　2014 年 1 ~ 9 月至 2015 年 1 ~ 9 月累计完成全社会固定资产投资情况

注：如无特殊说明，本文图表数据均来源于四川省统计局网站。

重已由前几年的 30% 以上（2013 年、2014 年同期分别为 34.6%、30.5%）降到了 28.3%；第三产业固定资产投资 13536.9 亿元，增长 14%，较 2014 年同期回落 6.5 个百分点，仍远高于第二产业的投资，第三产业占全省投资的比重从 2014 年同期的 66.6% 提高到 68.5%，是拉动全省投资快速增长的重要动力（见图2）。从各行业投资占比来看，四川第三产业投资比重较大，发展优势明显，体现了四川省近几年在交通运输业、城市基础设施等领域的投资力度不断加大。

（三）工业投资稳中略升，投资增长不够平衡

2015 年 1 ~ 9 月，四川省工业投资总额 5526.2 亿元，同比增速为 1.8%（较第二产业增速低 0.4 个百分点），同比提高 1.5 个百分点，较 2014 年 12 月增速增长 0.2 个百分点，在连续 4 个月保持企稳回升后，1 ~ 9 月同比增速较 1 ~ 8月回落 1.1 个百分点。就工业投资走势（见图 3）来看，工业投资增速在下半年转负为正，虽有所提高，但在一定程度上是受上一年工业投资增速前高后低的影响，且增速回升的态势并不稳固，工业投资增长仍然乏力。

从技改投资来看，1 ~ 8 月四川省累计完成技改投资 3432 亿元，同比增长 6.8%，稳中略降；8 月当月完成技改投资 420 亿元，环比增长 2.2%。从制造

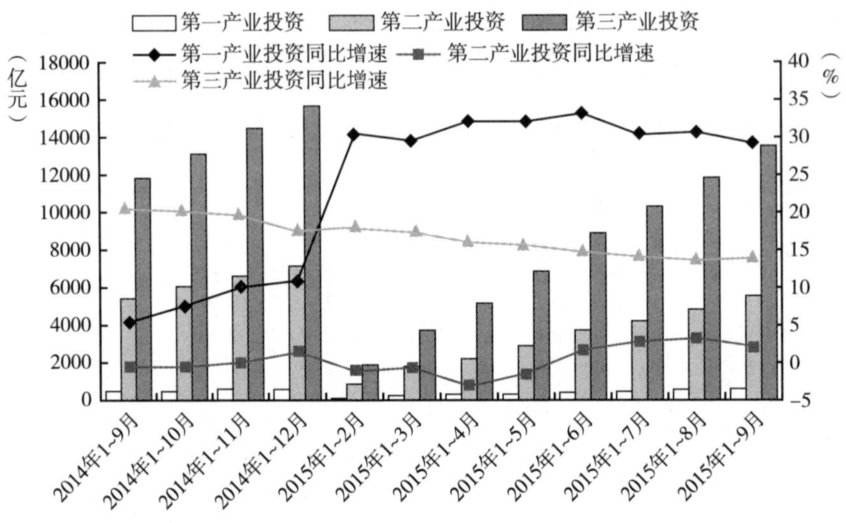

图2　2014年1~9月至2015年1~9月三次产业固定资产投资情况

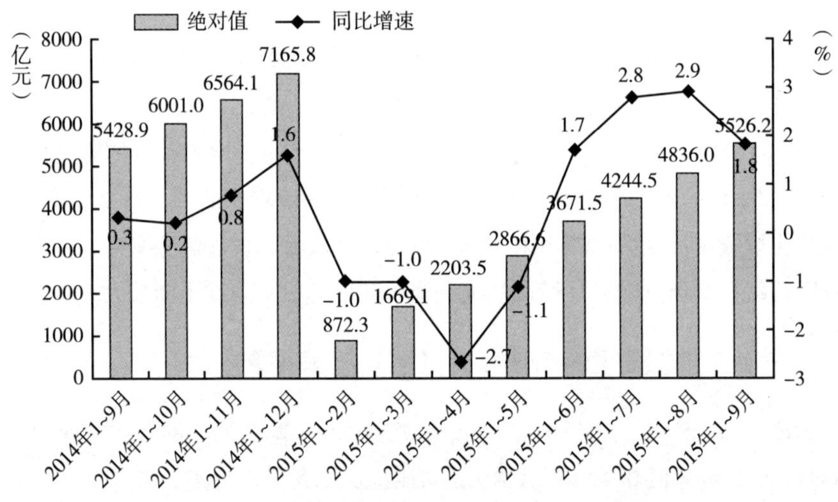

图3　2014年1~9月至2015年1~9月工业投资情况

业投资来看，1~8月制造业完成投资3430亿元，增长3.6%，比1~7月回升0.8个百分点，占工业投资的70.9%，同比提高0.5个百分点。从各市州来看，1~8月，成都、巴中、绵阳、达州、攀枝花、广元、遂宁、雅安、乐山、眉山、广安、内江、宜宾等13个市州工业投资保持正增长，其中仅成都、巴中两个地区投资增速达到两位数，投资稳定增长的支撑作用依旧不足。成都市工业投资继续较快回升，同比增长19.3%，回升3.2个百分点，拉动四川省工业投资增长3.87个百分点，成为四川省工业投资增长的主要支撑。凉山、阿坝、甘孜、自贡、资阳、德阳、南充、泸州等8个市州工业投资依旧负增长。技改投资正增长的有16个市州，其中巴中、内江、成都、广元、攀枝花、遂宁、雅安、甘孜等8个市州投资增长较快，高于10%。自贡、德阳、南充、资阳、眉山等5个市州技改投资为负增长。

（四）到位资金增速回落，民间投资小幅回升

1~9月，全省到位资金20434亿元，同比增长4.1%，较2014年同期下降9.8个百分点，到位资金增速回落。其中，国家预算内资金增长25.6%，国内贷款下降2.3%，利用外资下降41.2%，自筹资金增长3.8%，其他资金来源增长1.7%。国家预算内资金仍然是到位资金的重要保障。国内贷款、利用外资和其他资金供给增长并不乐观。从民间投资来看，1~8月全省完成民间投资9325.5亿元，增长6.4%，较1~7月加快0.3个百分点，民间投资小幅回升。

（五）房地产市场需求有所回暖，但开发投资增长仍然乏力

1~9月，四川省房地产开发投资额同比增长12.5%（绝对额为3666亿元），较1~8月回落0.7个百分点，较2014年1~9月增速回落3.4个百分点（见图4）。其中，住宅开发投资额为2343亿元（较2014年1~9月增长10.7%，增速回落3个百分点），占房地产开发投资的比重为63.9%。从商品房竣工面积来看，1~9月下降10.5%（绝对额为2682.9万平方米），增速同比下降16.3个百分点，其中住宅竣工面积下降17.3%（绝对值为1872.8万平方米），增速较2014年同期下降16.8个百分点；从商品房施工面积来看，1~9月增长9.7%（绝对额为36524万平方米），增速同比下降5.1个百分点，其中，商品住宅施工面积同比增长5.1%（绝对额为23866.7万平方米），增速同比提高2.2百分点。从商品房销售面积来看，1~9月增长5.9%（绝对额为5178.8万平方米），比2014年同期提高7.8个百分点，其中，1~8月住宅销售面积增长4.8%（绝对额为3897.2万平方米），增速同比提高6.9百分点。由此可以看出，2015年以来四川省房地产市场需求有所回暖，但前期需求的

持续减弱在一定程度上导致房地产投资和相关投资品生产动力减弱，房地产市场仍然处于消纳前期房地产库存阶段，新增供给有所下降，整个市场仍处于低迷阶段，对投资的拉动作用有待提高。

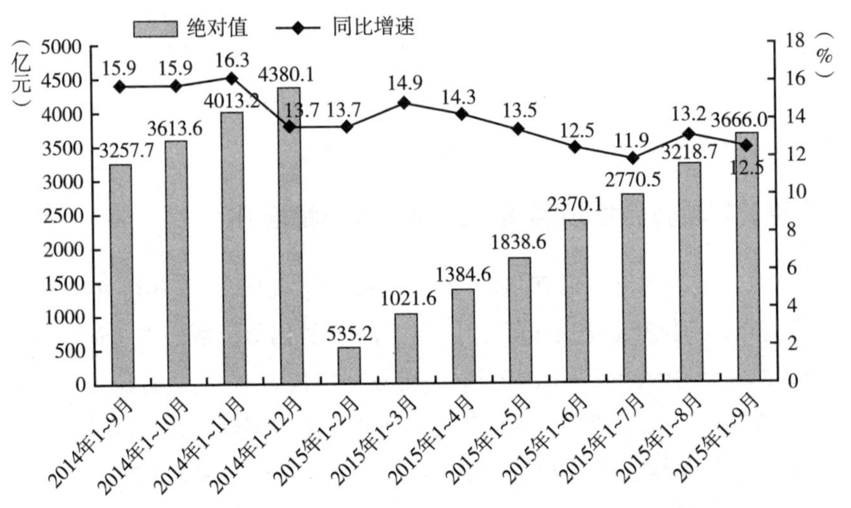

图4　2014年1~9月至2015年1~9月房地产开发投资情况

（六）新开工项目增加较快，但单个项目投资规模下降

1~8月四川省新开工项目14352个，增长15.4%，增速较1~7月提高0.8个百分点，新开工项目计划总投资10802.9亿元，同比下降3.3%，降幅较1~7月收窄1.4个百分点，新开工项目计划总投资突破万亿元；施工项目投资总规模增长10.7%，剩余工作量达到20332亿元。新开工项目继续增加，而新开工项目的投资额下降，说明单位项目投资规模较前期下降较多。工业新开工项目仍然存在这个问题，1~8月，工业新开工项目4347个，同比增长13.5%，8月当月新开工项目611个，比7月多19个。工业新开工项目计划总投资3594亿元，增长5%，单个项目投资规模8267万元，下降674万元。技改新开工项目3714个，同比增长24.9%，8月当月新开工项目498个；技改新开工项目计划总投资2725亿元，增长7.7%。

从重点项目投资来看，2015年以来，全省继续创新重点项目推进工作举措，加快推进重点项目建设，1~8月，500个全省重点项目累计完成投资

2741.7亿元，占年度计划的65.5%，投资完成进度较1~7月提高8.1个百分点。从重点领域投资来看，1~6月，铁路、住房城乡建设、公路水路交通、水利等四大领域投资总额占全省固定资产投资总额的比重约为1/4。铁路1~6月完成投资157亿元，同比增长44%，预计全年将完成投资400亿元以上，隆黄铁路叙永至毕节段、川南城际铁路、川藏铁路雅安至康定（新都桥）段预计下半年开工建设，成渝客专、兰渝铁路（四川境内段）和巴达铁路预计下半年竣工投运；房地产开发1~6月完成投资2370.1亿元，同比增长12.5%，高于全国平均水平7.9个百分点，棚改和保障房建设投资下滑趋势在7月扭转；公路水路交通1~6月完成投资564.48亿元，目前已储备前期工作成熟的高速公路项目60个，总投资超过9000亿元，岷江犍为枢纽等重点水运工程项目预计下半年开工建设；1~6月完成水利建设投资129亿元，同比增加10%。

（七）不同经济区表现各异，大部分市州增速回落

2015年1~8月，四川省的川南经济区、川东北经济区的部分市州全社会固定资产投资增长强劲，其中泸州、广安、巴中增速分别为24.9%、23.5%、22.2%，排名在前三位；而攀西经济区和川西北生态经济区的部分市州增长乏力，其中凉山、阿坝、甘孜分别为-0.5%、-0.5%、-6.9%，均为负增长；成都经济区各市州固定资产投资增长速度处于中间水平。与2014年1~8月相比，除了成都、乐山、攀枝花固定资产投资增速有所提高（分别为7.2个、8.4个、1.3个百分点）外，其他市州增速均有所回落，其中，甘孜、雅安、广安回落幅度较大，分别回落23.5个、21.1个、15.9个百分点。

表1　四川省各市州全社会固定资产投资增速

单位：%，个百分点

区域	全省及市州	2014年1~8月	2015年1~8月	增速变动幅度
	全　省	12.8	11.0	-1.8
成都经济区	成　都	2.4	9.6	7.2
	德　阳	11.1	7.1	-4
	资　阳	23.4	10.8	-12.6
	眉　山	23.2	11.8	-11.4
	绵　阳	6.9	5.1	-1.8

续表

区域	全省及市州	2014 年 1～8 月	2015 年 1～8 月	增速变动幅度
川南经济区	泸　州	35.1	24.9	-10.2
	宜　宾	20.2	15.5	-4.7
	自　贡	7.7	6.4	-1.3
	内　江	16.5	15.4	-1.1
	乐　山	6.1	14.5	8.4
川东北经济区	南　充	15.1	5.8	-9.3
	广　元	5.5	4.6	-0.9
	遂　宁	18.1	12.7	-5.4
	广　安	39.4	23.5	-15.9
	达　州	15.0	12.9	-2.1
	巴　中	30.5	22.2	-8.3
攀西经济区	攀枝花	8.3	9.6	1.3
	雅　安	39.8	18.7	-21.1
	凉　山	7.8	-0.5	-8.3
川西北生态经济区	阿　坝	2.7	-0.5	-3.2
	甘　孜	16.6	-6.9	-23.5

注：表中资料来源于宜宾市统计局网站。

二　四川省与其他省份固定资产投资状况的横向比较

从表 2 可见，与其他省份相比，2015 年 1～9 月四川省固定资产投资规模处于较高水平，在全国排名第 7，低于山东、江苏、河南、河北、广东、浙江，较 1～8 月下降一个名次；增速（11.7%）略高出全国增速（10.3%）1.4 个百分点，与河北并列第 16 名，处于中等水平。其中，房地产投资规模排名第五，仅低于东部的江苏、广东、浙江和山东，处于较高水平，增速（12.6%）远高于全国平均水平（2.6%）。

表2　2015年1～9月部分省份固定资产投资情况

单位：亿元，%

地区	固定资产投资(不含农户)		房地产投资	
	绝对额	增速	绝对额	增速
全国	394531.04	10.3	70535.07	2.6
海南(东部)	2314.42	9.2	1227.13	25.9
江苏(东部)	32178.43	10.5	6251.52	3.0
浙江(东部)	19061.67	11.2	5399.61	1.6
山东(东部)	33300.20	14.4	4246.66	2.2
福建(东部)	15114.24	18.5	3452.32	1.7
河北(东部)	21499.26	11.7	3150.67	6.3
广东(东部)	19840.95	17.0	6122.16	16.0
辽宁(东部)	16666.32	-21.2	3284.43	-26.9
湖北(中部)	18639.62	16.2	2950.50	4.1
吉林(中部)	9640.27	12.1	654.49	-7.5
黑龙江(中部)	5761.78	2.0	670.53	24.5
安徽(中部)	17505.56	13.4	3272.44	3.0
山西(中部)	8982.99	13.5	1034.18	12.0
江西(中部)	12653.15	16.3	1089.79	14.5
河南(中部)	24613.44	15.6	3329.71	9.2
湖南(中部)	16209.91	17.4	1861.38	-6.5
广西(西部)	10695.45	18.5	1226.55	0.8
内蒙古(西部)	11183.20	0.1	865.76	-17.3
贵州(西部)	6505.53	22.4	1621.42	-1.3
云南(西部)	8935.90	15.8	1889.97	-5.6
西藏(西部)	960.78	24.1	39.10	13.0
陕西(西部)	13071.50	8.9	1785.42	2.6
甘肃(西部)	6704.25	9.8	563.76	2.7
青海(西部)	2415.72	6.8	248.15	8.2
宁夏(西部)	2399.78	8.0	423.07	-11.8
新疆(西部)	7380.14	12.5	756.60	2.7
四川(西部)	18978.88	11.7	3665.95	12.6
四川省排名	7	16	5	5

注：表中资料来源于国家统计局网站。

三　四川省固定资产投资目前存在的问题

（一）投资驱动发展模式效率低下

从四川省的固定资产投资效益来看，自1990年以来，四川省的固定资产投资效果指数①有明显的下降。1990～1994年1单位固定资产投资平均带来0.72单位的GDP增长，1995年后出现了连续5年的较大幅度下降，在此之后固定资产投资效果指数长期保持在较低水平，1998～2008年1单位固定资产投资仅平均带来0.26单位的GDP增长，2009～2013年这一数据降到了0.18，固定资产投资效率进一步降低。虽然四川省的固定资产投资率长期保持在较高水平，但投资所能带来的经济增长幅度持续缩小，投资效率大幅下滑。

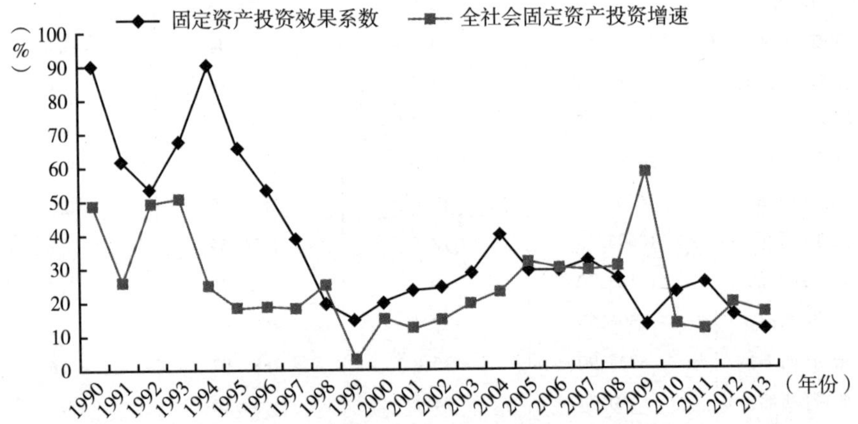

图5　1990～2013年固定资产投资效果系数及全社会固定资产投资增速

① 固定资产投资效果系数指报告期内地区生产总值增量与同期固定资产投资额的比率，反映投资的经济效益，是重要的宏观经济效益指标。固定资产投资效果系数＝报告期内地区生产总值增量/同期固定资产投资额×100%。考虑到固定资产投资总额使用当期值，此处GDP增量也使用当期值。

（二）经济增长过度依赖于投资驱动

从宏观经济来看，资本形成对 GDP 增长的贡献率在 1997 年以后保持在较高水平。据测算，1979～1989 年，四川省资本形成对 GDP 增长的贡献率平均为 18.5%，低于最终消费对 GDP 增长的平均贡献率 67.3 个百分点。1990～1997 年，资本形成和最终消费对经济增长的贡献波动较大，其中，资本形成贡献率均值为 51.2%，比最终消费贡献率均值低 1.4 个百分点。1998～2013 年资本形成和最终消费对经济增长的贡献相对稳定，其中，资本形成贡献率均值上升到 58.8%，比最终消费贡献率均值高 7.6 个百分点，尤其在 2004～2010 年投资已经成为拉动经济增长的主要驱动力；2008 年地震后的恢复重建，使资本形成贡献率有一个明显提高的阶段，但灾后重建基本完成后，贡献率又出现明显的回落，并在近四年保持稳定态势。

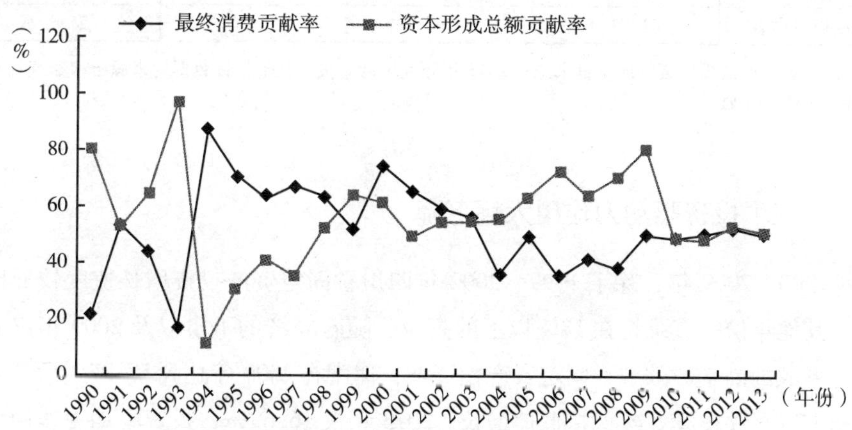

图 6　1990～2013 年最终消费和资本形成总额对地区生产总值的贡献

投资驱动型发展模式也影响到四川省经济的发展质量，使四川省单位产出的资源、能源消耗和污染物排放与其他部分省份相比处于较高水平。能源使用效率与发达省份特别是江苏的差距十分显著，2013 年，四川省单位 GDP 能耗 1.078 吨标准煤/万元，仅低于河北省，单位产值固体废物产生量、单位产值二氧化硫排放量、单位产值化学需氧量排放量分别排在第 5、3、2 位。

表 3　2013 年 GDP 排名前 12 名的省份能耗及污染物排放数据

部分省份	单位 GDP 能耗（吨标准煤/万元）	单位产值固体废物产生量	单位产值二氧化硫排放量	单位产值化学需氧量排放量
四　川	1. 078	1. 4	26. 86	40. 51
江　苏	0. 166	1. 1	7. 30	8. 90
湖　北	0. 840	0. 8	16. 55	29. 21
广　东	0. 485	0. 6	7. 50	17. 06
山　东	0. 744	1. 8	13. 79	15. 47
浙　江	0. 501	0. 3	10. 21	12. 99
河　南	0. 798	1. 65	29. 64	32. 01
河　北	1. 093	4. 3	32. 12	32. 75
辽　宁	0. 848	2. 7	21. 66	26. 41
湖　南	0. 717	0. 75	22. 20	43. 24
福　建	0. 584	0. 85	11. 56	20. 45
安　徽	0. 695	1. 2	16. 97	30. 56
四川省排名	2	5	3	2

注：单位产值固体废物产生量来源于 2013 年环境统计年报，其他指标数据均来源于国家统计年鉴或各省统计年鉴。

（三）投资驱动力作用大幅下降

1990 ~ 2009 年，除了 1999 ~ 2002 年四川省固定资产投资增长速度较低以外，其他年份一直维持在 18% 以上的高位。随着经济的下滑以及 2009 年灾后重建形成的高基数效应，固定资产投资增长速度在 2009 年达到 58. 07% 后开始大幅下滑，并连续几年保持低速增长，2013 年仅 16. 69%，投资驱动力作用大幅下降。

（四）工业投资增长仍然乏力

虽然四川省高度重视第二产业投资逐年下降的突出问题，但工业投资增长仍然乏力，四川省工业投资增速从 2012 年 3 月开始回落，2013 年 7 月以来连续回落至个位数（9. 1%），2014 年上半年已经回落到 2. 3%，接近零增长，2015 年 1 ~ 8 月四川省工业投资较上年同期增长 1. 8%（较第二产业增速低 0. 4 个百分点），第二产业及工业投资增长仍然乏力。持续低增速的工业投资意味

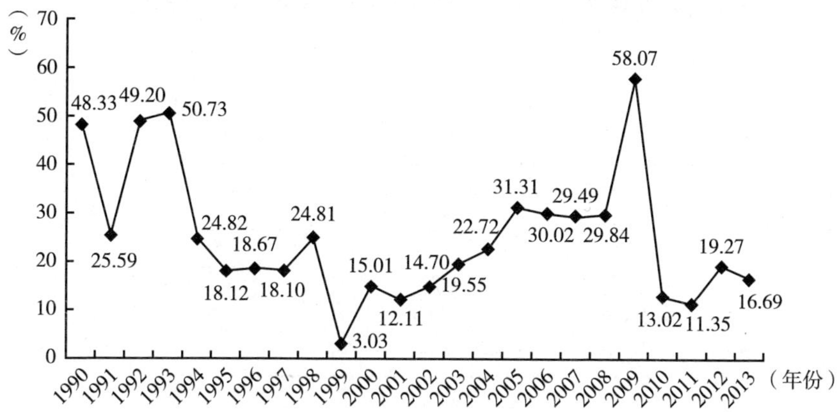

图7　1990～2013年四川省固定资产投资增速

着未来新增的工业生产能力将会减少，工业失去新的增长动力，将会严重削弱工业增长的后劲。

四　四川省2016年固定资产投资主要指标预测

投资既能增加即期需求，又能扩大未来供给。在相当长的时间内，特别是在当前转方式调结构的关键时期，无论在国家层面还是省级层面，稳投资都是稳增长的关键。四川省下一步将继续加快经济转型升级，优化投资结构，并抢抓国家稳增长政策机遇，再加上2016年是“十三五”时期的开局之年，四川省各级政府都在结合“十三五”规划积极对接、谋划大项目，特别是与中央政策投向一致的项目，城市的地下管网、供水设施、污水处理和环境改善等基础设施建设方面仍有较大的投资空间。此外，天府新区获批为国家级新区将会吸引一批具有全局性影响的投资项目，再加上货币政策效应的扩散，投资增长将保持稳健。但未来一段时期，经济下行压力仍然较大，新增长动力尚在孕育，传统增长动力减弱，影响投资增长的不确定因素不容忽视，投资稳增长后劲仍然乏力。因此，考虑到以上因素及四川省近期固定资产投资的走势，预计2015年下半年投资将保持现有水平，2016年投资增长将略有提高，具体预计值见表4。

表4　2015 年、2016 年全年固定资产投资主要指标预测值

单位：亿元，%

指标	2015 年		2016 年	
	绝对值	增速	绝对值	增速
固定资产投资	26193.5	11.1	29475.1	12.5
第一产业投资	828.7	30.0	999.4	20.6
第二产业投资	7356.6	2.0	7658.2	4.1
第三产业投资	18008.2	14.5	20817.5	15.6
房地产投资	5002.1	14.2	5787.4	15.7

五　对2016年工作的几点建议

（一）全面优化投资创业环境

加快改革开放步伐，健全政策服务和宏观管理体系，完善基础设施及配套服务体系建设，全面优化全省投资创业及经济发展环境；努力构建行政高效、制度完备、经济发展充满活力的亲商、安商、富商的投资创业环境，加快以成都高新区为代表的产业园区建设，打造优势产业聚集发展的平台和载体，增强四川优势产业发展的承载能力，吸引更多优秀企业和高端要素进驻四川，加快优势产业集聚，增强全省经济发展实力和后续发展能力。

（二）重视项目在投资拉动中的作用

加快启动、推进引导带动作用大、配套能力强、科技含量高的重大产业项目，加快建设在建、续建项目，发挥重大项目在投资拉动中的龙头作用。加大招商引资力度，创新招商方式，吸引更多重大产业项目入川。抓紧对接国家层面即将投放的专项建设基金，抓好四川省规模最大的一次 PPP 项目推介签约活动，加快政府性投资项目进度，做好在建项目的要素保障工作，促进新项目开工建设。突出抓好产业投资，围绕优势产业转型升级和传统产业改造提升，切实推进重点技改项目，提高全年技术改造投资。争取多上快上一批战略性新兴产业，依托电子信息和汽车产业龙头项目，促进关键零部件和配套企业加快集聚，促进产业投资特别是工业投资回升。

（三）鼓励和引导民间投资

进一步推动简政放权，破除体制机制障碍，按照“非禁即入”原则，放宽民间投资的市场准入条件，鼓励民间投资加快进入工业经济各个领域，扩大民间投资规模，充分激发各类市场主体活力。瞄准战略性新兴产业、节能减排和生态环境建设等国家重点投资领域，挖掘培育新的投资增长点。

（四）进一步激发房地产市场需求

积极落实“楼市新政”。打开保障房和商品房通道，加大棚户区改造货币化安置力度，采取收购存量待售商品住房等形式，消纳房产库存。鼓励房地产开发商根据市场需求调整现有产品开发结构，增加市场有效供给。一方面，继续加强保障性安居工程建设，另一方面，针对普通居民为满足自住而产生的刚性需求，合理增加中低价位的中小户型商品房供应。充分利用好金融政策、公积金政策、减免税费等手段，通过支持公积金异地购房、降低首付等方式，放宽贷款条件，进一步激活房地产市场。

B.3
2016年四川金融形势分析与预测

杜坤伦*

摘　要：　本文基于2015年上半年四川省金融运行情况，分析了四川金融运行特点及未来发展的主要影响因素。并采用历史数据分析法和相关性分析法，重点对2016年四川金融行业发展的主要经济指标进行了分析和预测。本文认为国家金融改革的深度及进程对区域经济发展具有引领和决定作用，地方金融本身的加快发展对实体经济建设的影响更加直接和突出，当前迫切需要通过进一步深化改革，以提高区域性金融风险防控体系的有效性。

关键词：　区域金融　风险防控　四川省

2015年，在中央一系列稳增长、调结构、促改革、惠民生的宏观调控政策和重大改革措施的共同作用下，在中共四川省委、省政府的坚强领导下，四川金融系统克服了经济持续下行压力、金融风险加大等不利因素，主动适应新常态，加大金融服务实体经济力度，扎实推进金融改革和西部金融中心建设，促进了各项融资快速增长，2015年1～6月金融业实现增加值896.1亿元，同比增长16.5%，分别占GDP和第三产业增加值的6.7%和17.7%①，金融业为四川社会经济发展做出了积极贡献。

---

* 杜坤伦，经济学博士，四川省社会科学院金融与财贸经济研究所副所长，高级会计师，研究方向为资本市场与区域经济发展

① 2015年上半年相关指标数据分别来源于四川省金融办、中国人民银行成都分行、四川银监局、四川证监局、四川保监局，在此一并表示感谢。

一 2015年1～6月四川金融运行情况及特点

（一）金融运行基本情况

1. 主要运行指标

（1）银行业方面。截止到2015年6月末，全省金融机构本外币贷款余额3.72万亿元，同比增长12.21%，在各省（市、区）排名第7位。其中，人民币贷款余额3.64万亿元，同比增长12.92%。1～6月本外币新增贷款2425亿元，其中人民币贷款比年初增加2530亿元，增加额在各省（市、区）排名第7位。银行信贷对四川经济社会发展的资金供求发挥了主渠道作用。

（2）多层次资本市场方面。2015年1～6月，全省资本市场累计实现融资247.61亿元，同比增长133.9%。其中，首发融资54.63亿元，8家上市公司实现再融资182.45亿元，14家次"新三板"挂牌企业实现融资2.53亿元，3家非上市企业发行中小企业私募债8亿元。债券融资渠道不断拓宽，全省有34家企业在银行间债券市场实现融资583亿元，同比增长17.40%，完成全年计划的72.88%；其中，短期融资券184亿元，超短期融资券137亿元，中期票据136亿元，定向债券工具126亿元。私募基金和区域性股权市场稳步发展，截止到2015年6月末，全省已在基金业协会登记的私募基金管理人共347家，管理产品160只，管理基金规模约454亿元；成都（川藏）股权交易中心有挂牌企业214家。直接融资规模不断扩大，融资渠道多元化，债券融资增速明显，直接融资总额占同期人民币新增贷款总额的比重比2014年同期增加4.47个百分点。

（3）保险业方面。2015年1～6月，全省保险业实现保费收入712.94亿元，同比增长15.03%，保费规模在全国排名第6位。其中产险收入219.69亿元，同比增加13.77%；寿险收入494.12亿元，同比增加15.81%。全省保险赔付和给付支出226亿元，同比增长24.41%。全省产险公司盈亏相抵后，实现承保利润12.95亿元，同比增长84.71%，规模排名全国第5位，保险业运营状况总体平稳。

（4）"两类公司"方面。截止到2015年6月末，全省小额贷款公司贷款余额705.17亿元，同比增长7.3%；融资性担保公司在保余额1995.43亿元，同比减少14.91%。全省小额贷款公司投放贷款和通过融资性担保公司担保投放贷款2700.60亿元，占金融机构全部贷款余额的7.26%，小额贷款公司和融资性担保公司稳步发展，准金融业服务实体经济的能力进一步显现。

2. 进一步推进西部金融中心建设和地方金融改革

（1）进一步推进西部金融中心建设，西部金融中心的金融集聚能力、辐射能力、资源配置能力进一步提升，各类金融创新步伐加快，成都已成为国家移动金融试点城市，成都市农村金融服务综合改革试点工作即将落地实施。

（2）省内11家城市商业银行引进境内外战略投资者工作全面启动，农村信用社改制组建农村商业银行工作提质提速，村镇银行民间资本股比持续提升，民营银行、再担保公司、省级寿险公司组建进程稳步推进，促进了地方金融机构快速发展。

（3）四川省获批全国第3个巨灾保险试点省份，四川城乡居民住房地震保险试点工作进展顺利。

（二）2015年1～6月四川金融运行情况与特点分析

1. 利率运行总体平稳，企业融资成本有所降低，普惠金融政策得到更好执行

2015年1～6月，信贷支持四川“三农”及小微企业的力度加大，小微企业融资难、融资贵问题有一定程度的改善。截止到2015年6月末，四川金融机构贷款加权平均利率为7.09%，较2014年末累计下降64个基点，“融资贵”问题有所缓解。其中，6月末小微企业实行上浮利率的贷款占比为87.90%，较2015年5月下降1.80个百分点。随着国家降息降准等政策效应的释放，流动性相对较为宽松，小微企业的“融资难”矛盾有所缓解。截止到6月末，全省小微企业各项贷款余额0.66万亿元，占各项贷款的比重为17.74%，同比增长15.70%，高于同期各项贷款平均增速3.49个百分点；涉农贷款余额12898亿元，占各项贷款比重的34.70%，同比增长11.40%，普惠金融政策执行效果良好。

2. 房地产行业贷款保持平稳较快增长

2015年6月末，全省房地产贷款同比增长21%，高于同期各项贷款平均

增速 8.8 个百分点。其中：个人购房贷款余额同比增长 16.70%，保障性住房开发贷款余额比年初增加 229.10 亿元，同比多增 111.20 亿元，余额同比增长 84%。个人住房贷款加权利率降至 5.91%，成为近 1 年来的最低点，对于改善居民购房预期、稳定房地产市场运行起到了重要的作用。

3. 社会融资规模结构性回落，表外融资显著收缩

2015 年 1~6 月，全省社会融资规模新增 3122 亿元，同比少增 1463 亿元，除贷款外的其他融资方式均出现较大幅度回落。主要表现在以下两个方面。

（1）表外间接融资规模明显收缩。受监管部门整顿治理“影子银行”及市场需求下降因素影响，1~6 月，全省表外间接融资新增 99 亿元，同比少增 952 亿元，其中委托贷款同比少增 553 亿元。

（2）直接融资增势放缓。全省企业通过发行债券、股票等直接融资方式净筹措资金 394 亿元，同比少增 230 亿元。其中，债券类融资受前期债券集中到期和如期兑付因素影响，同比少增 267 亿元；股权类融资受资本市场活跃行情推动，同比多增 62.4 亿元。

4. 实体经济有效信贷需求加速下滑

据中国人民银行成都分行银行家问卷调查显示，2015 年上半年，四川实体经济贷款需求降至 52.60%，有效信贷需求加剧下滑。分析其原因，一方面是实体经济有效需求不足，另一方面是受经济下行影响，金融机构风险偏好下降，以及对不良贷款的追责力度加大，银行业的“畏贷”“惜贷”心理普遍存在，实体经济融资难、融资贵问题仍然没有有效缓解。主要表现在以下 3 个方面。

（1）经济下行压力持续增加。一方面，受市场需求低迷、成本上升、资金紧张等不利因素影响，企业去库存意愿明确，企业融资需求减弱；另一方面，由于全省 PPI 连续 39 个月负增长，企业面临较大的去库存和价格下行压力，扩大再生产和新开工项目投资意愿减弱，融资意愿不足。6 月末，全省工业贷款余额比年初增加 139 亿元，同比少增 259 亿元，其中制造业贷款余额比年初下降 110 亿元。

（2）企业赢利能力明显减弱。中国人民银行成都分行 2015 年第二季度企业家问卷调查结果显示，企业赢利能力指数为 43.77%，同比下降 7.80 个百分点，较 2015 年第一季度下降 2 个百分点。除了房地产行业外，制造业、批发

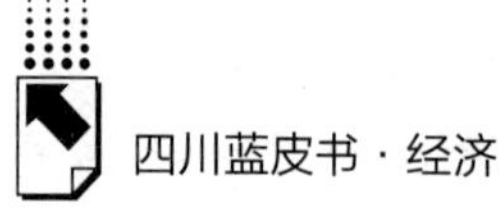

及零售、建筑业等普遍反映赢利能力明显减弱。同时，在经济下行条件下，房地产市场低迷也严重制约和影响了投资及钢铁、建筑、材料等相关行业信贷需求的增长。

（3）大型企业集团脱媒现象明显。大型企业积极通过直接融资市场或海外市场融资，对传统银行业信贷需求产生挤出效应。企业的融资理念、融资方式正在逐步发生变化，企业更加重视直接融资特别是债券融资，同时并购重组更受大中型企业特别是中型以上上市公司的青睐。

5. 存款增速明显放缓，金融市场面临转型

2015 年上半年，全省金融机构本外币各项存款新增 3325. 43 亿元，同比少增 1773. 17 亿元，延续了 2013 年中期以来的下降趋势。余额同比增长 7. 6% ，增幅比 2014 年同期下降 8. 20 个百分点。主要表现在以下两个方面。

（1）在经济下行背景下，企业赢利能力减弱，投资意愿下降，资金周转速度放缓，导致企业存款萎缩，加之银行贷款增速放缓以及表外业务大幅收缩，企业派生存款明显回落。

（2）随着利率市场化的深入推进，居民资产配置方式多样化加速。6 月末，住户部门存款余额同比增长 10. 20% ，增速较上年同期回落 3. 80 个百分点。存款增速放缓造成金融机构低成本负债占比下降，挤压银行传统贷款业务利润，并对银行的信贷投放能力形成约束，加之互联网金融对传统金融的冲击，以及消费理念和消费者消费行为方式的变化等，倒逼传统银行等金融机构加快转型发展步伐。互联网金融等新兴业态金融在吸收传统金融业经验基础上，高度关注金融及其衍生品创新的风险，促使现代金融面对多元的新兴市场。金融市场面临转型压力，必须进一步加快更深层次、全方位的改革步伐，在改革中创新，在改革中更好地发展。

6. 各类隐性风险逐渐显性化并呈扩散趋势，金融风险防控及处置压力增大

随着金融改革与发展不断深化，金融领域各类隐性风险逐渐显性化，并有由点向面扩散的趋向，正规金融风险和民间金融风险交织，金融风险进一步暴露，部分区域存在蔓延趋势，部分领域的金融潜在风险不容忽视。

（1）银行业不良贷款及不良贷款率呈现双升势头，银行风险防控压力加大。其中制造业、批发零售业等行业银行不良贷款率继续攀升，尤其是有色金

属冶炼加工业、通用设备制造业、专用设备制造业的不良贷款率较高，不良贷款余额合计占全省不良贷款总额的比重较大。

（2）过剩产能行业及基建类贷款占比较高，潜在金融风险不容忽视。截至2015年6月末，全省以钢铁和水泥为代表的黑色金属冶炼及压延业、非金属矿物制造业中长期贷款占了全部制造业中长期贷款的14.10%，电力生产、铁路运输业、道路运输业中长期贷款占了全部企业中长期贷款的46.70%，其潜在金融风险需要我们高度警惕。

（3）随着金融市场日益活跃，民间金融风险日益凸显。各类理财机构、配资机构通过聚集民间资金，炒作证券、期货产品，民间机构非法融资成本高，筹资企业效益下滑，赢利水平和能力难以弥补其融资成本，偶发、突发事项导致其资金链紧张甚至断裂，“过桥贷款”变成了“中长期贷款”，“跑路”事件不时见诸报端，经济民事诉讼案件剧增，引发诸多问题和风险，聚集不少的潜在风险。特别是不良资产很多依靠金融机构自身消化，金融债权维护工作压力增大，企业突发性信贷违约风险时有发生，打非和处非任务艰巨，不利于社会稳定秩序和经济和谐环境建设。

二 影响2016年四川金融业发展因素的分析与预测

（一）国家宏观金融政策层面因素

1. 国家宏观经济战略

（1）国家“十三五”总体规划及其主要配套政策与措施，涉及国家宏观战略及各行各业的中远期目标与实现这些目标的方法、路径等，方方面面都涉及金融政策变化及金融行业自身的改革与发展问题。

（2）基于我国当前经济所处阶段和运行特点，经济增速明显放缓，改革进入深水区和攻坚期，经济结构调整和转型升级压力对财政、货币等政策要求的适度调整与变化，客观上要求提升金融对实体经济发展的直接推动作用。要高度关注党的十八届五中全会及2015年中央经济工作会议的决策部署，加强金融改革与创新，维护金融安全，促进区域金融、经济、社会的持续、稳定和健康发展。

2. 金融领域自身改革与发展的深化

一直以来，金融领域正在推进实施的汇率国际化、利率市场化等改革，和2015年7月以来资本市场的非理性震荡导致的国家“救市”政策及行为的针对性、过渡性及对证券市场发展反思后的市场化、法治化改革（如将进一步加快推进包括《证券法》等法律法规的建设，以此推动注册制改革的落地等），以及随着保险业的规范发展和规模的快速扩大，对保险资金的规范使用与效益提升的政策要求都需要进一步明确。因此，加快金融领域的分业改革、推动“一行三会”合并实现金融改革的协调发展，在金融领域的综合改革中，既解决历史沉积问题，又要高度关注发展中出现的新情况，新问题，并从体制、机制等方面切实消除影响金融业健康、稳定发展的制度性障碍和机制性影响因素，以大局和国家利益为重，打破部门利益和行业壁垒，增强金融服务改革和发展的正能量，推动我国金融业的核心竞争力与综合实力提升，进一步提升我国金融的国际话语权。

3. 国际政治、经济局势的新变化

要密切关注、审慎和客观评估国际政治、经济格局发展新变化对国际金融环境和我国经济发展环境的影响，如TPP的进程、亚投行的运营等，以及我国相关应对措施的有效性，如“一带一路”国家战略的实施，必将从资金（资本）、技术、设备、人才、服务等方面全方位、多层面地影响国内经济并惠及全球。

上述这些因素，都将影响我国宏观金融政策及其变化。而地方金融的改革与发展，首先必须遵照国家的统一规定，严格执行；其次才能在职能范围内，结合实际，实行有利于地方社会经济发展的差异化、区域性的改革与发展措施。

（二）需要重点关注的相关改革动向及成果

1. 债券市场的改革与发展进程

随着中国人民银行、中国银行间市场交易商协会对中期票据、短期融资券等，国家发改委对企业债，中国证监会对公司债（包括大公募、小公募及中小企业债）和资产证券化等债券性融资事项，相关部门在审核方式、审核程序、监管手段等方面都分别在各自职权范围内不断深化改革，进一步提高审核和监管效率，提高相关金融产品更好地服务实体经济发展的服务质量。债券融资的理念、效果深得人心，对企业发展融资方式选择已经并将进一步产生重大影响，不排除在客观环境和相关条件具备时，逐步探索建设一个全国统一、规范的债券市场的可能。因此，随着直接融资比重的进一步提升，债券融资也正逐步影响甚至改变以前企业的较为普遍的股权融资偏好，债券融资将可能成为优质企业融资模式的首选，这对传统银行业和证券业的发展都将产生巨大影响。当然，在此过程中，我们也需高度警惕个别企业的债券到期偿还违约风险及其对加快债券发展的不利影响。

2. 互联网金融的发展及对传统金融业的冲击

互联网技术与思维在金融与各行业、产业领域的广泛运用，形成“互联网+”的多种业态已经成为一种新常态，金融与相关产业、技术等的深度融合（如金融与文化、金融与科技等），促使金融业加快自身的改革与创新力度（特别是传统商业银行的赢利模式、对实体经济的服务方式等方面的自身内在需求与外部强制要求更加紧迫，已到了不得不改的境地），传统金融业态的运营与监管的手段、方法、实现路径及风险控制政策将发生较大甚至实质性变化。

3. 企业融资环境及其变化

随着国家大众创业、万众创新战略的实施，及当前我国经济仍处于下行压力较大时期，发展方式转变与结构调整，任重道远，中小微企业融资难、融资贵的外在环境虽将有所改善，但基本面整体上难以呈现实质性的改变，局部领域和行业会出现两极分化，高端成长型、创新型企业的有效融资渠道将得以拓宽。

（三）四川推进地方金融改革与发展的相关措施因素影响分析

为应对当前经济增速换挡压力加大，经济下行压力持续增大，金融风险加速积聚的新形势，四川金融行业需要主动适应新常态、引领新常态。为此需要多方协调联动，切实加大金融支持实体经济的力度，以推动金融工作再上新台阶。四川 2015 年下半年的下述工作及其成效，将对四川 2016 年的金融业发展产生重大影响。

1. 稳步增长的融资环境

（1）继续发挥好信贷融资主渠道作用，推动信贷规模持续增大，加强与各大金融机构总部的沟通，强化与各银行的战略合作，引导金融资源向重大基础设施、战略性新兴产业、自主创新等领域倾斜；加大实体经济有效信贷需求培育力度，紧密围绕国家和全省发展战略，针对重点领域、重大项目以及重点诚信小微企业的潜在融资需求，加强融资培育工作，深化产融对接和银企合作，提升融资对接的针对性和专业性。

（2）大力发展多层次资本市场，用好用活各种直接融资工具。推动全省在沪深交易所的融资额度迈上新台阶，培育拟上市企业，形成“培育一批、成熟一批、上市一批”的上市梯级结构；促进企业在资本市场上市融资或在新三板及场外交易市场挂牌交易；推动“创业板行动计划”落地实施，大力推动场外市场建设步伐，推动符合条件的股份有限公司到全国中小企业股份转让系统挂牌、融资，推动各类企业到成都（川藏）股权交易中心挂牌，进一步扩大全省通过银行间市场融资额在全国的比重以及扩大信托、融资租赁、保险直投融资额度。

（3）全面贯彻落实《关于实施财政金融互动政策的通知》（川办发〔2015〕85 号）和《关于实施鼓励直接融资财政政策的通知》（川办发〔2015〕86 号）等政策文件要求，充分发挥地方财政对实体经济发展的支持作用，研究如何更好地发挥财政资金带动更多的社会资本参与、进入新农村建设、养老、国企改革等进程中，更好地服务四川经济发展方式转变与经济结构转型，增强经济发展动力，减少或避免经济下行幅度急剧下降风险。

2. 金融服务实体经济的水平和能力

（1）化解小微企业融资难、融资贵问题。建立健全银行机构中小企业贷款风险补偿机制和信贷考核体系，合理确定贷款正常的风险损失率，适当降低对中小企业信贷风险的容忍度，加大对中小微企业融资的支持补贴力度，降低中小企业融资成本。健全融资性担保体系，推进建立省级融资性再担保公司。鼓励中小微企业结合自身特点与多层次资本市场对接，多渠道改善融资难融资贵现象。

（2）推行差别化的信贷政策和审批程序，避免“一刀切”式的抽贷、惜贷和压贷行为，创新适应企业尤其是民营中小微企业发展需要的信贷产品，提升金融服务水平。

（3）推动建立健全多元化农村金融服务体系，扩大新型农村金融组织覆盖面，进一步提高“三农”金融服务水平。积极支持成都开展农村金融服务综合改革试点，在全省探索开展农村土地流转收益保证贷款、土地承包经营权直接抵押融资、农房抵押担保融资等创新试点。

3. 地方法人金融机构的改革发展

（1）加快推进城商行改革，加大分类指导力度，系统推动城商行引进战略投资者，优化股本结构；支持合格的民营资本投资入股城商行，提高民营资本占比。按照立足县域、服务“三农”的总体要求，推进县级联社改制为农商行，推进符合条件的城区农信社整合组建农商行。

（2）按照“合格一家注册一家”的原则，加强风险管控，稳步推进农村资金互助合作组织试点，有效提升农村金融服务水平。

（3）努力促进首家民营银行、省级寿险公司获批筹建，积极推动地方资产管理公司、省级再担保公司组建工作，加快推进相关企业的破产重整或重组进程。

4. 推进形成新的、更优秀的金融发展布局

（1）抢抓天府新区成为国家级新区机遇，加快推进形成以成都为主要载体的西部金融中心、若干市州为金融次级中心的金融发展布局。

（2）强化对西部金融中心的统筹领导，加强协调机制建设，加大政策支持力度，不断提高对西部金融中心建设的承载能力，推动金融研发与金融创新，增强对金融高端人才的聚集能力，进一步提升西部金融中心的软实力。

5. 做好金融风险防范处置工作

（1）针对经济下行期部分企业出现的资金链断裂风险，加强风险监测、预警和处置，通过完善银政企共同参与的金融风险联合化解和处置机制，有效防范和化解银行信贷风险。

（2）做好小额贷款公司和融资性担保公司的风险防控工作，完善风险防控机制，加大对重点公司、重点风险的监管频率和监管力度，及时发现和查处重大风险和重大违规问题。

（3）严厉打击恶意逃废银行债务行为，加强对金融涉诉案件的执行力度，杜绝个别企业通过转移资产等手段逃废金融债务。严厉打击民间融资领域的违法违规行为，为实体经济发展创造良好的金融环境。

三　2016年四川金融业运行形势预测

（一）银行业方面

2016 年，全国及四川的经济下行压力将持续存在，部分行业企业的融资结构、融资方式将有所调整，中小微企业发展环境将审慎乐观。预计 2016 年，人民币存款增量增加有限，其中居民住户存款增速大于企业存款增速，但居民住户存款增速小于 2014～2015 年同期水平，企业存款萎缩，企业派生存款明显出现较大幅度的回落。预计 2016 年，银行贷款增量同比减少，增速放缓，表外业务大幅收缩，但总体居全国中上水平，在西部地区继续处于领先地位。银行的信贷投放能力不足，倒逼传统商业银行转型，探索多元的新兴市场，金融市场同样面临转型发展。在实体企业全部资金需求中，直接融资数额大幅度增加，占全部融资总额的比重预计将比 2015 年度水平提高 2～5 个百分点，其中贡献最大的是各类债权融资，债权融资将较大幅度地超过股权融资，到期债券兑付违约事件的频现将影响人们对债券市场更快发展的信心。地方金融机构改革持续推进，业务稳步发展。

（二）多层次资本市场方面

1. 场内市场方面

2015 年 7 月中国股市的非理性震荡，推迟了《证券法》的修改进程，预计注册制改革最早将在 2016 年下半年落地。四川省及各市（州）政府关于发展多层次资本市场服务实体经济发展的相关政策深入推进的效果初显，特别是各级政府及财政部门对四川改制企业的政策补贴落地、全省后备企业资源库建设与“创业板行动计划”、“送金融走基层”活动的长期、持续和深入的推广（推进），以及 2013 年以来各市州、各部门的多层次资本市场培训效应，2016 年四川中小微企业改制上市热情将持续高涨，预计 2016 年按照现代企业制度要求规范和改制的企业将超过 500 家，其中在场内市场挂牌上市（如注册制能在 2016 年 9 月前实施）审慎预计有 8～10 家，乐观预计有 15～20 家，总体上占全国新增上市公司总数的 4% 左右，新增上市公司家数占全国总数的第 5～7

位，西部第一位。符合再融资条件的上市公司将通过包括但不限于公司债、定向增发、并购重组等方式加快再融资步伐。私募债及资产证券化的规模扩大，推进进程明显加快，并购重组的广度和深度增加，特别是市值规模较小，或绩差公司通过并购重组导致主业改变的可能性增大，个别已退市上市公司将探索通过司法程序进行破产重整的可能性。国有企业资产证券化进程加快，改革的深度加深，发展的厚度增加，100 家改制企业进入“创业板行动计划”的省级后备企业资源库，市州及县级后备企业资源库呈梯状分布，总数将超过 1200 家（但地区分布不均衡，差异化发展特征明显，预计成都市的企业将占全省总量的 60% 左右），上市后备企业资源充足，多层次资本市场服务四川实体经济发展的成效进一步显现。

2. 场外市场建设方面

区域性场外市场进一步规范和发展，对早期跨区域的挂牌企业，需要结合国家相关政策，进行规范发展引导。省级相关部门、各市州政府对成都（川藏）股权交易中心的建设与发展支持力度加大，相关优惠政策和财政补贴政策实施落地，成都（川藏）股权交易中心在促进川、藏企业特别是中小微企业为利用多层次资本市场加快发展而进行股份制改造、现代企业制度建设、公司治理水平提升方面，其服务功能和作用效果得到较好体现。在新三板、四板挂牌企业总数可望达到 800～1000 家，交易额上升幅度大，合格投资者开户人数增加，市场主体参与热情增长，交易活跃程度逐步增加，但总体规模仍然较小，融资融券规模和加杠杆风险得到较好控制，股市反复震荡对投资者的风险意识将起到良好的警示效果。

3. 要素市场建设方面

预计 2016 年，四川各类要素市场运营和管理将进一步规范，市场及相关平台运营主体高度重视产品创新和服务能力，部分交易所拓展业务范围将有较大突破，相关交易平台发展的两极分化初步显现，大宗商品交易和金融资产交易额进一步扩大，区域内更多公共资源将被纳入相关交易平台。

（三）“两类公司”方面

受经济持续下行压力影响，以及个别小贷公司、担保公司、地方金融机构风险进一步凸显，个别有较大区域影响力的实体企业资金链断裂和进入破产重组程序，导致2016年部分银行机构将对敏感公司加速收贷和更加惜贷，企业融资的“过桥”行为增加，部分中小微企业融资难、融资贵矛盾将更加突出，但部分创新性、成长型企业深得PE/VC等投资者青睐，其直接融资渠道畅通。因此，中小微企业的融资现状出现差异化发展趋势。同时，以前年度业务经营扩张较快、资金杠杆系数较大、风险因素累积较多的小贷与担保行业企业的相关风险进一步释放，“两类公司”业务总体增速进一步放缓，监管部门对其风险处置的市场化程度及其有效性得以体现，行业自律的规范程度和效率进一步提高。四川民营银行筹建工作进入操作实施阶段。

（四）保险业方面

保险业快速平稳发展。关于保险资金对重点行业、重点领域的投入力度的政策更加宽松，保险资金对地方经济发展的贡献进一步提升。

（五）金融监管与风险处置方面

金融监管继续坚持审慎监管理念，以支持改革创新和市场化发展为主调，同时高度关注区域性、系统性风险的预判与协调处置，严厉打击非法金融行为，在努力塑造金融更好地服务实体经济发展环境的同时，更好地加快金融业自身竞争力的提升。

B.4

2016年四川省消费品市场分析与预测

王晓红 *

摘　要：　2015 年四川消费品市场继续保持较快增长势头，社会消费品零售总额增幅高于全国平均水平。政府推崇的节俭、务实消费理念深入人心，大众消费稳定增长，“互联网 +”消费新业态层出不穷，居民消费结构进一步优化，省内重点地区消费品销售引领和辐射能力加强。展望 2016 年，面对全国经济增长继续下行的压力，四川消费品市场发展将会面临新的机遇和挑战，房地产、汽车、奢侈品等销售增长有可能下滑，而面向民众的普通消费品销售将持续兴旺，消费品市场的结构性调整仍会持续。

关键词：　四川　消费品市场　供求分析

2015 年，四川省委、省政府坚持贯彻中央制定的“稳增长、促改革、调结构、惠民生、防风险”经济运行政策，注重通过改善民生提高内需带动地方经济发展，市场供给、需求及销售均保持了平稳发展势头，2015 年前三季度，四川消费品市场总体保持平稳增长，1 ~ 9 月，四川省社会消费品零售总额达到 9961.4 亿元，同比（下同）增长为 12%，较全国平均水平高 1.5 个百分点，为完成全年社会消费品销售收入增长目标奠定了良好基础。

---

* 王晓红，四川省社会科学院产业经济研究所，副研究员，主要研究方向为流通经济、消费经济。

一 2015年前三季度四川消费品市场运行基本情况

（一）消费品市场稳中有升，增速略高于全国平均水平

2015 年前三季度，四川消费品市场总体保持平稳运行态势，上半年 4 月、5 月增速较一季度放缓，但进入下半年后，消费品市场呈现回稳向好、增速提升的良好态势，其余月份增速均高于 12%。1～9 月，全省社会消费品零售总额实现 9961.4 亿元，高于省政府预期目标 0.5 个百分点，高于全国平均水平 1.5 个百分点。但受经济下行压力的影响，较上年同期回落 1.1 个百分点。省内 6 个市（州）达到或超过全省平均水平，资阳（14.2%）、泸州（13.6%）、达州（13.5%）、巴中（13.5%）、遂宁（13.3%）、乐山（13.3%）、德阳（13.0%）7 市增速在 13% 以上，居全省前列。

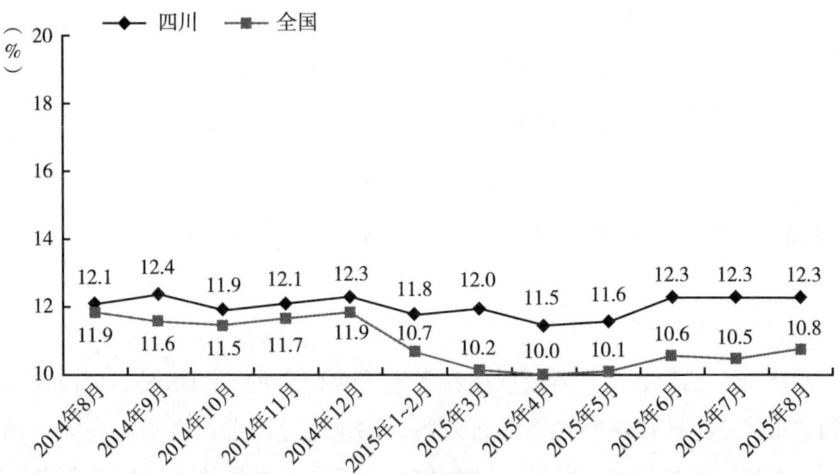

图 1 2014 年 8 月至 2015 年 8 月四川与全国社会消费品零售总额当月增速比较

资料来源：图表及资料来源于四川省统计局网站（经贸处），2015－9－25。

（二）电子商务发展势头良好，“互联网＋”消费模式迅猛发展

为更好落实“互联网＋”国家发展战略，充分发挥电子商务对新兴经济

的引领作用，四川省积极促进电子商务健康快速发展，新型营销模式不断出现，“互联网+”消费模式深入消费的方方面面。零售、餐饮、居民服务、休闲旅游等各行各业大力探索线上线下融合发展，农村电商发展迅猛，社区电商、生鲜电商、快递服务、出行定制等新业态层出不穷。据省统计局统计，2015年1~4月通过互联网络实现商品零售额91.5亿元，同比增长74.8%；1~6月，四川全省限额以上批发零售业通过互联网电商实现商品零售额146.2亿元，同比增长72.5%，增速比限额以上传统消费品市场快64.0个百分点；1~7月通过互联网实现商品零售额179.8亿元，同比增长81.9%，增速比上半年增加9.3个百分点，比同期传统社会消费品零售总额增速快69.9个百分点；1~8月通过互联网实现商品零售额204.8亿元，同比增长81.5%，增速是1~8月社会消费品零售总额的6.8倍；1~9月，限额以上企业通过互联网实现商品零售额231.3亿元，增长82.9%，高于同期传统限额以社会消费品零售总额增速70.9个百分点。

（三）乡村销售增长幅度高于城镇，城乡差距有所缩小

为确保全省居民收入稳步增长，四川省加大民生投入，积极促进就业，取得良好成效。2015年1~9月，全省城镇居民人均可支配收入13196元，同比增长8.1%，与全国持平，工资性增长对其贡献率达56%。农村居民人均可支配收入5319元，同比增长10.3%，高于全国平均增幅0.8个百分点，在全国经济大省中增速也位居前列。城乡收入之比为2.48，较上年同期2.59缩减0.11，城乡收入差距进一步缩小。

收入增加促进了居民消费水平提升，特别是乡村居民消费能力的增强。2015年4月，四川城镇实现零售额878.0亿元，同比增长11.0%，增速比上月回落1.1个百分点；乡村实现零售额205.6亿元，同比增长13.4%，比上月回升2.0个百分点。8月城镇实现零售额900.7亿元，同比增长12.0%，增速比上月加快0.1个百分点；乡村实现零售额220.0亿元，同比增长13.4%，增速比上月回落0.6个百分点，乡村仍比城镇快1.4个百分点。2015年1~9月，城镇和乡村消费品零售额仍保持较高增长水平，城镇为8027.2亿元，增长11.6%；乡村为1934.2亿元，增长13.4%，乡村消费品零售额增长速度快于城镇。

（四）普通消费品销售兴旺，大众消费稳定增长

国务院推崇的节俭、务实消费理念已深入人心，社会民众消费以节俭、务实为荣，奢侈浪费为耻，一改过去讲排场，比铺张之风，普通民众的大众消费稳定增长，并成为消费品市场发展的中坚力量。以刚性需求、大众消费为主的农村消费，增速持续快于城镇。1～9月，全省农村消费增长13.4%，高于城镇1.8个百分点。各地的特色中餐、小吃店、火锅店、饮品店等销售兴旺，大众餐饮持续升温。1～9月，全省餐饮收入1387.2亿元，增长12%，超过商品零售增长0.1个百分点，较上年同期高1.8个百分点，销售回升态势明显；其中，以大众餐饮为主的限额以下企业增长13.6%，高于限额以上企业7个百分点，占全部餐饮收入的78.2%。

2015年1～9月，社会商品零售额为8574.1亿元，增长11.9%。其中，全省限额以上企业商品零售额为4554.8亿元，增长8.7%。日用品和吃穿类大众消费品增长幅度较快，1～9月，全省限额以上企业日用品类、粮油食品类、化妆品类、服装鞋帽针纺织品类，同比分别增长20%、19.6%、16%、14.9%。

（五）消费结构优化升级，居民生活满意度提高

2015年四川消费品市场总体保持平稳增长态势，但不同的商品销售有升有降，一些商品销售增长速度较上年同期回落，与消费升级相关的商品销售却保持了快速增长。居民消费升级趋势十分明显，汽车、智能家电、户外装备、健身器材、智能手机、可穿戴设备、保健药品等消费升级型商品，成为消费热点。2015年1～6月，限额以上企业（单位）商品零售额中，娱乐、体育用品类同比增长56.3%，比2014年同期快46.5个百分点；通信器材类同比增长25.6%，比上年同期快22.4个百分点；建筑及装潢材料类、金银珠宝类、中西药品类、家用电器和音像器材类、化妆类同比增速也分别比上年同期快6.2个、4.0个、3.1个、1.3个和1.0个百分点。1～9月，全省娱乐体育用品类、通信器材类、家具类、中西药品类商品销售分别增长57.7%、25.7%、17.7%、18.2%。商务厅对重点流通企业的监测数据显示，平板电脑、智能电视的销量同比分别增长16.6%、12%。文化旅游休闲消费大受民众追捧。

（六）居民消费价格略有上涨，涨幅温和

2015 年 1～6 月四川居民消费价格总水平同比上涨 1.3%，其中 6 月同比上涨1.5%，环比上涨0.3%。其中食品类价格同比上涨2.6%；烟酒类价格同比下跌2.3%；衣着类价格同比上涨 1.7%；家庭设备用品及维修服务价格同比上涨0.4%；医疗保健及个人用品类价格同比上涨 2.2%；交通和通信类价格同比下跌0.9%；娱乐教育文化用品及服务类价格同比上涨 1.3%；居住类价格同比上涨0.6%。1～9 月，全省 CPI 同比上涨 1.5%，分别比 1～6 月、1～3 月回升0.2 个、0.4 个百分点，但涨幅仍比上年同期低 0.3 个百分点。据四川省商务厅监测，全省猪肉零售均价自 5 月中旬起持续恢复性上涨后，9 月出现回落，9 月 19～25 日周均价 29.4 元/公斤，环比微跌 0.1%，同比上涨 10.1%，粮油、禽蛋、蔬菜等价格基本稳定。

表 1　2015 年 1～9 月居民消费价格涨跌幅度

单位：%

指　　标	9 月同比增长	1～9 月累计增长
居民消费价格	1.8	1.5
1. 食品	4.0	3.0
2. 烟酒及用品	2.4	-0.9
3. 衣着	1.4	1.8
4. 家庭设备用品及维修服务	0.5	0.4
5. 医疗保健和个人用品	1.9	2.1
6. 交通和通信	-0.7	-0.8
7. 娱乐教育文化用品及服务	0.5	1.2
8. 居住	0.4	0.6

资料来源：四川省统计局：《2015 年前三季度四川经济形势新闻发布稿》，2015 年 10 月 20 日。

二　四川消费品市场目前存在的问题

2015 年前三季度，四川消费品市场总体虽然实现了平稳运行，但受市场

有效需求不足，汽车、成品油及部分商品销售下滑等因素影响，消费品市场下行压力依然很大，一些商品出现的难卖问题十分突出。

（一）汽车销售增速下滑，市场不旺

2015 年，四川汽车市场一改往年购销两旺的局面，汽车销售增速放缓，个别些月份还由正转负。汽车市场消费不旺，加大了经销商库存压力，再加上 2014 年同期汽车销售基数较高等不利因素影响，增速比 2014 年同期大幅回落，尤其是 4 月和 5 月分别同比下降 2.1% 和 3.5%。2015 年 4 月限额以上汽车类零售额由上月同比增长 11.5% 转为下降 2.1%，比 2014 年同期增速回落 33.3 个百分点。汽车消费下降，主要受成都汽车市场影响。2014 年 4 月成都出现汽车限牌的传闻，导致当月汽车销量呈销售爆发式增长，同比增长 40%。因此受 2014 年同期基数较高影响，成都市汽车零售额由上月增长 8.9% 转为本月下降 9.1%，增速比 2014 年同期回落 49.1 个百分点。扣除成都汽车市场销售额后，本月其余市州汽车类零售额同比增长 11.6%。

面对汽车市场销售疲软的严峻形势，生产厂商和经销商积极优化汽车供给结构，开展有针对性的优惠促销活动，努力扭转汽车销售增速下降趋势，四川全省 6 月和 7 月分别较 2014 年同期增长 3.2% 和 7.0%，8 月继续回升，实现汽车零售额 133.0 亿元，同比增长 8.5%，连续三个月保持回升势头。成都市汽车零售在 5 月同比下降 10.1% 后开始逐月回升，8 月同比增长 5.1%，比上月回升 2.7 个百分点，同样保持了连续三个月回升的态势，但总的来看汽车销售景气度依然不高。

（二）受价格因素影响，成品油增速降幅扩大

2015 年 1 ~8 月四川成品油销售额增速下降很快，成品油销售金额增速下降主要受同比价格下降影响。4 月限额以上石油及制品类零售额同比下降 5.1%，虽比上月降幅收窄 0.5 个百分点，但比 2014 年同期增速低 16.2 个百分点。6 月以后，成品油价格连续下调 6 次，其中 8 月两次下调幅度相对较大，影响 8 月成品油零售同比下降 4.7%，降幅比上月扩大 1.6 个百分点，1 ~8 月同比下降 2.6%，降幅比 1 ~7 月扩大 0.3 个百分点。价格走势对成品油销售额增长影响明显。

三　2016年四川消费品市场展望

展望2016年，中央和地方各级政府鼓励消费的各项政策措施，将比以前更加精准地指导消费相关领域的改革和发展，百姓消费水平的提升、消费结构的优化将成为新的经济增长的动力源泉。

（一）有利因素分析

1. 国务院鼓励消费政策相继发力，助推消费结构升级

（1）宽带网络提速降费使老百姓得实惠。2015年5月，国务院办公厅印发《关于加快宽带网络建设推进网络提速降费的指导意见》，其中不仅提出要推动电信企业降低网费，更强调要提高电信企业运营效率、有序开放电信市场、加强电信市场监管、提升公共服务水平。

（2）日用消费品进口关税税率下调，为提升消费水平创造条件。2015年6月10日国务院常务会议决定，将原来试点的消费金融公司在全国推广实施，增强消费对经济的拉动力。除此之外还决定，为实现我国开放型经济发展，鼓励企业做大跨境电子商务，利用互联网＋外贸，扩大进出口业务，为百姓消费提供便利，下调部分商品进口关税。从2015年6月起，我国进口的部分护肤品、服装、鞋靴、纸尿裤等商品，进口关税税率大幅度下调，平均降幅均超过50%。其中，毛皮服装、西服进口关税，由14%～23%降低为7%～10%；短统靴、运动鞋进口关税，将由22%～24%降低到12%，纸尿裤进口关税由7.5%降低到2%，护肤品的进口关税由5%降低到2%。

（3）促进旅游业发展，为百姓出游提供便利。目前国内居民旅游消费需求正处于爆发式增长阶段，国务院下发的《关于促进旅游业改革发展的若干意见》，明确了我国旅游业未来的发展方向，就是把旅游业作为我国经济发展的一个重要产业来抓，通过旅游业的改革发展，促进百姓生活品质的提升，带动消费经济的增长。

2. 城乡居民收入仍将稳步增长

四川省委、省政府贯彻落实国务院“稳增长、调结构、促改革、惠民生、防风险”政策效果逐步显现，经济运行呈现平稳发展态势，政府将进一步加

大惠民生力度，一系列促进居民收入增长政策措施将发挥积极推动作用。回顾2015年前三季度四川经济运行的情况，一个最主要的亮点就是居民人均可支配收入继续保持较快增长，继续“跑赢”GDP。据四川统计局数据，1～9月，四川居民人均可支配收入12699元，高于全国平均增幅0.3个百分点。其中，城镇居民人均可支配收入19475元，基本与全国持平。农村居民人均可支配收入7517元，高于全国0.2个百分点。居民收入保持较快增长，既有产业结构调整因素影响，也有经济保持稳定增长因素影响，还有政府加大惠民生力度影响。

3. 社会保障体系建设将加快完善步伐

长期以来，由于社会保障体系建设不够完善，城乡居民对就业、医疗、养老、教育等多方面的支出存在疑虑，所积累的收入不敢大胆用于消费，预防性储蓄过多，消费增长缓慢。2014年国务院《关于建立统一的城乡居民基本养老保险制度的意见》《城乡养老保险制度衔接暂行办法》的出台，加快了完善我国社会保障体系的步伐，并从多方面促进政府建立更加公平和可持续的社会保障制度。

2015年4月，国务院《关于进一步完善医疗救助制度全面开展重特大疾病医疗救助工作的意见》，对完善医疗救助制度、全面开展重特大疾病医疗救助工作做出部署。经过前期试点，全国各地正在探索大病医保的不同模式，为医保全覆盖提供了保障，逐步解除居民医疗消费的忧虑。

（二）不利因素分析

1. 消费增速难以显著回升

2015年我国经济正处在转方式、调结构的关键时期。经济方式转变和结构调整虽然中长期可为我国经济可持续增长注入动力，但短期内经济增长新动力不足与旧动力减弱的结构性矛盾突出，潜在增长率逐步下降的势头明显，对外出口遇阻，国内房地产和汽车两大消费龙头市场调整导致消费增速下降，经济下行压力持续增大，特别是最终消费领域的温和通胀与工业生产领域的持续通缩相互交织，直接影响了居民就业、收入增长与民生改善的信心。

2. 住房、汽车拖累消费总体增速

四川房地产市场经过多年的发展，城乡居民住房需求得到基本满足，目前住房需求大都已由过去的自住型需求逐步转为改善型需求。但近两年省内房地产市场供求已发生明显变化，居民住房从过去几年的供不应求转为供求平衡或供大于求。但住房投资仍未刹车，商品房供应量仍在大幅增长，2014 年四川商品房屋施工面积 36499.4 万平方米，比上年增长 13.5%；商品房销售面积 7142.4 万平方米，较上年下降 2.3%，房地产市场的兴旺时期已经成为过去。

汽车销售市场进入 2015 年以后，增长明显放缓，尤其是 4 月和 5 月分别同比下降 2.1% 和 3.5%。汽车市场消费不旺增加了经销商库存压力，再加上上年同期汽车销售基数较高等不利因素影响，汽车销售增速比上年同期大幅回落。此外，受新兴汽车租赁、打车软件等消费方式影响，使人们从拥有汽车转向租用汽车，这种趋于理性的消费对汽车销售市场又带来新的冲击。

3. 失业压力有增无减，影响城乡居民收入预期和消费信心

目前我国正处于经济转型时期，传统行业产能过剩严重，企业生产景气度不高，赢利前景不佳，外贸出口不畅，经济增长新动力不足与旧动力减弱的结构性矛盾突出，房地产行业发展遇阻，这些问题都将会逐步使得一部分产业和行业对员工需求减少，部分居民阶段性失业可能性增大，这将导致居民对未来收入预期的不确定性上升，不得不被动储蓄，为将来的不时之需做准备。

综上所述，初步估计 2015 年四川社会消费品零售总额约为 13065.69 亿元，同比增长 12%。2016 年社会消费品零售总额约为 14568.24 亿元，增幅将继续保持在 11.5% 左右。城镇社会消费品零售总额继续保持平稳增长，农村社会消费品零售总额增长速度仍将超过城镇。居民消费将有以下几个特征。

城镇居民：城镇居民基本生活用品消费增速逐步下降，消费结构处于调整优化之中，汽车、通信、旅游等新兴行业的消费仍将升温，居民个性化消费需求将增多。

农村居民：随着农村居民收入快速增长，消费水平也将快速提升，农村居民消费结构会更趋合理，将有更多的现金收入用于消费支出，城乡消费差距继续缩小。

四　促进2016年消费需求增长的政策建议

（一）逐步提高普通劳动者报酬在国民收入中的比重

党的十八大提出收入倍增计划，“十二五”规划也提出我国在收入分配方面

的改革计划，就是既要提高居民收入在国民收入分配中的比重，也要提高劳动者报酬在初次分配中的比重。因此，要克服政府工作中历来“重投资，轻消费”的固有观念，通过促进消费实现经济增长，改革税收体制，减轻中低层收入者纳税负担，让中低层收入者不仅有购买欲望，手中也有现金可以消费。

（二）调整和优化四川产业结构，增加有效供给

尽管目前消费需求出现回升向好的迹象，但应该看到这些好的现象还是局部的，而且带有较强的反弹性质，制约消费整体回升的深层次问题并没有得到根本解决，四川消费品市场需求不足和生产过剩的矛盾仍很突出。为此，要坚决压缩长线和滞销产品的生产，消除无效生产能力，加大对企业产品更新、技术创新的支持力度，优化产品结构，增加适销产品和服务的供给；同时，调整和优化企业组织结构，以省内名牌产品为龙头，以骨干企业为核心，以资本为纽带，发展跨地区、跨行业、跨国经营的企业集团和大型企业，为百姓消费提供更多质优价廉的商品，提升四川企业在国内和国际相关领域的竞争力。

（三）积极培育新的消费热点

在未来较长一段时期，健康医疗、养老保健、旅游消费、电子通信、智能家电、新型电动汽车、文化体育运动等都是我国百姓消费的新热点，面对这些新热点的兴起，四川应抓住机遇，加快相关新兴产业的基础设施及项目建设，加快新兴产业及电子网络通信基础设施建设，并为这些产业培训大量的相关从业者。通过利用先进的科学技术和网络信息技术，提升消费者的消费承接力，为消费者提供新的消费模式和消费方式，最终实现经济增长模式的转变。

（四）注重高质量的四川城镇化建设，为消费可持续增长提供保障

四川城镇化建设要注重质量。城镇化建设质量的高低有本质差别，低质量、粗放的城镇化水平带来的除了经济快速发展外，还有环境的污染，城市人口无序膨胀，社会公共服务产品缺失，居民生活费用的过快增长等弊端。而高质量的城镇化建设，会为城乡居民带来可持续的经济收入，多方位的社会保障和丰富的社会公共服务产品，解除居民消费的后顾之忧，并为居民生活提供优质服务。

B.5

2015～2016年四川省进出口分析与预测

陈友清　孙李军*

摘　要：2015年受多重因素影响，四川进出口出现了多年少有的大幅下滑现象，也出现了与"一带一路"沿线国家贸易逆势突破的积极变化。2016年面临世界经济增长放缓、国内经济下行压力较大、四川外贸转型升级任重道远等诸多挑战。四川应以更加积极的姿态融入"一带一路"建设，深入推进"万企出国门"活动，着力培育外贸竞争新优势，打造内陆开放战略高地的新支撑。

关键词：四川　进出口　一带一路

2015年以来，受外需萎缩、内需放缓、价格下跌等多重因素影响，四川对外贸易出现多年少有的困难，进出口增速持续下滑，与全国和经济大省走势基本一致。但也出现了贸易结构优化、主要贸易市场占比提升等积极现象。预计四川2015年全年进出口增速下降20%左右。2016年，四川对外贸易面临的形势总体依然复杂严峻，但随着贸易结构的持续优化和调整，有望实现止滑回升，初步预测全年进出口增长5%左右。

一　2015年前三季度四川进出口主要特点

2015年前三季度全省实现进出口400.5亿美元，同比下降23.3%，其中出口265.5亿美元，下降20.9%；进口135亿美元，下降27.6%。①

*　陈友清，四川省商务厅综合处处长；孙李军，四川省商务厅综合处主任科员。

①　本文数据未做特殊标注的均整理自《四川省商务统计资料》，2015年9月。

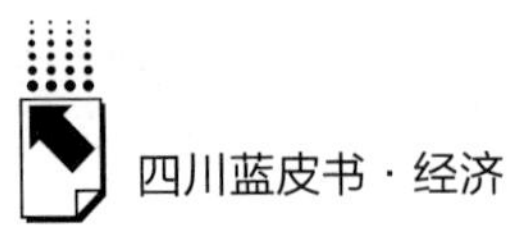

（一）与“一带一路”沿线国家的贸易势头较好

2015 年 1 ~9 月四川对“一带一路”沿线国家出口 89.5 亿美元，占全省出口总额比重达到 33.7%、较 2014 年提升 0.7 个百分点、高于全国同期 6.3 个百分点；实现双边贸易 112.5 亿美元，占全省贸易总额比重达到 28.1%、高于全国 2.4 个百分点。与全省“一带一路”战略“251 三年行动计划”中提出的“20 个重点国家”的双边贸易额占全省贸易总额的比重提高到 22.5%，占全省与“一带一路”沿线国家贸易总额的比重达到 80%。

（二）进出口商品结构进一步优化

2015 年前三季度四川机电产品进出口约 274 亿美元，同比下降 21.6%，降幅低于全省平均水平 1.7 个百分点；占全省总额的 68.4%，较 2014 年同期提高 1.5 个百分点。高新技术产品进出口占比达到 49.6%。服装、鞋类、纺织品、箱包、家具、塑料及其制品六大劳动密集型产品出口占全省出口总值的 13.9%，较 2014 年同期下降 4.3 个百分点。汽车整车出口增长 1.8 倍、进出口增长 67%，酒类产品出口增长 1.1 倍、进出口增长 85.6%。

表 1　四川高新技术产品与机电产品进出口对比

单位：亿美元，%

时间	高新技术产品		机电产品	
	总量	占比	总量	占比
2010 年	125.38	38.3	196.54	60.1
2011 年	223.71	46.8	311.79	65.2
2012 年	297.61	50.3	407.96	69.0
2013 年	328.36	50.8	436.48	67.6
2014 年	368.22	52.4	480	68.3
2015 年 1 ~9 月	198.6	49.6	273.9	68.4

资料来源：四川商务统计资料，2015 年 9 月。

（三）主要贸易市场占比提升

四川与 212 个国家或地区有贸易往来，2015 年前三季度与美国、东盟、欧盟、中国香港、日本5个国家或地区的贸易占全省贸易总额的67%，较2014年同期提升1.7个百分点。与美国实现双边贸易92.2亿美元、同比下降18%，降幅低于全省5.3个百分点，并呈现持续收窄态势，占全省贸易总额的23%，创近年来新高。与东盟双边贸易增速持续下滑，但仍为四川第二大贸易伙伴，占全省贸易总额的17%。与欧盟、日本贸易量比重均高于2014年同期水平。

表2　四川主要贸易市场进出口对比

单位：亿美元，%

时间	美国		东盟		欧盟		中国香港		日本	
	总量	占比	总量	占比	总量	占比	总量	占比	总量	占比
2010年	54.44	16.6	30.62	9.4	63.63	19.5	25.52	7.8	30.09	9.2
2011年	100.51	21.0	38.07	8.0	103.17	21.6	29.33	6.1	47.51	9.9
2012年	123.91	21.0	83.72	14.2	101.72	17.2	33.95	5.7	43.92	7.4
2013年	118.37	18.3	114.43	17.7	97.28	15.1	49.36	7.6	37	5.7
2014年	153.37	21.8	117.48	16.7	96.02	13.7	58.4	8.3	37.67	5.4
2015年1～9月	92.2	23.0	68.0	17.0	52.8	13.2	31.0	7.7	24.4	6.1

资料来源：四川商务统计资料，2015年9月。

（四）外商投资企业保持外贸第一大主体地位

2015年1～9月全省外商投资企业进出口198亿美元，同比下降16.8%，降幅小于全省平均水平5.5个百分点；占全省进出口总额的49.4%，高于2014年同期3.8个百分点。英特尔实现进出口47亿美元，同比增长11.5%，占全省贸易总额的11.7%、高于2014年同期3.6个百分点；鸿富锦进出口60.5亿美元，下降15.2%，降幅连续7个月收窄，占全省贸易总额的15.1%，较2014年同期提高2.5个百分点。国有企业进出口51.2亿美元，下降16.7%；民营企业进出口151.4亿美元，下降32.1%。

（五）外贸多点多极态势逐步集聚

2015年前三季度成都经济区进出口370亿美元，占全省进出口总额的92.4%，

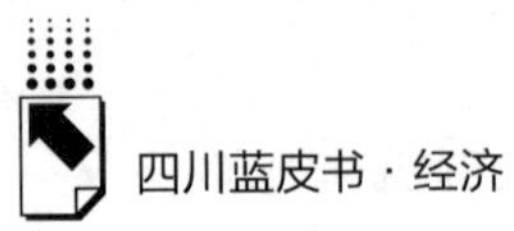

表3　四川对外贸易企业主体对比

单位：亿元，%

时间	国有企业		外资企业		民营企业	
	总量	占比	总量	占比	总量	占比
2010 年	78.3	24.0	127.8	39.1	120.9	37.0
2011 年	92.5	19.4	233.8	48.9	151.5	31.7
2012 年	103.0	17.4	302.0	51.1	186.3	31.5
2013 年	98.1	15.2	313.7	48.6	234.1	36.2
2014 年	81.5	11.6	343.4	48.9	277.0	39.5
2015 年 1～9 月	51.2	12.8	198.0	49.4	151.4	37.8

资料来源：四川商务统计资料，2015 年 9 月。

较 2014 年同期回落 1 个百分点；出口占全省总额的 90.4%。其中成都进出口 305.6 亿美元，占全省总额的 76.3%；德阳进出口 26.2 亿美元，占 6.5%；绵阳进出口 21.3 亿美元，占 5.4%。川南经济区占全省进出口总额的 3.6%，较 2014 年同期提升 0.5 个百分点；攀西经济区进出口同比增长 28.7%，占比由 2014 年同期的 0.4% 提升至 0.7%；川东北和川西北经济区进出口总额分别占全省进出口总额的 3.4% 和 0.1%。

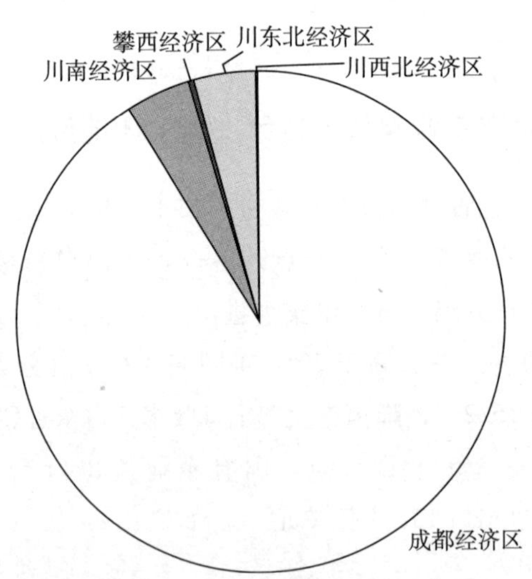

图1　四川五大经济区进出口贸易比重

资料来源：四川商务统计资料，2015 年 9 月。

（六）服务贸易快速增长

2015 年前三季度全省服务进出口额 91.4 亿美元，同比增长 6.2%。其中，出口 26.4 亿美元，增长 3.2%；进口 65 亿美元，增长 7.5%。旅游、建筑服务、其他商业服务和计算机信息服务等高附加值行业发挥支撑作用，带动全省服务贸易稳定增长，占全省服务进出口总额的比重超过七成。手机游戏企业继续保持良好发展势头，服务外包企业开始向高端服务企业转型升级。

二 四川对外贸易发展面临的困难与挑战

（一）世界经济增长放缓，全球贸易低速增长

国际货币基金组织 2015 年 10 月发布的《世界经济展望报告》中，预计全球经济 2015 年增长 3.1%，低于 2014 年 0.3 个百分点，低于该组织 2015 年 7 月的预测值 0.2 个百分点，创 2009 年以来新低。全球主要国家或地区的经济前景仍然不均衡，相比 2014 年，发达经济体的复苏预计略有加快，而新兴市场和发展中经济体的经济增长预计将连续第五年放缓。① 世界银行在最新一期《全球经济展望》中下调全球经济增长预期 0.2 个百分点。经合组织 9 月下调全球经济增长预期 0.1 个百分点。全球主要经济体分化加剧，美国经济继续温和复苏、部分经济指标转好；欧元区经济出现一些积极迹象、但不确定和不稳定因素增多；日本经济复苏的基础仍然薄弱；新兴市场经济体经济增速有所放缓，而且金融市场波动较大②。世界贸易组织 9 月将 2015 年世界贸易增长预期下调至 2.8%，低于该组织 2015 年 4 月曾做出 3.3% 的增长预期。自 1990 年以来，全球贸易额年平均增速为 5.1%。2012～2014 年全球贸易增速连续 3 年低于 3%，年均增长 2.4%。2015 年是全球贸易增长低于或与国内生产总

---

① 和讯网，《预计 2015 年全球经济将增长 3.1%》，http：//news.hexun.com/2015－10－22/180018697.html。

② 新浪网，新兴经济体金融市场波动增大，http：//finance.sina.com.cn/money/bank/bank_hydt/20150807/185222908847.shtml。

值增长速度持平的第四年，预示着全球贸易对世界经济增长的拉动作用明显减弱。①

（二）区域一体化发生重大变化，对外贸易传统红利减少

2015年10月，美国、日本等12个国家就TPP达成基本协议，同意进行自由贸易。传统自贸区更加侧重于对货物贸易的市场准入开放，而TPP则实现了对货物贸易、服务贸易以及投资在内的全面市场准入开放。TPP所涉及的12个国家的经济总量占世界经济总量近40%，四川与TPP成员国进出口总额占全省贸易总量的42.8%。中国自2001年加入WTO以来，逐步成为世界第一大贸易国，TPP协议的达成必然会稀释中国因加入WTO得到的关税和自由贸易的红利。TPP标准比WTO更高，涵盖范围比WTO更广，在短期对中国贸易将形成较大压力。但从长远来看，在区域层面上，TPP有利于推动成员国的经贸关系迈上新台阶，同时也会加快推进亚太区域经济合作和一体化进程；在全球层面上，TPP协定将对当前的国际经贸规则重构、全球经济治理改革产生重大影响。②

（三）国内经济下行压力较大，进出口尚未出现回暖迹象

虽然我国经济发展长期向好的基本面没有变，但中国经济已进入新常态。2015年以来，我国经济运行保持在合理区间，经济走势缓中趋稳、稳中向好，但稳中有难。前三季度全国GDP仅增长6.9%，是金融危机以来首次跌破7%。结构调整的阵痛还在持续，部分指标波动幅度加大，资本市场震荡回落，经济动能依然疲弱。全国工业生产者出厂价格（PPI）连续43个月负增长，制造业PMI处于收缩空间；投资增速持续下降，后续增长压力不断加大。2015年前三季度，全国进出口同比下降8.1%，连续7个月负增长，且降幅逐步扩大，是改革开放30多年来的第二大降幅，仅好于金融危机后的2009年。全国仅有8个省市进出口保持增长；15个省市进出口降幅超过10%。具有中国外

---

① 刘德伟：《点评：世贸组织下调2015年世界贸易增长预期》，http：//mt. sohu. com/20151007/n422642134. shtml。

② 关建新：《TPP将对世界经济格局产生影响》，《经济日报》2015年10月9日。

贸“风向标”与“晴雨表”之称的广交会，其成交状况被视为中国进出口的观察窗口。2015年春季第117届广交会采购商比第116届减少0.7%，累计出口成交额同比下降9.6%，也是继2014年以来广交会再度出现“双降”情形。10月开幕的秋季第118届广交会新闻发言人预计，采购商到会人数和成交额将再度双双下降。①

（四）加工贸易波动性较大，贸易占比逐年下滑

四川加工贸易主要在电子信息产业中。2015年前三季度全省规模以上工业企业出口交货值2025.4亿元，同比下降8%；其中电子信息产业出口交货值占全部工业出口交货值的六成以上。在电子信息产业中，鸿富锦和英特尔两家企业出口交货值合计占该产业的近八成，而这两家企业都是引进的加工贸易企业。2012年以前，随着一批加工贸易龙头企业的引进投产，四川加工贸易规模呈井喷式增长，占比由2005年的12.7%快速攀升至2012年的48.5%，总量增长了2.8倍。但随着引进的加工贸易企业产能饱和、市场变化，全省加工贸易进入平台期甚至瓶颈期，近几年加工贸易进出口总量保持在280亿美元左右，占比在40%左右。

表4　四川一般贸易与加工贸易进出口对比

单位：亿美元，%

时间	加工贸易		一般贸易	
	总量	占比	总量	占比
2010年	108.92	33.3	161.09	49.3
2011年	210.27	44.0	221.07	46.3
2012年	286.97	48.5	238.12	40.3
2013年	271.63	42.1	272.4	42.2
2014年	284.84	40.5	275.99	39.3
2015年1～9月	173.06	43.2	170.4	42.5

资料来源：四川商务统计资料，2015年9月。

① 华经网：《外贸形势严峻2015广交会料出现双降》，http：//www. huaxunnsw. com/finance/caijing/1444902506171079. html。

（五）市州分化发展明显，成都市支撑性作用有所减弱

2015 年前三季度全省 6 个市州进出口保持增长，其中巴中增长 60.8%，凉山增长 40.4%，宜宾、攀枝花、达州增速超过 10%。2 个市州降幅超过 60%，6 个市州降幅超过 20%。成都市进出口占全省贸易比重由此前的 80% 左右下滑至 76.3%。其余 20 个市州贸易总量之和仅为成都市的 1/3，总量排位居第 2、第 3 位的绵阳、德阳贸易量之和也仅为成都市的 1/6。2015 年 1～9 月成都市进出口同比下降 26.3%，降幅超过全省 3 个百分点，拖累全省进出口 20.9 个百分点；其他市州进出口降幅虽然仅为 12%，但因占比较小对全省进出口降幅缩减作用不明显。

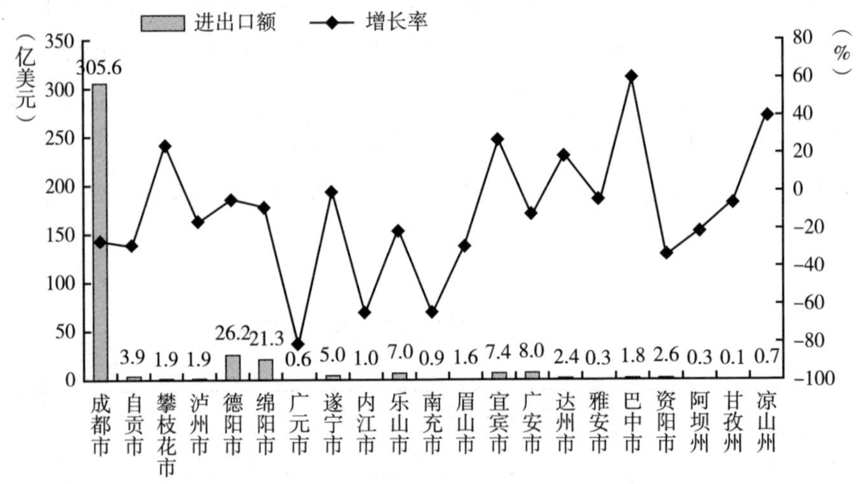

图 2　四川各市州 2015 年前 3 季度进出口对比

资料来源：四川商务统计资料，2015 年 9 月。

（六）中西部地区竞争激烈，四川外贸发展基础较为薄弱

四川在 2013 年对外贸易排中西部地区首位，近两年先后被重庆、河南反超。2015 年前三季度西部地区进出口下降 12%，降幅低于四川 11.3 个百分点；重庆进出口 594.2 亿美元，下降 19.2%；河南进出口 502.1 亿美元，增长 20.7%。位于四川之后的河北也快速追近，2014 年四川对外贸易总量高于河

北103.7亿美元，2015年前三季度与河北的差距已被缩小至8.6亿美元，且河北降幅低于四川10个百分点左右。从贸易主体看，四川有进出口实绩的企业仅4000余家，而东部的广东省接近7万家，浙江超过6万家；四川入围全国进出口企业500强的企业不足20家，本土企业的国际化经营实力相对较弱。

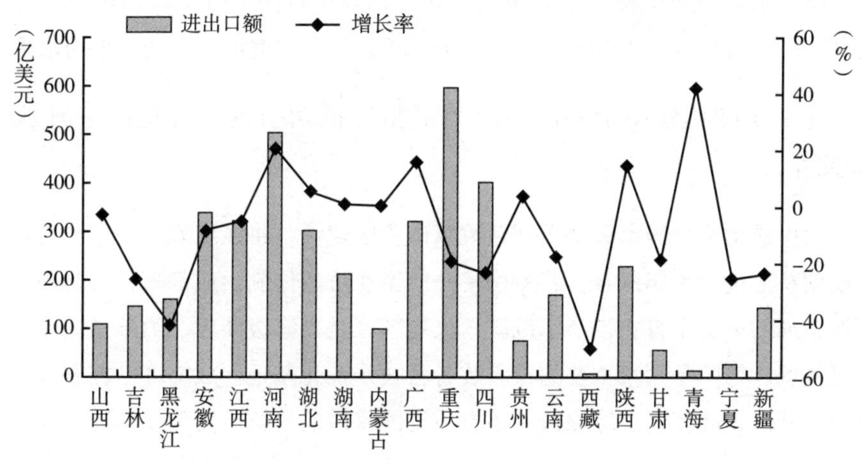

图3 中西部地区2015年前三季度进出口对比

资料来源：四川商务统计资料，2015年9月。

三 四川对外贸易发展的机遇

（一）融入国家“一带一路”战略有利于四川加快发展对外贸易

“一带一路”战略是中央的重大决策，也是四川构建开放型经济新体制、确保走在内陆地区改革开放最前列的重要抓手。“一带一路”战略为四川省进一步扩大和深化对外开放提供了广阔空间，沿线国家大多为新兴经济体，总人口约44亿，经济总量约21万亿美元，分别占全球的63%和29%①。四川是唯一同时连接丝绸之路经济带、21世纪海上丝绸之路及长江经济带的省份，处

① 沙祖康：《“一带一路”建设首先面临生态危机难题》，http://finance.jrj.com.cn/people/2015/07/31144319583675.shtml。

于“一带一路”的重要交会点，在西部内陆地区改革开放大格局中具有显著的战略地位。四川的 GDP、人口、社消零等指标在西部占比均超过 1/5，开放型经济主要指标居中西部各省份前列，具备资源禀赋独特、产业体系完善、综合交通便捷、市场空间巨大等诸多优势。目前，四川与沿线国家的经贸往来频繁，12 个驻蓉领事机构中沿线国家占 5 个；与沿线国家进出口额占全省外贸进出口总额的 30%，其中出口占比超过 1/3，所占比重均高于全国平均水平。

（二）四川建设全面创新改革试验区推动引进来与走出去开放合作创新

四川成功跻身国家级全面创新改革试验区建设，将在统筹引进来与走出去开放创新上进行大胆探索，着力构建开放型经济新体制。成都高新区是国家在西部布局的第一个自主创新示范区，天府新区是国家级新区，绵阳是国家唯一的科技城，德阳是国家重要的重大装备科技产业化基地。成德绵已拥有 8 个国家级经开区、高新区、综保区，还有一批国家级的科技兴贸创新基地、加工贸易产业转移承接地、出口加工区及开放口岸。2014 年成德绵三市经济外向度达到 33.5%，超过全省 15.8 个百分点，接近东部地区平均水平；利用外资规模大、质量高，到位外资占全省 90% 左右，在川落户的 216 户境外世界 500 强中有 200 家布局在成德绵。成德绵地区开放型经济高度集聚，“三外”联动基础扎实，有条件成为内陆地区探索引进来与走出去结合创新模式的发展典范，也将对全省对外贸易发展起到重要的牵引和支撑作用。

（三）国家出台系列措施为四川外贸稳定增长提供动力

本届政府以来，国务院先后出台了 13 个支持外贸稳增长、调结构的政策文件，对优化外贸结构、提高贸易便利化水平、改善融资服务、进一步加快出口退税进度、增强企业竞争力等显著加大了支持力度。商务部已经梳理了支持地方商务发展的政策清单，包括外经贸发展专项资金、优惠出口买方信贷、复制推广自贸实验区改革创新成果、服务业扩大开放综合试点等 17 项措施，支持出口增长的优势区域、行业、企业和产品。四川省为贯彻落实国务院精神，也陆续出台了系列支持外贸稳定增长的措施。随着这些措施的深入实施和落实，外贸发展环境将持续改善。

（四）服务贸易成为对外贸易转型升级的突出亮点

发展服务贸易是提升国家或地区国际分工地位的必然要求，服务贸易占全球经济总量超过2/3，是世界贸易中增长最快的板块。服务贸易已经成为经济增长的新动力，也是各地经济竞争的新焦点。我国服务贸易增势明显，2014年服务贸易总量突破6000亿美元，同比增长12.6%，高于全球8.2个百分点，跃居世界第二位。近几年，四川服务贸易快速发展，规模不断扩大、结构持续优化，在全国的地位逐步提升，2014年服务进出口突破百亿美元大关，实现贸易额120.1亿美元、增长18.4%，高于全国6.2个百分点。传统优势行业增长势头良好，计算机信息服务、金融、保险等高附加值、新兴行业快速增长。四川省游客出境旅游消费的热情，以及出境游学、留学、就医均出现不同程度的增长态势，将有力支撑旅游服务高速增长。

四　2016年四川对外贸易发展的措施建议

从国家层面讲，对外贸易对经济增长具有重要支撑作用；就四川而言，发展对外贸易具有积极的促进作用。2016年必须进一步统筹好对外贸易稳增长、调结构、促转型，更加积极地融入国家开放战略，深入推进国际市场拓展活动，加快外经贸主体队伍培育，争创外贸发展新优势，力争对外贸易止滑回升、稳定增长，实现增速高于全国、好于西部的总体发展水平，提升四川开放型经济在中西部地区的发展地位。

（一）加快融入国家“一带一路”建设

四川制定出台了“一带一路”战略“251三年行动计划”，精准制定了20个重点国家市场、4条战略经济走廊、5大区域板块的路线图；确立了十大产业、4个优势产能行业开展国际产能合作、打造跨境产业链；在上万家企业中筛选了100户优势企业，建立台账、重点支持、形成示范。要大力实施“251三年行动计划”，以重点开发开放试验区为先导，以重大项目为抓手，全方位拓展四川省与“一带一路”沿线国家的经贸、文化、旅游及产能合作。积极发展国际物流体系，以孟中印缅、中巴、中俄“两河流域”、中东欧等为突破口，打造串点成线、以线带面的对外经济走廊。立足四川产业、贸易、投资等比较优势和竞争优势，在能源资源、电子信息、装备制造、航天航空、工程建设、服务业、农产品等领域广泛开展与沿线国家的合作。加强与促进跨境贸易投资便利化有关的金融合作。

（二）以欧美日韩为重点推进高端化开放合作

积极融入欧洲经济圈和亚太经济圈，形成海陆统筹、东西互济、面向全球的开放合作新格局。加快构建覆盖世界重要城市的航空体系、贯通亚欧的铁路物流大通道。以英法德荷意及波兰、捷克等为重点，积极推动与西欧、中东欧在汽车制造、新能源、生物、节能环保等高技术领域合作，提升“X+蓉欧快铁”和中亚班列双黄金国际通道。以中俄“两河流域”合作机制为平台，以建立和完善与美国、加拿大间的省州合作机制为突破口，充分发挥四川初步形成的国际竞争优势，全方位开展与北美地区贸易合作。有效利用我国与韩国、澳大利亚自贸协定安排，进一步拓展与日韩和澳大利亚在电子信息、汽车、新材料、农业等产业合作。

（三）深入推进“万企出国门”活动

认真总结提升经验，采取针对性更强的措施，强化行业商协会作用，建立更加完善、更具实效的活动促进机制、政策手段、服务体系，使“万企出国门”更有生命力、更具带动力、更有影响力，加快形成“政府引导、企业为主体、市场运作、行业商协会踊跃跟进”的联动拓展模式，重点培育壮大行业商协会和第三方综合服务机构，持续开展大培训，支持龙头企业带领行业企业、配套企业“走出去”。组织2000户以上企业参加“万企出国门”境内外经贸活动。在扩大商品销售的同时，重点鼓励企业建设境外生产基地和营销网点，形成稳定的营销渠道。着力打造一批内外结合、贸易投资互动及具备全产业链、供应链和价值链较强整合能力的川籍跨国企业。大力开展外向型企业家培训，推出一批跨国经营、开放发展的企业家领军人物，发挥骨干企业的引领带动作用，推动行业企业“集群式”走出去。

（四）优化对外贸易结构

实施“自主品牌出口增长”计划，加强产业政策、贸易政策、创新政策协同，推动有条件的地区、行业和企业建立品牌设计、营销、推广中心，推进区域性外贸品牌建设，集聚资源创建国际性品牌。优化产品结构，巩固电子信息、装备制造等机电、高新技术产品的发展基础，扩大纺织服装、化工、轻工、特色食品和农产品出口规模。出口与进口有机结合，鼓励企业运用进口贴息政策扩大先进技术设备、关键零部件和战略资源型产品进口，发挥国家调整消费税、进口关税的政策效应增加一般消费品进口。推动货物贸易与服务贸易、一般贸易与加工贸易协调互补，形成进出灵活、方式多样的贸易发展格局。积极培育县域外向型特色产业，提升县域外贸发展水平。

（五）加快发展服务贸易

优化服务贸易“4＋X”产业布局，重点发展计算机信息服务、建筑服务、其他商业服务、旅游等4大核心行业；优先发展服务外包、技术贸易、研发设计、金融、保险、会展、广告、咨询等生产性服务贸易；发挥川戏、川灯、川景等传统特色优势，创新发展演艺、教育、出版、中医药、体育、餐饮等特色服务贸易；着眼于新技术应用与商业模式创新，加快发展跨境电商、动漫游戏、文化创意、移动互联、云服务、大数据应用等新兴服务贸易。优化服务贸易“1＋X”区域布局，以成都为核心，多市（州）协同发展，逐步形成区域分工协作、优势互补、错位竞争、均衡协调的服务贸易发展格局①。成都市大力发展资本技术密集型服务贸易；德阳、绵阳、自贡、乐山、遂宁等市（州）积极发展研发设计、服务外包、文化、旅游等服务贸易。巩固和扩大美欧、日韩、中国香港等传统市场，开拓“一带一路”沿线国家服务贸易市场，依托蓉欧快铁和亚欧班列推动运输服务发展，培育具有丝绸之路特色的国际精品旅游线路和产品，发展承载中华文化和巴蜀文化特色的文化贸易。积极创建国家服务贸易特色功能区和省级服务贸易特色基地。支持服务贸易企业建立战略联盟，实现规模扩大、渠道拓宽、人才流动。建立和完善与服务贸易特点相适应的口岸通关管理模式，推进服务贸易便利化和自由化。健全服务贸易统计体系。

① 《四川省人民政府关于加快发展服务贸易的实施意见》（川府发〔2015〕31号）。

（六）完善外贸服务平台

积极培育发展综合服务性外贸公司，拓展通关、物流、退税、保险、结汇、融资等业务领域的服务范围，集约外贸交易服务资源，减轻中小外贸企业经营压力，降低外贸交易成本，解决贸易融资难题。重点支持孵化综合服务能力强、行业特色鲜明的外贸服务平台，初步形成市（州）全覆盖。创新贸易发展业态和方式，大力推进跨境电子商务，支持成都、绵阳、宜宾等地开展跨境贸易电商试点，培育一批管理、服务及信誉好和技术力量强的跨境电子商务平台和企业，鼓励企业通过建立规范的海外仓等模式，融入境外零售体系。加快培育内外贸结合的商品市场，有效运用市场采购贸易方式扩大出口。支持成都、泸州、宜宾等进口口岸建设，引进企业、提升资质，并尽快发挥作用扩大进口。加大贸易便利化改革力度，推进地方电子口岸建设，探索建立国际贸易“单一窗口”制度。支持现有 10 个示范园区挖掘潜力，形成更大规模的外向型产业集聚基地，夯实外贸持续发展的坚实基础。

区 域 篇

Regional Reports

B.6

2016年成都经济区经济形势分析与预测

陈 映 陶朝安*

摘 要： 2016 年，全球经济格局将进入深度调整期，我国经济进入全面深化改革的攻坚期。成都经济区的经济发展机遇与挑战并存，既要面对复杂的世界经济形势，还将继续面对国内经济下行压力、需求不足、投资增速缓慢、企业经营困难等不利因素。不过，随着稳增长政策效应显现、改革红利进一步释放等经济发展积极因素的聚集，成都经济区经济有望继续保持稳定增长，各项经济指标预计将呈现平稳发展态势。

关键词： 成都经济区 经济形势 四川省

* 陈映，经济学博士，四川省社会科学院产业经济研究所副所长、研究员。主要研究方向：区域经济、产业经济。陶朝安，硕士研究生，四川省社会科学院产业经济所，主要研究方向：产业经济。

一 经济发展现状

成都经济区包括成都、绵阳、德阳、遂宁、乐山、雅安、眉山、资阳8个城市，辖区面积8.7万平方公里，占全省总面积的18%。2014年末常住人口3416.42万人，占四川省的42%。成都经济区是成渝经济区的重要一极，是四川省乃至中国西部最强最大的经济密集区和人口密集区，是西部地区综合实力最强、优势产业集聚最多、城镇化水平最高、创业环境最优、城乡差距最小、辐射带动力最明显的大都市圈，是引领西部发展的核心增长极。成都经济区以成都市为核心，以高新技术产业为主导，重点发展先进制造业和现代服务业，在整个四川经济发展中有着举足轻重的地位，也是四川参与全国区域竞争的龙头和主体。

（一）2015年上半年成都经济区经济运行情况

2015年上半年，成都经济区在四川省委、省政府的领导下，紧紧抓住深入推进新一轮西部大开发、加快成渝经济区和天府新区建设等契机，按照“稳增长、调结构、促发展”政策措施，牢牢把握稳中求进的工作总基调，继续保持经济平稳持续增长。

经济总量稳步增长。2015年上半年，成都经济区完成地区生产总值8966.75亿元，占全省的67.4%，增长8.6%，[①] 比四川省平均水平高出0.6个百分点。其中，成都市地区生产总值5136.1亿元，增长8%，占成都经济区的57.3%，经济发展仍然一马当先，首位作用明显。在成都经济区中，GDP增幅最高的是遂宁市，达到13.3%（见图1）。

经济结构不断优化。2015年上半年，成都经济区三次产业结构为6.5∶50.1∶43.4，第一产业、第二产业比重分别比全省（10.1∶51.9∶38.）低3.6个和1.8个百分点，第三产业比全省高5.4个百分点，产业结构进一步优化。其中，成都市第三产业占比最高，超过第二产业，达到54.2%（见图2）。

规模以上工业增速放缓。2015年上半年，成都经济区规模以上工业增加值增长10.7%，虽高于全省2.6个百分点，但与上年同期相比，增速有所放

---

① 本文数据均来源于四川省统计年鉴及21个市州统计年鉴以及统计公报。

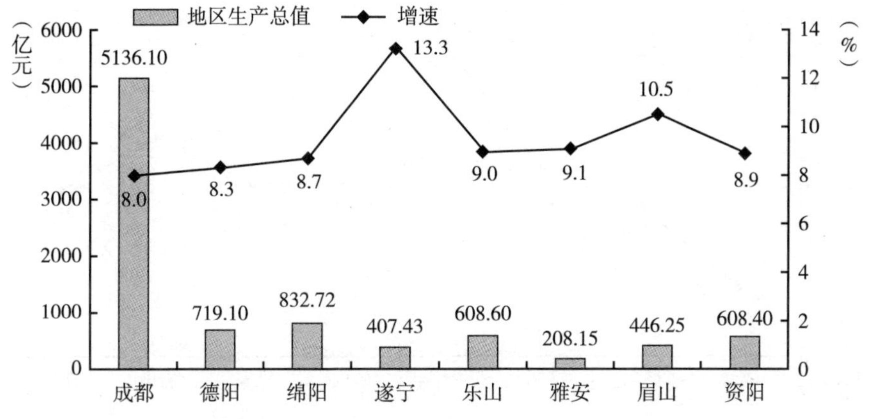

图1　2015 年上半年成都经济区各市地区生产总值

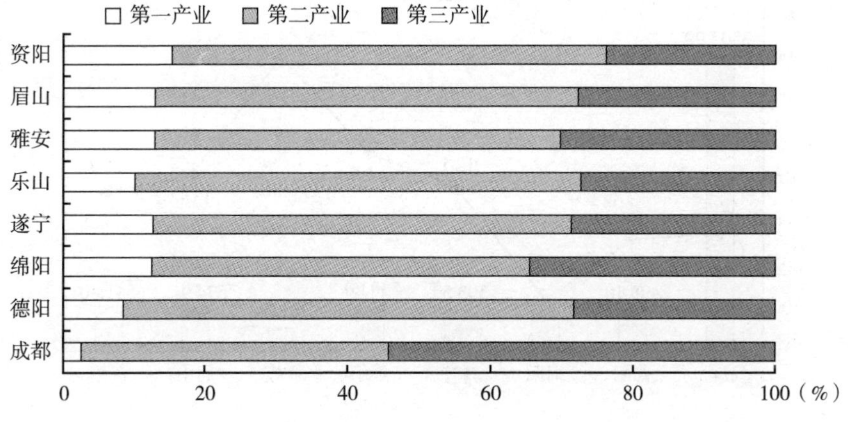

图2　2015 年上半年成都经济区各市三次产业结构

缓。其中，成都的增速最小，为 4.2%；遂宁的增速最大，为 18.2%，高于全省 10.1 个百分点（见图 3）。

固定资产投资规模持续扩大。2015 年上半年，成都经济区固定资产投资总额达到 6959.49 亿元，占全省的比重为 53.7%。成都投资总额完成 3502.9 亿元，增长 8.7%，占经济区的比重达 50.3%；雅安完成投资总额 281.84 亿元，增长 21.8%增长最快；绵阳完成投资总额 566.22 亿元，增长 3.7%，增速最慢（见图 4）。

消费品市场繁荣活跃。2015 年上半年，成都经济区实现社会消费品零售

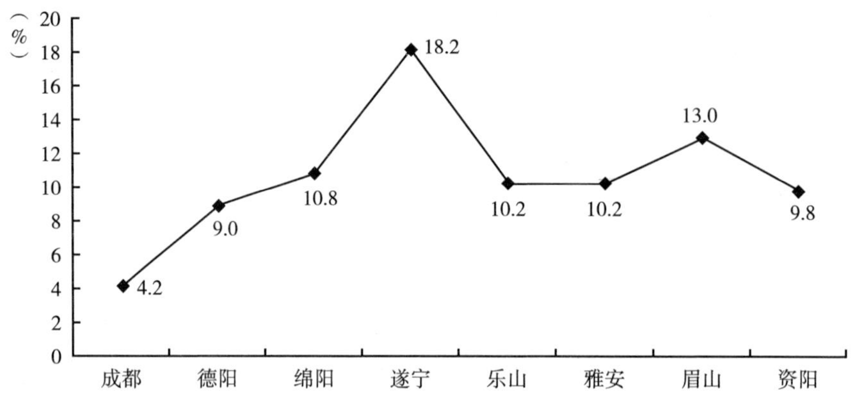

图3　2015年上半年成都经济区各市规上工业增加值增速

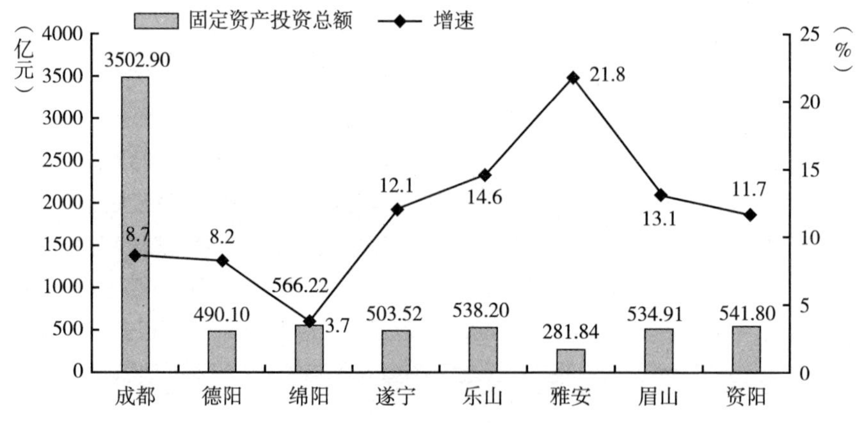

图4　2015年上半年成都经济区各市固定资产投资总额

总额4057.97亿元，占全省的比重为61.9%。成都社会消费品零售总额为2383.2亿元，占经济区的比重达58.7%，增长10.5%。8个城市中，增速最高的是资阳，社会消费品零售总额达到234亿元，增长14.1%（见图5）。

财政收支情况良好。2015年上半年，成都经济区完成地方公共财政收入874.81亿元，占全省的50.2%。成都地方公共财政收入完成581亿元，增长7.1%，占经济区的比重达66.4%；遂宁完成26.83亿元，增长23.7%，增速最高；绵阳实现公共财政预算收入58.22亿元，财政收入小幅下降，同比下降0.4%。（见图6）。

城乡居民收入稳步增长。2015年上半年，成都市城镇居民可支配收入和

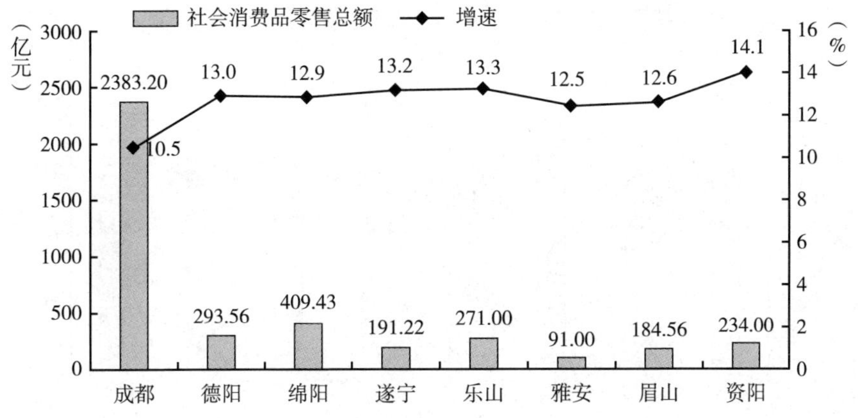

图5　2015 年上半年成都经济区各市社会消费品零售总额

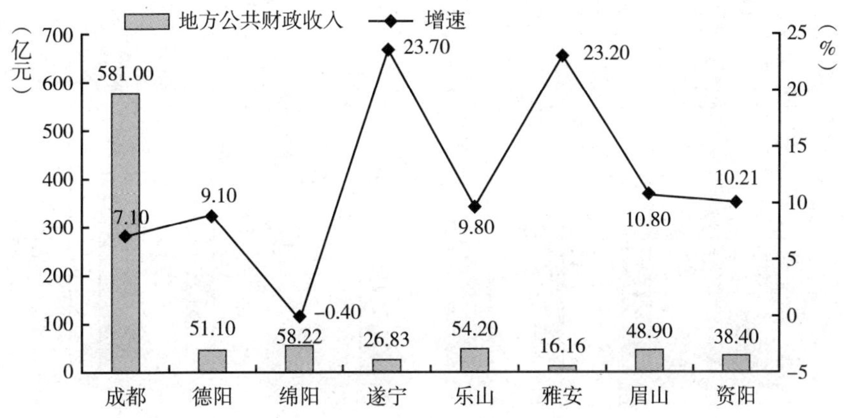

图6　2015 年上半年成都经济区各市地方公共财政收入

农村人均纯收入都居经济区第一，分别为 17229 元和 9614 元。城镇居民收入眉山增速最高，为 8.7%，达到 13047 元；农村居民收入资阳增速为 10.8%，增速最高，达到 5055 元。此外，农村居民收入增速均高于城镇居民收入增速，城乡居民收入差距进一步缩小（见图 7a 和图 7b）。

（二）对比分析

1. 纵向比较

“十二五”时期，成都经济区经济得到较快发展，经济总量不断提高，产

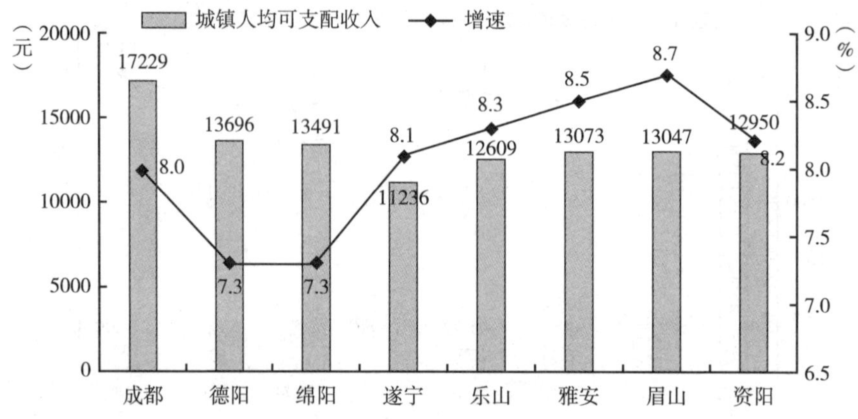

图7（a） 2015年上半年成都经济区各市城镇人均可支配收入

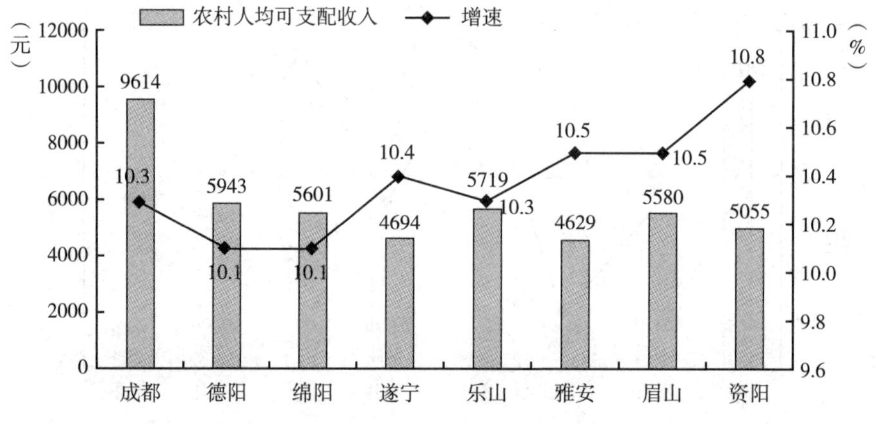

图7（b） 2015年上半年成都经济区各市农村人均纯收入

业结构不断优化，在投资规模、消费市场、财政收入等方面都取得巨大成就。

经济总量稳定增长，增速逐年有所放缓。2010年，成都经济区地区生产总值为10167亿元，2014年增加到17773亿元，2015上半年为8966.71亿元。从图8中可看出，近几年来，成都经济区经济发展一直保持稳定增长态势，经济总量在全省占有绝对优势，所占比例均超过50%，由2010年的59%上升至2015年上半年的67.4%，所占比例逐年提高。虽然，GDP增速有所放缓，但仍保持较为稳定的增长态势。

产业结构深度调整，经济结构趋于优化。2010年至2015年上半年，成都经

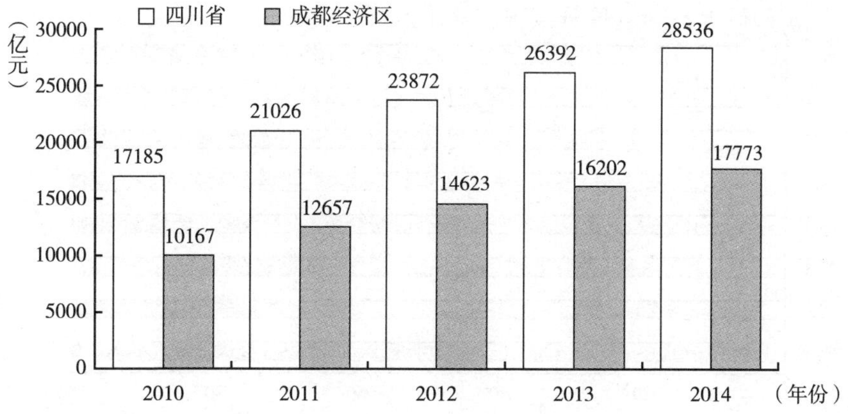

图8　2010～2014年四川省与成都经济区GDP情况

济区三次产业结构由11∶49.1∶39.9调整为2015上半年的6.5∶50.1∶43.4，第一产业下降4.5个百分点，第三产业上升3.5个百分点，经济结构趋于优化。四川省2015年上半年三次产业结构为10.1∶51.9∶38，成都经济区第一产业低于四川省3.6个百分点，而第三产业高出四川省5.4个百分点，同全省相比，产业结构更加合理。从8个城市来看，第一产业比重均呈下降趋势，第三产业比重均不断提高。其中，成都第三产业比例最高，超过50%，经济结构最优（见图9a、图9b和图9c）。

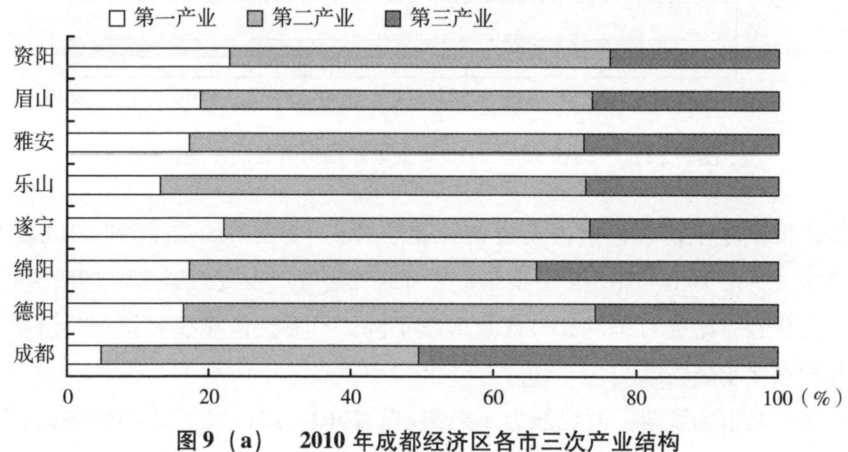

图9（a）　2010年成都经济区各市三次产业结构

投资规模持续扩大，投资拉动增长作用明显。2010年成都经济区固定资产投资总额为7874亿元，2014年增加到12675亿元。可见，经济区固定资产

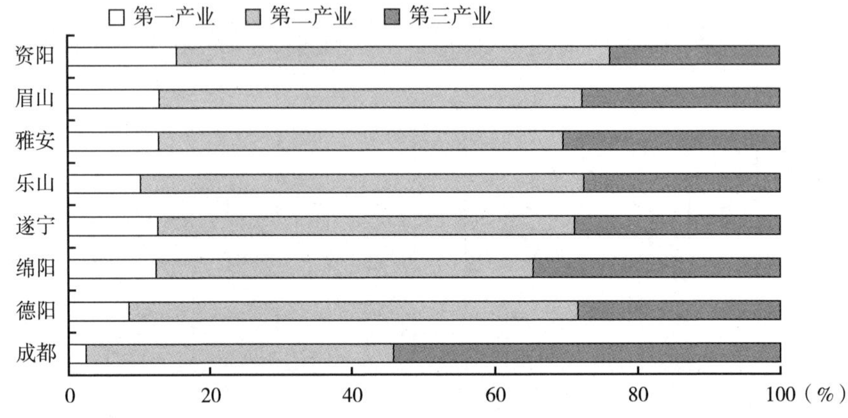

图 9（b） 2015 年上半年成都经济区各市三次产业结构

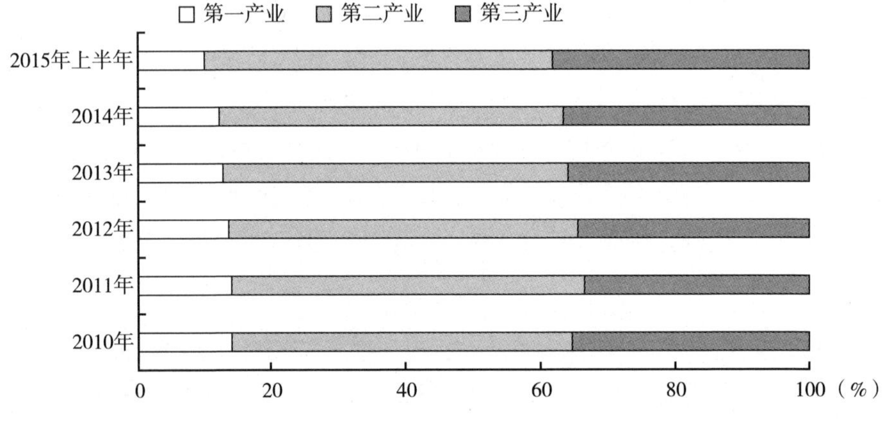

图 9（c） 2010 年至 2015 年上半年四川省三次产业结构

投资规模在逐年扩大，但占全省的比重由 2010 年的 60% 下降到 2014 年的 54.3%（见图 10）。2015 年上半年，经济区固定资产投资总额达到 6959.49 亿元，占全省的比重为 53.7%，比重继续下降。可见，依靠投资拉动经济增长的作用在逐步减弱。

消费品市场繁荣，消费能力不断提高。2010～2014 年，成都经济区社会消费品零售总额由 4160 亿元增至 7386 亿元，增加了 3226 亿元（见图 11），增长 77.5%；占全省的比重由 2010 年的 61.1% 下降到 2014 年的 59.6%。2015 年上半年，经济区社会消费品零售总额达到 4057.97 亿元，占全省的 62%，比

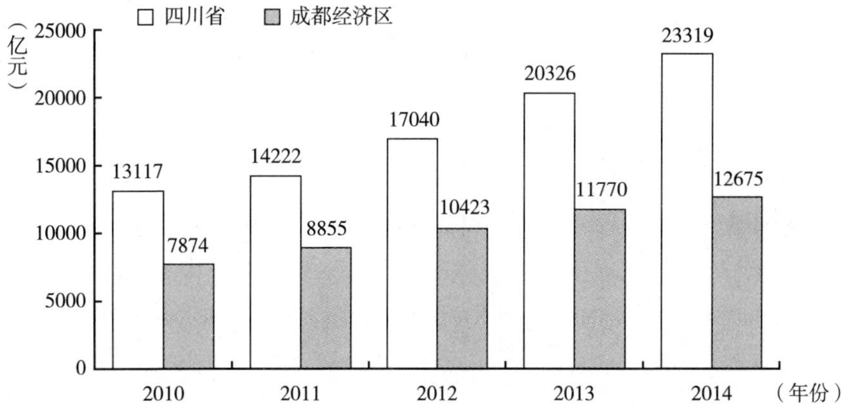

图10 2010～2014年四川省与成都经济区固定资产投资情况

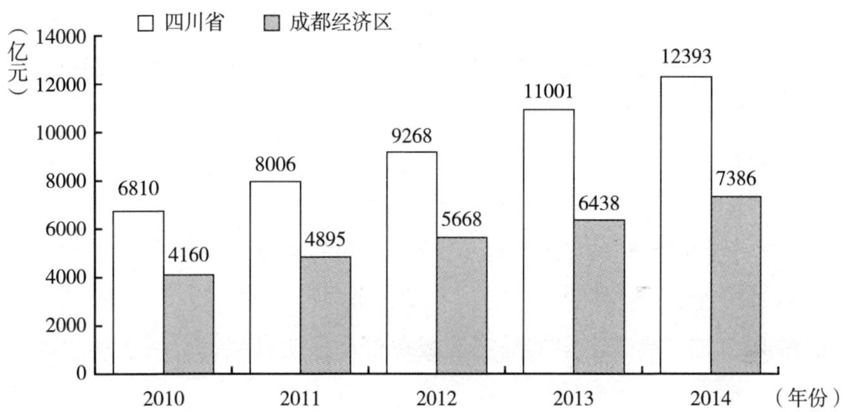

图11 2010～2014年四川省与成都经济区社会消费品零售总额情况

2014年全年上升2.4个百分点。

财政收入持续增长，经济发展效益凸显。2010～2014年，成都经济区地方公共财政收入由747亿元增加到1485亿元，较2010年增长738亿元（见图12），增长99%。2015年上半年，成都经济区地方公共财政收入达到874.8亿，占全省的50.2%，比2014年全年增加了1.6个百分点。财政收入的持续增长，使经济区经济发展效益不断提高。

2. 横向对比

成都经济区是四川的政治、经济、文化等中心，是全省经济发展的重要引

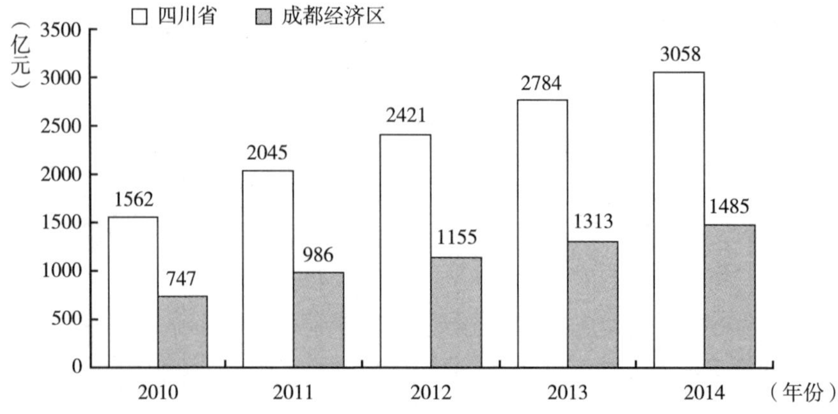

图 12　2010～2014 年四川省与成都经济区财政收入情况

擎，在全省经济发展中占有举足轻重的地位。在四川的五大经济区中，成都经济区的经济总量、产业结构、投资规模、消费市场、财政收入等主要经济指标均在全省占绝对优势。

经济总量一马当先。2015 年上半年，成都经济区 GDP 总量达 8966.75 亿元，占全省的 67.42%。川南经济区 GDP 为 2423.45 亿元，川东北经济区为 2299.17 亿元，攀西经济区为 1042.65 亿元，川西北经济区为 184.12 亿元。成都经济区 GDP 总量分别是川南、川东北、攀西、川西北的 3.7 倍、3.9 倍、8.6 倍和 48.7 倍，表现出成都经济区板块首位作用过强、次级板块支撑作用较弱特征。从五大经济区的增长速度来看，2015 年上半年，成都经济区的增速在五大经济区中仍然领先，增长 8.6%，分别比川南、攀西、川东北和川西北经济区快 0.2 个、3.6 个、0.9 个和 1.1 个百分点（见图 13）；就成都经济区单个市的增速来看，遂宁、眉山、雅安、乐山和资阳上半年 GDP 分别增长 13.3%、10.5%、9.1%、9.0% 和 8.9%，位居全省前列，分别为第 1、4、5、6 和 7 位。①

产业结构进一步优化。为适应经济新常态的要求，成都经济区产业调整步伐加快，结构进一步优化。2015 年上半年，成都经济区三次产业结构为 6.5∶50.1∶43.4，与四川省相比，第一产业占 GDP 的比重低 3.6 个百分点，第三产业

① 《2015 年上半年四川区域经济分析》，四川省统计局，http：//www.sc.stats.gov.cn/。

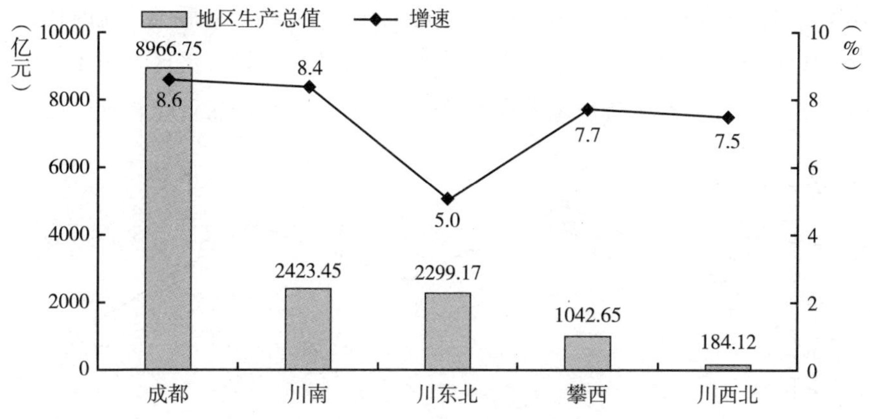

图 13　2015 年上半年五大经济区地区生产总值

的比重高 5.4 个百分点。同期，川南、川东北、攀西、川西北三次产业结构分别为 10.5∶61.8∶27.7、15.1∶54∶30.9、10.4∶61.7∶27.9、9.1∶46.8∶44.1（见图 14）。总的看来，成都经济区产业结构较优，呈现“三二一”的结构，川南、川东北、攀西和川西北经济区呈现“二三一”的产业结构。

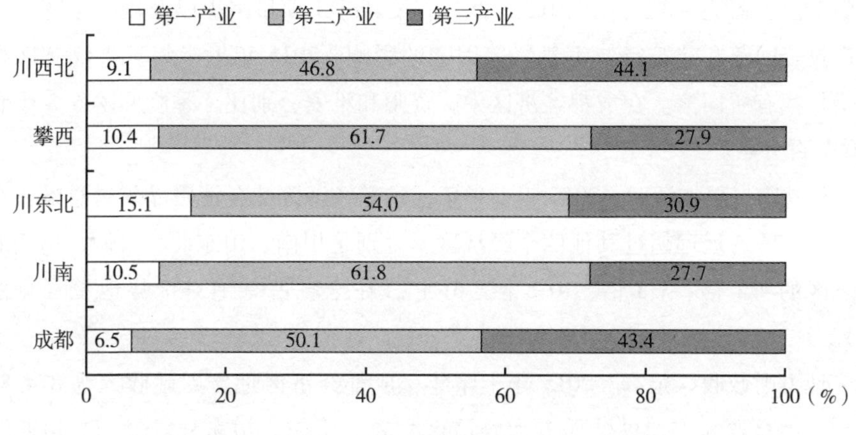

图 14　2015 年上半年五大经济区三次产业结构

工业化发展水平高。四川五大经济区工业化发展不平衡。从工业化率来看，2015 年上半年成都经济区和川东北经济区的工业化率均为 43.3%，川南经济区和攀西经济区的工业化率为 56.9% 和 53.2%，川西北经济区的工业化率较低，为36.2%（见图15）。目前，成都经济区开始步入后工业化时代，经济发展以服务性经济、高新技术产业等为主；川南和攀西经济区处于工业化中前期，经济转型升级和提质增效任务艰巨；川西北还处于工业化初期阶段。

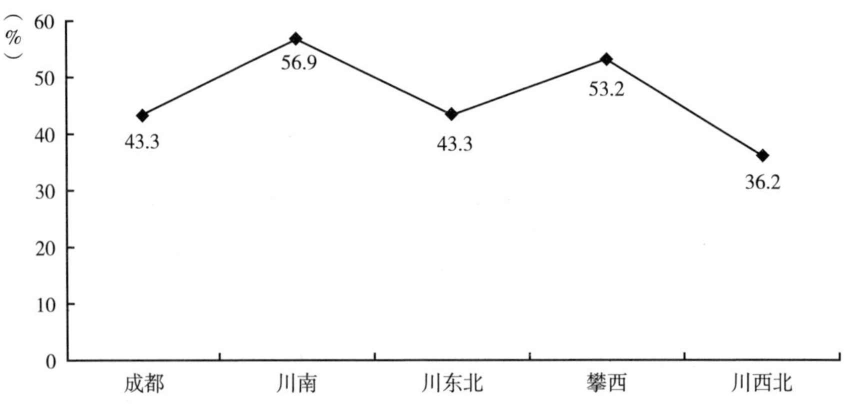

图15　2015年上半年五大经济区工业化率

投资总额扩大但增速回落。2015年上半年，成都经济区全社会固定投资总额在全省遥遥领先（见图16）。此外，受新开工项目减少以及规模下降、房地产投资回落和建筑行业不景气等因素的影响，2015年上半年五大经济区投资增长都有所回落。在成都经济区中，资阳和雅安分别比一季度回落6.3个和3.0个百分点。

消费市场更加活跃。2015年上半年，成都经济区社会消费品零售总额占全省的61.9%，远远超过其他四个经济区，分别是川南、川东北、攀西、川西北经济区的4.1倍、3.8倍、10.8倍、61倍，在全省占有绝对优势地位（见图17）。

地方财政收入最高。2015年上半年，成都经济区地方财政收入为874.81亿元，占全省的65.1%，居五大经济区之首。川南、川东北、攀西、川西北地方财政收入分别为182.25亿元、172.45亿元、84.31亿元、29.61亿元，在全省的占比都较低（见图18）。

城乡居民收入普遍较高。2015年上半年，成都经济区居民收入稳步增长，相较于其他经济区，居民收入普遍较高。城镇居民可支配收入方面，成都经济

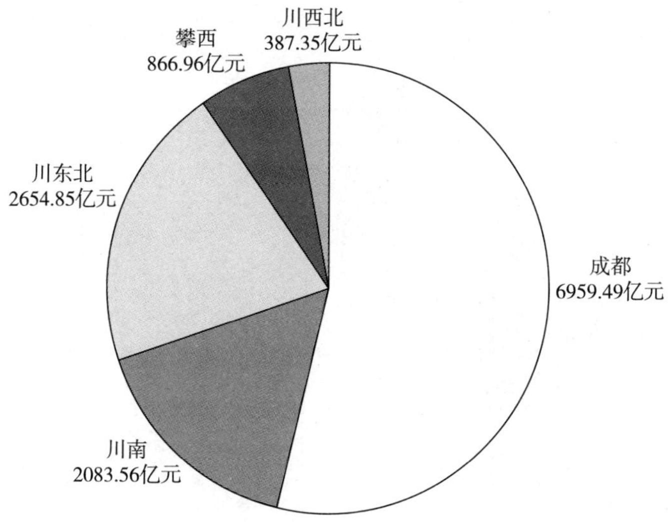

图 16　2015 年上半年五大经济区全社会固定投资总额

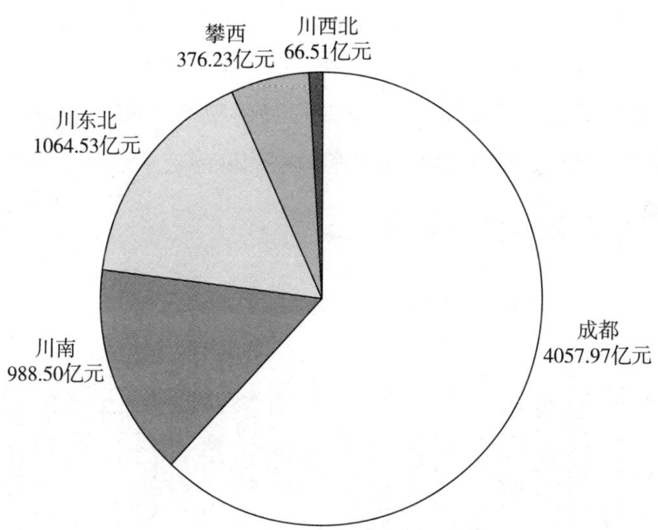

图 17　2015 年上半年五大经济区社会消费品零售总额

区有 6 个城市的城镇居民收入在全省的前十位，成都、德阳、绵阳、雅安、眉山、资阳分别位居第 1、2、4、6、7、9 位。其中成都市最高，达到 17229 元，明显高于其他地区。农村人均纯收入方面，同样有 6 个城市进入四川前十位，

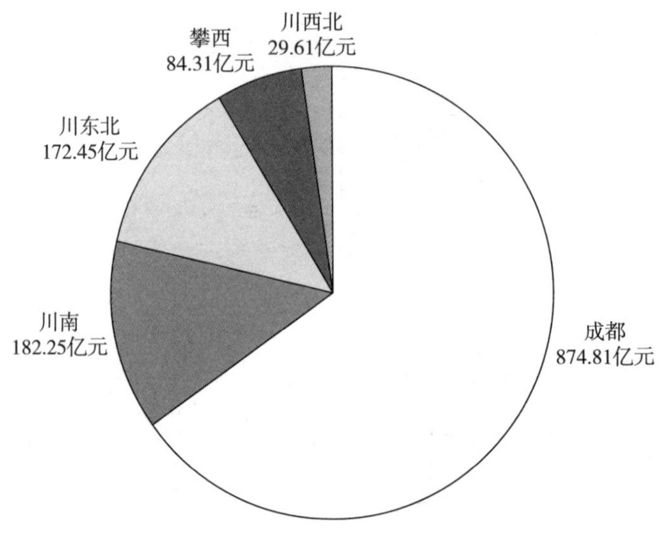

图18　2015年上半年五大经济区地方财政收入

成都、德阳、乐山、绵阳、眉山、资阳分别位居第1、3、4、5、6、9位。其中，成都最高，为9614元。从增速来看，巴中市城镇居民可支配收入增速最高，为9.2%，达到11039元；甘孜州农村居民人均纯收入增速最高，为15.2%，达到2289元［见图19（a）和图19（b）］。

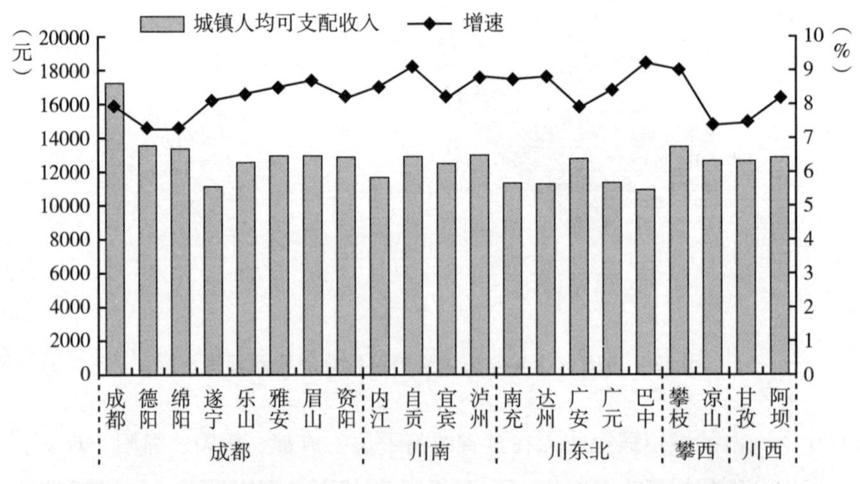

图19（a）　2015年上半年五大经济区城镇居民人均可支配收入

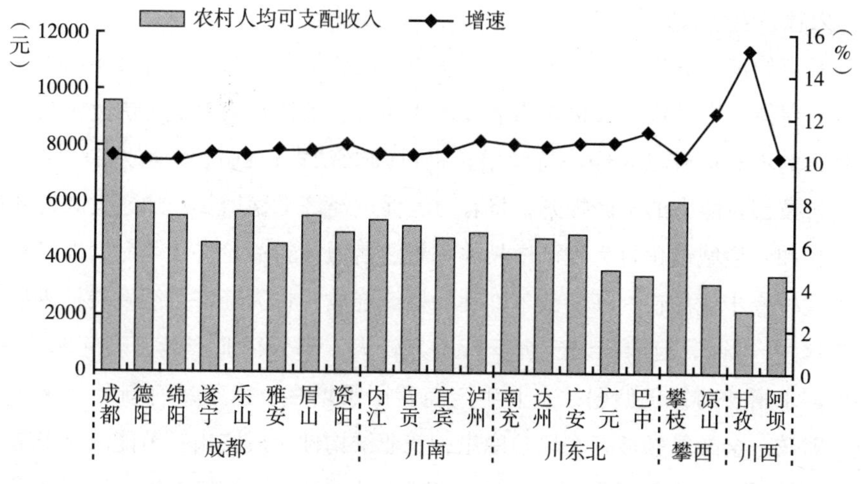

图 19（b） 2015 年上半年五大经济区农民人均纯收入

二 成都经济区经济发展面临的形势分析

（一）经济发展的外部环境

1. 国际经济发展态势

当前，全球经济整体上仍处于金融危机后的深度调整期和修复期，展现出缓慢复苏的基本态势，且复苏过程面临诸多不确定性和挑战；全球经济格局正在进行深度的调整和变革，发达国家制造业“回流”趋势正重塑全球分工格局，新兴经济体着力以扩大内需来推动工业化和现代化进程，将带来全球产业布局和分工体系的新变化；新一轮科技革命和产业变革风起云涌，新的技术和商业模式的应用，将对产业体系形成很大冲击，给传统产业带来颠覆性影响；经济全球化的深入推进，使各个国家的实力此消彼长，全球经济增长引擎的多极化趋势日渐清晰；区域一体化的深入发展，世界各国相互依赖和利益交融程度进一步加深，区域合作与竞争并存。然而，全球气候变化和能源问题更加突出，各国、各地区结构性改革进展缓慢，这些都对世界经济发展形成制约。①

① 《全球经济缓慢复苏中格局转换》，《经济参考报》2013 年 12 月 23 日。

2. 国内经济发展现状

我国经济发展进入新常态，呈现新的阶段性特征。国内经济总体仍将保持平稳，保持经济较快增长仍面临诸多机遇和有利条件：国内市场快速成长，消费潜力的不断释放将为经济持续增长提供强劲动力；创新驱动战略的深入实施，科技创新能力的不断提升，将有力地促进经济平稳增长；加速发展的新型工业化和新型城镇化将为经济增长注入新的活力；新一轮科技革命助推经济发展方式转变步伐加快；新的改革红利的持续释放，将为经济持续发展提供动力和支撑。① 然而，目前我国经济下行压力较大，部分行业产能过剩问题严重；消费需求增长动力仍偏弱；企业生产经营困难增多；亟须培育新的经济增长点；财政、金融等领域存在风险隐患；就业结构性矛盾突出；节能减排形势严峻；等等。进入改革“深水区”和“攻坚期”，经济发展的内生条件正在发生重大变化，支撑经济高速增长的传统要素优势正在减弱，各种结构性矛盾对经济增长的约束正在加大，经济转型升级的压力日益增大，环境对经济发展的约束也日益凸显。

3. 四川经济发展阶段

随着国内外发展环境和自身发展条件的改变，四川发展进入崭新的历史时期，处于加快发展的新阶段。目前，四川处于全面建设小康社会的决定性阶段，要与全国同步全面建成小康社会，时间紧、任务重；处于工业化与城镇化“双加速”时期，新型工业化和新型城镇化加速发展、良性互动，将创造巨大的投资需求和消费需求，带动产业结构和消费结构升级；处于扩大开放合作的重要机遇期，迅速扩张的产能将在更大区域空间建立原材料供应和配套协作机制，迅速扩大的生产规模将在更大市场范围内释放，资金、技术、人才等资源将在更大范围内配置，潜在的各种要素优势将借助外部力量转化为现实优势；处于经济结构调整的矛盾凸显期，产业结构不够合理，科技对产业的支撑作用有待增强，经济增长乏力，消费潜力亟须挖掘，结构调整进程缓慢，新经济增长点培育要加快，等等；处于全面深化改革的关键期，面临的经济形势更趋复杂和严峻、经济下行压力加大、传统动力减弱，

① 杨伟民：《经济领域改革的十大亮点——解读〈中共中央关于全面深化改革若干重大问题的决定〉》，《行政管理改革》2014 年第 2 期。

必须通过全面深化改革启动新的发展引擎，充分释放潜在的“改革红利”，激发增长新动力，创造发展新活力。

（二）经济发展的有利条件和制约因素

1. 有利条件

经济全球化的深入推进，区域一体化的深入发展，新一轮国际产业分工以及跨国公司区域布局的战略调整，为成都经济区抢占经济发展制高点带来新的契机。移动互联网、大数据、云计算等新一代信息技术的广泛应用，特别是信息技术与传统产业的融合创新、3D打印和工业“4.0”等新技术和产业，将引发影响深远的产业变革，为成都经济区的经济增长提增添新的动力。国家区域协调发展战略、“一带一路”建设以及长江经济带改革开放转型战略的大力实施，为成都经济区的发展营造了良好的外部环境。国家深入实施西部大开发战略，加快推进成渝经济区建设和天府新区建设，为成都经济区经济发展提供了强有力的政策支撑。国家新型城镇化发展战略的深入实施以及统筹城乡综合配套改革的深入推进，将继续为经济区释放出红利，增强发展活力。四川多点多极支撑发展战略为做大做强成都经济区区域板块注入了强大动力。

2. 制约因素

成都经济区经济发展也面临诸多困难和挑战。与沿海发达地区相比，经济发展差距还较大；经济区城镇体系不合理，中心城市极化效应突出，成都“一城独大”，改变不合理的城镇规模等级体系，任务还十分艰巨。况且，要变“一极”为“多极”，在成都经济区转型升级的同时，加快省内其他四大经济区的发展，改变“一极独秀”格局，形成支撑全省发展新的增长极，非一时之功可奏效；产业同构现象较为严重，产业竞争力有待提升；城乡区域发展不平衡，统筹城乡发展任务艰巨；企业生产困难重重，企业融资成本居高不下；经济增长过度依赖投资，后续发展动力不足，转型发展压力加大；区域一体化发展的体制机制还需进一步完善，内部协调机制尚未健全，促进要素流动的制度环境及统一市场有待进一步完善，等等。因此，成都经济区必须保持清醒，对经济运行中的问题和风险进行防范。

三　成都经济区经济运行中的制约因素

（一）经济下行压力大，经济增长乏力

当前，我国经济增速回落明显，经济下行压力还在持续加大。就成都经济区而言，支撑其经济高速增长的一些关键要素正在逐渐消失，亟待形成新的经济驱动力量和与新阶段发展相适应的比较优势。过去，成都经济区经济发展依赖投资，随着经济下行压力的加大，工业增长动力有所减弱，工业区企业效益有所下滑；制造业产能过剩，民间投资意愿减弱；服务业发展下行压力加大，金融业增速有所放缓，房地产市场短期内还难以走出低迷状态；消费需求热点不足，消费需求增长主要依靠网购消费、汽车消费等支撑。

（二）成都极化效应突出，次级城市支撑不足

成都经济区发展以成都为中心，而成都的发展仍然以吸引周边地区和四川省内的资源为主，向外扩散以及辐射带动作用还很弱。成都主城“一城独大”，呈现成都首位作用过强、次级板块弱化的特点，缺乏类似珠三角地区东莞、佛山、顺德等这样的一批副中心城市的支撑。从2015年上半年的主要经济指标来看，成都经济总量占经济区的57.3%，比其他7个城市经济总量之和还高出14.6个百分点，经济发展一马当先，首位作用明显。固定资产投资总额、消费品零售总额、财政收入成都的占比，均达到成都经济区的一半以上。

（三）产业发展水平不高，市场核心竞争力不强

成都经济区的产业发展虽然已经粗具规模，如成都的IT产业、绵阳的电子工业产业、德阳的重型机械产业、资阳的汽车产业等，但尚处于产业起步阶段，经济辐射能力和知识外溢性还有待进一步提高。产业配套协作不够，外地企业和本地企业、上下游产业链之间的对接协作需要加强，跨区域的利益共享、税收分成、产学研合作等机制尚未建立起来，共建工业集中发展区、共享交通基础设施和共同市场开发等缺乏深层次的互动与合作。经济区产业结构雷同、产业布局无序等问题未得到根本解决。在生产技术上，自主科研水平不

高，缺乏市场核心竞争力。如龙泉的汽车城，虽然集聚了大量汽车企业，但目前主要从事生产组装，核心研发技术基础十分薄弱。

（四）区域协同发展机制不健全，难以真正实现一体化发展

囿于行政单元的划分，成都经济区区域一体化进程受到掣肘，部门利益和地方保护阻碍着经济区资源的自由流动和有效配置，各个城市之间缺乏必要的合作与交流，各自为政。由此，不可避免地会出现产业同构、资源虚耗、地方保护主义、市场无序竞争、环境污染等问题。此外，区域内发展不平衡，基础设施和公共服务分享机制欠缺，难以有效协同解决快速工业化和城镇化进程中共同出现的诸多问题，导致经济区内各市（县）实力分散和产生利益冲突。

四　2016年成都经济区经济走势预测

2016年，是“十三五”规划的开篇之年。随着世界经济的复苏，国家继续“稳增长、转方式、调结构”等一系列政策的出台，全面深化改革红利的进一步释放，新一轮西部大开发、“一带一路”战略的不断推进，成渝经济区成都城市群发展规划以及天府新区规划的深入实施，四川“稳增长”的政策效应的逐步显现，经济发展的积极因素在聚集，成都经济区经济形势将迎来利好，各项经济指标预计将呈现平稳发展态势。

（一）经济总量企稳增长

2015年上半年，中国经济总量同比增长7.0%，经济运行缓中趋稳。四川经济呈现总体平稳、逐步向好的发展态势。成都经济区地区生产总值增长8.6%，分别比全国平均水平和四川的平均水平高出1.6个和0.6个百分点。抓住并用好新常态下经济发展的大好机遇，坚持创新驱动，定位高端发展，加速推进产业结构优化升级，不断增强经济发展的内生动力，成都经济区经济有望继续保持平稳较快增长，2016年经济增速仍将保持在8.5%左右。

（二）经济结构更加优化

2015年上半年，中国农业生产形势较好，工业生产基本平稳，服务业稳

步发展，三次产业增加值占 GDP 比重分别为6.8%、43.7%和49.5%，第三产业增加值增长明显快于第二产业。2015 年上半年，成都经济区三次产业结构分别为6.5∶50.1∶43.4，与四川省相比，第一产业占 GDP 的比重低3.6 个百分点，第三产业的比重高5.4 个百分点；与全国相比，第三产业所占比重低6.1 个百分点，说明成都经济区服务业发展潜力和空间都较大。按照中共四川省委、省政府对成都经济区“以产业转型升级为主攻方向，建成现代高端产业的集聚区”的发展要求，大力发展先进制造业，巩固提升高端装备制造领域的核心优势，加快推进大数据、云计算和移动互联网等新一代信息技术发展，积极发展战略性新兴产业，加快发展现代服务业，必将促进经济区的经济结构进一步优化，预计2016 年第三产业的比重将达到45%左右。

（三）工业经济增速放缓

2015 年上半年，全国规模以上工业增加值同比增长6.3%（按可比价格计算），增速比一季度回落0.1 个百分点，[①] 工业生产发展基本平稳。同期，四川工业平稳增长，规模以上工业增加值同比增长8.1%，比一季度提高0.1 个百分点，比全国平均水平高1.8 个百分点。2015 年上半年，成都经济区规模以上工业增加值增长10.7%，高于全省2.6 个百分点，但与2014 年同期相比，增速有所放缓。目前，成都经济区进入转方式、调结构的关键时期，预计2016 年工业经济增速仍将有所放缓，将在11%以内。

（四）投资增速有所回落

由于大规模建设时期已经过去，新开工项目的减少以及规模的下降，房地产等建筑行业短期内难以走出困境，因此，成都经济区投资规模增长将会放缓，先前依靠投资拉动经济增长的模式将难以为继。数据显示，经济区固定资产投资总额占全省的比重由2014 年的54.3%下降到2015 年上半年的53.7%，可见，依靠投资拉动经济增长的作用在逐步减弱。预计2016 年，成都经济区投资规模将会继续扩大，但投资增速将会有所回落。

---

① 国家统计局：《上半年 GDP 同比增长7%　经济运行缓中趋稳》，新华网，http://news.xinhuanet.com/live/2015-07/15/c_1115929545.htm。

（五）消费品市场增长形势稳定

近年来，国家颁布和实施了一系列“稳增长、调结构、促改革、惠民生”的政策和措施，其中鼓励消费、刺激消费及提高消费拉动经济增长能力的措施，促进了消费市场的繁荣和活跃。2015 年上半年，我国社会消费品零售总额同比名义增长 10.4%，若扣除价格因素，实际增长 10.5%。① 同期，成都经济区社会消费品零售总额达到 4057.97 亿元，占四川省的 62%，比 2014 年上升 2.4 个百分点。随着消费结构的不断升级，消费方式的不断转变，住房消费及围绕住房消费的室内装饰消费、旅游消费、信息消费、电子商务、文化教育消费、交通工具消费等逐步升温，2016 年成都经济区消费市场将更加繁荣，从而拉动经济增长。

（六）财政增收压力加大

2015 年上半年，全国一般公共预算收入增幅偏低，比上年同期回落 4.1 个百分点，这既与进口大宗商品价格大幅下滑、工业增长放缓有关，也与国家实行结构性减税和普遍性降费、加快出口退税进度有关。② 2015 年上半年，四川地方一般公共预算收入增长 6.2%，财政收入持续回升，预算执行总体平稳。全省一般公共预算支出增长 12.5%，财政支出较快增长，重点支出保障作用较好。③ 2015 年上半年，成都经济区地方公共财政收入占全省的 50.2%，比 2014 年增加了 1.6 个百分点。预计 2016 年，成都经济区财政收入仍将持续增长，但受经济下行和市场萎靡的影响，财政增收压力加大。

（七）城乡居民收入稳步增长

国家高度重视民生，积极促进就业，城乡居民收入继续保持稳定增长，同

① 国家统计局：《上半年 GDP 同比增长 7%　经济运行缓中趋稳》，新华网，http://news.xinhuanet.com/live/2015－07/15/c_1115929545.htm。

② 李丽辉：《上半年财政收支情况公布全国财政收入同比微增》，《人民日报》2015 年 7 月 16 日。

③ 《四川省 2015 年上半年财政预算执行情况分析》，四川省财政厅网站 http://www.sc.gov.cn/10462/10464/10465/10574/2015/8/10/10347788.shtm。

时得益于精准扶贫等政策实施，城乡收入差距将进一步缩小。2015 年上半年，我国城镇居民人均纯收入实际增长 6.7%；农村居民人均纯收入实际增长 8.3%，[①] 农村快于城镇 1.6 个百分点，城乡居民人均收入比为 2.83∶1，城乡居民收入差距进一步缩小。[②] 2015 年中共四川省委、省政府加大民生投入，积极促进就业，确保全省居民收入稳步增长。城镇居民人均可支配收入同比名义增长 8.1%，与全国持平。农村居民人均可支配收入同比名义增长 10.3%，高于全国平均增幅 0.8。城乡收入之比为 2.48∶1，较 2014 年同期缩减 0.11，城乡收入差距进一步缩小。2015 年上半年，成都经济区居民收入稳步增长，相较于省内其他经济区，居民收入普遍较高，且农村居民收入增幅高于城镇居民收入增幅。预计 2016 年经济区城乡居民收入将稳步增加，且城乡差距将进一步缩小。

五　对策与建议

（一）全面深化改革，增强经济发展的动力和活力

2016 年，成都经济区要在全面深化改革上精准发力，充分释放改革红利，向改革要动力、要活力。一是深化行政管理体制改革，加快转变政府职能，进一步理顺政府与市场的关系，减少和去除对微观经济主体经济活动的管理和干预。二是深入推进资源要素配置市场化改革，优化土地、能源、资金、人才、劳动力、环境容量等要素配置，整合提升要素交易平台功能，提高要素配置效能。三是以放活土地经营权为重点，加快农村产权交易流转市场建立，继续发展适度规模经营，培育各种新型农业经营主体。[③] 四是深化投融资体制改革，建立多元可持续的资金保障机制，积极探索采取 PPP 等新型投融资方式，广

① 四川统计局：《上半年 GDP 同比增长 7%　经济运行缓中趋稳》，新华网，http：//news.xinhuanet.com/live/2015 -07/15/c_ 1115929545.htm。

② 《上半年全国居民人均可支配收入 10931 元》，新华网，http：//news.xinhuanet.com/finance/2015 -07/15/c_ 128022704.htm。

③ 《王东明考察成都平原经济区：要在五个方面继续走在全省前列》，四川新闻网，cs.scdaily.cn/gdbb/content/2014 -04/30/content_ 7802753.htm？node =4726。

泛吸纳资金参与融资、建设和经营。五是继续推进统筹城乡综合配套改革，复制和推广先行先试的“成都经验”，构建以城带乡、以工促农、城乡一体的新型城乡形态，打造统筹城乡改革发展的示范区。

（二）精心谋划设计，紧紧抓住稳增长的重点

2016 年，成都经济区要继续抓好稳定经济增长的重点，即投资、工业和消费。投资方面，围绕国家投资的重点领域，积极谋划新兴产业，提升制造业核心竞争力，加快发展现代物流，并加快重大工程、PPP 项目等贷款审批，抓好项目的谋划、储备、包装，并进行有效投资。在工业方面，对企业进行跟踪服务，推动有市场潜力的企业加快生产，稳住产品质量，扩大市场份额。对困难企业应实行“一企一策”，加强针对性，分类落实帮扶措施，着力解决其面临的难题。消费方面，探索新型消费模式，促进个性化、多样化消费；挖掘绿色消费、信息消费、文体消费、健康养生消费等的消费潜力，提升大众的消费能力；探寻新的消费需求热点，结合新兴消费热点培育本地市场主体，增强新兴消费对成都经济区经济发展的带动力。

（三）充分发掘潜力，培育经济增长新动力

一是创新驱动发展动力。充分利用成都经济区的科技优势，大力提升科技研发能力，加强科技进步对产业升级和新兴产业发展的支撑作用，建设创新驱动发展的先导区。加大对大众创业、万众创新的政策支持，构建和完善“大众创业、万众创新”的体制机制，释放全社会的创新潜能，促进科技、金融和市场的有效融合，推动产业创新、产品创新、业态创新。发挥重点区域的先行先试和示范带动作用，推动天府新区、成都高新区、绵阳科技城、新川创新科技园等自主创新高地建设，提高其知名度和品牌价值。二是绿色发展新动力。绿色发展将催生规模巨大的绿色产业，进而带动大规模的绿色投资，促进经济结构升级和提质增效。三是城镇化发展新动力。成都经济区目前城镇化率已远超 50%，进入城镇化加速发展阶段，新型城镇化将继续成为产业投资、基础设施投资、城市公用事业投资、第三产业发展的驱动力，有利于加大居民消费对经济增长的贡献。

（四）聚集高端现代产业，提升市场核心竞争力

作为四川经济最重要的引擎，成都经济区必须准确把握自己在全国和全省区域发展格局的战略定位，顺应“中国制造2025”规划和“互联网+”方向，加快培育页岩气产业、节能环保装备产业、信息安全产业、航空与燃机产业、新能源汽车产业五大高端成长型产业以及电子商务业、现代物流业、现代金融业、科技服务业、养老健康服务业五大新兴先导型服务业；积极做大做强电子信息、装备制造、饮料食品、推动油气化工、钒钛钢铁及稀土、能源电力、汽车制造业七大优势产业；以产业转型升级为主攻方向，促进传统优势产业和战略性新兴产业的融合互动，建设现代高端产业集聚区；进一步做大服务业规模、做优服务业质量。同时，积极推进跨区域合作，形成优势突出、协作配套的产业分工和协作体系，并通过建立新型的利益分享机制和利益补偿机制，共同分享区域产业发展成果。以市场需求为导向，鼓励企业研发新产品和提供新服务，不断提升企业在市场中的竞争力。

（五）以一体化为目标，构建协同发展的体制机制

成都经济区城市极化效应突出，成都“一城独大”“一枝独秀”，次级城市对经济区的发展支撑不足。以一体化为目标，推动经济区协同发展，才能为经济发展增添动力。因此，经济区要坚持走新型城镇化道路，加快建设区域性中心城市，实现次级城市有所突破，加快中小城市建设步伐，支持重点小城镇发展壮大，形成核心区功能优化、辐射区协同发展、梯度层次合理的城市群体系，增强中心城市辐射带动能力，从成都单城独大发展到多城齐头并进，促进大中小城市协作配套和协调发展。按照目标统一、措施一体、功能互补、利益共享等要求，建立和完善经济区协调发展的体制机制，① 实现交通互通互联、产业分工协作、市场统一有序、公共服务深化延伸、生态环境联防共保，全面加快成都经济区一体化发展步伐，建设区域协同发展样板区。

---

① 张宏平：《王东明在成都平原经济区部分地市考察时强调始终保持专注发展定力在五个方面继续走在全省前列》，《四川日报》2014年5月1日。

参考文献

四川统计局、国家统计局四川调查总队：《四川统计年鉴（2011）》。

四川统计局、国家统计局四川调查总队：《四川统计年鉴（2012）》。

四川统计局、国家统计局四川调查总队：《四川统计年鉴（2013）》。

四川统计局、国家统计局四川调查总队：《四川统计年鉴（2014）》。

四川信息统计网：《2015 年上半年四川区域经济分析》。

四川省 21 个市（州）统计年鉴及统计公报。

B.7

2016年川东北经济区经济形势分析与预测

杨启智　林 巧*

摘 要：2015 年上半年，在全球经济增长缓慢、国内经济下行压力持续加大的大环境下，川东北经济区保持平稳发展态势。上半年，川东北经济区生产总值为 2291.35 亿元，同比增长 8.14%，高出四川平均增速 0.14 个百分点，经济走势总体平稳，但区域发展不平衡。2016 年，随着国际和国内形势的发展和《川东北经济区 2015 年重点工作方案》的实施，预计川东北经济区经济将保持缓慢平稳增长。

关键词：经济形势　川东北经济区　四川省

一　2015年上半年川东北经济区经济发展概况

（一）生产总值总体回升，地区增速分化明显

2015 年上半年，全川实现生产总值 13300.1 亿元，同比增长 8.0%，川东北经济区实现生产总值 2291.35 亿元，增速 8.14%，高于四川平均增速 0.14 个百分点，低于 2014 年的数值（0.38 个百分点）。

从季度增速数据来看，从 2014 年以来，广安生产总值增速保持平稳上升趋势，从 2014 年第四季度开始保持在 10% 以上；而达州呈相反趋势，增速持

* 杨启智，四川农业大学旅游学院院长，博士，主要研究方向为旅游产业经济；林巧，四川农业大学经济学院，硕士研究生，主要研究方向为产业经济。

续下降，2015 年开始下降幅度持续加大，降至区内最低 5.2%，同比增速下降 3.9 个百分点。2014 年前三个季度，除南充外的其他四个城市生产总值增速均高于全省平均水平，第四季度达州增速开始缓慢降至全省平均水平以下。2014 年全年川东北经济区生产总值增速保持平稳增长。从 2015 年开始，川东北经济区生产总值增速快速下滑，虽然有广安保持持续增长和南充保持平稳增长，但其他三市下滑幅度大、影响更深。第二季度除达州外，其他城市增速均有一定幅度回升，但均低于 2014 年水平（见图 1）。

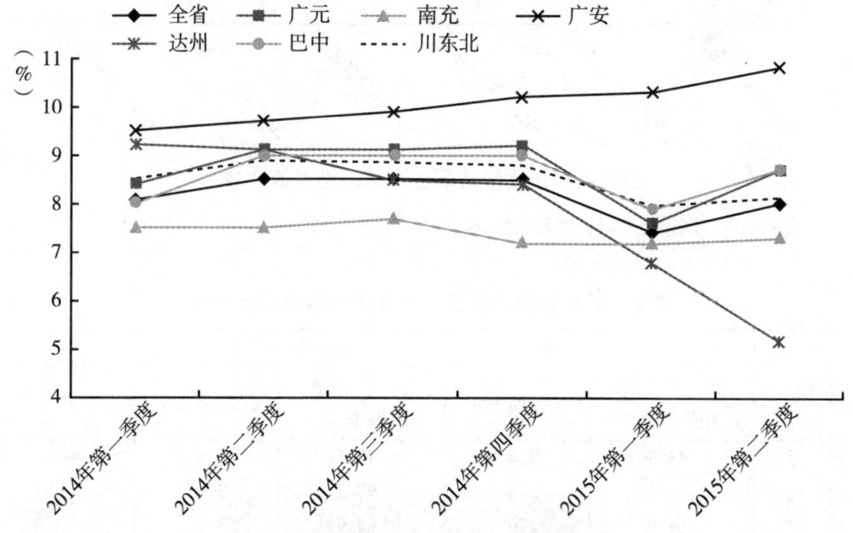

图 1　川东北经济区生产总值增速比较

资料来源：四川统计局官网数据整理。

从季度生产总值绝对值来看，自 2014 年以来，川东北经济区生产总值从高到低依次为南充、达州、广安、广元和巴中，地区差异明显。2015 年一季度，各城市生产总值均大幅下降，南充和达州下降最明显，第二季度，各地均有所回升，略高于 2014 年同期（见图 2）。

（二）农业生产平稳发展，增速有所放缓

2015 年上半年，川东北经济区第一产业实现增加值 346.94 亿元，同比增长 2.76%，增速同比降低了 1 个百分点，低于全省 0.14 个百分点。除广安外，其余城市第一产业增加值均有小幅度增加，但增速均小于 2014 年同期。

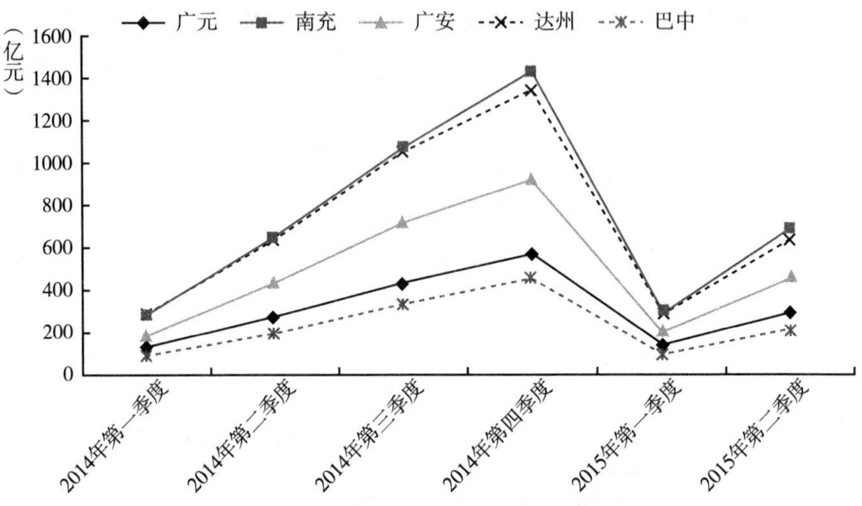

图2　川东北经济区生产总值绝对值比较

资料来源：四川统计局官网数据整理。

表1　川东北经济区第一产业增加值及增速比较

指标	2015年上半年		2014年上半年		增幅变化（个百分点）
	第一产业增加值（亿元）	比同期±%	第一产业增加值（亿元）	比同期±%	
广　元	43.96	3.4	43.51	3.8	-0.4
南　充	101.82	2.8	99.37	3.9	-1.1
广　安	61.91	2.0	64.99	3.9	-1.9
达　州	104.35	2.9	99.86	3.5	-0.6
巴　中	34.90	2.7	33.73	3.7	-1.0
川东北	346.94	2.76	341.46	3.76	-1.0
全　省	1338.7	2.9	1326.6	3.9	-1.0

资料来源：根据四川统计局2014年、2015统计数据整理。

（三）工业经济总体趋稳，增速放缓，地区分化严重

2015年上半年，川东北经济区工业增加值1237.51亿元，增速为8.9%，高于全省平均增速0.7个百分点，较上半年同期增速降低0.66个百分点，其中达州工业增加值为负增长，降低6.94%，广安和巴中增速较大，分别为12.3%和10.7%（见表2）。分月度数据来看上半年川东北经济区规模以上工业增加值增

长速度，总体下降了接近2个百分点，仅在4月有0.23个百分点的回升；2015年上半年川东北经济区整体增速为9.36%，高出全省平均增速1.26个百分点。分地区看，一季度广安增速回落7.3个百分点，下降幅度最大，之后趋稳；4月以后，达州在其他4市增幅回升的情况下，增速大幅下降，至6月降至1.2%（见图3）。

2015年上半年，川东北经济区第二产业生产总值占全区生产总值54.01%，其中南充和达州工业对经济增长的贡献率分别达到了30.99%和27.68%，工业仍然是川东北经济区经济增长的主要动力。

表2　川东北地区规模以上工业产值增加值、增速与上年同期比较

指标	2015年上半年		2014年上半年		增幅变化（个百分点）
	第二产业增加值（亿元）	比同期±%	第二产业增加值（亿元）	比同期±%	
广　元	144.39	9.8	134.78	9.9	-0.1
南　充	383.50	7.7	371.30	7.3	0.4
广　安	265.70	12.3	250.10	10.3	2
达　州	342.52	-6.94	368.08	10.2	-17.1
巴　中	101.40	10.7	93.45	10.1	0.6
川东北	1237.51	8.90	1217.71	9.56	-0.66
全　省	6904.6	8.2	7088.2	9.3	-1.1

资料来源：四川统计局2014年、2015统计数据整理。

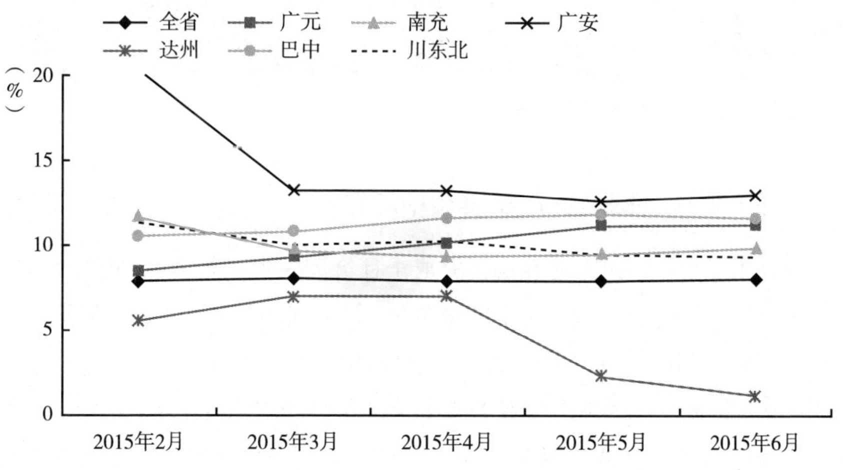

图3　川东北经济区规模以上工业增加值累计增速

资料来源：四川统计局官网数据整理。

（四）产业结构有所改善

2015 年上半年，川东北经济区第三产业占比同比上涨 2.13 个百分点，第一、二产业比重同比有小幅下降，三次产业结构由 2014 年同期的 15.61∶55.67∶28.72调整为 2015 年的 15.14∶54.01∶30.85；与全省产业结构对比，川东北经济区第一产业占比过大，占 15.14%，高出四川全省平均水平 5.07 个百分点，据统计，2014 年上半年高出 5.16 个百分点；工业占比高出全国 2.1 个百分点；第三产业占比低于全省 7.17 个百分点。可见，川东北经济区虽然产业结构有所改善，但与全省平均水平相比，还有一些差距（见图 4、图 5）。

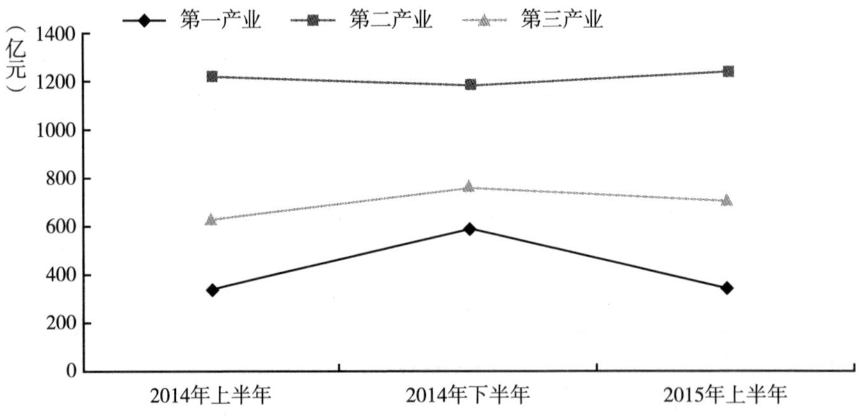

图 4　川东北经济区三次产业演变

资料来源：四川统计局官网数据整理。

（五）全社会固定资产投资缓中趋稳

2015 年上半年，川东北经济区完成全社会固定资产投资达 2654.85 亿元，同比增长 14.64%，对比 2014 年同期增速，下降 6.46 个百分点，但仍然高出全省平均增长速度 3.34 个百分点。其中与 2014 年同期相同，以广安和巴中增长速度最为显著，分别高出全省平均增长速度 14.6 个和 12.3 个百分点，但是均低于 2014 年的增速高出幅度（26.6 个和 17.7 个百分点）。川东北经济区中广元和南充投资增速低于全省平均增速。相比于第一季度，上半年整体投资速度有所回落，与全省趋势相吻合（见表 3）。

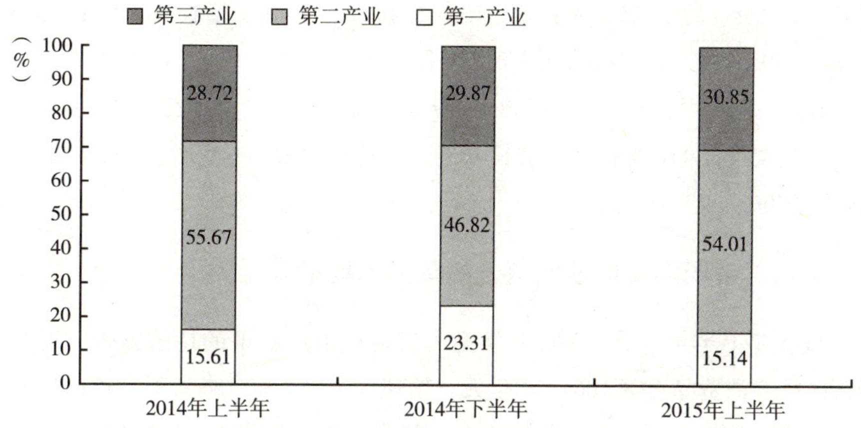

图 5　川东北经济区三次产业构成演变

资料来源：四川统计局官网数据整理。

表 3　2015 年上半年全社会固定资产投资绝对值及增速

地　区	全社会固定资产投资					
	1～6月累计(亿元)	比同期±%	增速排位	1～3月累计(亿元)	比同期±%	增速排位
广　元	292.75	6.6	16	132.11	9.0	15
南　充	624.91	3.4	18	206.26	1.5	20
广　安	623.45	25.9	2	282.78	17.6	5
达　州	672.99	13.7	8	307.39	12.9	8
巴　中	440.75	23.6	3	167.24	22.5	3
川东北	2654.85	14.64	—	1095.78	12.70	—
全　省	12962.89	11.3	—	5615.30	11.6	—

资料来源：四川统计局官网数据整理。

广安市投资保持高位增长，在第一季度，基础设施投资98.4亿元，增长22.4%；民生及社会事业投资68.8亿元，增长25.6%，全社会投资增速居全省第5位，分别比全省（11.6%）、全国（13.5%）快6.0个、4.1个百分点。上半年第一、二、三产业分别完成投资22.8亿元、155.3亿元和445.4亿元，分别增长62.6%、11.9%、30%。巴中投资持续向好，保持温和上涨态势，上半年总体比前5个月上升0.3个百分点，分别比全国、全省高12.2个和12.3个百分点，居全省市州第3位，比上月和同期均上升1位。其中，第一产业投资17.63亿元，增长15.1%；第二产业投资92.3亿元，增长16.1%；第三产业投资330.82亿元，增长26.4%。工业投资完成91.56亿元，增长22.5%，比全省高20.8个百分点，自2014年10月以来连续9个月居全省市州第1位。房地产开发投资41.19亿元，增长19%，增速比全省高6.5个百分点，居全省市州第9位。

（六）市场消费增速回落，消费品市场增长乏力

2015年上半年，受宏观经济下行、房地产市场政策的持续影响，川东北经济区社会消费品总额1064.54亿元，增速为12.68%，略高于全省增长速度（11.8%），同比回落0.36个百分点，其中，南充回落最明显（1.8个百分点）。在全省和全川东北经济区消费市场增速均回落的情况下，巴中市场消费增长0.4个百分点。

表4　川东北社会消费品零售总额比较

地　区	2015年1~6月		2014年1~6月	
	绝对值(亿元)	比同期(±%)	绝对值(亿元)	比同期(±%)
广　元	135.79	12.3	113.81	12.7
南　充	328.97	11.5	283.57	13.3
广　安	189.52	13.0	152.59	13.2
达　州	289.57	13.4	244.44	13.2
巴　中	120.68	13.2	94.12	12.8
川东北	1064.54	12.68	888.53	13.04
全　省	6553.8	11.8	5517.22	12.9

资料来源：四川统计局官网数据整理。

在全省和全川东北经济区消费市场增速均回落的情况下，巴中市场消费增长0.4个百分点。上半年，巴中社会消费品零售总额120.68亿元，同比增长13.2%，增速分别比前5个月、比上年同期提高0.2个和0.4个百分点，比全省高1.4个百分点，居市州第5位。其中，商品零售额109亿元，增长13.1%；餐饮收入额11.68亿元，增长13.6%。在宏观经济形势和市场调控政策的外部影响下，巴中居民稳定增长的收入水平成为促进消费品市场保持增长的重要影响因素。上半年巴中市城镇居民人均纯收入达到11039元，同比增长

9.2%，比全省平均水平高1.1个百分点，居市州第1位；农村居民人均纯收入3536元，增长11.4%，比全省高1.1个百分点，居市州第4位，两项收入增速分别比GDP高1.3个和4.1个百分点。

（七）城乡居民收入增速放缓，城乡收入差距有扩大趋势

2015年上半年，川东北经济区城镇居民人均可支配收入达11608.59元，同比增长8.6%，增速与上年同期相比较，下降了2.2个百分点，8.6%的增速高出全省城镇居民人均可支配收入增速0.5个百分点，并且高出该地区GDP增速0.46个百分点；农村居民人均纯收入为4229.79元，同比增长10.94%，分别高出全省农村居民人均纯收入和地区GDP增速0.64个百分点和2.8个百分点，且高出城镇居民2.34个百分点，略高于2014年同期增幅高出幅度。但总体增速均低于2014年近2.2个百分点（见表5）。

表5　2015上半年川东北经济区城乡居民人均收入与GDP比较

地区	城镇居民人均可支配收入		农村居民人均纯收入		地区生产总值(GDP)	
	1～6月累计(元)	比同期(±%)	1～6月累计(元)	比同期(±%)	1～6月累计(元)	比同期(±%)
川东北	11608.59	8.60	4229.79	10.94	2291.35	8.14
全　省	13196.00	8.10	5319.00	10.30	13300.1	8.00

资料来源：四川统计局、川东北经济区五市统计局官网数据整理而得。

从川东北城乡居民收入与四川省居民人均可支配收入对比看，川东北经济区均低于全省平均水平，上半年城镇居民人均可支配收入低出全省1587.41元，农村人均纯收入低出全省平均水平1089.21元，在城乡居民收入均高出全省平均的增长下，差距在逐渐缩小。

从城乡居民收入差距来看，2015年上半年，川东北城乡居民收入差距为7378.8元，此差距比全省城乡居民收入差距低498.2元，但第二季度收入差距3728.06元略高于一季度。由此可见，川东北经济区城镇居民和农村居民收入与全省的差距逐渐缩小，并且川东北经济区城乡收入差距小于全省平均城乡收入差距，但地区内部城乡收入差距有小幅增加。

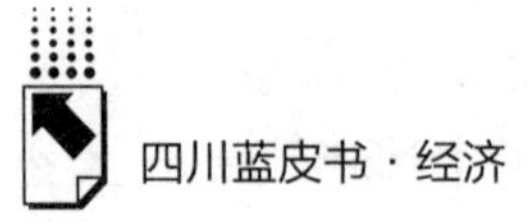

二　川东北经济区发展面临的形势分析

（一）全球经济整体温和复苏

2015 年 9 月，世界经济合作与发展组织预测主要经济体的状况，并调低全球经济预测，2015 年、2016 年两年分别增长 3% 和 3.6%；2015 年 6 月，经合组织曾预测 2015 年、2016 年两年全球经济分别增长 3.1% 及 3.8%①。这次下调预测，中国和巴西等新兴市场经济体增长放缓。2015 年第二季度以来，全球经济整体维持温和复苏态势，各国经济分化明显，发达国家复苏进程好于新兴市场。美国经济一季度意外收缩但不改长期温和复苏趋势，6 月，失业率下降为 5.3%，每小时平均工资达到 21 美元，创历史新高。产能利用率维持在 80% 左右。受低油价和强势美元支撑，美国个人消费支出持续增长，消费者信心指数高达 96.1。5 月，欧元区零售业 PMI 指数由 4 月的 49.5 升至 51.4，为 2011 年 4 月以来最高，并且进入扩张区间。5 月，欧元区通胀率为 0.3%，已转为正值，核心通胀率升至 0.9%，通缩压力略减。日本经济复苏动力有所减弱，5 月日本 CPI 仅为 0.5%，受国际油价、国内食品价格下降等影响，全年 CPI 涨幅将十分有限。新兴市场整体面临经济减速与资本流出风险，特别是资源输出国受强势美元与商品价格下跌影响面临滞胀风险。巴西、俄罗斯等国的经济仍处衰退中。

（二）国内经济形势分析

从国内来看，2015 年上半年，面对复杂的国内外经济环境和不断加大的下行压力，国民经济运行仍然保持在合理区间，尽管经济增长速度有所放缓，但是主要指标逐步上升，短期内总体趋好。全国经济增速从 2012 年的 7.8%，回落到 2013 年的 7.7%、2014 年的 7.3%②、2015 年上半年的 7.0%，创近五

---

① 商务部：《经合组织调低今明两年全球和法国经济增长预期》，http：//fr.mofcom.gov.cn/article/jmxw/201509/20150901117072.shtml。

② 《国家统计局关于 2014 年国内生产总值（GDP）初步核实的公告》，http：//www.stats.gov.cn/tjsj/zxfb/201509/t20150907_1240657.html。

年来新低。9 月，OECD 预计，2015 年中国经济增速将放缓至 6.7%，2016 年为 6.5%①。目前，分化下行的力量总体仍大于重塑上升的力量，预计全年实现 7% 的预期增长目标仍需政策加力增效，必须坚持宏观政策要稳、微观政策放活和社会政策兜底的思路，避免经济失速，稳步重建新平衡。

（三）四川经济形势分析

从四川省经济形势来看，受全国经济增速回落等影响，2012 年至今，四川省经济增速从 12.6% 依次逐年回落到 10.0%、8.5% 和 2015 年上半年的 8.0%。随着经济下行压力的加大，2015 年一季度四川经济增速降至 7.4%，随着经济转型力度的加大，上半年升至 8.0%，四川经济增速转为上升态势。四川位于西部地区，新一轮的西部大开发、“一带一路”、扶贫开发等将给四川经济带来巨大的发展机遇，加上四川省自身强劲内需的推动，将会拉动四川经济持续增长，并且在未来一段时间，经济发展速度仍然将快于全国。2015 年上半年，四川省地区生产总值达到 13300.1 亿元，与 2014 年同期相比增长 8.0%，这一增速高出全国平均增速 1 个百分点。其中，第一产业增加值为 1338.7 亿元，与上年同期相比增长 2.9%；第二产业增加值为 6904.6 亿元，与 2014 年同期相比增长 8.2%；第三产业增加值 5056.7 亿元，与 2014 年同期相比增长 9.1%，高出 2014 年同期增速 0.6 个百分点，可见四川在经济逐渐回升的同时，产业结构也在不断优化，第三产业拉动经济增长的作用更加明显。

三　川东北经济区发展面临的机遇与挑战

（一）川东北经济区发展面临的重大机遇

尽管国际国内宏观经济形势复杂多变，川东北经济区发展仍然可以抓住很多机遇。国家加快成都经济区建设、加快推进长江经济带和丝绸之路经济带建

① 《OECD 下调全球经济增长预测》，http://www.mofcom.gov.cn/article/i/jyjl/m/201509/20150901118636.shtml。

设和扶贫攻坚等，为川东北经济区争取国家更多支持奠定了基础。根据《川东北经济区发展规划（2014～2020年）》（以下简称《规划》），“一中心、两基地、两区”的发展定位和建设“双核五带”城市群，到2020年，川东北经济区将实现全面建成小康社会的发展目标。2015年上半年，省政府出台《川东北经济区2015年重点工作方案》，对川东北经济区经济发展做出部署。这些都将为川东北经济区加快发展注入强大动力。

（二）川东北经济区发展面临的重大挑战

川东北经济区发展面临的挑战主要体现在：历史上，川东北地区的五个城市经济发展水平都较为落后，同时又因为缺乏一个强有力的带动核心和中心，各市之间的合作较少，区域协同效应弱；虽然已经开始规划打造南充和达州两个核心，但目前两城市的经济带动作用不强，中心城市向心力不足；地区二元结构矛盾突出，城乡之间、区域之间发展不平衡，该区域的34个县（市、区）中，有13个是集革命老区、贫困地区和边远山区为一体的国家扶贫开发工作重点县；基础设施有待加强，内外交通通达度不足；大致位于嘉陵江中上游地区和山区，要使生态环境保护和经济建设并重。

四　2016年经济发展预测

2016年是“十三五”时期开局之年，川东北经济区经济发展面临较大的不确定性。随着2015年《川东北经济区2015年重点工作方案》的出台以及经济政策的促进作用，经济增速下滑的可能性很小，各项经济指标预计将呈现缓慢上升趋势。

（一）国民经济稳定发展

2015上半年，国际和国内经济增长速度大幅度放缓，经济下行压力巨大，预计2016年国内经济增长仍然缓慢。位于中国内陆西部的川东北经济区，会受国内经济形势和四川经济政策和形势的影响。2015年，川东北经济区以“桥头堡”为创意设计理念的主题展馆亮相第三届中国（绵阳）科技城国际科技博览会，充分体现了川东北经济区在川渝陕甘接合部的交通枢纽作用和区域经济中心地位，进一步将川东北经济区作为四川新名片进行了宣传，有利于吸引投资，加上2015年4月出台的《四川省人民政府办公厅关于加强和改进投资促进工作的通知》，投资的加强将有力地拉动国民经济发展。

（二）工业经济平稳发展

2015年上半年，工业经济增速较2014年有小幅降低总体发展平稳。《川东北经济区2015年重点工作方案》提出推进现代产业发展：推动重大产业项目建设，推进生态经济、生物新材料、新能源、高清燃料助剂等项目加快建设，加快构建区域物流互联互通的网络体系等，以及2015年4月出台的《四川省人民政府办公厅关于加强资源要素价格管理稳定工业经济增长的通知》，加上川东北地区产业结构的不断优化，预计2016年川东北经济区工业经济将平稳发展。

（三）区域发展协作化加强，区域经济一体化发展进程加快

《川东北经济区2015年重点工作方案》提出要完善区域协调合作机制。制定川东北经济区旅游联动发展方案，推进开展经济区旅游专项合作工作；加强川东北经济区市际联席会及专项合作小组作用，研究提出下一年度需川东北五市协同推进的重大事项；组建交通建设专业委员会，牵头组织开展经济区交通专项合作工作等措施。2015年川东北五市还共同签署了《川东北经济区科技合作备忘录》，川东北地区区域协作将得到进一步发展。

（四）全社会投资增长强劲

随着区域基础设施的强化建设、现代产业项目的发展，川东北经济区的投资力度将大幅度加大。加上2015年科博会上的宣传推广和四川省人民政府加强和改进投资促进工作的政策的出台，预计2016年川东北经济区将保持快速增长。

（五）旅游经济快速发展，区域旅游一体化加强

2015年，在经济下行压力加大之时，旅游消费依然成为全国新的经济增长点。上半年，四川旅游业呈现快速增长态势，全省旅游收入同比增长

28.7%，较全国旅游产业增幅高 14.2 个百分点；接待入境游客人次同比增长 15.5%，增速比全国平均水平高 11 个百分点。在国内旅游经济快速发展的大形势下，启动编制《川东北经济区生态旅游发展规划》，整合区域旅游资源，打造川东北旅游目的地，争取将川东北建成四川旅游第三极，建成与大九寨、大峨眉、大香格里拉齐名的世界级旅游目的地。预计 2016 年，川东北旅游经济将快速发展，区域旅游一体化加强，产业结构进一步优化。

（六）基础设施建设进一步强化和改善

2015 年，随着以西安至成都客专、兰渝铁路、巴达铁路建设项目和广巴铁路扩能改造项目前期工作的启动；加快南大梁、巴陕、巴广渝等高速公路建设；开工建设绵阳至西充高速公路的项目等为代表的交通设施建设，以及加快升钟灌区二期等工程建设和推动南充嘉陵区 40 兆瓦天然气分布式能源项目建设等生产设施建设，预计 2016 年川东北经济区发展的基础设施将得到进一步改善。

参考文献

四川信息统计网：《2015 年上半年四川区域经济分析》，http：//www.sc.stats.gov.cn/tjxx/tjfx/qs/201507/t20150729_ 189357.html。

新浪四川：《川东北经济区 2015 年重点工作方案摘要》，http：//sc.sina.com.cn/news/m/2015－09－12/detail－ifxhuyha2177146－p5.shtml。

广元市统计局，2014～2015 年上半年统计数据，http：//www.scgytjj.gov.cn/。

B.8

2016年攀西经济区经济形势分析与预测

吴振明*

摘　要：　2016 年是“十三五”的开局之年，攀西经济区发展面临的重大问题是如何实现经济增长动力的平稳转型。面对相对宽松的国际经济环境和有利的政策支持，攀西经济区如何应对短期的经济下行压力，并如何化解经济社会发展中长期存在的各种矛盾，探索适合攀西经济区发展特点的转型路径仍然是我们需要长期关注的问题。

关键词：　经济形势　攀西经济区　四川省

2016 年是“十三五”规划开局之年，在复杂多变的外部环境下，攀西经济区正处于新旧动力转换接替的过程中。总体上，分化下行的压力大于重塑上升的动力，经济增长的形势不容乐观。同时，一些新兴产业、现代服务业正在积蓄力量，在未来可能成长为新的经济增长点；通过全面深化改革，市场力量不断增强，政府调控还有较大政策空间，可以有效应对经济波动，保障经济在合理区间运行。

一　2015年攀西经济区经济运行分析

2015 年上半年，受我国经济延续调整分化态势的影响，攀西经济区经济增长速度持续放缓，经济运行整体下行趋势尚未逆转，部分指标将难以达到

---

* 吴振明，四川省社会科学院区域经济研究所助理研究员，经济学博士，主要研究方向：区域经济、能源经济。

“十二五”预期。同时，宏观经济政策和改革效应开始显现，经济运行总体平稳，部分核心指标好转；结构调整、科技创新、消费增长等积极因素增多，经济重塑上升的力量正在形成。

（一）经济增长总体平稳，区域分化趋势更加明显

2015年前6个月，攀西经济区实现地区生产总值1037.9亿元，比2014年同期略有增长。其中攀枝花市实现地区生产总值446.3亿元，同比增长8.8%，高于全省平均增速0.8个百分点；凉山州实现地区生产总值591.6亿元，同比增长2.2%，低于全省平均增速5.8个百分点。

与2014年相比，攀西经济区经济增长速度延续了持续回落的态势，但是区域内部出现了较为显著的分化趋势。攀枝花市发展基础较好、转型启动较早，新兴上升力量逐步形成，以现代农业、现代服务业为代表的新兴产业增长较为强劲。2015年1~6月，攀枝花市第一产业增长3.6%，比全省同期高0.7个百分点；第三产业增长6.4%，比第一季度高1.5个百分点。凉山州经济增长则仍然处于调整期，地区生产总值增速保持了自2013年以来的下降趋势。以工业为代表的传统力量主导着经济增长，而受产能过剩问题的影响，工业增长仍然延续下行态势。2015年1~6月，凉山州规模以上工业增加值下降5.2%。

（二）经济向好基础仍不牢固，下行压力依然较大

攀西经济区经济整体向好的基础仍不牢固，下行压力不容忽视。攀西经济区2015年7月工业生产者出厂价格（PPI）保持下降趋势，连续41个月在负区间运行；经济先行指标未出现好转，如攀枝花市工业用电量2015年1~7月同比下降14.4%，铁路货运量同比下降18.4%。

从经济结构来看，攀西经济区仍处于结构调整期。资源型产业仍然占据主导地位，但是资源利用效率未得到有效提升；稀土、钒钛等资源综合利用关键技术尚未取得突破；仍然以初级产品加工为主，产业链短、附加值低，产品价格极易受宏观经济环境影响。同时，受同行业产能过剩、政策性调整、进口原材料价格冲击等短期因素的影响，全区经济增长仍然面临较大的下行压力。另外，地区财政金融风险、就业风险以及社会矛盾风险在经济下行压力下有所显现，可能成为未来影响经济增长的不确定因素。

（三）工业仍然保持主体地位，传统工业发展形势不容乐观

2015 年上半年，攀西经济区实现第二产业增加值 645.3 亿元，其中攀枝花市实现第二产业增加值 333.5 亿元，同比增长 9.7%，凉山实现第二产业增加值 311.8 亿元，同比下降 5.2%。第二产业占攀西经济区地区生产总值的比重为 62.2%，仍然是攀西经济区经济结构的主体。

从工业结构来看，攀西经济区仍然以传统工业为主，钢铁、钒钛、矿业、水电四大行业是攀西经济区工业增加值增长的重要力量，但是发展形势不容乐观。钢铁、钒钛、矿业等传统行业受产能过剩和进口矿石的影响，主要产品价格持续低位徘徊，相关企业经营非常困难；水电陆续进入运营期，对经济增长的拉动作用快速消失。以攀枝花市为例，2015 年 1～6 月，钢铁、钒钛、矿业规模以上企业亏损 87 户，亏损面达到 25.6%；其中，钢城、攀煤等重点企业工业增加值比上年同期下降 21.8% 和 39.9%。水电行业主要集中在凉山，是凉山工业增长的主要动力，但是随着水电站建设逐步结束，工业经济缺乏新的增长点，导致工业增加值增速持续回落。

（四）投资增速缓中趋稳，对稳定经济增长的作用有限

2015 年 1～6 月，攀西经济区累计完成全社会固定资产投资 921.2 亿元。其中，攀枝花市累计完成全社会固定资产投资 373.7 亿元，同比增长 9.2%；凉山累计完成全社会固定资产投资 547.5 亿元，同比增长 2.1%，均低于同期全省平均增速。随着基础设施投资止滑回升和民生及社会事业投资的快速增长，投资增长总体缓中趋稳，未出现大幅度波动。

受有效需求不足和投资边际效率递减规律的影响，投资对稳定经济增长的作用十分有限。从投资项目进展情况来看，新开工项目数量较少，多数为在建、续建项目，如攀枝花市新开工项目完成投资仅为年度计划的 24.1%；从投资结构来看，工业、房地产业投资仍然保持回落态势，民生及社会事业、基础设施投资保持增长，但是增速较上年同期出现回落；从投资对拉动经济增长的作用来看，攀西经济区投资持续保持在高位运行，名义投资弹性系数从 2011 年的 1.53 下降至 2014 年的 0.85，对经济增长的拉动作用不断减弱。

（五）消费市场回暖，消费结构保持升级发展态势

2014 年 1～6 月，攀西经济区社会零售消费品总额达到 398.6 亿元，较上年同期出现回升，好于年初预期。其中，攀枝花市社会零售消费品总额 160.6 亿元，同比增长 11.5%；凉山社会零售消费品总额 238 亿元，同比增长 11%，略低于全省平均水平。攀西经济区消费市场回暖，一方面得益于国家和全省"稳增长、惠民生"系列政策的落实，释放了消费潜力；另一方面，攀西经济区居民收入增长也促进了消费的增长。2015 年 1～6 月，攀枝花市城镇居民人均可支配收入达到 13622 元、增长 9.0%；农村居民人均纯收入 6127 元、增长 10.2%。凉山城乡居民可支配收入分别增长 7.4% 和 12.3%。

从消费结构来看，攀西经济区保持了升级的发展态势。批发业、零售业、住宿业、餐饮业等传统行业消费增长相对平稳，而以信息、旅游、电子商务等为代表的新兴消费快速增长。受房地产市场低迷的影响，家具、家电等消费增长较为缓慢；汽车消费在快速增长后，也逐步进入平稳增长期。

二　2016年攀西经济区经济发展面临的形势分析

（一）国际经济环境持续改善，攀西经济区有望培育新的经济增长点

2015 年，美、欧、日等发达经济体经济维持温和复苏。随着美国工业生产的逐步恢复、消费市场改善、投资者信心不断提升，美国经济目前已经进入金融危机以来的最好状态，按照 IMF 与世界银行的最新报告，美国 2016 年有望实现 2.8% 的国内生产总值增长。欧洲经济正从债务危机中恢复，内部增长动力逐步稳固，预计 2016 年地区生产总值将实现 1.6%～1.8% 的增长。日本持续加强吸引投资政策，致力于完善社会保障，预计 2016 年地区生产总值实现 1.2% 左右的增长。而新兴经济体，在发达经济体整体复苏的影响下，大部分也将趋于稳定。整体来看，2016 年国际经济环境将持续改善。

可以预见，攀西经济区 2016 年面临的国际经济环境较 2015 年将有所改善。目前面临的进口矿石价格冲击问题，随着全球经济的复苏可能逐步缓解。

同时，随着丝绸之路经济带建设的持续推进，可能启动较大规模的跨国基础设施建设项目，将有利于攀西经济区钢铁、矿业等行业的产能释放。而发达经济体的需求增长、周边国家的经济形势好转，都将有利于攀西经济区在承接产业转移、外贸出口等方面取得突破，可能培育新的经济增长点。

（二）国内经济结构深度调整，攀西经济区仍将处于增长动力转换期

2016 年是我国“十三五”时期的开局之年，将全面实施第十三个五年规划。按照规划要求，将“以提高发展质量和效益为中心，加快形成引领经济发展新常态的体制机制和发展方式”。从对我国经济进入新常态这一基本判断，以及当前我国的宏观调控政策来看，我国经济政策仍将保持稳定性和一致性，以经济结构深度调整为核心目标，实现经济中高速增长。

攀西经济区在当前经济环境和国家经济政策背景下，仍将处于经济结构的调整期，新经济增长动力的培育期。攀西经济区以钢铁、钒钛、矿业、水电等传统资源型产业为支柱，在当前经济形势下，面临需求不足和结构调整的双重挤压。以钢铁行业为例，2015 年上半年，全国钢铁行业延续了整体需求下降、整体利润回落的趋势，国内钢铁行业的过剩发展态势未得到改善。在我国经济结构深度调整的背景下，传统资源型产业的生存空间将被进一步压缩。可以预见，2016 年这些行业将面临严峻的生存环境，规模缩减、利润下滑将是必然趋势。同时，攀西经济区着力培育并快速增长的特色旅游、康养、现代农业等新兴产业将逐步成为经济增长的重要动力，但是这些产业目前处于培育期，短期内对经济增长的支撑作用有限。因此，2016 年攀西经济区仍处于增长动力的转换期，转型阵痛在所难免，经济增长将延续中高速增长态势。

（三）国家实施扶贫攻坚工程，将加大对攀西经济区的政策支持力度

扶贫攻坚将是我国“十三五”期间的重要任务，在“十三五”期间要完成“我国现行标准下农村贫困人口实现脱贫，贫困县全部摘帽，解决区域性整体贫困”的目标。国家将进一步加大对贫困地区的投入和政策支持力度，在十八届中央委员会第五次全体会议中，明确提出“加大对革命老区、民族

地区、边疆地区、贫困地区的转移支付。实施脱贫攻坚工程，实施精准扶贫、精准脱贫，分类扶持贫困家庭，探索对贫困人口实行资产收益扶持制度”。

攀西经济区是我国集中连片贫困地区之一，贫困面广、贫困人口多、贫困程度深，是长期制约攀西经济区经济社会发展的“短板”。在国家和全省的政策支持下，2016 年将深入实施扶贫攻坚战略，通过扶贫开发，将加大对贫困地区的基础设施、社会事业的投入，直接拉动地区经济增长。同时，扶贫开发将有效改善区域发展条件，促进贫困地区加快发展，为攀西经济区经济增长提供新的动力。

三　2016年攀西经济区经济的可能走势

展望 2016 年，国际经济环境有望得到改善，国家、全省经济调控政策和改革效应逐步显现，攀西经济区经济增长新动力开始形成，经济增长速度可以维持在合理区间，但是经济下行压力将持续存在。从长期来看，通过产业结构调整、促进投资稳定增长、扶贫开发、拓展对外开放、深化重点领域改革，可以有效释放经济增长内生潜力，促进经济更加健康、持续发展。

（一）经济平稳增长的基本面不会发生改变，增速仍将保持在合理区间

从短期来看，攀西经济区经济平稳增长有强有力的支撑，基本面不会发生改变。工业化、城镇化仍然是推动攀西经济区经济增长的基本力量，2016 年各级政府经济调控政策和改革效应将逐步显现，投资、消费仍将保持平缓增长，经济平稳增长的基本面不会发生改变。但是，攀西经济区发展方式粗放、产业结构单一、初级产品特征明显等根本性矛盾没有得到解决，新兴产业还处于培育阶段，经济增长仍然缺乏新的支撑，所以经济可能长期保持中高速增长，保持在合理区间。

（二）投资增长还有较大空间，基础设施投资将是经济增长的关键变量

攀西经济区区域发展极不平衡，虽然从投资总量上看，攀西经济区投资面

临需求不足的困境，但是从区域和投资结构来看，还有较大的增长空间。从区域来看，贫困地区相对集中，涉及人口多、地域广，而这些区域的交通、水利等基础设施严重不足，教育、医疗等公共服务水平十分低下，将是各级政府未来投资的重点区域。从投资结构来看，虽然工业投资和房地产投资因需求不足而持续下滑，但是攀西经济区防灾抗灾能力建设、农村垃圾和水处理、生态环境改善、公共保障性住房等公共消费型基础建设投资仍然不足，这将是未来政府投资的重点领域。

从攀西经济区经济增长的三大动力来看，消费在短期内难以出现大幅度增长；出口受攀西经济区区位和产品结构制约，在短期内也不会发生重大变化。因此，投资增长仍然将是决定攀西经济区 2016 年经济增长的主要变量。而在投资构成中，制造业、房地产、基础设施投资占攀西经济区投资总额的 80%以上，制造业、房地产在 2016 年同样难以实现重大突破，所以基础设施投入增长将是投资增长的关键变量。

（三）工业经济增速可能持续回落，传统资源型产业拉动经济增长的风险增加

攀西经济区工业以钢铁、钒钛、矿业、水电等传统资源型产业为主，以初级产品为主，产品市场以区外市场为主，产品价格受宏观经济环境影响较为明显。我国经济将长期保持中高速增长，在结构调整阶段，对初级产品的需求将持续减少。可以预见，2016 年攀西经济区工业经济发展环境不会发生根本改变，持续回落的可能性加大。目前，攀西经济区工业先行指标持续回落也反映出工业经济向好的基础还没有筑牢。

另外，随着我国资源环境约束的增强，对自然资源的使用和环境保护限制将更加严格，将推高资源使用成本和环境保护成本，这使得攀西经济区矿产资源、水能资源等自然资源的开发利用成本攀升，进一步压缩相关行业的利润空间，依靠资源型产业拉动经济增长的动力结构风险更加凸显。

（四）对外贸易可能取得突破，成为新的经济增长点

从全球经济形势来看，美国、欧洲、日本等发达经济体复苏形势较好，在发达经济体经济回暖的作用下，发展中国家经济也将呈现稳定发展态势。攀西

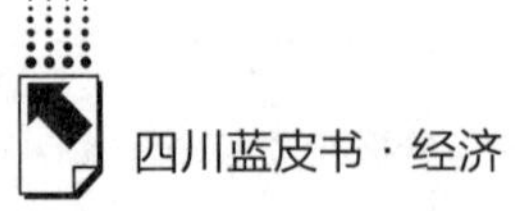

经济区在逐渐宽松的国际经济环境下，在对外贸易方面可能迎来发展机遇。

随着“一带一路”战略的推进，我国国际产能和装备制造合作取得新的进展，为攀西经济区发挥战略资源优势带来了难得的机遇。我们预计，2016 年攀西经济区对外贸易增长可能实现增长，对经济增长的支撑作用将更加明显。

五　结论与建议

总体来看，2016 年作为“十三五”规划的开局之年，攀西经济区经济社会发展的任务仍然艰巨，经济结构调整在短期内难以完成，外部环境的不确定性依然存在；内需和出口对攀西经济区经济增长的作用得到了一定程度的强化，但是投资依赖的增长路径短期内难以得到明显改变，投资结构调整空间仍然较大。

（一）加快产业结构调整升级，培育经济增长新动力

产业结构调整是经济转型的关键，加快产业结构调整是攀西经济区应对经济下行压力的根本举措。一是要以攀西战略资源创新开发试验区建设为依托，加快钢铁、钒钛产业优化升级，加强资源综合利用和深加工技术研发，提高资源利用水平，提升钢铁、钒钛、稀土产业的科技水平。二是加快发展特色现代农业，充分发挥攀西经济区的农业资源和气候资源优势，加快现代农业基地建设，打造特色优势农产品品牌，创新农业经营体制和农村产权制度，提高农业科技含量。三是加快发展现代服务业，以旅游、康养和电子商务等现代服务业为重点，着力发挥特色资源优势，加快建设特色旅游经济带和康养产业带；推进电子商务与农业、工业、商贸业、旅游业等产业深度融合。

（二）深入实施扶贫攻坚战略，拓展经济增长新空间

按照全国、全省扶贫攻坚要求，精准实施扶贫开发攻坚行动计划，按照“特色产业发展一批、创新创业致富一批、低保政策兜底一批、医疗保障扶持一批、移民搬迁安置一批、治毒戒毒救助一批、移风易俗巩固一批”的要求，不断提高贫困人口自我发展能力和贫困地区开发水平。加大对贫困地区投入力

度，着力改善贫困地区生产生活条件，增加贫困人口收入，提升基本公共服务水平。创新扶贫开发机制，建立稳定的投入增长机制，扶持贫困地区加快发展；构建资产扶贫机制，探索扶贫新模式。

（三）着力优化投资结构，稳定经济增长持续动力

就攀西经济区现实而言，消费和出口在短期内还难以支撑经济增长；从长远来看，当前的投资结构就是未来的产业结构、消费结构和出口结构。调整经济结构总是与投资密切相关；同样，投资方向也决定了消费品的数量和质量，决定了出口产品的结构和竞争力。因此，调整投资结构、稳定投资总量既是攀西经济区加快转变经济发展方式的要求，又是稳定经济增长的现实需要。

一是要科学确定投资方向。通过深化投融资体制改革，引导资金流向扶贫开发、与民生相关的基础设施、生态环境保护和建设、自主创新等领域，进一步加大对对新兴产业培育和社会发展薄弱环节的资金支持。超前谋划、科学规划投资方向，尽快建立产能过剩预警机制，准确反映市场供求变化趋势，防止盲目投资造成新的产能过剩。二是“放活”民间投资。按照党的十八届三中全会、四中全会、五中全会要求，攀西经济区可以在文化旅游、健康养老、医疗卫生、交通物流、农林水利、教育培训等领域进一步放宽民间资本准入。选取部分行业开展试点，探索不同的支持方式。三是落实和深化投资领域改革，保障民间资本的平等地位，逐步扩大民间资本在非竞争性领域竞争环节的参与力度。

B.9
“十三五”时期川西北生态经济区经济发展形势分析与预测

廖海亚*

摘 要： 川西北生态经济区“十二五”期间经济发展取得了较大成就，但是整体发展仍然滞后。“十三五”时期，其经济发展面临着诸多机遇和挑战，稳增长、转方式、调结构、夯基础、惠民生，最终实现跨越发展的任务艰巨，必须明确发展思路。预计“十三五”时期，川西北生态经济区经济发展会出现先稳后升的态势，非公有制经济发展加快，农业发展保持稳健，工业增长会有波动，水电产业和旅游业将起核心作用，服务业将成为新的增长点，农村居民收入大幅提升，城乡居民收入差距进一步缩小。

关键词： 川西北生态经济区 经济发展 “十三五”时期

川西北生态经济区包括阿坝藏族羌族自治州和甘孜藏族自治州两州，下辖2个县级市，29个县，面积23.6万平方公里。截至2014年末，户籍人口203.5万，其中农业人口占81.8%，藏族人口占68.8%，汉族人口仅占19.7%，是典型的以藏族人口为主的民族地区。“十二五”期间，该区经济发展取得了较大成就，但是整体发展仍然滞后，2014年，该区地区生产总值仅占全省的1.59%，城镇化率阿坝州和甘孜州分别比四川省低了10.61个和19.43个百分点。“十三五”时期是该区与全国全省实现全面建成小康社会发展目标的决定性阶段，该区面临着艰巨的发展任务。本文力图通过对该区“十

* 廖海亚，四川省社会科学院民族与宗教研究所，西南财经大学人口资源环境经济学在站博士后，主要研究方向：人口经济学、民族地区经济与社会问题等。

二五”时期经济运行情况、“十三五”时期经济发展面临的机遇与挑战等的综合分析，提出其“十三五”时期经济发展思路，进而对其经济发展做出预测。

本文2015年的数据来源于阿坝州和甘孜州发展与改革委员会网站上关于上半年经济运行情况的分析文章，2010～2014年的数据来自阿坝州、甘孜州和四川省各年的国民经济和社会发展统计公报，或在此基础上整理计算而得。基于对比的需要，增速采用当年现值而非可比价进行计算，分析“十二五”时期经济运行时纳入了2010年的数据。

一 “十二五”时期经济运行情况

“十二五”时期，川西北生态经济区经济整体运行平稳，经济总量、财政收入、城乡居民收入、社会消费品零售总额等都保持了持续增长。但是受复杂的外部环境和自身特殊困难的影响，经济发展中也存在诸多问题，经济增速逐年下降，工业增速下降尤为明显，产业结构调整步伐较慢，固定资产投资与旅游业增速波动明显、财政收入偏低、财政收支极不平衡、城乡差距依然较大、区域发展差距显著。

（一）经济总量在全省占比冲高回落，经济增速下降明显，非公有制经济占比偏低

经济总量方面：总量连年增长，从2010年的255.9亿元上升到了2014年454.6亿元。经济总量在全省的占比从2010年的1.51%上升到了2013年的1.66%，但是2014年，占比回到了2012年1.59%的水平（见图1）。

经济增速方面：从2011年始，川西北生态经济区和四川省经济增速皆处于下滑状态，且前者下滑更为明显；2010～2013年，川西北生态经济区经济增速高于四川省，但是2014年增速骤降，低于四川省4.21个百分点，约相当于四川省增速的一半；片区内部，阿坝州经济增速明显高于甘孜州，2011年后，阿坝州增速一路下滑，甘孜州2013年增速保持了稳定，但是2014年同样大幅下滑（见图2）。

非公有制经济占比方面：川西北生态经济区和四川省非公有制经济占比一直稳步提升，前者从2010年的40.62%上升到2014年的45.67%，后者相应的从56%上升到了60.3%，与后者比，前者占比明显偏低；在川西北生态经济区内部，整体上阿坝州非公有制经济占比约高于甘孜州2个百分点（见图3）。

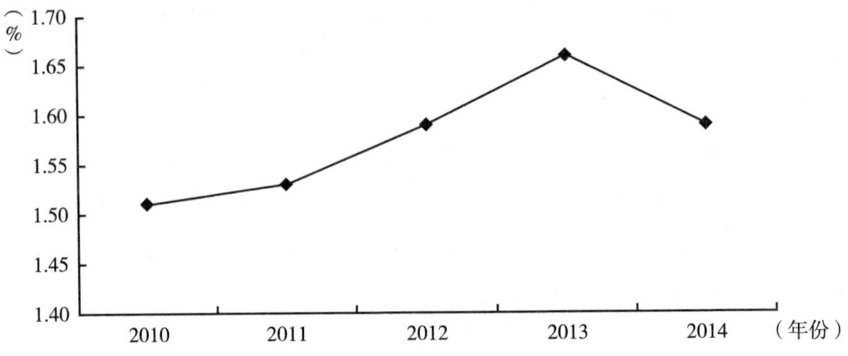

图 1 川西北生态经济区地区生产总值在全省占比情况

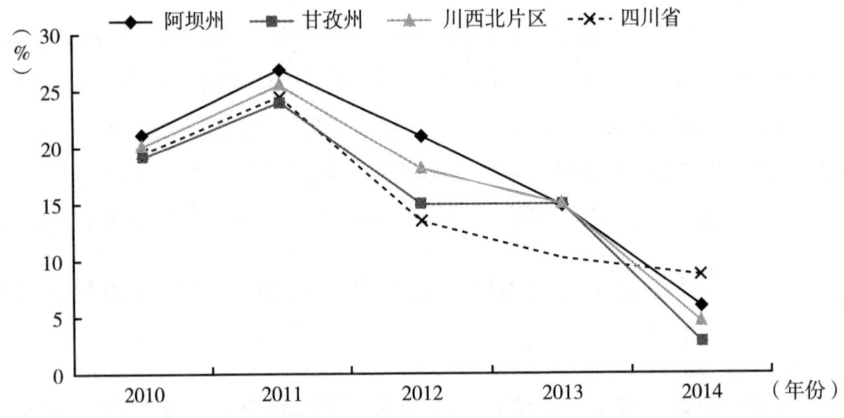

图 2 川西北生态经济区与四川省地区生产总值增速比较

（二）产业结构调整步伐较慢，工业增速逐年下降，旅游业增速波动明显

产业结构方面，2010～2013 年，川西北生态经济区第一产业占比逐年下降，从 21.08% 降到了 18.92%；第二产业占比逐年上升，从 40.48% 上升到了 46.33%；第三产业占比逐年下降，从 38.44% 下降到了 34.75%，但是 2014 年，第一、三产业占比上升，第二产业占比下降。三次产业结构从 2010 年的 21.08∶40.48∶38.44调整为 2014 年的 19.52∶44.55∶35.93；四川省三次产业结构 2010 年为 14.7∶50.7∶34.6，2014 年为 12.4∶50.9∶36.7；从对比来看，川

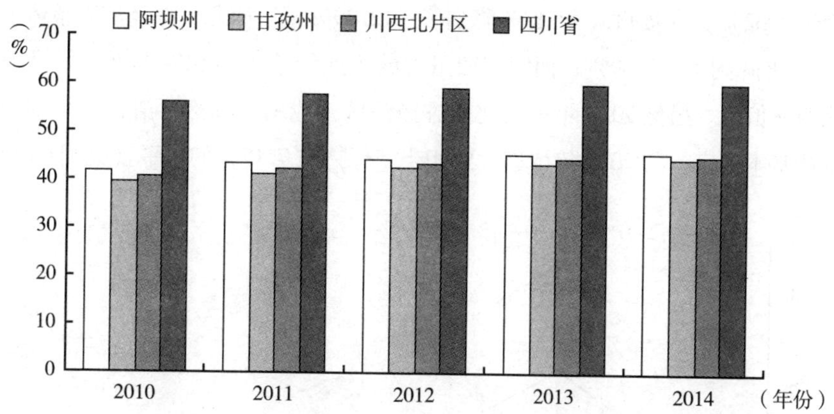

图3　川西北生态经济区与四川省非公有制经济占比情况

西北生态经济区第一产业占比明显高于全省，第二产业占比明显低于全省，第三产业占比与全省差距较小；基于川西北生态经济区的资源禀赋，第三产业占比明显偏低（见图4）。

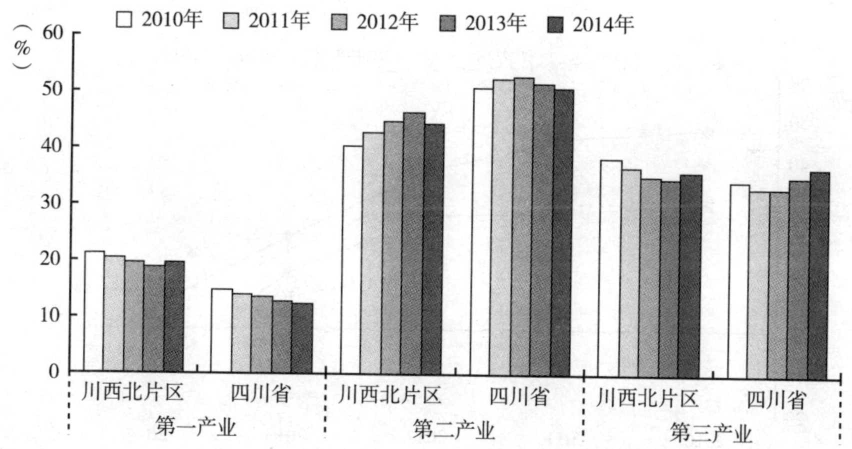

图4　川西北生态经济区和四川省三次产业比

产业增速方面，2011年后，三次产业皆出现增速回落现象，第二产业增速最高，也回落最快，从2011年的32.80%骤降到2014年的0.44%，第一、三产业增速回落趋缓，2014年仍保持了8%左右的增速（见图5）；工业增速上，阿坝州明显高于甘孜州，但是两州都下滑明显，2010～2014年，阿坝州从47.08%

降到了4.02%，甘孜州从30.13%降到了-12.29%，川西北生态经济区整体上从39.51%下降到了-1.69%；而同期四川省的工业增速虽然相对偏低，但是下降幅度明显偏缓。虽然2014年川西北生态经济区工业增速骤然下滑，但是四川省却维持基本稳定，与2013年增速大致相当，保持在7.17%的水平（见图6）。

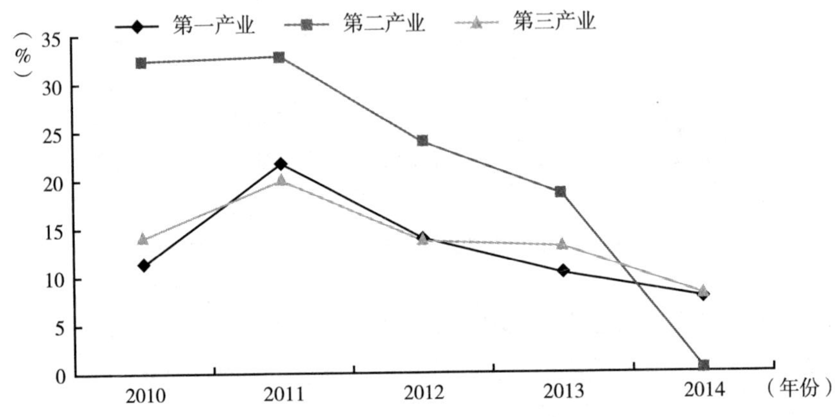

图5　川西北生态经济区三次产业增速情况

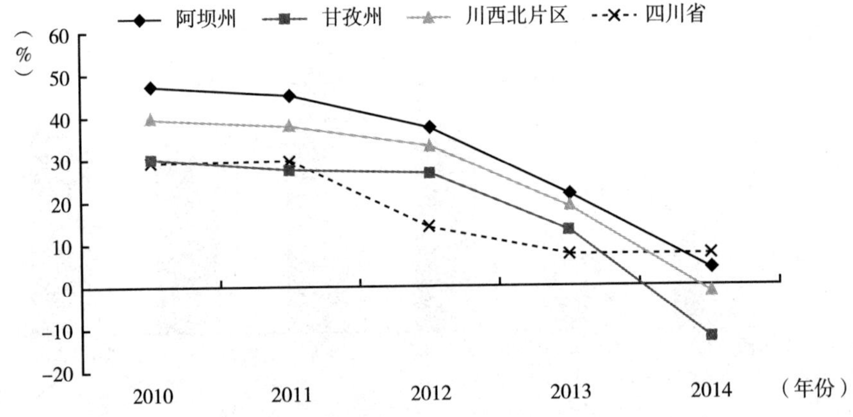

图6　川西北生态经济区和四川省工业增速情况

旅游业收入增速方面，川西北生态经济区波动明显，2010~2012年，阿坝州和甘孜州虽然增速都出现下降，但是阿坝州仍然维持高速增长，甘孜州也保持了较高增速，但是2013年，阿坝州增速急剧下滑，而甘孜州增速急剧上升，2014 年，阿坝州增速快速上升，而甘孜州增速又大幅回落；而同期，四川省旅游收入虽有起伏，但幅度相对偏小，与四川省比，川西北生态经济区旅游收入呈现明显的不稳定性（见图 7）；从游客数量和旅游实际收入来看，阿坝州明显优于甘孜州，即便是甘孜州旅游收入增速最大的 2013 年，其游客数量才 803 万人次，只相当于阿坝州的 27.9%，旅游收入只有 63.25 亿元，只及阿坝州的 1/3；但是，2010～2014 年，川西北生态经济区旅游收入在全省的占比整体上逐年增高并趋于稳定，目前维持在 6.6% 左右。

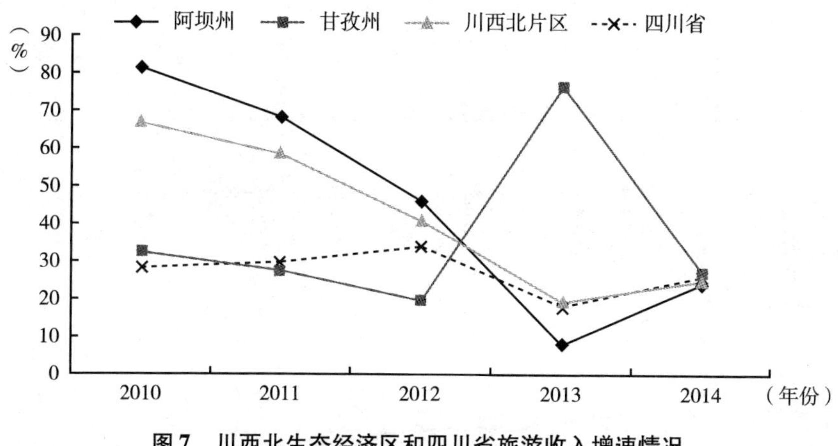

图 7　川西北生态经济区和四川省旅游收入增速情况

（三）投资增速起伏较大，社会消费增长稳健，财政收支极不平衡

固定资产投资完成额方面：2010～2014 年，川西北生态经济区呈逐年上升趋势，但是片区内部差异明显；阿坝州起点高（与汶川地震灾后重建有关），2010 年为 362.41 亿元，是甘孜州的 1.72 倍，但是增速小，增速最高的 2011 年仅为 4.91%，2014 年甚至出现 5.58% 的负增长；甘孜州起点低，但是增速大，增速最高的 2012 年达到 37.47%，增速最低的 2014 年也有 14.45%，2014 年总量达到 465.72 亿元，已经超过阿坝州，为阿坝州的 1.21 倍；从增速来看，阿坝州明显低于四川省，甘孜州明显高于四川省，但是起伏较大（见图 8）。

社会消费品零售总额方面：川西北生态经济区增速呈逐年小幅回落趋势（阿坝州 2010 年增速偏高与灾后重建有关），但是总体增速基本保持稳健态势，且与四川省增长趋势大致一致（见图 9）。

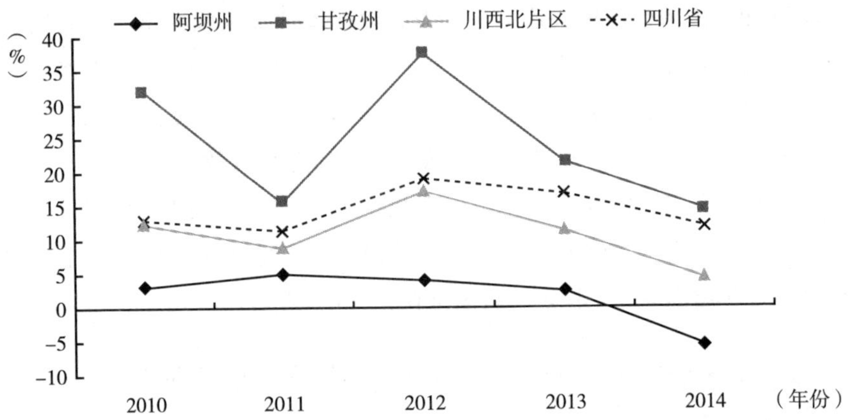

图8　川西北生态经济区和四川省固定资产投资完成额增速情况

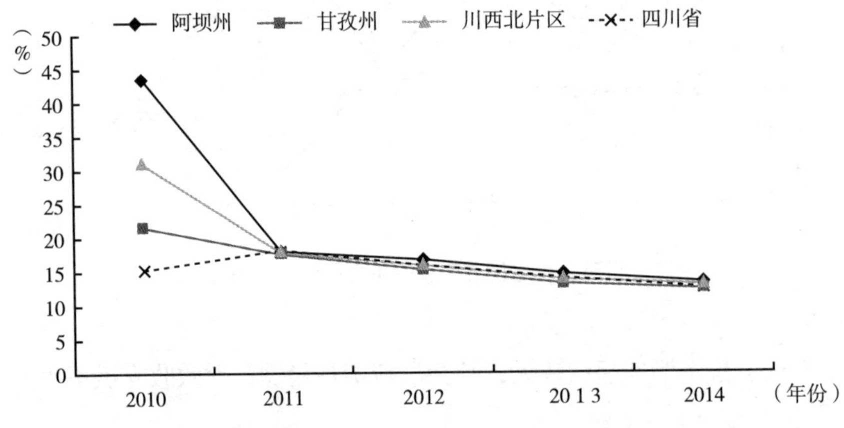

图9　川西北生态经济区和四川省社会消费品零售总额增速情况

地方公共财政收支方面：川西北生态经济区和四川省比，财政收入皆呈逐年递增趋势，前者2010年为32.97亿元，2014年达到56.13亿元，增长了70.25%，后者同期增长了95.93%；其中税收收入占财政收入的比重前者小幅波动，后者基本稳定，前者比后者低10个百分点左右；财政支出也呈逐年上升趋势，2014年与2010年比，前者增长了43.4%，后者增长了59.91%；财政收支方面，收入占支出的比重前者明显低于后者，且前者极不平衡，起伏明显，而后者逐年小幅上升（见图10、图11、表1）。

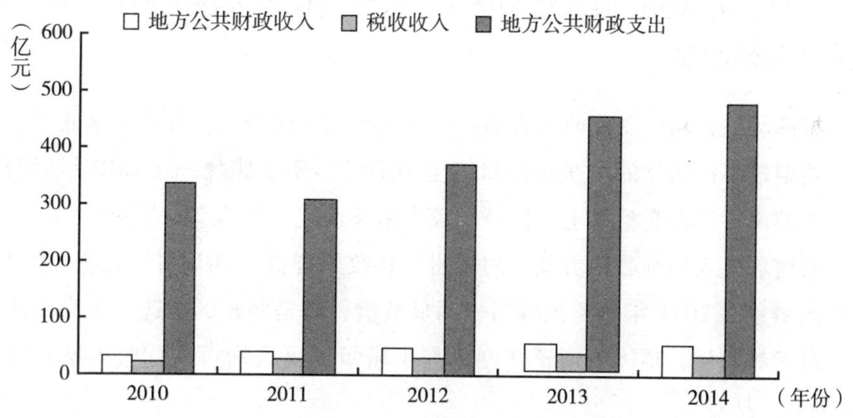

图 10　川西北生态经济区财政收支情况

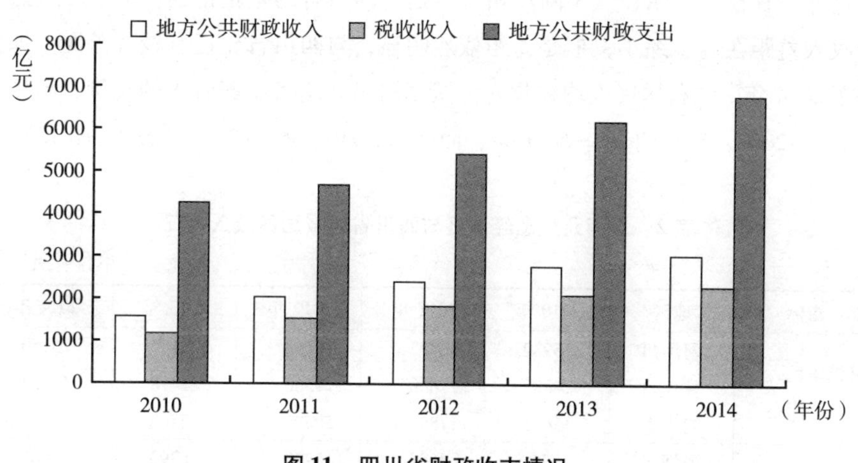

图 11　四川省财政收支情况

表 1　川西北生态经济区与四川省财政收支比、税收占财政收入比情况

单位：%

财政收支比	川西北片区	9.81	13.42	12.77	10.43	11.65
	四川省	36.79	43.74	44.58	44.95	45.08
税收占财政收入比	川西北片区	65.21	66.51	62.06	64.50	61.45
	四川省	75.62	75.18	75.46	75.55	75.58

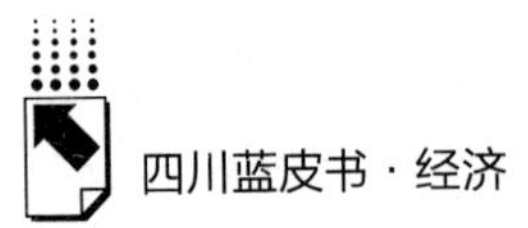

（四）城镇居民收入较快增长，农村居民收入快速增长，城乡收入差距依然明显

城镇居民人均可支配收入方面：阿坝州略高于四川省，甘孜州略低于四川省，差距较小；两州的增速在2011年达到顶峰后明显放缓，且2012年后增速皆小于四川省，但是整体上仍保持了较高增长速度（见表2、表3）。

农村居民人均纯收入方面：阿坝州和甘孜州皆低于四川省，且差距明显；两州的增速在2011年达到顶峰后也明显放缓，但是两州的增速一直高于四川省，且优势明显，整体上增长速度远高于城镇居民人均可支配收入增长速度（见表2、表3）。

从收入绝对值和城乡收入对比来看，川西北生态经济区农村居民人均纯收入过低，甘孜州又明显低于阿坝州，但是与四川省的差距正逐步缩小。虽然城乡收入差距在逐步缩小，但是差距依然明显，与四川省比还有较大差距，即使到了2014年，农村居民人均纯收入占城镇居民人均可支配收入的比例，阿坝州只有31.28%，甘孜州只有27.07%，而四川省却是36.11%（见表2、图12）。

表2　川西北生态经济区与四川省城乡居民收入情况

单位：元

指标	地区	2010年	2011年	2012年	2013年	2014年
城镇居民人均可支配收入	阿坝州	15939	18403	21168	23115	25150
	甘孜州	14880	17038	19560	21418	23303
	四川省	15461	17899	20307	22368	24381
农村居民人均纯收入	阿坝州	3741	4663	5770	6793	7866
	甘孜州	2744	3570	4610	5435	6307
	四川省	5140	6128.6	7001.4	7895	8803

表3　川西北生态经济区与四川省城乡居民收入增速情况

单位：%

指标	地区	2010年	2011年	2012年	2013年	2014年
城镇居民人均可支配收入	阿坝州	14.09	15.46	15.02	9.20	8.80
	甘孜州	9.67	17.66	14.80	9.50	8.80
	四川省	11.20	15.77	13.45	10.15	9.00

续表

指标	地区	2010 年	2011 年	2012 年	2013 年	2014 年
农村居民人均纯收入	阿坝州	22.02	24.65	23.74	17.73	15.80
	甘孜州	23.10	30.10	29.13	17.90	16.04
	四川省	15.19	19.23	14.24	12.76	11.50

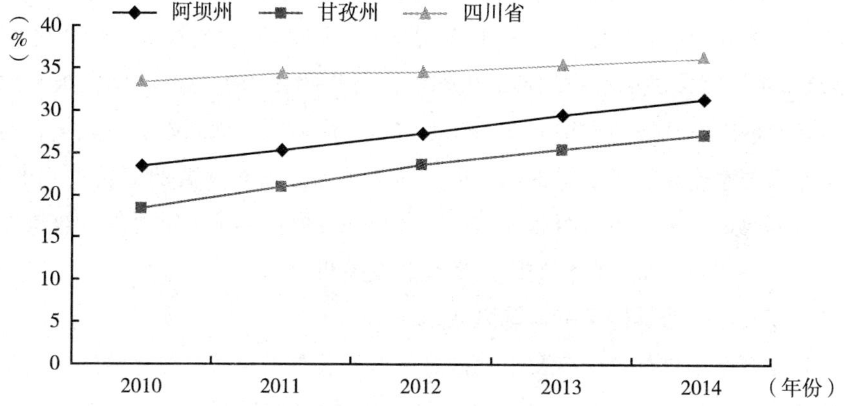

图 12　川西北生态经济区和四川省农村居民人均纯收入占城镇居民可支配收入比例

二　"十三五"时期川西北生态经济区经济发展面临的机遇与挑战

"十三五"时期是全面建成小康社会的最后五年，是经济发展转方式、调结构的关键五年，是民族地区实现追赶和跨越发展的重要阶段，是"精准扶贫"、全面脱贫的决战时期。川西北生态经济区面临着诸多发展机遇，同时，基于大环境的影响，囿于历史原因、要素条件差异等，其经济发展也面临着诸多挑战。

（一）经济发展面临的机遇

1. 多重政策叠加带来的政策机遇

党中央、国务院和省委、省政府深入推进经济发展转方式、调结构，出台了系列意见和方案；中央和省委藏区工作会议强调确保藏区2020年实现全面建成小康社会发展目标，制定实施了“精准扶贫”、抓好基础设施建设、推进对口援助等一系列促进藏区加快发展的扶持政策和措施；党的十八届五中全会，再次明确了推进生态文明建设，加快主体功能区建设，再次明确了加大对革命老区、民族地区、贫困地区的转移支付；国家实施建设“一带一路”、长江经济带战略，出台加快构建现代公共文化服务体系、促进旅游业改革发展的意见，国家和四川省制定了“藏羌彝文化产业走廊”发展规划；四川省实施“多点多极”发展战略，把川西北生态经济区作为四川生态经济增长极，加大对藏区发展生态经济的支持力度。作为国家主体功能区规划中的重点生态功能区，作为国家连片扶贫攻坚重点区域，作为革命老区和主要的藏羌民族地区，这一系列政策措施，为川西北生态经济区未来发展提供了多重叠加的政策支持和巨大发展空间，带来极佳的政策环境和发展机遇。

2. 交通条件改善带来的存量激活机遇

省委藏区工作会议明确要求把握好藏区发展重点，其中抓好藏区交通基础设施建设被列为重点之首。川西北生态经济区特别是阿坝州“十二五”期间交通建设取得了较快发展，“十三五”期间，随着格萨尔机场、成兰铁路、汶马高速、雅康高速、川青高速、国道248、巴郎山隧道等的开工或建成，随着藏区其他普通国省干线公路建设的加快，随着乡乡通油路、村村通水泥路等工程的落实，长期制约川西北生态经济区发展的交通瓶颈将得到极大改善，交通“外畅内活”问题将基本解决。交通改善将盘活川西北生态经济区优势资源的经济活力，盘活存量的同时，带来更多客流、物流、资金流等发展动力增量，旅游、特色农牧产品、民族文化等优质资源将有效转化为经济发展动能，产业辐射范围将进一步扩大，投资环境将明显改善。

3. 经济发展转型激发经济活力创生新的机遇

党的十八届五中全会强调坚持绿色发展，推动建立绿色低碳循环发展产业体系，川西北生态经济区拥有发展旅游休闲、特色农牧业、清洁能源和民族文化产业等生态产业的丰富优质资源，经济发展由传统模式转变为生态经济模式将成必然，在转变过程中将获得国家更多生态建设投入支持。同时，随着人们日益青睐生态产品和生态环境，旅游、康养、生态消费形成了巨大市场需求，川西北生态经济区依托生态资源优势，优化产业结构，推进发展转型，将为发展产业综合效益高和市场竞争力强的生态产品创生良好市场机遇，经济活力将被激发，成为拉动经济发展的新动力。

4. 民生工程和公共服务建设创造的发展机遇

国家高度重视改善民生，着力加强社会事业发展，要求加快构建现代公共服务体系，省委藏区工作会议再次强调加快实施藏区“六项民生工程计划”，把扶贫攻坚作为全省藏区实现全面小康最突出的任务。“十三五”期间国家和省委将进一步加大对川西北生态经济区民生工程和公共服务建设的投入。新型城镇化、幸福美丽新村、藏区新居等的建设，及水电移民安置、教育、医疗卫生、社会保障、文化发展、扶贫解困等工作方案的稳步推进，将促进川西北生态经济区内人民群众生产生活方式的转变、改善城乡人口空间布局、增强城乡综合承载能力，同时创生造巨大的服务性需求和大量就业机会、拓宽群众增收途径，促进经济社会协调发展。

（二）经济发展面临的挑战

1. 宏观经济形势依然严峻

全球经济进入缓慢复苏期，经济格局正在发生新的深刻变化，国际贸易和产业分工的博弈更加复杂，国际经济竞争进一步加剧，我国面临的同构化竞争压力增大。全国经济发展步入新常态，正经历新旧动能转化、人口结构变化、产能过剩、资源环境等压力，支持传统模式增长的要素红利正在减弱，各种约束性条件和结构性矛盾制约正在加大，传统经济增长点趋于平缓或减弱，新的增长点尚未形成或正在培育，经济增速放缓，未来发展将更多依靠创新驱动和生产效率提升，未来竞争将更多通过多元化创新培育新的比较优势。全省经济发展将呈现“换挡降速”特征，经济下行压力逐步上升，面临增长动力转换、发展方式转型、经济结构升级的多重压力，川西北生态经济区的发展也难以摆脱经济大环境的影响。

2. 自我造血功能明显不足

川西北生态经济区经济发展长期滞后，经济总量小、底子薄、层次低、发展不平衡，片区内的两个州经济总量在全国 30 个少数民族自治州中处于中下水平。且产业幼稚、经济结构不合理问题较为突出。农业产业化刚刚起步，产业链条较短，初级产品占比较高；工业结构单一、资源型经济特征显著，企业抗市场风险能力弱，缺乏经济效益好的大型企业；第三产业总体规模小、区域发展不平衡，旅游配套建设与旅游发展前景不匹配，旅游综合带动作用尚未充分发挥；产业发展融合程度低、品牌产品少、综合效益低，仍处于粗放型发展阶段。非公有制经济发展不足，整体经济活力不够，经济发展的自我造血功能较弱。

3. 发展资金压力仍然较大

与其经济总量和人口在全省的占比相比，川西北生态经济区“十二五”时期固定资产投资在全省的占比较高，最低的 2014 年也达到了 3.60%。“十二五”时期其经济发展依靠投资拉动的特征明显。但是，“十二五”时期其投资占比呈逐年下降趋势，灾后重建期的非常态投资拉动作用在“十三五”期间将面临压力，投资“边缘化”问题将会凸显，保持高位投资压力较大。而财政收支极不平衡，收入有限，增长乏力，支出量大，短期内难以平衡收支矛盾。且投融资渠道狭窄，政府资金的杠杆作用没有充分发挥，对民间资金的撬动不足，难以保证发展所需资金，同时居民消费“外溢”现象却愈发突出，进一步增加了该区资金融通的困难。

4. 协调发展任务十分艰巨

甘孜州整体发展水平落后于阿坝州，两州产业结构和经济增速也有较大差异。甘孜州农牧业占比明显高于阿坝州，阿坝州工业占比明显高于甘孜州，甘孜州经济增速相对落后阿坝州，阿坝州固定资产投资增长又慢于甘孜州。在两州内部，区域间发展极不平衡，阿坝州东南区域发展水平远远高于西北区域，甘孜州东部区域发展水平远远高于南部区域。整体上，河坝沟谷地带基础设施建设和经济发展水平都明显好于高半山段。另外，城乡收入差距明显，贫困人口数量大，占比高，扶贫攻坚任务重，同步小康压力大。

5. 资源环境约束日益增强

川西北生态经济区地形复杂，生态环境脆弱，次生灾害频发，环境承载力较低。耕地保护与建设用地的供需矛盾、草场载畜量与畜牧业加快发展的冲突较为突出，单位 GDP 土地投入产出比较低。作为限制和禁止开发区，以往高载能、高排放等粗放发展模式和路径不可持续，经济发展空间和方式受到压缩和制约。频发的地质灾害又严重威胁着城乡居民生命财产安全，导致交通中断、设施损毁，阻碍生产、破坏生态，严重制约经济发展，增加发展的不确定性，增大生态环境保护压力。同时，区域内大中型水电站和矿产资源的开发等对环境皆有负面影响，国家的转移支付又不能完全解决生态保护中面临的诸多困难，保护环境与发展经济的矛盾突出。

6. 人才资源难以满足要求

受多种因素影响，川西北生态经济区人才资源现状与未来发展需要存在较大差距。部分干部群众思想观念守旧，工作生活安于现状，综合素质偏低，缺乏创新精神、劳动热情和现代生产技能。人才机制不健全，本土人才培养不足，外来人才引进困难，既有人才队伍不稳定，人才流失严重，且流出的多是中青年专业技术骨干。人才培训多局限于部门和行业培训，缺乏统筹的培训基地和培训组织，职业技能培训发展滞后。中高层次技术技能人才、企业领军人才、经营管理人才缺口巨大。如果“十三五”期间无法解决人才支撑力薄弱问题，经济发展必将受到严重制约。

三 “十三五”时期经济发展思路与发展预测

基于对“十二五”时期经济运行情况的分析，考虑“十三五”时期面临的机遇与挑战，结合省委省政府对川西北生态经济区的定位和发展期待，以及全面建成小康社会、全面脱贫的目标任务，“十三五”时期川西北生态经济区的经济发展思路就比较明确，经济发展前景也基本明朗。但是，实际发展中可能面临诸多困难，存在诸多变数，会对部分预测结果产生影响。

（一）经济发展主要思路

1. 完成发展方式的三个转变

一是从传统发展模式向生态经济模式的转变。改变传统发展模式资源浪费严重，产业结构不科学，生态效应被忽视，经济质量难提升的弊端，从生态经济的视角重新审视产业发展之路，以绿色环保、可持续发展为核心，转方式，调结构。二是从孤立发展向融合发展的转变。解决好三次产业之间各自分离、区域之间各自为政的问题，实现三次产业融合、区域协调发展，避免恶性竞争，发挥聚集效应，培育龙头产业，实现互利共赢。三是从普遍开花向重点支持的转变：改变面面俱到，面面不佳，重点不突出，竞争力上不去的现象，发挥要素本身的比较优势，从要素质量和利用效率上下功夫，改变“散打”模式，向集约化、特色化转变。

2. 实施宏观发展的四大战略

一是“四网”畅通战略，即交通网、电力网、水利网、信息网的畅通，规划实施新一轮交通大会战，实现交通“外畅内活”；大力推进电网升级改造，解决电力输出与发展用电的障碍；深入实施水利工程建设，增强农业灌溉能力，满足安全饮水需要；建设覆盖全域的信息网络体系，满足“互联网+”产业发展与现代生产生活方式的需要。二是联动发展战略：包括产业升级整合，实现三产联动；资源利用整合，实现区域联动。三是产城一体战略：产城一体涵盖产镇一体、产村一体，以城促产、以产兴城，齐头并进，良性互动，融合发展；实现资源和人口在区内多点聚集，形成多点多产业，整体大产业，产乡或产村一体的“点－线－面”各自分工合作的发展模式。四是品牌营销战略：政府牵头，企业开拓，媒体介入，全民参与；重点打造地域和生态特征浓厚、具有一定基础的品牌，最终形成几大主要支撑品牌和一牌多品的格局，把片区优势资源全部囊括进来，发挥资源价值。

3. 全力打造全域全时现代旅游业

一是优化旅游产业布局：加强环线建设，依托主要景点，串联分散的文化、旅游资源，构建高品位、多层次景区体系，推动旅游由点状运营向线状运营转变，在川西北形成北线九寨－黄龙－大草原，中线四姑娘－墨尔多－贡嘎山，南线西昌－亚丁－泸沽湖的北、中、南三极呼应，联动提升的格局。二是夯实旅游要素保障：着力提升旅游设施与服务能力水平，重点发展乡村酒店和民居接待、文化旅游节会活动与休闲游娱服务，强化旅游安全和应急救援体系建设。三是开发系列特色旅游服务产品和旅游商品：形成“春看花、夏避暑、秋赏叶、冬观雪”，四时风景各异，全年特色鲜明的全时、多元旅游格局。四是强化全域旅游思维：加强区域联动与合作，整合营销资源，丰富营销手段，注重整体推介，带动全面发展。

4. 重构现代农牧业生产格局

一是加快培育新型农牧业经营主体，以此带动农牧业现代化。大力培育龙头企业、专合组织、专业大户、家庭农场，鼓励发展合作经济，鼓励社会资本投资种养业；借鉴美国农业合作社等的经验，探索农牧业产业一体化，解决产、供、销配套问题，使个体农户摆脱“散打”现状，摆脱独自面对农资需求与产品销售等的压力，成为有组织，懂科技，会生产的新型农牧民。二是整合现有农牧业生产资源，支持重点领域发展。利用现代科学技术，改造提升主要农产品质量；根据土地情况和前期基础，重点建设特色有机农业示范区、特色农牧业产业基地；根据立体景观和多样气候，向高科技农业和休闲农业方向转化，借鉴台湾宜兰等地经验，打造观光休闲农业；根据海拔高度差异，科学发展“三带农业”，拓展森林利用空间，大力发展林下产业。

5. 加快构建绿色工业新体系

一是依托水、光、风等资源优势，以大中型水电站建设为契机，适时加大太阳能、风能、农村沼气等的发展，构建多元、清洁、高效、安全、可持续的现代能源体系，建设国家级清洁能源基地。二是以保护生态环境为底线，合理利用优势矿产资源，引导现有载能工业转型升级，实现资源循环利用，绿色发展。三是立足特色农副产品资源优势，面向旅游市场和中高端消费市场，积极发展特色农副产品深加工工业，提升特色农副产品附加值；四是配合旅游发展新趋势，挖掘传统手工业，发展特色旅游产品加工工业；五是加快飞地工业园区招商引资工作，分享园区发展“溢出”效应，带动区域内产业结构转型升级，扩充财政增收渠道。

6. 全面提升现代服务业和文化产业

以服务大旅游、面向川甘青、迎接海内外为宗旨，全面提升现代服务业和文化产业。积极发展生产性服务业，全面提升金融、交通运输、现代物流业发展水平；大力发展生活性服务业，优化商贸服务，加快发展社区服务，积极发展特色餐饮、住宿业，开发特色度假休闲品牌；引进培育新兴服务业，提升高端辐射力和竞争力；均衡布局发展农村服务业，构建为农业生产、农牧民生活服务的现代农村服务体系。主动融入全省《藏羌彝文化产业走廊总体规划》，建立文化产业重点项目库；充分利用丰富的文化资源，推动文化由形态向业态的转变；深入挖掘特色文化资源，开发衍生文化产品、创意文化产品、旅游文化产品。

7. 深入实施“精准扶贫”工程

深入实施扶贫攻坚计划：按照“每年有新变化、三年上新台阶、五年全面脱贫”的要求，深入开展“精准扶贫”；采取整合资源、统筹安排、突出重点、整体推进的方式，集中力量打好扶贫攻坚战；让贫困群众“住上好房子，过上好日子，养成好习惯，形成好风气”，适应现代文明生活方式，提高群众生活水平。着力构建扶贫支撑体系：重视教育扶贫、科技扶贫，提高群众基本素质、科技知识水平，增强群众自我发展能力；重视产业扶贫，构建扶贫攻坚、全面小康的产业支撑，提高困难群众在产业发展中的参与度、受益度；拓宽贫困家庭就业途径和增收渠道，建立贫困家庭稳定增收机制；强化引领帮扶带动作用，注重扶贫开发的全社会参与，发挥龙头企业、专业合作组织、种养殖大户、村级互助合作社等在扶贫中的功效；完善救助扶贫机制，设立政府贴息贷款的扶贫发展资金，帮助贫困家庭发展生产。

（二）经济发展预测

1. 经济总量在全省占比和经济增速先稳后升，非公有制经济发展加速

在多重机遇的引领下，“十三五”期间川西北生态经济区经济发展环境、发展方式和产业结构都将得到明显优化，经济发展趋势向好。从2015年上半年经济运行情况来看，地区生产总值阿坝州同比增长8.4%，甘孜州同比增长6.3%，出现止跌回升态势，但是受经济大环境的影响，主要经济指标增速有所放缓。“十三五”期间，经济大环境的影响依然存在，加之相关规划项目实施的时间差，“十三五”前期经济增速会受到一定影响，但是后期，随着相关项目的落实和经济结构调整带来的利好释放，经济增速会明显提升。总体上，经济增速会高于全省平均增速，经济总量在全省的占比和经济增速将呈现先稳后升态势。随着经济结构的调整和旅游等服务业的大发展，非公有制经济将迎来发展良机，活力增强，占比进一步提高。

2. 产业结构调整步伐加快，农牧业继续保持稳健增长态势

围绕生态经济的主题进行产业结构调整是“十三五”期间川西北生态经济区的重要任务，产业结构能否成功调整牵涉到宏观发展思路和相关发展指标能否如期完成，故产业调整的步伐必将加快。农牧业是川西北生态经济区传统的基础性产业，且其农牧业产品具有生态比较优势，其发展一直比较稳定，2010~2014年的经济数据也表明农牧业增速相对波动最小。“十三五”期间，旅游业对农牧业的带动效应会愈加明显，农牧业发展空间依然广阔。但是，受土地、牧场等农牧业基础资源总量的限制，农牧业产业规模扩容受限，其增长

多依靠提质增效。所以，除非发生自然灾害，否则农牧业将继续保持稳健增长态势，不会出现增速大幅波动现象。

3. 工业增速随市场波动会有起伏，后期水电产值占比将明显提升

2010～2014年，川西北生态经济区工业增速下滑明显，2014年更是大幅下滑，与全省工业增长情况对比，其工业显示出明显的脆弱性特征。2015年上半年，阿坝州虽然企业开工面达到了91.3%，但是工业生产却是逐月回落，上半年末增长仅4.4%，甘孜州工业生产止滑回升，但是增长也仅4.4%。由于整体工业基础薄弱，且工业产品受市场波动影响大，与宏观经济形势关系密切，“十三五”期间，川西北生态经济区工业增速仍将会有起伏。相反，由于水电基础较好，作为重要的清洁能源基地，大中型水电站正陆续建设，可以预见，“十三五”后期，水电产值占比会明显提升。

4. 第三产业对经济的拉动作用日趋显著，旅游业发展全面提速

川西北生态经济区第三产业2011～2014年增速下滑，但是幅度趋缓，2014年仍保持了8.02%的增速，2015年上半年阿坝州同比增长8.7%，甘孜州同比增长8.8%，总体增长仍处于中高速增长阶段。“十三五”期间，随着公共服务均等化的发展，及交通发展带来的区位环境的改善，川西北生态经济区物资流通、人员往来将更加频繁，生产、生活性服务业以及新兴服务业将迎来大发展，拉动经济的作用会日益明显。区域内丰富的旅游资源将被进一步激活，发挥释放效应，带动作用将明显提升。即便宏观经济不景气，由于旅游业的特殊性质，加之川西北生态经济区旅游资源的独特性，其发展并不会受到太大影响，甚至可能逆势提升。作为发展重要切入点和抓手的旅游业将全面提速，重要性与日俱增，在经济发展和富民增收中发挥核心作用。

5. 投资拉动经济增长的特征依然明显，社会消费增长依然稳健

尽管固定资产投资完成额增速出现起伏，2012年后出现整体下滑，但是川西北生态经济区的固定资产投资完成额在全省的占比一直远高于其地区生产总值在全省的占比，投资的拉动作用不容回避。随着以往支撑投资增长的重大项目接近尾声，投资“边缘化”问题会呈现出来，投资增速短期可能进一步下滑。但是鉴于民族地区是全面建成小康社会的“短板”，基于“补齐短板”的现实需要，“十三五”时期支持藏区发展的力度会有所增加，大量项目会陆续上马，川西北生态经济区的固定资产投资总额仍会相当可观，在全省的占比

仍然会高于其地区生产总值在全省的占比。所以，即便面临全国经济从投资拉动转向消费和创新拉动的大趋势，川西北生态经济区投资拉动经济增长的特征会依然明显，预计 2017 年开始，投资增速会明显止跌回升。社会消费方面，受旅游业等服务业的发展及固定资产投资回升的影响，社会消费品零售总额会依然保持稳健增长态势。

6. 财税收入增速先稳后升，城乡居民收入差距缩小，农村居民收入大幅提升

与经济增速先稳后升一致，财税收入增速也将先稳后升。虽然工业税收会有起伏，但是后期水电产值带来的税收会大幅提升，建安税仍将会成为重要财政收入来源，消费税会成为新的财政收入增长点。基于生态建设的现实需要，基于与全国全省同步建成小康社会的硬性目标，基于消除贫困的“精准扶贫”任务，“十三五”时期国家对川西北生态经济区的生态补偿会随之增加，会继续加大民生投入，加强扶贫攻坚力度，加上生态农牧业、旅游业等服务业对农牧民增收的带动作用的进一步凸显，城乡居民的收入会稳步增加，农村居民的收入将大幅提升，城乡居民收入差距会继续缩小。

总之，“十三五”时期是川西北生态经济区跨越发展的关键时期，支撑其经济发展的产业体系会进一步明朗，其经济增长会总体向好，增速将高于全省平均水平，同时呈现与全省不一样的增长特征。

产业与行业篇

Industry Reports

B.10 2016年四川省农业经济发展形势分析与预测

杨启智　林 巧*

摘　要： 回顾"十二五"以来四川农业发展历程可见，四川省农业发展的现代化水平不断提高，农民收入不断增长，新农村建设稳步推进。2015年，面对国内外严峻的经济环境，四川省农业经济发展总体保持稳定，新型城镇化、工业化和农业信息化加快发展。展望2016年，四川农业将继续保持稳定增长；四川将进入现代农业的加速发展阶段；农民收入持续增长的动力恢复，收入呈现稳定增长；扶贫攻坚工作继续稳步推进，将有力地促进四川农业农村的进一步发展。

关键词： 四川　农业经济　农民收入

* 杨启智，四川农业大学旅游学院院长，博士，主要研究方向为旅游产业经济；林巧，四川农业大学经济学院，硕士研究生，主要研究方向为产业经济。

“十二五”时期以来，随着西部大开发战略的深入实施、全面建设小康社会的推进、改革开放的全面深化改革以及经济发展方式的加快转变，四川省加快推进农业现代化和社会主义新农村建设，全省农业经济取得丰硕成果。

一 “十二五”时期以来四川省农业经济整体发展概况

“十二五”期间，四川省农业经济总体运行平稳，呈现平稳较快发展趋势。四川不断推进农业机械化、标准化、现代化和规模化、产业化发展，农业生产效率得到不断提高，加快了农业产业的转型升级。

从第一产业增加值来看，四川省统计局 2011 年以来的统计数据显示，第一产业增加值逐年增加，增长速度有所放缓，2011 年第一产业增加值为 2983.51 亿元，2014 年为 3531.1 亿元，按可比价格计算（下同），第一产业增加值增长率由 2011 年的 4.5% 逐步平稳调整到 2014 年的 3.1%（见图 1）。

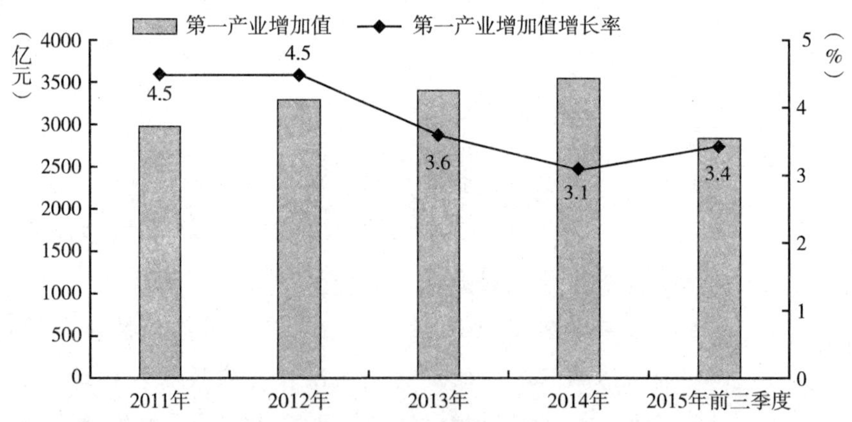

图 1 “十二五”时期以来第一产业增加值及增幅变化情况

资料来源：由四川省统计局数据整理而得。

从近五年前三季度第一产业增加值和增长幅度来看，2015 年前三季度四川省第一产业增加值为 2845.8 亿元，同比增长 3.4%，增速同比减缓 0.5 个百分点，比上半年回升 0.5 个百分点（见图 2）。纵观这五年，前三季度第一产业增加值的增长率最低为3.4%，这与国内宏观经济增长速度放缓、经济下行压力增大表现一致。

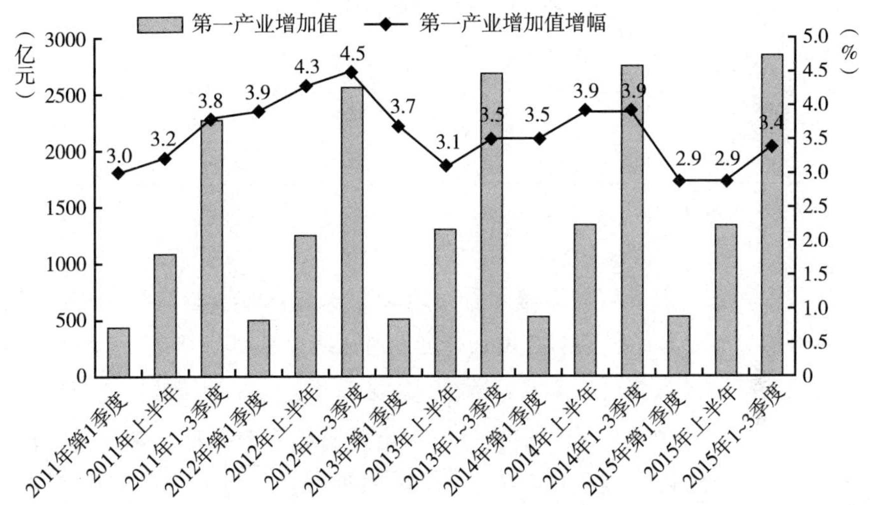

图2 近五年前三季度第一产业增加值及增幅变化情况

资料来源：由四川省统计局数据整理而得。

从国民经济结构来看，2014年四川省第一产业比重（12.4%）比2011年降低了1.8个百分点，比同期全国平均水平高出3个百分点。四川第一产业增加值占GDP的比重呈现缓慢下降形势，三次产业比重从2011年的14.2∶52.5∶33.4调整为2014年的12.4∶50.9∶36.7，产业结构不断优化。从三次产业对GDP的贡献来看，四川第二产业仍然是拉动GDP增长的主要力量，但是其贡献率有所降低，第三产业的贡献率快速增长，第一产业贡献率呈现小幅度增长态势，从2011年的4.3%增长到2014年的5.0%，到2015年前三季度再次调整为4.9%。

从固定资产投资来看，2011年对第一产业固定资产投资仅为201.61亿元，比上年投资减少41.1%，2015年前三季度的固定资产投资为624.77亿元（见表1）。从绝对数据和三大产业固定资产投资对比来看，虽然对第一产业的固定资产投资仍然乏力，但是增长幅度还是相对乐观的，有力地促进了第一产业的规模化、标准化发展。

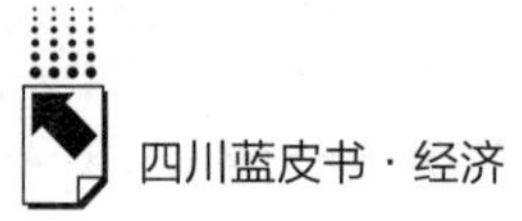

表1 “十二五”以来第一产业的固定资产投资额及增幅变化

单位：亿元，%

指标	第一产业的固定资产投资额	增长幅度
2011 年	201.61	-41.1
2012 年	462.8	65.1
2013 年	575.4	30.5
2014 年	637.44	10.8
2015 年前三季度	624.77	29.5

资料来源：由四川省统计局数据整理而得。

从城镇和农村消费市场形势来看，2011 年以来，四川城镇和农村消费品零售总额均呈现稳定增长态势，增长速度有所放缓。从 2013 年第一季度开始，农村的消费品零售总额增长速度开始超过城镇，并且增速放缓的程度明显低于城镇。2015 年第一季度，农村消费品市场出现明显下滑态势，消费品零售额增长率降至 12.5%，之后有所回升，至第三季度，农村实现消费品零售额 1934.2 亿元，同比增长 13.4%，增速比上半年加快 0.2 个百分点，发展速度比城镇快 1.8 个百分点，且差距较上半年扩大 0.1 个百分点（见图 3）。由此可见，随着惠农、强农政策扶持力度的加大，农村居民收入较快增长，加之农村电商的快速发展，农村居民消费观念发生转变，农村消费潜力逐步释放。

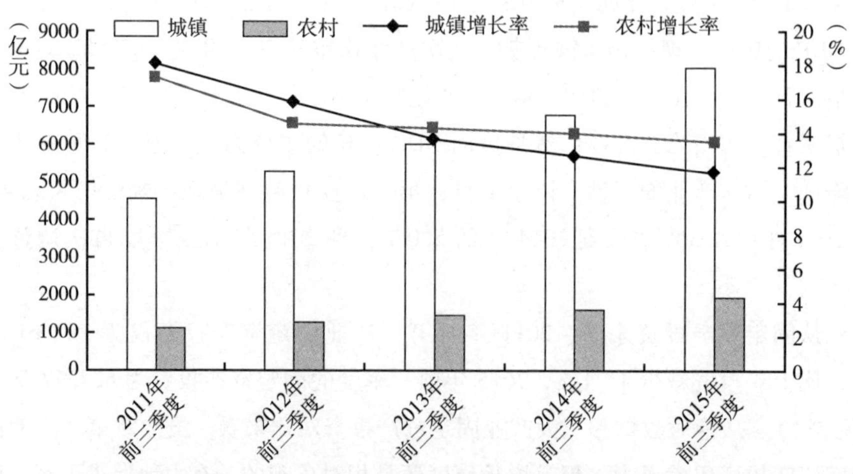

图3 近九年前三季度累计城乡社会消费品零售总额及增长率对比情况

资料来源：由四川省统计局数据整理而得。

从人均可支配收入来看，自2011年以来农村人均可支配收入增长速度均快于城镇，2012年开始，增速高出幅度有所下降，一般保持在2个百分点左右。2014年农村人均可支配收入达8803元，比2013年同期增长11.5%，2015年前三季度，农村人均可支配收入增速调整至10%。

二 2015年四川省农业经济的主要特征

（一）农业生产实现稳定发展

1. 粮食实现恢复性增产，主要经济作物总量进一步扩大

2015年前三季度，四川省共实现农业增加值1986.1亿元，同比增长4.3%，增速同比加快0.4个百分点，比四川省农林牧渔业增加值平均增速快0.8个百分点。其中，2015年上半年，四川省小春粮食实现生产601.7万吨，增产11.1万吨，增长1.9%；油菜籽产量237.2万吨，增长2.3%，实现十四连增；春季蔬菜及食用菌1672.6万吨，增长4.0%；春茶12.3万吨，增长6.0%；春季水果106.8万吨，增长5.1%；春季药材14.6万吨，增长5.4%。

2. 粮食作物播种面积保持稳定

2015年上半年，四川省已播栽粮食作物6593.4万亩，占预计完成的93.9%。其中已移栽水稻2879.5万亩，占96.4%；已播栽玉米2001.1万亩，占96.3%，主要粮食作物播种面积保持稳定。

3. 机械化程度高

2015年，随着四川农业社会化服务体系的构建，农业社会化服务组织加快发展，加上农机购置补贴的落实和示范推广力度的加大，四川省农业机耕机播面积进一步增加。统计资料显示，2015年上半年，四川省大春机耕面积已达到3058.7万亩，同比增长6.7%；四川省机播面积达到426.9万亩，同比增长13.1%①。

① 四川省统计局：《2015年上半年四川农村经济平稳运行》，http：//www.sc.stats.gov.cn/tjxx/tjfx/qs/201507/t20150728_189259.html。

（二）农业生产结构不断优化

2015年前三季度四川省农林牧渔业总产值为4833.3亿元①，同比增长3.3%，增速减缓0.7个百分点，比上半年回升0.4个百分点；农林牧渔业增加值2887.1亿元，同比增长3.5%，增速减缓0.4个百分点，比上半年回升0.5个百分点。

林业发展方面，2015年四川省林业生态建设实现稳步推进。2015年以来，林业生产按照“产村相融”“因地制宜”“集约高效”的原则，以发展绿色经济、满足民生需求、增加农民收入为核心目标，着力开展“产业提升”行动，大力培育现代林业产业基地；同时，不断完善林权流转体系，市场主体、金融机构参与发展的积极性更高。前三季度，四川省累计完成营造林面积475万亩，完成全年任务的79.2%；培育林业产业基地260万亩，为年度计划的86.7%。1~3季度四川省林业实现增加值89.0亿元，同比增长3.1%。

畜牧业发展方面，四川是生猪生产大省，生猪生产是四川畜牧业的支柱产业。2015年上半年，受生猪生产下滑的影响，虽然牛、羊、兔等畜禽生产由于养殖效益好而保持稳步发展态势，但四川省上半年肉类总产量比上年同期减少，至第三季度，生猪生产降幅有所减缓，其他畜禽保持稳定发展。上半年四川省肉类总产量达到303.4万吨，同比减产6.8万吨，减产2.2%。其中，猪肉产量225.5万吨，减产3.9%。受生猪生产下滑影响，上半年四川省畜牧业增加值同比仅增长0.7%，比四川省农林牧渔业增加值平均增长率低2.3个百分点，并由此影响四川省农林牧渔业增加值增速0.8个百分点。第三季度，随着生猪价格的较大幅度上涨，养殖户重拾养殖信心，三季度生猪出栏降幅明显减缓，由二季度的下降6.7%变为下降2.6%，回升4.1个百分点。前三季度，四川省畜牧业增加值同比仅增长0.5%，比四川省农林牧渔业增加值平均增幅低3.0个百分点，并由此影响四川省农林牧渔业增加值增速0.7个百分点。

渔业发展方面，在市场消费需求拉动和各级政府扶持力度加大的共同推动作用下，四川渔业继续保持良好发展态势，渔业生产规模扩大，养殖模式和结

① 四川省统计局：http：//www. sc. stats. gov. cn/tjxx/zxfb/201511/t20151104_ 195516. html。

构更趋合理，效益得到不断提高。有关部门资料显示，2015 年前三季度，四川省新增水产养殖面积 4.9 万亩，新增稻田养鱼 4 万亩，名特优比例达到 28%，提高 4.5 个百分点；大宗水产品综合出塘价每公斤 11.5 元，同比上涨 3.0%。1～3 季度四川省实现渔业增加值 96.9 亿元，同比增长 4.6%，比四川省农林牧渔业增加值平均增速快 1.1 个百分点。

（三）农民收入增长速度放缓，收入来源更加多元化

四川省统计局资料显示，2015 年前三季度全省农村居民人均可支配收入为 7517 元，增长 10%，比城镇居民可支配收入高出 1.4 个百分点，比全国农村居民人均可支配收入增长率高出 0.5 个百分点。

从最近五年前三季度城镇和农村人均可支配收入来看，四川省人均可支配收入大体呈现稳定增长趋势，增速均有所放缓。农村居民的人均可支配收入增长率高于城镇居民，至 2015 年前三季度，差距有所缩小。2015 年前三季度农村居民人均可支配收入较上年同期有所减少。2011 年前三季度至 2014 年前三季度，城乡居民收入比逐年下降，由 2.56∶1 调整到 2.39∶1，2015 年前三季度回弹至 2.59∶1，由此可见，宏观经济给农民增收带来压力，农民持续增收的难度加大（见图 4）。

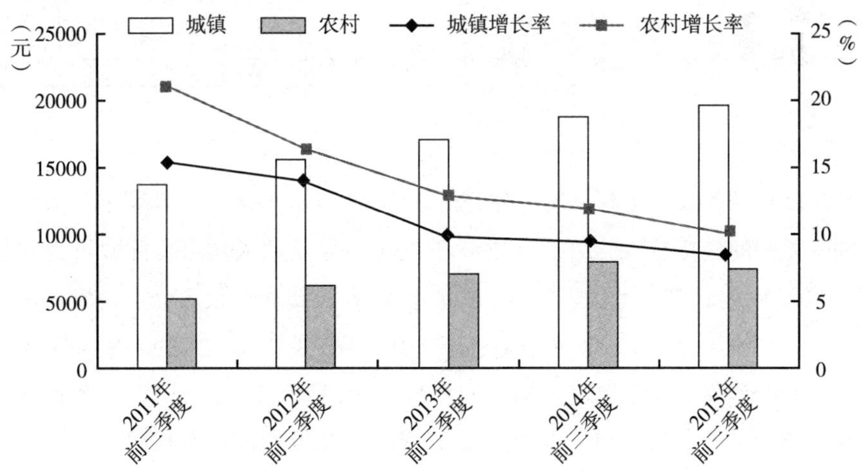

图 4　近五年前三季度城乡居民人均可支配收入及增长率对比

资料来源：由四川省统计局数据整理而得。

从农民收入的结构分析来看，随着农民收入的不断增加，农民收入也更加多元化，由此对农牧业的收入依赖程度也逐步减弱。2014 年以前，工资性收入保持着较快的增长率，其增长幅度高于人均可支配收入的平均增长率（除 2011 年外），这与农村劳动力外出务工数量的增加和工资率的提高呈正向关系；相关部门统计显示，2015 年前三季度四川省农村居民人均工资性收入为 3110 元，在农民人均可支配收入中的比重由 2014 年的 44.9% 下降到 41.4%。2015 年前三季度，农村居民人均家庭经营收入为 2148 元，财产性收入为 173 元，转移性收入为 2086 元，财产性收入和转移性收入在人均可支配收入和工资性收入、家庭经营收入相对减少的情况下，以较大的幅度增长，增长率分别为 19.8% 和 11.3%（见表 2）。

表 2　近五年前三季度农村居民收入分项比较

单位：元，%

年份	人均可支配收入		人均工资性收入		人均家庭经营收入		人均财产性收入		人均转移性收入	
	收入	增长率	收入	增长率	收入	增长率	收入	增长率	收入	增长率
2011 年	5345	21.1	2245.1	16.8	2437.5	28.5	—	—	—	—
2012 年	6216	16.3	2634	17.3	2749	12.8	—	—	—	—
2013 年	7012	12.8	3076	16.8	2950	7.3	—	—	—	—
2014 年	7853	12.0	3525	14.6	3147	6.7	145	25.1	1036	19.1
2015 年	7517	10.0	3110	9.7	2148	8.5	173	19.8	2086	11.3

资料来源：由四川省统计局季度数据整理而得。

从城乡居民收入来源可比部分分析来看，城乡居民收入差距仍然较大，各项收入差距的变化较大。2015 年前三季度城镇居民的人均可支配收入为农村居民的 2.59 倍，其中工资性收入、财产性收入和转移性收入分别是农村居民的 3.52 倍、9.42 倍和 2.08 倍，较之于 2014 年，工资性收入的差距基本保持不变，财产性收入差距呈现大幅度的扩大（2014 年为 3.84 倍），转移性收入差距有所缩小（2014 年为 4.91 倍）。名义增长速度方面，农村居民的工资性收入、财产性收入和转移性收入增长速度均快于城镇居民，增幅分别高出 1.7 个、7.4 个和 1.4 个百分点（见表 3）。

表3　2015 年前三年季度城乡居民部分收入来源比较

单位：元，%

类别	居民收入水平		比上年同期名义增长		城乡居民收入比（以农村居民为1）
	城镇	农村	城镇	农村	
工资性收入	10954	3110	8.0	9.7	3.52
财产性收入	1629	173	12.4	19.8	9.42
转移性收入	4339	2086	9.9	11.3	2.08

资料来源：由四川省统计局 2015 年季度数据整理而得。

（四）“互联网 +”农业促进农业信息化和现代化，推动农业转型升级

“互联网 +”农业代表着农业发展的一种新形态，即充分发挥互联网在农业生产要素配置中的优化和集成作用，提高农业经济的创新力和生产力，其本质上是运用互联网思维和现代农业技术改造传统农业，实现“三农”的数据化和在线化，推动现代农业加快发展，是实现对传统农业的生产方式、经营方式、管理方式、服务方式、农民生活方式、组织方式进行全面变革的新业态。2015 年，随着“互联网 +”行动计划的提出，四川省及时出台相关方案，“互联网 +”成为倒逼农业利用信息化向现代农业转型升级的新引擎。

“互联网 +”农业促进了四川订单农业规模的扩大。四川省大力发展订单农业，积极探索农业发展新途径，促进农业产业转型升级，通过“互联网 +”农业进一步开拓订单渠道。统计资料显示，2015 年上半年，四川省共落实大春粮食订单 1459 万亩，同比增长 2.2%；落实水果订单 212.4 万亩，增长 6.7%；蔬菜订单 325.5 万亩，同比增长 1.7%。①

（五）扶贫攻坚工作稳步推进，效果明显

2015 年，四川省全面启动了《区域发展与扶贫攻坚实施规划 2015 年年度实施方案》、大小凉山“十项扶贫工程”及彝家新寨建设；扎实推进阿坝州扶

① 四川省统计局：《2015 年上半年四川农村经济平稳运行》，http://www.sc.stats.gov.cn/tjxx/tjfx/qs/201507/t20150728_189259.html，2015 年 7 月 28 日。

贫开发和综合防治试点成果巩固提升工作；安排了334个贫困村整村推进项目，已经启动每个村补助100万元的项目；向贫困户发放了农业生产发展小额贷款15.9亿元，52576户建卡贫困户从中受益。建档立卡贫困人口人均可支配收入比建档立卡时净增1124元，增幅达41%。据统计，截至2015年8月末，四川省已安排下达中央、省级财政专项扶贫资金44.9亿元。

三　影响2015年四川省农业经济表现的主要原因

自然环境、气候条件、资源禀赋、区位状况等一直是影响四川农业发展相对固定的因素，而宏观经济状况、政策环境、硬件设施以及人力资本等软件投入则是影响农业经济波动变化的重要因素，笔者将从以下几个方面分析影响四川农业2015年前三季度表现的原因。

（一）自然因素

自然环境、气候条件自古以来都是影响农业发展的基本因素，即使是农业科技不断进步、农业设施逐步改善的现代农业也难以完全抵御自然灾害对农业发展的影响。2015年入汛以来，暴雨增多，洪涝灾害、地质灾害防治形势较为严峻。此外，连续低温阴雨寡照天气对烤烟、蔬菜、水稻等作物生长造成了一定程度的不良影响。

（二）经济因素

经济方面的因素主要体现在2015年国内外宏观经济环境和经济周期对生猪产业的影响。2014年世界经济缓慢复苏、国内经济由高速增长转向中高速增长“新常态”，四川经济总体保持平稳较快增长，全省2014年GDP增长率为8.5%。2015上半年，四川经济形势与全国基本一致，运行总体平稳，下行压力仍然很大，上半年GDP增长率为8.0%。经济下行压力增大的宏观环境影响了四川农业整体的发展和产业转型升级。另外，经济周期方面的影响主要体现在四川畜牧业尤其是生猪产业。生猪生产是四川省畜牧业的支柱性产业，其占比一般保持在75%左右。受2013年末开始的生猪价格持续下跌影响，2015年上半年生猪生产量出现较大幅度减少，其后随着生猪价格的较大幅度上涨，养殖户重拾养殖信心，3 季度生猪出栏降幅明显减缓，由 2 季度的下降 6.7% 变为下降 2.6%，回升 4.1 个百分点。

（三）政策因素

2015 年影响四川省农业发展的政策因素主要体现在出台和修订相关政策法规及制定“互联网+”工作方案方面。在 2015 年政府工作报告中，李总理提出制定“互联网+”行动计划，2015 年 6 月，四川省人民政府办公厅印发了《四川省 2015 年“互联网+”重点工作方案》。其中明确了以四川省农业厅为牵头单位和责任单位的“互联网+”农业工作方案，明确了三个方面的重要工作，分别是：实施农产品质量安全追溯体系建设；开展农业物联网示范，促进全省传统农业生产转型升级；强化“三农”信息服务，通过 12316 “三农”服务热线、网站、手机 APP 等多种手段，提供及时精准的信息服务和指导，完善和健全 500 个乡、村级信息服务站点，有效解决农村信息服务“最后一公里”问题。

（四）软件因素

软件因素主要体现在资金投入和人力资源两个方面，笔者此处主要阐述资金投入方面的因素。2015 年前三季度，四川省进一步加大省级财政对农业的投入，从而为农业持续增产、农民持续增收提供保障。1～3 季度，省财政会同有关部门下达农业专项资金 342 亿元（含中央补助金 254 亿元）。其中，惠农补贴资金 146 亿元，农业发展资金 30 亿元，扶贫资金 48 亿元。同时，为充分发挥资金的最大效益，推出了“1+4+4”财政扶贫政策体系；改进了惠农补贴政策，将 20% 的农资综合补贴存量资金用于支持粮食适度规模经营，80% 的农资综合补贴存量资金，加上种粮直补和农作物良种补贴资金，用于耕地保护。随着新农村建设的进一步推进和扶贫开发攻坚力度的加大，在国家加大对农村民生工程投入的同时，民间投资也异常活跃，推动了农村固定资产投资额的大幅度增长。据统计，1～3 季度四川省第一产业固定资产投资完成 624.8 亿元，同比增长 29.5%，比全社会固定资产投资快 18.7 个百分点，其中，第一产业民间投资同比增长 35.8%，比四川省民间投资增速快 30.3 个百分点。

三　2016年四川省农业经济发展形势展望

2015 年是全面深化改革、“十二五”收官谋划、“十三五”发展的关键之年，也是全面建设小康社会、实现两个一百年的目标转成之年，展望 2015 年，随着四川现代农业的进一步推进、新农村建设的进一步发展以及国内外宏观经济环境的逐步改善与复苏，农业农村经济既面临新的挑战，又将迎来新的机遇和新的发展，呈现较好的增长态势。

（一）国内外宏观经济稳定回升，四川农业经济整体发展环境趋好

自 2014 年以来，全球经济进入缓慢增长态势，2015 年，国内外经济复苏更加缓慢，国内经济更是由高速增长阶段进入以调整结构为重点的中高速增长“新常态”。农业经济的进一步发展也不再单纯地依靠土地、资源、劳动力等，而是将重心放在推进各项改革和产业融合措施，激发农业发展的内在动力，促进农业产业经济转型升级。2015 年相继出台的各项农业生产和市场领域的“调结构、转方式”政策措施，将不断激发农业经济发展的活力和增长动力，尤其是 2015 年下半年以来，开展农产品经销商大会创新农业营销模式、出台七项政策措施加快发展农村电子商务、加快农产品品牌建设、加快完善水利设施网络、鼓励农民返乡创业以及国务院印发《深化农村改革综合性实施方案》、四川深入推进新一轮农村改革等，这些都将为 2016 年四川农业经济短期内的稳定发展提供政策保障。

（二）现代农业进入加速发展阶段

2016 年为“十三五”时期开元之年，自此，现代农业将开始进入基本实现阶段，农业现代化要求农业生产服务专业化、社会化，各项扶持力度的加大和相应措施的出台，将有利于促进农业现代化水平的提高。2015 年，四川深入推进新一轮的农村改革，其中正在推进的农村集体产权制度、新型农业经营体系等五大领域共计 20 多项改革措施，将不断激活农村土地的潜能，有利于促进农业规模经营，推动农业产业化发展，激发农业现代化加速发展的内在动力。

（三）农民收入持续增长的动力恢复，收入呈现稳定增长

2015 年，受国内外经济下行压力的影响，四川农村居民人均可支配收入增长缓慢。随着全球经济的逐渐复苏、国内经济结构的调整优化和四川农业产业的转型升级以及各项增收政策的实施，尤其是 2015 年下半年关于促进农村电子商务快速发展、深化农村改革的措施的进一步推进和精准扶贫工作的深入开展，2016 年农民收入将恢复增长的动力，收入将恢复稳定增长，与城镇居民收入之间的差距也将进一步缩小。从农民收入的构成来看，2015 年以前，工资性收入构成了农民收入的主要增长点。随着近两年四川各项政策措施的实施，特别是首个家庭农场发展意见的出台，四川农村居民家庭经营收入和财产性收入快速增长，工资性收入增长速度相对放缓，2016 年，工资性收入和家庭经营收入将成为农民收入的两个重要增长点。

（四）扶贫攻坚工作稳步推进，促进四川农业农村的进一步发展

2015 年，四川省全年减贫目标为 109 万人，扶贫攻坚工作以“精准扶贫、精准脱贫”为主攻方向，针对基础设施建设、产业扶贫、新农村建设、教育与就业、生态建设、医疗卫生、文化惠民、社会保障、社会扶贫、金融扶贫等方面出台 10 个扶贫专项方案主攻全面脱贫。这些专项扶贫方案的出台，将进一步促进四川农业农村发展，有利于缩小城乡差距。

B.11
2016年四川省工业经济发展形势分析与预测

王磊　达捷*

摘　要：　2015年1～9月，四川工业经济运行总体平稳，增速有所放缓，结构调整力度加大，主导产业发展出现分化，高新技术产业发展较快，投资和效益增速下滑。2016年，受国内外宏观经济下行压力的影响，全省工业可能延续增速递减的趋势，增速维持在7%左右，产业结构将进一步优化，增长质量和效益也将逐步趋好。

关键词：　主导产业　四川省　工业经济发展

2015年是“十二五”规划的最后一年，也是国内外宏观经济下行压力较大的一年。四川省工业在结构调整力度加大，招商和投资增速减缓的情况下，实现了平稳运行，1～9月，规模以上工业增加值同比增长8%，低于2014年同期9.8%的增速，但仍在合理区间范围内，预计全年将保持这一增速。2016年，世界经济增长的不确定性仍然较大，我国经济下行压力仍然存在，四川工业增速趋缓的趋势仍将延续，预计全年工业增速将保持在7%左右，产业结构将进一步优化，转型升级步伐加快。为确保全省工业平稳运行，应进一步优化工业发展环境，加大招商引资力度，强化园区建设，努力构建“双创”平台，增强创新驱动和内生增长能力，推动工业经济尽快转型升级，重塑核心竞争力，增强工业在全省经济社会发展中的引导带动能力。

---

* 王磊，四川省社会科学院产业经济研究所副研究员，硕士，主要研究方向为产业经济学；达捷，四川省社会科学院产业经济研究所所长，经济学博士，研究员，主要研究领域为产业经济、金融投资和资本市场。

一　2015年四川省工业经济运行情况分析

（一）工业经济运行总体平稳，增速有所放缓

2015 年是“十二五”规划的最后一年，也是国内外宏观经济形势不稳定、下行压力较大的一年。四川省采取措施积极应对，确保工业经济运行稳定，并保持了合理增长。1～9 月，实现全部工业增加值 9079.36 亿元，其中规模以上工业增加值同比增长 8%，高于全国平均 6.2% 的增速，但较 2014 年同期 9.8% 的增速下降了 1.8 个百分点。对全省经济增长贡献率为 45.5%。其中：重工业增加值同比增长 7.4%，轻工业增长 9.4%；国有及国有控股企业增加值同比增长 5.8%，集体企业增长 4.5%，股份制企业增长 10%，其他经济类型企业增长 7.8%；分行业看，非金属矿物制品业增加值同比增长 22.8%，石油和天然气开采业增长 19.9%，食品饮料业增长 12.7%，化工产业增长 12.2%，汽车产业增长 10.3%，黑色金属冶炼和压延加工业增长 6.9%，通用设备制造业增长 6.7%，农副食品加工业增长 5.7%，电力、热力生产和供应业增长 3.6%，计算机、通信和其他电子设备制造业下降 0.4%。重点监测的 117 种工业产品有 57 种产品产量增长，增长面为 48.7%。规模以上工业企业产品产销率达 96.7%，完成出口交货值 2025.4 亿元，同比下降 8%（见表 1）。

表 1　2015 年 1～9 月四川工业经济发展主要经济指标

指标	1～9 月	同比增长(%)
第二产业增加值(亿元)	10543.3	8
全部工业增加值(亿元)	9079.36	7.8
规模以上工业增加值:		8
轻工业		9.4
重工业		7.4
分经济类型:		
#国有企业		2.2
集体企业		4.5
股份合作企业		18.6
股份制企业		10.0

续表

指标	1~9月	同比增长(%)
外商及港澳台商投资企业		-1.6
其他经济类型企业		7.8
#国有及国有控股企业		5.8
主要产品产量:		
汽油(万吨)	154.6	3.4
天然气(亿立方米)	193.8	5.5
发电量(亿千瓦小时)	2228.3	1.5
生铁(万吨)	1302.3	-10.7
钢(万吨)	1437.8	-9.3
成品钢材(万吨)	2026.3	-2.5
农用氮磷钾化学肥料(万吨)	357.3	5.0
白酒(万千升)	255.7	4.3
水泥(万吨)	10360.0	-3.3
汽车(辆)	814236	12.9
电子计算机整机(万台)	4315.7	-14.7
规模以上工业企业产品产销率(%)	96.7	0.1
出口交货值(亿元)	2025.4	-8

资料来源:四川省统计局:《2015年前三季度四川经济形势新闻发布稿》,2015年10月23日。

(二)主导产业发展出现分化,结构调整力度加大

受国内外宏观经济形势和供需关系变化的影响,全省主导产业发展出现分化,汽车、机械装备制造、食品饮料、生物医药、能源电力等行业保持平稳增长;电子信息、油气化工行业增速放缓,钢铁行业运行困难,出现负增长。

1. 汽车、机械装备制造、食品饮料等行业稳步增长

2015年1~8月,全省汽车制造业共生产整车81.4万辆,同比增长12.9%,完成规模以上工业增加值同比增长9.2%,是七大优势产业中增长最快的。机械装备制造业规模以上工业增加值增长5.5%,完成工业总产值3708.9亿元,同比增长5.4%。

饮料食品行业增长稳定。1~8月,全省2192家规模以上饮料食品企业共实现主营业务收入4045.6亿元,同比增长5.5%;实现利税453.6亿元,增长

3.2%。生物医药产业发展较快。1～9月，实现工业总产值964.3亿元，同比增长12.1%，完成工业增加值297.1亿元，增长12.6%。

2.电子信息产业增速趋缓，油气化工、钒钛钢铁产业下行压力较大

受国内外宏观环境影响，近几年，四川省电子信息产业招商引资和投资规模均出现明显下降，增速开始趋缓。1～8月，全省规模以上电子制造工业增加值增速放缓，其中计算机、通信和其他电子设备制造业下降0.4%；软件与信息服务业保持较快增长，实现主营业务收入1837亿元，同比增长24.7%；软件业主营业务收入1392亿元，增长16.6%，电子制造业与软件及信息服务业的比重进一步提升。

油气化工业增速略有下降，1～9月完成主营业务收入3118.8亿元，同比下降0.7%，多数化工产品价格环比下降。全省17种主要油气化工产品产量与2014年同期相比有10种增长，7种下降。钒钛钢铁产业持续下滑，1～9月，累计生产生铁1302.3万吨，同比下降10.7%；粗钢1437.8万吨，下降9.3%；成品钢2026.3万吨，下降2.5%。1～7月累计生产钛白粉36万吨，同比下降4.3%；单一稀土金属152.9吨，同比增长19.8%。企业整体经营困难，利润下降。

（三）高新技术和战略性新兴产业发展态势良好

2015年1～6月，全省纳入统计的规模以上高新技术企业2006家，资产总额达到10747.1亿元，实现工业总产值5464.8亿元，同比增长5%，主营业务收入为5024.8亿元，实现利润260.6亿元，从业人员为98.4万人（见表2），预计全年高新技术产业产值将超过1.3万亿元。1～6月，全省六大战略性新兴产业实现产值2711.2亿元，同比增长12.3%，预计全年产值将接近7000亿元。

表2　2015年1～6月四川省规模以上工业高新技术产业主要经济指标

指标名称	企业数（个）	工业总产值(亿元)	工业销售产值(亿元)	出口交货值(亿元)	主营业务收入(亿元)	利润总额（亿元）	资产合计（亿元）	从业人员(万人)
高新技术产业	2006	5464.6	5304.8	1164	5024.8	260.6	10747.1	98.4

资料来源：四川省科技信息网：http：//www.scsti.org.cn/index.asp。

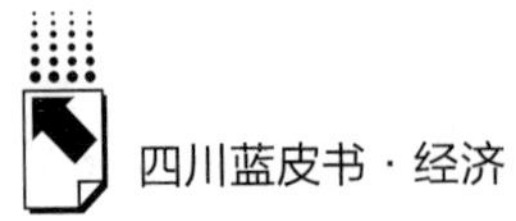

五大高端成长型产业发展较快，2015 年上半年，四川航空、航天器材及设备制造业产值同比增长 27.1%，信息安全产品产值增长 30%，新能源汽车产量增长近 3 倍。页岩气和节能环保装备发展态势良好。2015 年以来，省政府先后公布了《四川省信息安全产业发展规划（2015～2020 年）》、《四川省航空与燃机产业发展总体规划（2015～2020 年）》和《四川省新能源汽车产业发展规划（2015～2020 年）》，这将更好地促进五大产业的发展。

（四）投资增速和效益下滑，企业组织结构优化，降耗力度加大

工业投资增速有所下滑。1～9 月，全省累计完成工业投资 5526 亿元，同比仅增长 1.8%，完成年度计划投资的 77.1%；其中成都、巴中、绵阳等 12 个市州工业投资保持正增长，其余 9 个市州则出现了负增长。制造业投资增长 2.8%，41 个工业统计行业中投资下降行业有 17 个，降幅超过 10% 的行业则有 14 个。技改投资稳中略升，1～9 月累计完成技改投资 3950 亿元，同比增长 7%，完成年度计划投资的 78.4%。

工业企业组织结构持续优化，整体实力稳步提升。大企业大集团实力不断增强，2015 年，四川长虹、新希望、五粮液等 14 家企业入围中国企业 500 强，入围企业平均营业收入达 470.7 亿元。1～9 月，全省营业收入在 10 亿元以上企业共 424 户，实现营业收入 11676.11 亿元，占全省规模以上工业企业营业收入的 42.11%；实现利润 628.38 亿元，占全省规模以上工业企业利润总额的 43.61%；全省规模以上工业企业达 13247 户，资产总计 38015.1 亿元。中小企业创新创业活力不断被激发，1～9 月重点监测中小（微）工业企业工业总产值、营业收入同比分别增长 8.46%、7.85%；1～9 月，全省 1218 户成长型中小企业，实现营业收入 1724.6 亿元，同比增长 7%；945 户小巨人企业实现营业收入 3214.6 亿元，同比增长 7.2%。全省高新技术企业达到 2199 家，另有 58 家国家级及 669 家省级企业技术中心。

规模以上工业经济效益有所下滑，1～9 月，规模以上工业企业实现主营业务收入 27724.4 亿元，同比增长 1.3%；实现利润总额 1440.8 亿元，下降 5.65%（见表 3）。

1～9 月，全省工业综合能源消费量为 6967.98 万吨标准煤，单位工业增加值能耗下降 11.76%，有力地支撑了单位 GDP 能耗下降 6.42%，预计将超额完成下降 3% 的年度工业节能目标。

表3　2015年1~8月四川省规模以上工业企业经济效益

指标名称	1~8月累计	比上年±%
企业单位个数(个)	13247	2.0
亏损企业(个)	1657	17.0
资产合计(亿元)	38015.1	6.5
负债合计(亿元)	23080.1	6.26
主营业务收入(亿元)	27724.4	1.3
利润总额(亿元)	1440.8	-5.65
税金总额(亿元)	1252.8	0.85

资料来源：四川省统计局网站：http：//www.sc.stats.gov.cn/html/2015/1587/9.html。

二　2016年四川省工业经济发展影响因素分析及前景展望

总体看，2015年，四川省工业经济保持了持续增长的发展态势，但受国内外宏观经济形势及供需关系变化的影响，增速有所放缓，并且这一趋势可能会延续到2016年，致使全省工业增速进一步趋缓。但随着国内外宏观经济环境的改善，以及国家和全省一系列稳增长、调结构、促发展措施的实施，全省工业仍将保持合理增长，结构将进一步优化，效益将稳定提升，在全省经济社会发展中继续发挥主导作用。

（一）受国内外经济下行压力较大影响，工业增速仍将趋缓

目前，国际金融和欧债危机的影响仍在蔓延，欧美发达国家经济复苏缓慢，贸易保护主义抬头，全球经济失衡加剧，发展中国家经济增长动力不足，世界经济增速放缓，外部需求减弱，全球经济增长的不确定因素仍然较多。尤其是我国外贸出口增长连创新低，对国内外向型企业影响较大。进入经济新常态后，我国及四川省经济结构调整力度加大，宏观经济下行压力较大，工业经济发展还受多行业产能过剩、原材料价格、融资及劳动力成本上升、节能减排和生态环保压力加大等众多因素的影响。2015年前三季度，我国经济增速已降为6.9%，四川省经济增速也降为8%。受此影响，四川省工业经济增速由

2013 年 6 月的 11.9% 持续下降为 2015 年 9 月的 8%，并且这一趋势很有可能还将延续（见图 1）。因此，2016 年，全省工业经济增速有可能进一步趋缓。

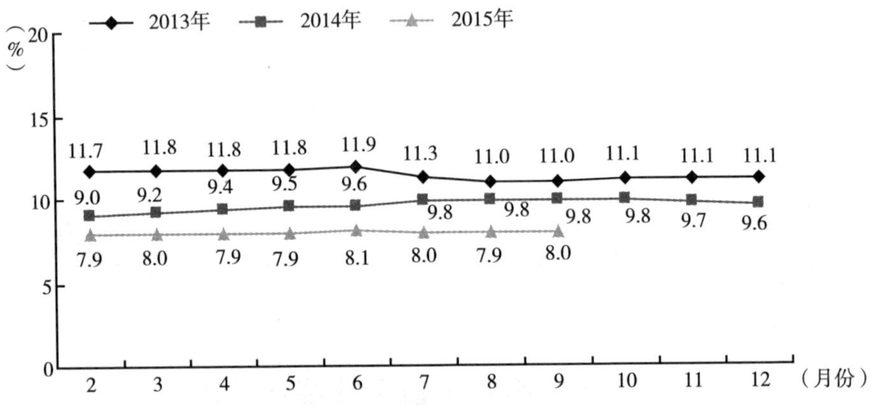

图 1　2013 年～2015 年 9 月四川省规模以上工业增加值增速情况

（二）增长动力不足和竞争加剧的影响较大

经济进入新常态后，受国内外产业结构调整及产业转移趋势变化的影响，四川省承接产业转移的速度有所放缓，工业招商引资规模也在减小。尤其是电子信息、汽车、机械装备制造和油气化工等产业，在上一轮产业结构调整和产业转移中基本完成了战略布局，在新一轮的结构调整中尚未形成新的战略布局。近几年，四川基本没有引进这些产业的重大项目，一定程度上影响了这些产业规模的扩张。从工业投资来看，2015 年 1～9 月，全省工业投资 5428.9 亿元，同比仅增长 1.8%，全年增速将维持这一水平。2016 年工业投资增速很难大幅提升，因此，工业增长的动力仍然不足。从工业品市场需求来看，消费仍然不足，工业品销售价格持续下降，工业生产者出厂价格（PPI）自 2012 年已经连续 41 个月为负增长，2015 年 1～9 月同比下降 3.9%，工业生产者购进价格（IPI）下降 3.1%。省内的钒钛钢铁、食品饮料、化工、建材等产品，库存积压较多，有 1657 家规模以上工业企业亏损，亏损面达 12.6%，企业赢利下降明显。

此外，受供需关系变化的影响，企业面临的市场竞争压力不断增大，区域竞争也在不断加剧。四川与重庆、陕西、湖北、河南以及云贵等中西部省市，在主导产业选择方面有许多类似的地方，尤其是电子信息、机械装备制造、食品饮料、油气化工、生物医药、汽车等产业都是各地竞相发展的重点领域，因此，在市场开发、招商引资和承接产业转移等方面都存在着激烈竞争，能否在竞争中获胜，赢得产业发展的先机，已成为影响全省工业经济持续稳定增长的重要因素。

（三）国内外宏观经济环境改善，有利于全省工业稳定增长

尽管国际经济增长的不确定因素仍然较多，但随着美国经济的企稳回升，欧洲和日本经济缓慢复苏，以及新兴经济体和发展中国家经济趋于稳定，世界经济出现大危机、大衰退的概率降低。并且，随着我国经济总量超过 10 万亿美元，成为全球第二大经济体和第一大制造业国家，投资消费能力不断提升，消费对经济增长的贡献已超过了投资，并且经济发展环境持续优化，已进入转型升级、提升发展质量的关键时期，新型工业化、城镇化、农业现代化及基础设施和公共服务体系建设仍将为我国经济持续发展注入强劲动力。四川通过深入实施“三大发展战略”，经济总量已近 3 亿元，位居全国第八，西部第一；新型工业化和城镇化建设进程加快，城乡居民生活水平稳步提高，五大经济区协调发展，基础设施和配套服务体系不断完善，发展环境持续优化，产业承载和要素保障能力显著提升，也为工业稳定增长提供了有力保障。此外，2015 年以来，国家和四川省围绕稳增长、调结构、促投资、扩内需、推转型、促发展、惠民生出台的一系列政策措施，特别是鼓励开拓市场、促进投资、减少审批环节、减税降费，以及支持工业加快转型升级等方面的一系列优惠扶持政策，也为确保全省工业保持合理增速提供了有力支撑。

（四）新技术革命有利于四川工业加快转型升级

目前，世界新一轮新技术革命的不断深化，新一代信息技术、“互联网 +”、智能技术、生物工程、新材料及新能源等技术日趋成熟，不断催生新的产品、新的产业、新的理念和新的商业模式，为世界工业经济发展注入了强劲活力。欧美发达国家借此提出了工业“4.0”、再工业化等全新发展战略。我国也制定了《中国制造 2025》发展规划，推动工业企业积极采用最先进的技术装备和工艺，发展智能制造、绿色制造和精准制造，并将“互联网 +”

等技术应用于企业的研发设计、经营决策、生产管理和营销服务等环节，带动产业整体与新一代信息技术融合发展。同时牢固树立生态环保理念，加快节能减排新技术、新设备、新工艺的推广应用，提高清洁生产、绿色生产能力，全面提升资源开发利用效率，降低污染物排放水平，构建绿色生态制造业体系，促进工业整体转型升级。同时提出实施“大众创业、万众创新”战略，全面激发市场活力。四川省也积极制定了《中国制造2025四川行动计划》，全力推动制造业转型升级。近期，四川还不断加大扶持力度，全力支持高新技术和战略性新兴产业发展，并相继出台了五大高端成长型产业发展规划，培育扶持新的产业增长点，这些都非常有利于全省工业加快转型升级和提质增效。

（五）2016年四川工业经济将持续增长，结构将进一步优化

整体来看，2016年，四川省工业经济发展既面临经济下行压力加大，增长动力不足的挑战，同时也有国家和省市支持力度加大、新技术革命不断提供新动力及发展环境持续优化等有利条件。因此，全省工业经济仍将保持稳定增长态势，增速有可能进一步趋缓，但会保持在合理区间内，预计将维持在7%左右，工业结构将进一步优化。

首先，汽车制造、生物医药、电子信息及能源电力等优势产业将保持较快增长，成为拉动全省工业增长的主要动力；食品饮料、机械装备制造等行业将保持稳定增长态势，油气化工经营状况将进一步好转，实现正增长；钒钛钢铁受产能过剩的影响，仍将出现负增长情况。

其次，随着国家和省市扶持力度的加大，高新技术和六大战略性新兴产业将加快发展，成为促进全省工业转型升级的重要力量；五大高端成长型产业将力争取得新突破，成为新的增长点。

再次，节能减排力度将进一步加大，高耗能、高污染、高排放的产业将进一步被淘汰。部分钢铁、水泥、平板玻璃、建材、光伏、风电设备等产能过剩行业企业也将被淘汰，因此，产能过剩行业及六大高耗能产业占全省工业增加值的比重将进一步下降，工业经济发展的质量将进一步提升。

最后，随着全省工业经济发展环境的改善，以及工业结构调整力度的加大和企业产品质量的提升，工业产品销售情况将持续好转，企业的经济效益将稳步提升，亏损企业数量将逐步减少。并且随着国家及全省各项改革措施

的深化，以及前期政策扶持效应的显现，工业企业的发展活力将进一步被激发，特别是“双创”战略，将进一步激发中小以及小微企业的创新发展活力，为全省工业经济发展增添新动力。从生产要素保障来看，全省的水电煤油气等要素以及各类原材料供应充裕，价格稳定，也将为全省工业经济的发展提供有力支撑。

三　促进2016年四川工业经济稳定发展的对策建议

（一）全面优化工业经济发展环境，增强产业发展活力

围绕主导优势产业、高新技术及战略性新兴产业发展，加快完善基础设施和配套服务体系建设，深化行政管理体制改革，彻底厘清政府和市场的关系，简化行政审批流程，放宽准入条件、降低投资门槛，鼓励“大众创业、万众创新”；同时不断深化金融、投资、财税、工商管理等体制改革，鼓励投资创业，激发市场与发展活力；努力构建开放合作的经济体系，吸引更多外部资源进入，增加工业经济发展新动力。继续加强交通运输、能源通信、商贸物流等基础设施建设，完善多层次资本市场和中介服务体系，强化园区和产业基地建设，努力构建环境优美，生态突出，宜商、宜业、宜居的投资创业环境，吸引更多优秀工业企业和高端要素进驻四川，加快优势产业集聚，增强产业实力和后续发展能力。

（二）加快产业结构调整，促进工业转型升级和提质增效

按照《中国制造 2025 四川行动计划》的要求，采用最先进的工艺和技术，加大对大电子信息、食品饮料、装备制造、能源电力、油气化工、钒钛稀土、汽车制造等优势产业的改造力度，推动有条件的企业向绿色制造、智能制造领域发展，带动产业整体向高端领域演进，重塑四川工业核心竞争力，提高四川工业在国内外分工体系及价值链中的地位。

依托四川省较强的科研技术实力和较好的产业基础，加快培育高新技术和六大战略性新兴产业，培育一批具有引导和带动能力的龙头企业，带动配套企业聚集，尽快实现规模化、集群化发展，成为全省重要的先导及支柱型产业。

按照新的发展规划，加快培育五大高端成长型产业，扶持它们尽快成为全省工业经济发展新的增长点，带动工业效益的提升。

（三）加大招商引资力度，加快优势产业集聚

借助“两带一路”战略，实施更加积极的开放合作战略，加大招商引资力度，吸引更多优势企业入川发展。抓住国际产业结构深度调整和我国东部地区产业转移加速的有利时机，把承接产业转移同加快工业结构调整结合起来，瞄准高端产业和产业高端，在更大范围、更高层次积极承接产业转移。瞄准行业龙头企业，着力引进具有引领性、突破性的重大产业项目，带动特色优势产业向重点区域聚集发展，尽快形成优势产业集群和聚集效应，努力增强产业整体实力。积极推动国际国内优秀工业企业在四川省设立区域总部、生产基地和研发中心等。

加强川渝合作示范区建设，加快推进与长江中下游、丝绸之路沿途国家和地区的合作，以区域产业分工与合作推动产业转移与承接，构建产业垂直分工与水平分工有机结合的新型产业合作关系，实现共同发展。依托产业基础和资源优势，着力提升产业配套能力，推进关联产业向园区集中，打造电子信息、钒钛稀土、农副产品加工、汽车摩托车零配件、天然气化工、纺织服装、高载能产业等若干产业集群。支持有条件的企业在全球范围内开展资源和价值链整合，实施“走出去”战略，推动境外先进制造业和高新技术企业并购、设立研发机构、转移过剩生产能力等，促进相关产业发展壮大。

（四）提高自主创新能力，增强创新驱动和内生增长动力

依托较强的科研技术实力，充分发挥四川在电子信息、航空航天、生物医药、装备制造以及军工领域的科技资源优势，加快构建完善的工业自主创新和成果转化服务体系，全面增强优势产业自主创新能力，提高创新驱动和内生增长动力，抢占产业链及价值链高端，努力提升产业整体发展层次和竞争力。

鼓励企业加大科技投入和创新力度，提高产品质量和附加值，增强市场竞争力，扩大市场份额。加大政策扶持力度，帮助企业申请更多的国家及省内科技创新和技术改造资金；努力构建更多关于工业经济发展的公共技术及信息服务平台，降低企业创新的风险和成本。着力在优势资源开发利用、传统产业改

造升级和战略性新兴产业的关键核心技术方面取得突破，掌握自主知识产权，增强产业可持续发展能力。实施区域创新发展工程，建设天府新区创新驱动改革试验区、绵阳科技城军民融合创新驱动示范区。深入推进军民融合创新发展，实施具有较强影响力、对产业发展具有显著推动作用的军民结合产业示范性项目，形成一批在国内外具有较高知名度和市场占有率的民品。推进小企业创业基地建设，完善创业政策，强化创业服务。加大品牌培育和自主创牌力度，挖掘、培育和保护地理标志产品。加快科技成果转化平台建设，推动实施企业创新主体培育、产业创新牵引升级工程，鼓励企业引进世界先进技术，并鼓励本土企业尽快消化吸收，进而实现独自研发和再创新。

（五）加强工业园区建设，提升产业承载能力

加快构建以国家级开发区为龙头，以省级园区为支撑，市州园区为配套的产业园区发展支撑体系，继续深入实施“51025”园区发展计划，提升园区整体发展水平。借助国家重新启动国家级园区审批，并进一步放宽准入条件的有利时机，鼓励和帮助省内有条件的园区申请成为国家级开发区。在国家已对四川省39个重灾区县园区扩区升级发展做出明确指示的情况下，积极做好全省各类园区扩区升级的前期准备工作。制定关于全省园区发展绩效的动态评价指标体系，并根据评价结果选择符合条件的各级园区分别做好升级和扩区准备。重点扶持川南、川东北、攀西和川西北地区，增加这些地区省级以上园区数量，并帮助它们尽快发展壮大，以符合多极多点支撑发展战略的要求。

（六）加大政策支持力度，强化生产要素保障

积极落实国家及全省关于稳增长、调结构、促投资、扩内需、推转型、促发展的一系列政策措施，特别是鼓励工业企业开拓市场、促进投资、简化审批流程、减税降费等方面的政策措施。各市州，可依据自身条件，制定支持工业转型升级、提质增效的财政、金融、科技、投资及产业发展扶持政策，确保工业经济稳定增长。同时积极争取国家重大专项，特别是积极对接国家培育和发展高新技术产业及战略性新兴产业等政策，积极争取国家财政资金支持。

继续加大道路交通、能源电力、网络通信、仓储运输及商贸物流等基础设施建设，完善配套服务体系，提升要素保障能力，提升产业承载及发展支撑能

力。统筹调度，全力保障重大工业企业及产业项目用水、用电、用气、用地等需求，加大环保、节能、降耗等执法力度，积极推广和应用最先进的节能环保装备、工艺和技术，提高工业节能减排水平。

参考文献

四川省统计局：《2015 年前三季度四川经济形势新闻发布稿》，2015 年 10 月 20 日，http：//www. sc. stats. gov. cn/tjxx/zxfb/201510/t20151020_ 194291. html。

四川省经济和信息化委员会工业经济运行监测网站，http：//www. scjm. gov. cn：8080/govNew/page/golw1_ n. jsp？ ID = 801&Pic = TH_ jingjiyunxing。

B.12

2015～2016年四川省服务业发展形势分析与预测

刘艳婷*

摘　要：在当前面临较大经济下行压力的形势下，加快发展服务业，成为“稳增长、调结构、转方式”的重要推手。2015 年，四川省服务业继续保持较快的发展速度，对稳定四川经济增长发挥了重要作用。与东部地区和全国平均水平相比，四川服务业比重仍然不足，还存在较大发展空间，预计近两年四川服务业继续保持稳中向好的发展态势。本文在推进改革开放，完善管理体制，推进区域协调发展，加大扶持力度等方面，提出对策建议。

关键词：四川　服务业　经济形势

2015 年，面对经济下行压力，加快发展服务业仍然任重道远，需要继续充分发挥服务业在国民经济中“稳增长、转方式、调结构、惠民生”的重要作用。四川省服务业以“三大发展战略”“四化”融合发展为总体指导思路，坚持以市场化、信息化、国际化为导向，以改革开放为动力，加强重点产业建设与园区建设，着力提升服务业发展支撑保障能力，切实提高四川省服务业发展水平。2015 年，在四川省服务业上年取得重大突破的基础上，进一步实现了服务业增长速度、经济贡献率、总量比重的显著提升，继续保持了稳中向好的良好态势，逐步呈现稳定或促进四川经济增长的重要动力作用。

* 刘艳婷，四川省社会科学院产业经济研究所，经济学博士，副研究员，主要研究方向为产业经济、对外经济。

一　四川服务业发展现状

2014年四川省服务业发展取得重大突破。服务业增加值首次突破万亿元大关，成为全国12个服务业总量超万亿元的大省之一。服务业增加值增速达到8.8%，高于全省2014年GDP增速0.3个百分点，是近6年来服务业增速首次超过全省GDP增速。在农业、工业占GDP比重下滑态势下，服务业占GDP比重提升到36.7%，较上年提高1.4个百分点，经济结构调整效应显著，服务业对经济的支撑作用有所提升。重点行业实现新突破，2014年省委、省政府确定了近年内四川省将电子商务、现代金融、现代物流、科技服务、养老健康服务等行业作为重点培育发展的五大新兴先导型服务业，为服务业内部结构的提档升级明确了重点发展方向。2015年四川省服务业继续保持较快发展势头，进一步实现了服务业增长速度、经济贡献率、占总量比重显著提升。

（一）服务业继续保持快速增长，增速超过工业

2015年四川省服务业继续保持快速增长。2015年前三季度四川省实现服务业增加值8731.3亿元，同比增长9.5%，增速比全国同期平均水平高1.1个百分点。2015年四川省服务业增加值增速开始超过工业，前三季度服务业增速超过工业增速1.5个百分点，比全省同期GDP增速高1.5个百分点，成为三次产业中增速最快的产业，继续推进产业结构优化调整，对全省经济转型带动作用进一步增强。

（二）服务业占GDP比重继续提升

2015年前三季度，四川省服务业增加值占全省GDP的比重达到39.5%，成为近年来的新高峰，比2014年同期、2014年全年、2015年上半年分别提升4.2个、2.8个、1.5个百分点，服务业比重继续保持2012年以来的上升势头，对经济的支撑作用更加显著。

（三）服务业经济贡献效应显著

2015年前三季度，四川服务业对GDP的贡献率达到42.4%，较上年同

期、2015 年上半年分别提升 9.5 个、3.7 个百分点。服务业实现税收 1840.3 亿元，同比增长 2.9%。服务业贡献率仍然低于同期第二产业贡献率，但在目前服务业较为快速增长的形势下，服务业和工业的 GDP 贡献率差距在缩小，服务业在四川省稳增长中发挥越来越重要的作用。

（四）服务业固定资产投资拉动效应显著

2015 年 1～9 月，四川省实现全社会固定资产投资 19748.7 亿元，其中服务业实现固定资产投资 13536.9 亿元，占比达到 68.5%，远高于第二产业 28.3% 的投资比重。从投资增速看，服务业投资同比增长 14%，增速比同期第二产业投资高 11.8 个百分点。近年来服务业对固定资产投资拉动效应较为显著，成为拉动全社会投资增长的主要动力。

（五）服务业内部结构趋于优化

近年来四川省服务业内部批发和零售业，交通运输、仓储和邮政业，住宿和餐饮业这几类传统服务业所占比重，逐年趋于下降。2011～2014 年，这几类传统服务业合计所占比重分别为 34%、32.4%、30.9%、30.1%，2015 年上半年，该比重降至 29.5%，呈现内部结构优化的趋势。金融业作为现代服务业代表，呈现快速增长势头，近年来以 15% 以上的增速保持快速增长，2015 年上半年在服务业中所占比重达到 17.7%。

（六）重点行业发展势头良好

2014 年为推动一些重点服务行业加速发展，发挥其引导带动作用，四川省推出重点优先发展的五大新兴先导型服务业。2015 年五大新兴先导型服务业发展取得阶段性成效。1～7 月，全省电子商务交易额达 9022.2 亿元，同比增长 31.6%。现代金融业方面，截至 6 月末，全省本外币各项贷款余额达 3.72 万亿元，同比增长 12.21%，上半年实现增加值 896.08 亿元，同比增长 16.5%。科技服务业方面，2015 年上半年规模以上科技服务业单位增加到 1405 家，投资收益持续增加到 54.6 亿元，同比增幅提高到 87.1%。上半年全省科技服务业营业总收入达到近 1500 亿元，同比增长 11%。现代物流业方面，以成都为物流主枢纽中心，以泸宜、绵广、达南广、内资遂、乐雅攀西等多区域为物流节点的服务网络正在形成，第三方物流迅猛发展。养老健康服务业方面，已基本建立覆盖全生命周期、内涵丰富、结构合理的健康服务业体系。①

二　四川服务业发展中存在的不足与制约其发展的因素

（一）服务业与发达地区相比仍有一定差距

改革开放以来，四川省服务业发展迅速，规模不断扩张，增幅显著。但和东部发达地区相比，服务业规模仍然有一定差距。2014 年四川服务业增加值分别只占山东、江苏、浙江、广东等省份的 40.6%、34.5%、54.5%、31.5%，差距显著。四川省三次产业结构基本上符合第二、三产业不断扩张的一般特征，但由于四川省工业化起步较晚，近年来处于工业化快速推进阶段，加速发展工业的任务很重，一定程度上限制了服务业的发展。相对工业在 GDP 中的较大比重，四川省服务业增加值在 GDP 中的比重仍然较低。1978～2002 年，四川省服务业在 GDP 中的比重基本保持上升态势，在 2002 年达到了 41.1% 的最高值。此后服务业比重又逐年下降，近年来服务业占 GDP 的比重保持在了 35% 左右。和全国总体水平相比，四川服务业比重仍有不小的差距。2014 年四川省服务业占 GDP 比重达到 36.7%，比全国总水平 48.1% 低 11.4 个百分点。和全国各省份相比，四川服务业比重近年来处于下游水平，和东部发达省份有不小的差距。

（二）经济发展水平的制约

经济发展水平是制约服务业发展的基础性因素。四川服务业发展水平与经济发展水平息息相关。近年来四川经济发展迅速，经济规模扩大较快，带动了四川省服务业发展水平的提高。但作为内陆省份、农业大省，四川人均 GDP、工业化水平、城镇化水平在全国范围内仍然偏低，服务业稳定增长的基础还不牢固。2013 年四川人均 GDP 为 32454 元，仅占全国平均水平的 77.4%，在全

① 四川省商务厅：《四川五大新兴先导型服务业取得积极发展》，http://www.sccom.gov.cn，2015 年 9 月 14 日。

国31省市排倒数第8位；城镇化率为44.9%，比全国平均水平（53.73%）低了约9个百分点，在全国处于下游水平，较为滞后的城镇化水平使得城市的聚集效应和规模经济效应对服务业的促进作用不能充分发挥，制约了四川服务业的快速发展和优化升级；2013年四川人均可支配收入和人均消费支出均低于全国总水平，仅占全国总水平的77.7%和83.6%，在全国各省市中分别位列第22名和20名，均处于下游水平。

（三）市场化发展不足的制约

四川服务业发展的市场化程度尚显不足。一些公共服务领域，教育卫生、新闻出版等行业，过分强调公益性和非营利性，市场化发展受限，改革相对滞后，事企不分问题严重，事业性与经营性领域未能有效剥离，限制了其运行效率；通信、民航、铁路、金融等部门在行业门槛、经营范围等方面存在较为严格的限制，行业垄断现象较为普遍。对非国有经济和外资的开放程度不足，未能形成多元化投资主体的竞争格局，经济成分单一，在相当程度上限制了服务业生产效率的提高。市场化程度不足，有效的价格形成机制不能充分发挥作用，一些行业的发展仍然依靠价格管制，严重制约四川服务业的发展。

（四）管理体制与政策机制的制约

四川服务业管理体制与政策机制建设仍存在力度不够，体制机制不到位状况。服务业行业多、领域广，新的服务业态不断涌现，产业间融合多，涉及的管理部门多，容易出现管理不到位、部门间协调性不够等问题；现行考核机制存在问题，服务业对经济和国民收入的拉动作用不像制造业那样直接见效，现行的考核机制，容易导致各级政府发展服务业积极性不高，造成服务业发展力度和政策支持力度不足；在财税政策和要素供给方面，相较于工业，服务业处于不利地位。在抵押贷款过程中，和有形资产相比，以知识产权等无形资产为主的服务业难以满足银行贷款要求。服务业的税收优惠政策力度也不如工业，长期以来，在用地、水电等要素供应方面，和工业相比，服务业面临更高的成本和歧视性政策。近年来，四川政府加大对服务业的扶持力度，出台文件促进服务业用水用电与工业同价，但由于针对工业大户的各类优惠政策的存在，服务业要素价格很难实现与工业企业完全同价；现行的统计制度难以准确反映服务业状况，统计口径较为模糊，弹性较大，如很多生产性服务业被计入工业范畴，人们对公共服务哪些部分应该计入服务业存在较大争议。①

三　四川服务业发展前景分析

（一）产业发展优势

1. 产业资源优势

四川省服务业发展具备良好的产业发展条件，形成了较为丰富完备的产业门类。四川省物产资源丰富，形成了注重休闲娱乐的消费观念和生活态度，商贸流通业、餐饮娱乐业具备长期的发展基础和良好的发展条件；丰富的旅游资源使旅游业具备长期发展潜力；悠久的蜀文化为文化产业发展奠定了良好基础。2014 年依据四川省资源禀赋，现有产业基础和服务业提档升级目标，四川省提出优先发展五大新兴先导型服务业，它们都是具备极大发展潜力的行业。四川省在西部地区的区位优势和“领头羊”地位，将促进四川省现代物流和现代金融业的大力发展；丰富的科技资源有利于科技服务业发展；良好的商贸业和信息产业基础使四川省电子商务产业具备较大的发展空间；养老健康服务契合了人们当前注重养生和提高生活品质的消费理念。当前五大新兴服务产业发展势头良好，仍具备较大的发展空间。

2. 科技资源优势

四川具有较为丰富的科技资源，科技院所众多，研发实力较为雄厚，为科技服务业发展和服务业提档升级提供了良好的条件。四川科研机构众多，拥有各类专业技术人员 234 万人，拥有政府属研究与开发机构 214 个、企业科技机构 713 个，高等院校 94 所，国家重点实验室 12 个，国家工程技术研究中心 14 个，研发机构和创新型企业总数稳居西部第一。在四川科技建设中，国防军工科技扮演了重要角色，四川现代工业是随我国国防科技工业在四川的布局成长起来的。作为我国国防科技工业发展的重点省份，四川国防工业具有总量大、领域全、水平高、战略地位突出、科研能力强等特点，优势产业包括核能、航

① 郭一蓓：《四川服务业改革发展问题研究》，《中国市场》2015 年第 26 期。

空航天、新材料、军事电子等，这些领域军民结合潜力大，对四川民用工业科技有强大的渗透和带动作用。良好的科技资源为四川省实施创新驱动战略打下坚实基础，为四川科技服务业发展提供了条件，为传统服务业转型升级，提升现代服务业比重，优化服务业内部结构提供了良好推动力。

3. 信息化优势

长期以来四川省电子信息产业具备显著的产业优势，得益于：一是产业聚集优势，具有很多中西部城市不具备的产业聚集优势，拥有众多知名电子信息企业，产业链完备。二是人才优势，四川有众多的高等院校。三是军工电子工业具备良好基础。以此为发展基础的电子信息产业长期以来属于四川省七大优势产业之一。近两年面对经济下行压力，电子信息产业增速虽有所放缓，但相较而言，受影响较大的集中在电子信息制造业上，软件业仍然保持较好的发展势头。电子信息产业在引领四川信息革命，加强四川省信息化建设中发挥了重要促进作用。良好的信息产业优势，将有力促进四川省基于网络信息技术的现代服务平台的建设，促进“互联网＋”服务业的发展，对四川省发展电子商务、现代金融、现代物流等产业提供了强有力的支持作用。

（二）市场需求潜力

四川人口众多、市场容量大。近年来随着收入水平的提高，四川城乡居民的消费水平不断提升，消费结构发生了较大变化，对民生保障类服务业产生了越来越高的需求。同时四川省近年来处于工业化迅速推进阶段，对各类生产性服务业的需求较为迫切，在相当长时期内四川省服务业的市场需求潜力仍然较大。一是随着互联网的普及和电子商务流通模式的推广，催生大量的对“互联网＋”服务业的消费需求，新的服务模式和业态不断推出，有力推动了现代商贸、现代物流等服务业的需求增长。二是随着居民收入增加，消费结构不断升级，服务消费，尤其是高端服务消费所占比重不断上升，对教育培训、文化娱乐、休闲旅游、养生保健等高层次民生性服务业的需求逐年提升，为四川省服务业进一步拓展发展空间，促进服务业提档升级奠定了基础。三是目前虽然面临经济下行压力，四川省仍然处于工业化迅速推进的时期，第二产业比重仍然占有绝对优势。随着工业化的加速推进，各类产业基地和工业园区的建设扩张，对生产性服务业的需求不断增长。特别是面对经济下行压力，各类高层次的生产性服务业更需要提升工业效率和竞争力。四川省制造业对技术研发、产品设计、技术转移服务、现代商务、现代物流、环境监测、会计审计、金融保险服务等高端生产性服务业有着较为迫切的需求，这些高端生产性服务业也是四川省促进现代服务业发展的重点领域。四是四川省农村服务业有着较大的市场空间。发展农村服务业，有利于激活农村服务业要素潜力，拓宽农民增收渠道；也是改善农村服务设施不足，满足农民服务需求不断增长的需要。四川省提出要促进现代物流、电子商务、文化旅游、健康养生等新兴服务业产业加速与农业融合发展，大力发展农村电子商务、农村养老健康服务、乡村旅游等服务业，将有力促进农村服务业的发展。

（三）政策与环境

从经济大环境看，在近年来经济面临下行压力的大背景下，四川省委、省政府高度重视服务业发展，把服务业作为调结构、转方式、稳增长的重要抓手，加快推进经济结构向服务主导型转变。省政府提出要坚持以市场化、产业化、信息化、社会化、国际化为导向，深化服务业改革发展，促进服务业与新型工业化、城镇化、农业现代化融合发展，逐步增强服务业尤其是五大新兴先导型服务业的支撑作用。从长期趋势看，服务业将成为四川省产业结构调整的重点方向，将成为增速最快、对经济增长贡献率最大的产业。省委、省政府对服务业的高度重视和各种扶持政策的出台，将进一步推动四川服务业深入快速发展。

近年来四川省全面实施“三大发展战略”，大力推进“两化”互动、城乡统筹发展战略，形成了工业化、信息化、城镇化、农业现代化“四化”同步推进的发展态势，为服务业发展提供了强大推动力。“两化”互动要求产业化和城镇化融合发展，目前四川城镇化水平滞后于全国，后发优势显著，城镇化推进过程中人口的集聚效应、交通网络等基础设施的集中建设、城镇功能的完善都为四川服务业发展提供了良好平台。积极推进城乡统筹，农业现代化，加强新农村建设，建设现代城乡形态，都需要与服务业发展高度融合，这将极大地拓展服务业的发展空间。四川省创新驱动战略的大力实施，也成为四川服务业不断创新业态模式的强劲动力。

当前，我国正在实施“一带一路”开放战略，正在加快建设“长江上游经济带”。四川处于两大战略的重要交会点和支撑点，四川省要找准定位、做好统筹规划，完全可以在产业布局、产业定位、互联互通方面获得大的发展机会。对四川省构建现代产业体系，促进服务业优化升级提供了良好机遇。

基于四川省服务业良好的产业发展优势、极具潜力的市场需求空间，以及当前省委省政府对服务业的高度重视，四川省服务业发展面临较好的条件，预计2015年、2016年四川服务业将保持稳中向好的发展趋势，将继续保持8%以上的增长速度。

四　对策建议

（一）加快推进重点产业发展

以产业现代化、信息化、市场化为导向，大力推动重点产业加快发展，加强重点服务产业对四川经济的支撑与带动作用。一是加快发展现代金融、现代物流、电子商务、科技服务、健康养老服务等五大新兴先导型服务业，完善五大产业的统筹推进机制和政策支撑体系，力争五大新兴先导型产业获得重大突破。继续深化金融改革，促进多层次融资市场发展与金融产品创新，积极推进西部金融中心建设。加强四川省物流通道、口岸与物流基地建设，推动物流信息化和标准化建设，进一步降低物流成本。加快四川省电子商务服务平台建设，加快电子商务龙头企业与示范基地培育建设，进一步扩大电商交易规模。继续深化创新驱动战略，创新科技服务模式与服务业态，培育科技服务市场主体，完善科技服务产业链。引导企业加大研发设计投入，大力发展基于互联网信息平台的软件、大数据、云计算等信息技术服务。鼓励社会资本投资建设健康养老基础设施，大力发展居家养老和社区养老服务，制订健康养老服务业行业标准，培育和发展预防保健、康复医疗、健身休闲等多种经营模式。二是以推进四川服务业的结构调整与提档升级为目标，加快推进各类新兴服务产业。积极推进电子商务、现代物流、创意产业、信息软件、文化娱乐、教育培训、会展、健康养老等新兴服务产业，不断满足消费结构升级后对新兴产业的需求。积极促进“互联网+”服务业发展，大力推进发展互联网商贸、物流，互联网金融，互联网教育、旅游，互联网医疗等新兴服务业态。三是积极促进四川省传统优势产业的转型升级。引进新模式、新技术、新平台，促进商贸、旅游等产业提效转型。加快现代信息技术和经

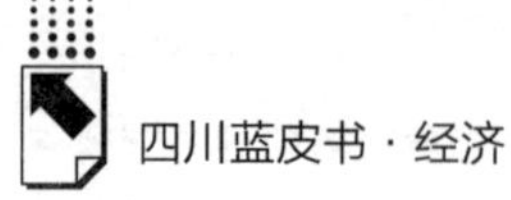

营模式在商贸流通业的应用，打造多层次服务网点和便民服务网络，扩大电子商务、物流配送的应用范围。积极培育农业观光、文化体验、生态旅游等业态模式，完善旅游公共服务与管理，全面提升旅游服务质量。

（二）促进服务业区域协调发展

首先，要引导不同地区依据自身比较优势和产业基础，确立区域产业发展重点。根据四川省不同地区经济发展基础差异，要采取分类推进区域服务业发展思路。区域布局上，全省服务业形成了一核多点支撑的发展格局。要进一步推动成都市服务业核心城市建设，巩固其运筹决策中心、商贸物流中心、金融服务中心地位，推进天府新区现代金融、物流、研发设计、文化创意、总部经济等高端服务业发展。支持有较好服务业基础的绵阳、乐山、南充、达州、泸州、凉山等6市州发展成为四川省服务业区域中心城市，打造服务业发展次级增长极。引导其他二级城市以服务本地化和特色化为导向，推动服务业转型发展。其次，要加强服务业集聚区建设，支持有条件的市州县打造各具特色的服务业集聚区，依托各类产业园区，做好集聚区规划，提升集聚区综合服务能力，切实提升相关服务业质量效益。最后，要推进服务业综合试点改革，并将改革试点作为服务业发展的重要推手。继续推进实施成都市国家级服务业综合改革试点，推动实施自贡、德阳、广安、简阳、资中5个省级服务业综合改革试点。

（三）深入推进服务业体制改革

深入推进服务业管理体制与机制改革，将为进一步推动四川服务业发展提供重要的着力点。一是继续推进市场化改革。要参照国际通行做法，除对公用事业领域制定限制性准入政策外，其他行业应放开市场准入，实现多元化市场主体和公平竞争。对教育医疗科技文化等领域，要实行公共服务与经营性服务分离，打破金融、通信、交通、邮政等行业的垄断与准入限制，鼓励民营资本进入。简化和规范行政审批制度，提高服务企业的投资便利性。二是改善管理制度。建立管理部门协调机制，理顺各部门的组织关系，解决多头管理问题。改革干部考核机制与激励机制，增加服务业发展指标在干部考核中的权重。三是建立规范的服务业统计制度，建立统一的服务业统计口径，逐步完善服务业核算与统计监测工作。

（四）积极推进对外开放

一是要进一步优化投资环境，提高政府公共服务水平，积极做好配套企业对接，吸引各行业的优质外资企业或高端项目入川投资，优化外商投资结构，充分发挥外资龙头企业的产业带动作用。加快推进综合保税区、保税物流中心和港澳（成都）现代服务业园区等对外经贸合作载体与平台的建设。促进四川省服务业融入国际产业链分工，逐步提升产业国际竞争力。二是继续展开“走出去”战略，鼓励有实力的企业赴境外进行战略性投资，开展世界范围内的资源整合和国际合作。三是加强国内区域间合作。积极融入“一带一路”建设、长江经济带战略合作，加强与泛珠三角、长三角、北部湾等区域的商贸物流、投资与金融合作，实现优势互补，利用其他区域的口岸优势，扩大四川省对外经贸通道。

（五）加大服务业扶持力度

制定或出台关于要素保障、财税金融等的各项服务业扶持政策，加大对服务业的投入力度。一是要完善服务业的要素供给保障机制。改变服务业在使用水电气等基础要素中的不利局面，提供和制造业同样的要素供应保障机制。完善服务业用地保障机制，合理确定服务业用地在全省用地规划中的比例，对省级服务业重大项目和服务业集聚区建设用地给予优先扶持。二是加大财税金融扶持力度。扩大服务业税收优惠政策范围与优惠程度，促进服务业营业税与增值税并轨，消除重复征税。引导信贷资金向服务业倾斜，创新适合知识产权等无形资产抵押融资的金融产品，积极发展创业资本和天使投资，鼓励创新型服务企业。三是改善人才引进机制、培育与激励机制，积极培育科技型、管理型、经营型等各类高端服务业人才，构建人才支撑体系。

参考文献

郭一蓓：《四川服务业改革发展问题研究》，《中国市场》2015 年第 26 期。

四川省统计局：《2015 年前三季度四川经济新闻发布稿》，http：//www. sccom. gov. cn，

2015 年 10 月 20 日。

四川省商务厅：《前三季度服务业对全省经济增长贡献同比提高近 10 个百分点》，http：//www. sccom. gov. cn，2015 年 10 月 21 日。

四川省人民政府办公厅：《四川省服务业发展四年行动计划（2014 ~2017 年）》，http：//www. sc. gov. cn，2014 年 5 月 21 日。

B.13

2015年四川汽车产业发展状况、问题与对策

梁　灏*

摘　要：　本文认为，受全国车市整体低迷的影响，四川汽车产业增长速度受挫，特别是下半年省内汽车产业出现了较为明显的拐点。四川汽车产业仍然面临着诸多的问题和矛盾。例如：各地各自为政，缺乏总体的规划和相互的合作；各地汽车产品存在的同质化现象突出；过多的政策性支持使四川汽车产业发展缺乏后劲，持续性较差；区位/通道问题仍未得到根本解决；对新产品、新技术的投入和研发能力都存在不足等。笔者指出，2016年将是四川汽车产业发展的关键一年，四川汽车产业发展增速将会放缓，但在全国的排位仍有可能继续提升，汽车产业的重组力度将会加大，且新能源汽车仍将是四川汽车产业发展的重点，新能源汽车还有更广阔的市场空间；要使物流通道更加通畅；同时，要关注和鼓励本土汽车产业自主创新能力的提升。

关键词：　四川　汽车产业　新能源汽车

近年来，四川汽车产业发展势头迅猛。但从2015年开始，四川汽车产业的增长速度出现了明显的减缓。这种减缓趋势除了受我国国民经济增速放缓，

* 梁灏，副研究员，现就职于四川省社会科学院产业经济研究所，主要研究方向为产业经济。

及工业产值各项指数下降、管理审核机构把控变严、股市下跌对现金流的影响外，也是四川汽车产业发展多年来所累积的一些矛盾和问题所引致的结果。与汽车产业发展先进地区相比，四川省的汽车产业在整体规模、产业层次及创新能力方面还有较大差距，特别是产业布局与配套服务体系方面仍然有较大的提升空间。近几年是全国汽车产业发展和布局的关键时期，也是汽车产业的高速发展期，四川如何在这一关键时期抓住机遇，积极对目前的汽车产业结构进行深层次的调整，积极吸引和集聚更多的优秀汽车制造企业，同时加快发展本地区内具有自主知识产权的汽车产品，努力提升产业创新驱动和内生增长能力，增强综合竞争力，能够在全国甚至国际汽车市场上占据一席之地，值得我们进行认真思考和研究。

一　2015年全国汽车产业发展的基本特点

从2015年国内汽车市场相关统计数据分析发现，国内汽车市场发展疲软的态势已成定局。根据中国汽车工业协会的数据，2015年6月我国汽车产销量环比、同比双降；上半年，汽车产销增速比上年同期明显回落。数据统计显示，自2008年12月以来，我国乘用车在2015年6月产销同比首次出现双下降，四类乘用车品种产销均呈一定程度下滑。其中，轿车销售84.62万辆，环比下降6.70%，同比下降14.91%；SUV销售44.82万辆，环比下降2.40%，同比增长37.75%；多功能乘用车MPV销售12.60万辆，环比下降10.31%，同比下降0.61%；交叉型乘用车销售9.10万辆，环比下降11.25%，同比下降22.48%。从整个上半年全国汽车产销的统计数据来看，前7个月共销售整车1335.33万辆，同比微增0.39%；7月当月的传统汽车销量仅为150.30万辆，同比下降7.12%。[①] 造成这种局面的原因，既有全球经济发展疲软所导致的汽车消费市场需求不足，也是近年来国内很多地区盲目发展汽车制造产业所积累的结构性矛盾因素所致，具体来讲，进入2015年以后，全国汽车产业发展出现疲态、车市低迷等现象，其原因包括：①前几年的汽车产业发展高速增长；②各地发展汽车产业所形成的过度激烈竞争，对汽车产业的健康发展造成

① 资料来源：中国汽车工业协会网站，http://www.caam.org.cn/。

影响；③汽车制造企业“内外有别”的生产销售模式，使得消费者对国内汽车产业的信心受挫；④多地因交通压力进行的政策性限购措施，加剧了汽车产业的销售压力；⑤汽车产业的自主创新能力不足，缺乏核心竞争力，很难在激烈的市场竞争中占据主动。⑥汽车制造业的准入门槛低，大量产品同质化。与传统汽车产业不同的是，进入 2015 年以后，新能源汽车销量有较大幅度的增长，表现异常抢眼。前 7 个月，新能源汽车累计销售 89549 辆，同比增长 2.6 倍；仅 7 月，全国共销售新能源汽车 16884 辆，同比增长 3.3 倍。[①] 综合来讲，2015 年全国汽车产业发展的主要特点有以下几个。

（一）汽车产销增速趋缓

从 2015 年部分汽车企业公布的 2015 年销量目标来看，与上年相比，许多汽车企业的销售目标增幅都大幅缩水，如丰田汽车、神龙汽车等汽车企业 2015 年的目标增长率仅为 2014 年增幅的一半；而北京现代 2015 年目标增幅为 3.5%，不到 2014 年同比增幅 8.6% 的一半。各大车企的销量目标的下降，是全国汽车产销增速放缓甚至整体下滑的最直观反映。2015 年 1 ~5 月，国产、合资乘用车产销量分别为 874.05 万辆和 858.32 万辆，同比分别增长 7.79% 和 6.36%。其中，轿车销售 494.27 万辆，同比下降 4.2%；MPV 销售 89.03 万辆，同比增长 17.9%；SUV 销售 221.30 万辆，同比增长 47.7%；交叉型乘用车销售 53.72 万辆，同比下降 18.5%。[②] 国内汽车市场的低迷同样影响到了整车进出口。2015 年 1 ~4 月，全国汽车整车累计进口 35.43 万辆，比上年同期下降 19.3%；汽车整车累计出口 26.31 万辆，比上年同期下降 6.7%。

（二）汽车产品结构较往年出现较大变化

1. 小排量（1.6升及以下排量）乘用车市场份额出现一定增长

受人民生活水平提高，收入增加、消费观念改变等方面的影响，人们越来越偏好小排量汽车，特别是黄金排量（1.6 升）及以下车型。2015 年 1 ~5 月，全国小排量乘用车即排量在 1.6 升及以下乘用车共销售 596.72 万辆，销量同比增

① 资料来源：中国汽车工业协会网站，http://www.caam.org.cn/。

② 资料来源：中国汽车工业协会网站，http://www.caam.org.cn/。

长11.08%，占整个乘用车销售市场的69.52%，提高了2.95个百分点。

2. 自主品牌乘用车销量出现明显增长，但结构出现了较大变化，特别是SUV车型出现井喷式增长

由于近年来国内汽车制造企业在产品研发、市场拓展方面进行了更多的努力，因此，自主品牌乘用车越来越受到消费者的信赖和喜爱。这种信赖和喜爱从销售数据上得到了直观体现。2015年1～6月，自主品牌乘用车共销售418.46万辆，同比增长14.57%，占整个乘用车销售总量的41.45%，市场占有率比上年同期提升3.54个百分点。其中，自主品牌轿车共销售107.99万辆，同比下降8.3%，占轿车销售总量的21.9%，占有率同比下降1.0个百分点；SUV共销售120.46万辆，同比增长101.5%，占SUV销售总量的54.4%，较上年同期提高14.5个百分点。特别是自主品牌的SUV，如长城哈弗系列、比亚迪S6等车型，受到了广大消费者的青睐，长城哈弗H6甚至自上市以来一直占据每月全国SUV销量榜的头名位置。而合资品牌、进口品牌如德系、日系、美系、韩系和法系乘用车市场占有率均呈下降趋势，其中德系汽车降幅最大。①

3. 商用车销量下滑幅度明显

2015年上半年，全国商用车产销下滑严重。2015年1～5月，全国共生产150.38万辆，同比累计下降17.35%；销售146.31万辆，同比累计下降17.27%。商用车市场的大幅受挫，有多方面原因，如：物流渠道的多样化，对公路运输特别是汽车运输的需求有所降低；私家车保有量不断增加，人们出行特别是中远途出行更多愿意自驾，减少了对中大型长途客车的需求，降低了对中大型长途客车的依赖性；公路运输成本居高不下，很多高速公路出口会限制中大型载重货车的进出，也影响了中大型载重货车的市场销售；等等。

4. 新能源汽车产量出现较明显的增长

受国家对新能源汽车政策支持力度加大、新能源汽车未来市场前景看好等因素影响，2015年1～5月，全国新能源汽车累计生产5.36万辆，同比增长近3倍。其中，纯电动乘用车生产2.58万辆，同比增长近3倍，插电式混合动力乘用车生产1.37万辆，同比增长3倍；纯电动商用车生产9248辆，同比增长

① 资料来源：中国汽车工业协会网站，http：//www.caam.org.cn/。

近6倍，插电式混合动力商用车生产4761辆，同比增长58%。[①] 新能源汽车高速增长，一方面，得益于国家相关扶持政策力度的不断加大，刺激资本进入该行业；另一方面，也说明人们对新能源汽车市场发展前景充满信心。

5. 汽车行业重点企业经济效益指标增速回落

根据中国汽车工业协会统计，2015年1～4月，重点企业集团累计实现营业收入10101.72亿元，同比下降0.1%，增幅同比回落14.8个百分点。累计实现利税总额1689.65亿元，同比下降12.8%。[②] 主要经济效益指标的回落，也表明了汽车产业已逐渐告别了能产生高额、巨额利润的阶段，汽车发展更趋理性，汽车产业的发展更能够遵循市场规律，消费者能够在汽车市场上有更大的议价定价的权利。

（三）近年来国家对相关汽车企业的反垄断处罚更加严格，使国内汽车市场逐步规范

近年来，国家加大了对汽车行业的反垄断调查，也处罚了一大批存在垄断等不正当竞争的汽车生产厂商。如："克莱斯勒和经销商价格垄断案"[③]，克莱斯勒被罚3168.2万元；"一汽奥迪和经销商价格垄断案"[④]，一汽大众销售有限责任公司被罚2.4858亿元，多家经销商被罚11万～1606万元；"日本汽车零部件横向价格垄断案"[⑤]，12家日本零部件企业共计被罚12.354亿元。这股反垄断的风潮不只针对外国企业、合资企业，如果国内企业涉及垄断违法行为也会遭到处罚。2013年，河南省安阳市旧机动车经营者从事垄断协议案，安阳市旧机动车辆交易市场有限责任公司被没收违法所得130522.68元，罚款23504.9元；安阳旧机动车交易市场被没收违法所得139978.87元，罚款18829.96元；等等。越来越严格的针对汽车行业的反垄断调查和处罚，表明了国家对以往汽车行业存在的不规范问题已经有了清醒的认识，也表明了国家对规范汽车行业的决心。

---

① 资料来源：中国汽车工业协会网站，http://www.caam.org.cn/。

② 资料来源：中国汽车工业协会网站，http://www.caam.org.cn/。

③ 新华网，http://news.xinhuanet.com。

④ 中国新闻网，http://www.chinanews.com。

⑤ 《南京日报》，2014年08月18日B01版。

（四）国内汽车市场竞争愈加激烈

受自主品牌汽车迅速崛起，市场份额逐步扩大的影响，自主品牌汽车的品质越来越受到消费者的依赖和肯定，自主品牌汽车更具有价格优势。“性价比”成为影响消费者选择汽车品牌的首要因素。因此，合资车、进口车厂商，不得不逐步降低新车厂家指导价，使自己的车型能够在价格上也具备竞争力。而进口车，包括主流的汽车品牌如奔驰、宝马、通用、大众、丰田等受国家平行进口车新政的影响，价格也出现了一定幅度的下滑。进口汽车、合资车价格不断下探，也推动自主品牌汽车的价格优势在逐步缩小，逼迫自主品牌汽车厂商不得不更关注产品的品质，更加关注售前、售中、售后服务的各个环节，从而推动了整个汽车市场逐步规范，使消费者享受到更大的优惠和福利。

二　2015年四川汽车产业发展状况分析

与全国汽车产业发展的基本走势相类似，2015 年以来，四川汽车产业的发展也经历了一个由较快发展到增速突降的过程。汽车零售受消费不旺、经销商库存压力大、高基数等不利因素影响，增速比上年同期大幅回落，尤其是 4 月和 5 月分别同比下降 2.1% 和 3.5%。面对严峻形势，各地深入贯彻落实稳增长措施，根据市场变化，积极优化供给结构，开展有针对性的优惠促销活动，扭转了下降趋势，6 月和 7 月分别较上年同期增长 3.2% 和 7.0%，8 月继续回升，实现汽车零售额 133.0 亿元，同比增长 8.5%，连续三个月保持回升势头。[①] 而汽车制造业则在 2015 年 7 月出现明显的拐点，自 7 月以来，省内汽车制造业连续几个月产量同比下跌。但是，四川汽车制造业仍然因其体量较大、产业链长，拉动经济、税收和就业的作用明显，已经成为本省支柱产业之一，在全省经济发展中发挥着举足轻重的作用。通过对全省各行业营业收入和总资产的统计分析，可看出汽车行业已进入四川省十大行业之列，位列第 7。[②]

---

① 资料来源：四川省统计局，http：//www. sc. stats. gov. cn。

② 鞠艺：《2015 四川汽车行业发展现状与展望》，《四川日报》2015 年 8 月 13 日。

（一）2015年四川汽车产业发展的基本状况

根据四川省统计局的数据，2015 年上半年，四川省汽车产量 57.3 万辆，同比增长 24.5%，高于全国 20 个百分点，累计增长 18.2%，产值效益增速在全国排名靠前。按照 2015 年全省将实现整车制造 110 万辆、新增 15 万辆、增长 15% 的年度目标，2015 年上半年四川汽车产业已经完成任务过半。但从 7 月开始，四川汽车产业受前期库存压力、市场疲软等方面的影响，许多汽车制造企业开始收缩产能，比如一汽大众成都工厂在每年 7 月有例行的停工检修时间，2015 年停工检修时间比往年延长 20 余日，远远超过往年停工检修时间，被工人们戏称为“史上最长假期”。其余汽车制造企业也采取了类似的行动。从 2015 年 7 月开始，四川汽车月产量出现了大幅下滑，其中 7 月汽车产量同比增长为 -21.1%，而 8 月汽车产量同比下降 5%，但到了 9 月，四川汽车产量明显回升，达 104474 辆，同比增幅达 32.3%。①

表 1　2015 年分月四川省汽车产量统计

单位：辆，%

时间	汽车			
	本月产量	当年累计	同比增长	累计增长
2015 年 1 月	98273	98273	20.9	20.9
2015 年 2 月	67256	165529	8.5	15.5
2015 年 3 月	103978	269507	14.6	15.1
2015 年 4 月	85769	355276	5.8	12.8
2015 年 5 月	98947	451833	15.3	12.7
2015 年 6 月	118416	571476	47.1	18.2
2015 年 7 月	62880	634356	-21.1	12.6
2015 年 8 月	75014	709370	-5	10.5
2015 年 9 月	104474	813844	32.3	12.9

资料来源：四川省人民政府网站，http：//www.sc.gov.cn/。

① 资料来源：四川省统计局，http：//www.sc.stats.gov.cn。

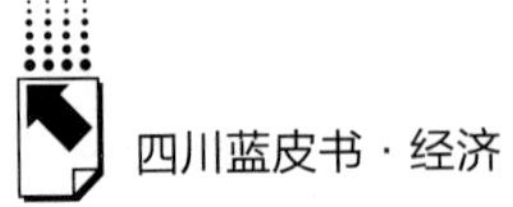

（二）2015年四川汽车产业发展的主要特点

纵观整个2015年四川汽车产业发展过程，可以将其比较明显地分为两个阶段：一是2015年上半年汽车产业发展非常迅猛；二是从2015年7月起，四川汽车产业发展进入了一个调整期。因此，2015年四川汽车产业的发展在上半年与下半年出现了明显的分化。从统计数据来看，四川汽车产业发展的拐点（或是调整期）已经出现，2015年7月的汽车产销数据就能够很充分地说明这一点。

1. 上半年汽车产业发展较快

产量与上年同期相比有较大幅度增长，一方面，因为四川汽车制造厂商对2015年汽车行业发展看好，扩大了产能，同时也努力开拓各类市场。例如，2015年6月，22辆“成都造”沃尔沃S60系豪华轿车正式出口美国；7月，成都王牌200辆W5系中重卡出口越南，并以此为敲门砖，拓展至越南及整个东南亚市场。另一方面，也得益于地方政府对汽车制造产业的一系列激励措施。例如：四川省经信委针对省内14户重点整车企业2015年上市销售的新车型，按照销售收入贡献大小，给予一次性省科技研发资金奖励；省政府在全省的工业发展资金中，专门划拨1亿元对这14户整车企业销售收入的增量部分给予奖励；将汽车企业举办或参加的国内外各类汽车展览、促销活动等，均纳入“川货全国行”“万企出国门”活动的支持范围，对企业的布展、特装、企业展位所需费用等给予补贴。地方政府出台的这些利好政策，对企业起到了良好的引导和激励作用，让企业从产品技术、运营再到市场开拓，都可以以政策为导向，从而推动整个产业的发展。

2. 下半年汽车产业发展则出现了较大幅度的停滞，甚至出现了同比负增长的状况，但9月开始出现明显的回升和反弹

根据统计数据分析，从2015年7月开始的连续几个月，四川汽车产业同比出现了负增长。2015年7月，四川整车生产62880辆，比上年同期下降了21.1%，跌幅相当明显；2015年8月，四川整车生产75014辆，比上年同期下跌了5%；9月则明显反弹，整车生产超过10万辆，同比增幅达32.3%。[①] 出现这种大幅波动的原因，一方面是因为汽车制造厂商为减缓库存压力，控制产

① 资料来源：四川省统计局，http：//www. sc. stats. gov. cn。

量；另一方面也是由于国内汽车市场发展缺乏进一步发展的动力，市场疲软，影响了汽车的制造和销售。当库存压力得到缓减、市场行情看好时，汽车制造厂商又及时调整生产计划，增加了产量。

三　2015年四川汽车产业发展面临的主要矛盾和困难

（一）各地各自为政，缺乏总体的规划和相互的合作

截止到2015年，四川成都、绵阳、南充、资阳等地，都有汽车制造企业落户，逐渐形成了以成都为中心，绵阳、南充、资阳以及成渝汽车零部件配套走廊为聚集区的基本格局，汽车产业开始集聚集群发展。例如：成都市现有规模以上汽车工业企业267户，初步形成了以成都经开区为核心的汽车产业发展格局，形成了拥有轿车、客车、越野车（SUV）等车型的较为完整的整车产品体系和较为完善的零部件配套体系，汇集了一汽大众、四川一汽丰田、沃尔沃成都公司、神龙成都公司、重汽王牌公司等一批国内外整车生产企业；绵阳市在全省率先出台《新能源汽车推广应用实施意见》，川汽年产12万辆新能源乘用车基地一期建成投产；资阳市则在继续保持南骏中轻型载货汽车制造的基础上，积极支持南骏集团与韩国现代实现资产重组，双方各持股50%组建了四川现代汽车有限公司，成为四川省引进的第一个拥有国际品牌的汽车整车生产企业，主要从事全系列商用车及发动机研发、生产、销售和服务，建设年产70万辆商用车生产项目，打造具有自主知识产权和全球竞争力的世界级商用车制造基地；南充市则重点发展符合国Ⅳ排放标准的载货汽车，培育发展新能源汽车产品链，依托东风南充汽车有限公司，打造西部最大的环保经济型CNG发动机生产基地和南充汽车产业园，发展中轻型载货汽车、中高档客车和汽车底盘、CNG（LNG）等清洁能源汽车，力争在较短时间内形成10万辆整车、3万台CNG发动机的生产能力。

各地均希望将汽车产业作为本地经济发展的引擎，并以此拉动相关产业的发展和区域整体经济发展水平。但是，许多汽车生产企业规模不大，如四川汽车工业集团有限公司规划设计年产整车仅3万台，实际产量还远低于这个数字。地方政府、企业对如何推动落户本地的汽车产业扩大规模、抢占更

广阔市场等方面仍考虑不足，缺乏整体的发展规划，习惯于单兵作战、单打独斗，在激烈的汽车产业市场竞争中难以占据有利的地位和足够的市场份额。因此，地方政府对于汽车产业作为带动地方经济发展引擎的要求很难被满足。

（二）各地汽车产品存在的同质化现象将不利于四川汽车产业的整体竞争力提高

汽车产业一定是一个需要有集聚效益、规模效益的产业，像很多国外知名汽车品牌，一个城市或一个区域内往往只有 1 家超大型的汽车企业存在，其余的企业均为该汽车制造企业的配套厂商，有 1 家大型汽车企业就可以带动整个汽车产业链的发展，同时也可以带动交通、运输、物流、电子设备、软件信息等相关行业的发展。目前四川的现实情况是，成都龙泉基本上已经形成了门类齐全、产业链较完善、整体规划和发展较完整的汽车产业生产园区，而省内其他地区的汽车产业发展仍然存在规模较小、产业布局不合理、产业链条不完整等问题，尤其是很多汽车生产企业产品市场竞争力不强，实际生产的产品数量远远达不到其规划设计的数量。另外，省内众多的汽车生产企业还存在着产品同质性强的问题，在省内较小空间内的这种同质性竞争并不利于整个区域汽车产业的良性发展。另外达州、遂宁、泸州、德阳等市也正在筹谋发展汽车产业，想在激烈的汽车市场竞争中分一杯羹。以成都经开区为例，涉足新能源汽车的就有川汽、沃尔沃、瑞华特等多家企业，有的企业规模偏小、实力偏弱、产品市场竞争力不高。这说明四川在发展汽车产业时还未站在全省全国的高度来思考未来的发展规划，各地的汽车产业发展仍然缺乏前瞻性，不利于整个四川汽车产业的健康发展，从而影响到四川汽车产业在国内、国际市场的整体竞争力。同时，由于缺乏本地化的自主品牌、龙头企业，汽车产业的发展更多的是一种市场行为，政府在推动车企之间的联合、重组等方面存在一定的难度，也不利于四川汽车产业的整体发展。

（三）过多的政策性支持使四川汽车产业发展缺乏发展后劲，持续性较差

一个产业的发展，必须要有一定的政策支持作为保障。但并非所有的政策

都有利于一个产业的健康有序发展。有的政策性支持，可能会使资本投机性地投入这个产业，不利于整个汽车产业的健康发展。以国家及各地出台的针对纯电动汽车的补贴政策为例，续航里程在150～250公里的纯电动汽车，国家补贴每辆约4.5万元，地方补贴每辆约4.5万元，有的城市还有区一级补贴，符合要求的电动汽车还可以减免购置税数万元。这样算起来，企业每卖出一台这样的电动汽车，就从国家手里领走了约10万元乃至更多的资金，卖1000台，就能获得1亿元。正因为看到这种红利，很多人都加入了制造电动汽车的队伍。其中就有不少企业看到这种红利，在没有任何核心技术的情况下，通过采购零部件快速拼凑电动汽车，以此赚取国家补贴。近几年来各地各大中小企业一哄而上地制造电动汽车，造成电动汽车领域核心竞争力低下，低水平重复建设，这已经是活生生摆在我们面前的案例。这与国家当初放开新能源车生产准入机制的初衷相悖。

四川近年来出台的针对汽车产业发展的政策性优惠非常多，涵盖了征地、配套设施、税收优惠、出口退税、通道建设、创新发展、产品展示等多个方面。这些政策性优惠一方面激励汽车产业的快速发展，另一方面也容易导致部分资本在没有认真调查分析产品定位、做好企业管理和营销策略的基础上，盲目上马，存在一些潜在的风险和隐患。甚至有些地方政府为招商引资，承诺企业只要建厂，地方政府就会给予补贴，甚至由地方政府来亲自建厂。这种不理性的行为会对汽车产能建设造成不利影响。此外，四川几个地级市都提出了未来发展新能源汽车的发展思路。但是，各地政府应对发展新能源汽车有清醒的认识，不是随便买点零部件进行简单的组装就可以，不能在缺少核心技术的情况下随意发展。要认识到发展新能源汽车可能存在的巨大挑战，如新能源汽车同质化问题、市场竞争问题、缺乏核心技术问题、未来配套服务问题、消费者所最担心的燃料电池技术问题等。若不能够在新能源汽车的一些关键性技术的研发中取得重大突破，将很难在市场竞争中占据有利位置。

（四）区位/通道问题仍然是制约汽车产业发展的重要因素

从目前来看，随着成渝环线高速以及沪蓉高速、巴（中）陕（西）高速等省际高速公路的贯通，以及成渝、渝万、沪渝等几条高铁线路的相继通车，四川近年来的交通状况和物流通道有了很大的改善。但是，一些干线铁路

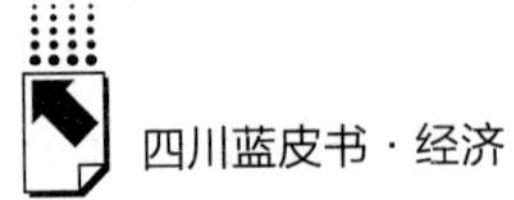

（如宝成铁路、成昆铁路、川黔铁路等）的提档升级、一些跨省高速公路建设工期的严重拖延等问题依然存在，省内主要河道的水运能力仍然没有得到较大提升、船舶港口的吞吐能力未充分发挥，相关的汽车产业园区如何连结各高速公路、铁路、航运等的通道问题还未得到根本解决，物流园区规划建设滞后，存在种种矛盾和问题。

（五）对新产品、新技术的投入和研发能力都存在不足

各地引入的很多汽车生产企业，只是引入了生产线，但并未将研发机构引入，不利于本地化的创新；另外，全省绝大多数汽车零部件企业只是进行简单的代工和配套，不愿意或没有能力在研发上投入更多的资金。全省尚没有成规模的汽车零部件研发中心，虽然省内也有成飞集成、西南交通大学等具有较强的汽车模具研发设计配套能力和专业科研能力的企业和高校，但它们更多承担的是国内其他区域的汽车行业相关发展研究项目。省内的汽车制造企业在依托本地的科研能力方面意识尚不足，也导致了这些专业科研团队在省内汽车整车产业发展方面的作用没得到充分发挥。

四　2016年四川汽车产业发展的预测和思路

按照对2015年前8个月四川汽车产业的发展速度及后几个月的趋势分析，预计2015年，四川传统汽车产业的增速估计会维持在9%～10%的增长水平，远远低于前几年的增长水平，但仍然高于全国2015年汽车产业的增速（3%～5%）①，2015年完成整车产量110万辆的目标基本能够实现。2016年将会是四川汽车产业进行结构性调整的关键一年，因此，考虑到结构调整所导致的产能变化等因素，估计2016年四川传统汽车产业发展将告别前些年高速增长趋势，争取能够维持在10%左右的增长水平，甚至可能维持个位数的增长速度，但四川的新能源汽车产业则受到政策性利好、各地提前布局等因素的影响，将会出现较明显的增长。

① 资料来源：中国汽车工业协会网站，http：//www.caam.org.cn/。

（一）2016年，四川汽车产业发展增速将会放缓，但在全国的排位仍有可能继续提升

2015 年以来，全国商用车产销同比、环比出现“双降”，全省商用车新生产线上量增效周期被动延长，其中重汽王牌、四川现代、一汽解放产量分别同比下降 13.5%、20%、70.3%。相对于整车制造市场来说，汽车零配件制造市场变化不大，虽然排名前 4 的大型企业的市场份额有所提高，但整个行业仍处于小而散、规模化的分散竞争阶段，缺乏有影响力的龙头企业，区域内行业之间缺乏合作。但是，四川汽车产业放缓的趋势并不能影响四川汽车产业在全国排位的继续提升。从上半年的数据来看，四川整车制造产量达到 571476 辆，与上年同期相比增幅达 18.2%，[①] 而 2015 年上半年我国汽车产量为 1209.5 万辆，比上年同期增长 2.6%。若下半年四川汽车产业发展增长势头仍能够延续 9 月的数据表现，那么 2015 年四川汽车产业在全国的排位将会继续提升。

（二）汽车产业的重组力度将会加大

近年来，汽车市场的竞争日益惨烈，发展汽车产业拼的是品质、技术创新、售后等各个环节。预计 2016 年汽车产业发展市场的竞争将进一步加剧。面对更加严峻的汽车市场竞争压力，应着力改变目前四川汽车产业门类齐全，整体竞争力缺乏，各地汽车产业之间的发展存在一定的矛盾和冲突，借助 2015 年全国汽车市场整体疲软的时机，四川汽车产业应积极开展重组、联合。四川汽车产业若要有更大的作为和突破，2016 年应重点加快部分汽车制造企业的重组力度，除了整车制造企业的重组力度要加大外，还应该加大包括零部件制造企业、配套企业之间的重组力度。要使目前省内几大汽车制造园区布局更加合理，产品制造能更有针对性地满足市场的需求，提升四川汽车产业的整体竞争力。

① 资料来源：四川省统计局网站，www. sc. stats. gov. cn/。

（三）新能源汽车仍将是四川汽车产业发展的重点，新能源汽车的市场还有更广阔的空间

中国汽车工业协会最新统计数据显示，2015 年上半年，国内新能源汽车累计销量为 7.27 万辆，同比增长 240%，其中纯电动汽车和混合动力汽车的销量分别为 4.62 万辆和 2.65 万辆，同比分别增长 290% 和 190%。[①] 按照《四川省汽车制造产业 2015 年推进方案》的要求，四川省将从 2015 年开始至 2017 年，以培育发展新能源汽车为突破口，加快构建创新能力较强、技术水平较高、产业规模较大、产品竞争力强的汽车制造产业基地。2015 年，力争新能源汽车全年生产 1.4 万辆，新增 1 万辆，新增销售收入 30 亿元；到 2020 年，实现四川新能源汽车产业化，形成 3 万辆新能源商用车及 15 万～20 万辆新能源乘用车生产能力，产值超千亿元。[②] 为了达到这一目标，各地应加快新能源汽车发展布局，特别是重点规划和布局新能源汽车核心技术研发、核心零部件生产、整车制造与体验，条件成熟的地区应鼓励成立有关新能源汽车的国家级专业孵化器、国家级工程技术实验与检测中心等。通过技术研发与技术创新，推动新能源汽车产业的健康发展。

国家总理李克强在 2015 年 9 月 23 日召开的国务院常务会议上明确指出，建设电动汽车充电基础设施，是发展新能源汽车产业的重要保障。其中有几个重要的举措，一是要把城市合理规划布局和建设停车场结合起来，加快配建充电桩、城市充换电站、城际快充站等设施。新建住宅停车位建设或预留安装充电设施的比例应达到 100%，大型公共建筑物、公共停车场建设或预留安装充电设施的比例不低于 10%。二是鼓励民间资本以独资、PPP 等方式参与。企业和个人均可投资建设公共停车场，原则上不对泊位数量做下限要求。鼓励个人在自有停车库（位）、各单位和居住区在既有停车泊位安装充电设施。三是加大财税、金融、用地、价格等方面的政策扶持，通过企业债券、专项基金等方式支持充电设施和停车场建设，制定相关收费办法，放开社会投资新建停车场，允许充电服务企业向用户收费。鼓励地方采取基金注资、投资补助等方

① 资料来源：中国汽车工业协会网站，http：//www.caam.org.cn/。

② 《四川省汽车制造产业 2015 年推进方案》，，http：//www.sc.gov.cn/。

式，拓宽企业融资渠道。四是完善相关标准规范，支持移动充电、智能停车等的推广应用，通过“互联网+”盘活资源，为群众提供良好公共服务。① 因此，四川应抓住这一历史契机，在2014年成都、泸州率先开放公交、公务、出租、环卫、物流等领域开展新能源汽车应用的试点示范基础上，在全省范围内扩大新能源汽车使用的试点面，进一步鼓励加快推广应用新能源汽车，通过制定和落实关于新能源汽车相关配套设施逐步完善和规范的相关政策，刺激新能源汽车的研发、制造、销售等环节的整体发展。预计未来几年四川的新能源汽车产业将会出现井喷式的增长。

（四）通道问题应及早解决

目前汽车产业园区连接物流园区、跨省高速公路、铁路、船运货运站等的通道问题仍然存在，极大地制约了四川汽车产业的发展。四川各级政府还需要下大力气抓紧通道建设，全面扩大和提升铁路、公路等基础设施的运输能力，特别要对目前部分使用年限较长、运输通行能力有限的高速公路网络、大件公路、铁道线路等进行改造和提档升级，打通物流节点，提高通关效率和水平。同时，要引进专业物流商，发展第三方物流，深入支持支撑大工业发展的物流服务体系。

（五）本地化的汽车产业自主创新能力应得到进一步重视和提升

积极推动和鼓励汽车制造企业开展形式多样的创新活动，加大对创新专利技术的奖励，加大对创新专利技术转化成产品的奖励力度。同时，鼓励重点高校、科研院所与本地汽车制造厂商开展合作，开展新产品、新技术的研发，建立区域内的信息共享平台，鼓励本地汽车制造企业共享创新专利技术和成果，如促进车链互联技术的研究和应用、自主驾驶车辆技术研发、远程重新定位移动技术以及大数据分析技术在汽车产业中的应用等，积极与国际汽车发展流行趋势接轨。同时，应在销售网点布局、售后服务等方面有创新和突破。如建设本地汽车品牌的专门营销平台和营销园区；设立本地汽车品牌共享的售后服务网点；汽车智能化技术的研发和应用等。这些举措都是提高本地汽车品牌市场竞争力的有效途径和方法。

① 李克强主持召开国务院常务会议，2015年9月23日，http：//politics. people. com. cn。

B.14
2016年四川能源电力产业发展形势分析与预测

姚 远 劳承玉*

摘 要： 四川省清洁能源产业发展已经成为西部乃至全国能源系统中的重要组成部分。本文重点分析了四川省水电、天然气、风能、太阳能等清洁能源产业的发展现状和特点。通过分析全省能源电力消费增长与经济增长的相关关系，建立了四川省能源消费与经济增长、电力消费与经济增长两个回归模型。并据此预测认为：2016年四川省能源电力生产将继续保持3%～5%的增长速度，能源消费量将同比增加3.99%～4.56%。2016年全省电力消费量同比增加6.23%～7.12%。

关键词： 四川省 能源电力

能源是国民经济的基础产业和重要保障，能源供应和能源安全事关我国现代化建设全局。在我国工业化、信息化、城镇化和农业现代化加速推进的重要时期，能源电力产业的发展尤为重要。四川省拥有独特的自然地理环境和丰富的能源资源，不仅有丰富的水能、天然气、页岩气、风能等资源储量，而且装备制造能力也很强，其中清洁能源产业已经成为西部乃至全国能源系统中的重要组成部分。四川正在努力探索走一条结构优化、创新驱动、集聚集约和绿色低碳发展的新型工业化道路，依据其自身优势，大力发展绿色低碳能源产业，发展节能环保装备制造业，力争率先建成全国清洁能源大省。

* 姚远，四川省社会科学院研究生院金融学专业硕士研究生；劳承玉，四川省社会科学院金融与财贸研究所研究员，主要研究领域为能源经济、环境金融与碳交易。

一　四川省能源电力产业发展现状

（一）全国最大的清洁能源基地正在形成

四川省水能资源非常丰富，水力资源技术可开发装机容量达1.55亿千瓦（含界河电站3100万千瓦），居全国首位。丰富的水力资源为四川水电产业的发展奠定了良好基础。四川省委省政府将水电产业作为全省国民经济发展的支柱性产业，对其实行优先发展、重点扶持政策。目前全省水电产业发展处于全国领先地位，至2015年5月底，随着向家坝、溪洛渡、锦屏等大型水电基地后续机组陆续投产，全省水电装机容量达到6370.63万千瓦，占全省电力装机总容量的近80%，占国家电网公司经营区域水电装机总容量的30%，稳居全国第一位。

同时，作为全国目前最大的天然气生产基地，四川省天然气远景储量7.2万亿立方米，约占全国的19%；页岩气资源量也占到全国的20%以上，居全国首位。不仅如此，四川省还积极推进在攀西地区建设太阳能光伏产业基地，在甘孜、阿坝、凉山三州建设风能发电基地，在天然气主产地建设井口燃气发电基地。截至2014年，随着四川省水电、光伏、太阳能、天然气等清洁能源产业的快速发展，非化石能源消费占能源消费比重超过36%，比全国高25个百分点①。截止到2015年5月，通过起源于四川省境内的锦苏线、向上线、溪浙线三大特高压直流工程，四川输送华东电网清洁水力发电总量突破2000亿千瓦时大关，创历史新高，为我国华东地区经济发展注入强劲动力，也为国家推动低碳绿色发展做出了巨大贡献，四川省作为全国最大的清洁能源基地正在逐步形成。

（二）水力发电的主导地位突出

截至2015年5月底，四川省全省并网装机容量突破8000万千瓦。其中，水电6370.63万千瓦，占总装机容量的79.6%；火电1583.65万千瓦（含垃圾发电17万千瓦），占总装机容量的19.8%；风电35.25万千瓦，占总装机容量

① 董世梅、熊筱伟：《四川已成为全国最大的清洁能源基地“绿色动力”重构产业发展引擎》，《四川日报》2015年5月12日第10版。

的0.44%；太阳能13.72万千瓦，占总装机容量的0.17%①，水力发电在四川省能源电力体系中占据绝对主导地位。近年来随着川云水电及雅砻江水电等大型水电站的建成投产，四川水电产量增幅持续走高，2014年全省年发电量2930.7亿千瓦时，比上年增长18.0%，其中：水力发电2341.3亿千瓦时，增长26.4%，占总发电量的79.89%；火力发电581.6亿千瓦时，下降7.0%②。2015年，在四川省政府的大力推动下，坚持资源综合开发、移民致富、环境保护相协调的原则，继续加快在建大中型水电站建设，突出抓好龙头水电站调节水库建设，科学合理、严格控制小水电站开发。重点加快推进雅砻江两河口水电站、大渡河双江口、大岗山等水电项目建设。2015年9月大渡河黄金坪水电站4号机组、3号机组相继实现并网发电，正式投入商业运营，该电站是大渡河干流水电规划“三库22级”的第11级，总装机容量85万千瓦，属国家西部大开发重点工程、四川省重点工程和国家支持藏区发展重点工程。目前黄金坪水电站1号、2号机组设备安装工程正在抓紧推进，计划分别于2015年11月和12月全面投产。

（三）风电、太阳能等新能源加速发展

2014年四川省风电产业发展迅猛，新增并网容量达到17.85万千瓦，累计并网容量达到28.8万千瓦，累计上网电量3.53亿千瓦时③。四川省风力资源在全国属于“四类资源区”，主要风力资源集中在凉山州和秦巴山区，这两地属于重点开发区，2014年，四川省基本完成芳地坪、拉马、鲁南、黄水、鲁基、干坝子、特口甲谷、洛尔、红旗、长海子、火烈、补尔、梁子乡等13座风电站建设，新增风电并网容量达到17.85万千瓦，累计并网容量达到28.8万千瓦。2015年，四川省继续加大能源项目投入力度，计划完成新能源装机容量109万千瓦，在进一步规范新能源开发的基础上，加快会理红旗、盐边大面山等风电重点项目建设，力争在2015年实现风电并网装机容

① 陈雅文、李欣忆：《四川电网并网装机突破8000万千瓦水电占八成》，《四川日报》2015年6月18日。

② 《2014年四川水电新增发电机组相当于半个三峡水电站》，中国电力网，http：//www.powerfoo.com/news/scsd/scsd/2015/24/JG35.html。

③ 资料来源：北极星风力发电网，http：//news.bjx.com.cn/html/20150226/592249.shtml。

量达到110万千瓦。

太阳能方面，四川拥有丰富的多晶硅产能资源和较集中的产业基地，素有中国西部“硅谷”和“光伏第一省”之称，产业基地主要集中在乐山多晶硅基地和双流光伏产业园区，已发展成为多晶硅产能、产量大省，为太阳能上下游产业发展奠定了良好基础。但四川省太阳能资源主要集中在攀西地区，在全国太阳能市场中并不具有优势，2014年四川省重点建设了火古龙、洛若、树堡三期、大河乡、万家山等5座光伏电站，新增光伏发电装机规模8万千瓦；2015年，在四川省政府的大力支持下，全年力争在凉山、阿坝、甘孜、攀枝花等地建设8~10座光伏电站，全年预计新增装机规模达到30万千瓦，累计装机规模将达到52万千瓦。

（四）天然气开发取得重大进展

2014年四川省天然气产量252.5亿立方米，比2013年增长4.3%。元坝等新气田开发取得了突破性进展。位于广元、南充、巴中三市交界地的元坝气田于2014年底建成，一期净化天然气产能17亿立方米，并将于2015年底实现全面投产，成为我国首个超深高含硫气田，年产天然气将达到34亿立方米。元坝气田已探明天然气储量2194亿立方米，是中石化在四川盆地发现的大型海相气田之一，气藏平均埋深约6700米，具有超深、高温、高含硫、多压力系统、气水关系复杂等特点，是迄今世界上埋藏最深的海相酸性大气田，也是世界上建设难度最大、风险最高的气田之一。元坝气田将成为我国“川气东送”工程的又一重要气源地。通过“川气东送”管道，净化天然气将输往长江中下游的湖北、江西、安徽、江苏、浙江、上海等地，同时也为四川省南充、巴中、广元等地天然气供应提供了有力保障。元坝气田在生产调度、数据采集、监视控制和安全环保等方面均实现了自动化、智能化，关键技术和设备实现国产化，创造了3项世界纪录和30余项国内石油工程纪录，成为我国现代化、智能化程度最高的绿色气田，使中国成为世界上少数几个掌握开发大型超深高含硫气田核心技术的国家。① 此外，川东北及川中区块含硫自然气开发项目进入第二阶段，该区块高含硫自然气开采项目是中国最大的陆上石油天然

① 危兆盖、陈静梅：《元坝气田年底全面投产》，《光明日报》2015年8月27日。

气合作项目，建成后年产将达100亿立方米天然气，将有力推动四川天然气产量的快速增加。

二 四川省能源消费与经济增长关系分析

经济的发展离不开能源的支撑作用，在经济社会发展过程中，能源消费与经济发展的关系日益密切，经济发展不仅能够促进能源电力产业扩大产能，而且可以为开发利用新能源提供经济和技术支持，从而促进能源消费结构的调整。国内外经济学界对能源消费与经济增长关系的研究众多，其中格兰杰因果关系检验法是国内外学者普遍使用的方法之一。因此，为预测四川省能源产业发展趋势，本文运用格兰杰因果关系检验法对四川省能源消费与经济发展之间的关系进行分析。

（一）四川省能源消费与经济增长模型

能源消费数据选取四川省1997～2013年能源消费总量、电力消费量，经济发展数据则选取相应年份的四川省地区生产总值（GDP），数据来源均为历年四川省统计年鉴（见表1）

表1 1992～2013年四川省主要经济与能源数据

年份	GDP(亿元)	能源消费总量(万吨标准煤)	电力消费量(亿千瓦时)
1992	1177.27	4897.10	292.94
1993	1331.49	4999.80	305.92
1994	1481.95	5364.00	370.61
1995	1640.52	6367.40	407.89
1996	1814.41	6609.50	398.78
1997	2004.93	6654.00	466.25
1998	2199.41	6749.50	453.19
1999	2344.57	6370.00	462.25
2000	2543.86	6517.82	521.23
2001	2772.80	6810.00	589.60
2002	3058.40	7510.00	671.82
2003	3404.00	9204.00	759.81

续表

年份	GDP(亿元)	能源消费总量(万吨标准煤)	电力消费量(亿千瓦时)
2004	3836.31	10700.00	857.02
2005	4319.68	9073.07	942.59
2006	4902.84	10035.09	1059.44
2007	5613.75	11223.98	1177.50
2008	6231.27	11829.06	1213.29
2009	7134.80	13321.80	1361.90
2010	8212.15	15013.97	1549.00
2011	9443.98	15958.01	1962.50
2012	10633.92	16897.65	2009.60
2013	11697.31	17774.58	2085.80

注：(1) 资料来源为历年四川省统计年鉴。GDP 数据为以 1992 年为基期剔除通货膨胀影响的实际 GDP 值。(2) 为保障数据的连续及完整性，能源消费量按当量值计算。

1. 全省能源、电力消费与经济增长的实证关系

根据四川省统计年鉴得到相关数据，进而得到能源消费总量和 GDP 的关系图（见图 1）。

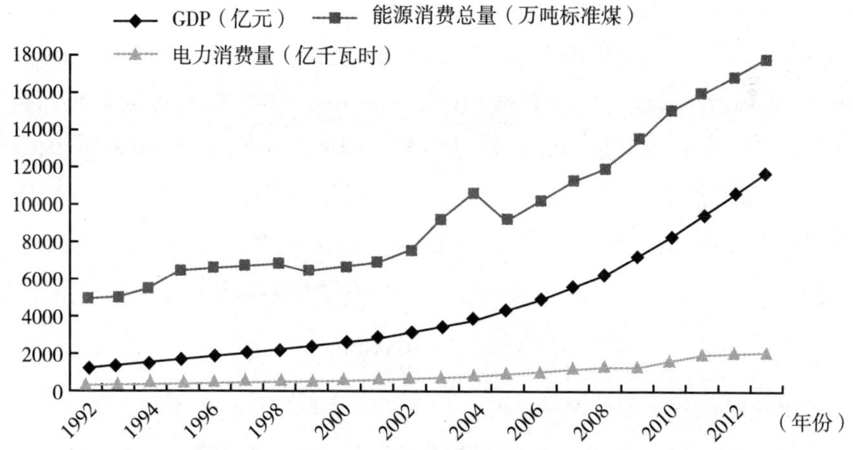

图 1　1992～2013 年四川省经济总量与能源消费量关系

通过图 1 可以看出，四川省能源消费、电力消费和 GDP 之间整体趋势相同，可以认为存在一定的线性关系。

2. 能源消费与经济增长回归模型

(1) 模型的检验和设立

通过 Eviews6.0 检验分析得出四川省 GDP 与能源消费(ENC)之间的格兰杰因果关系检验结果，见表2。

表2　ENC 与 GDP 之间 Grange 因果关系检验输出结果

滞后长度 p	原假设	F 统计量值	F 统计量的 P 值
1	ENC does not Granger Cause GDP	2.13047	0.1616
	GDP does not Granger Cause ENC	5.33609	0.0330 *
2	ENC does not Granger Cause GDP	0.41878	0.6653
	GDP does not Granger Cause ENC	3.73855	0.0482 *
3	ENC does not Granger Cause GDP	0.24189	0.8655
	GDP does not Granger Cause ENC	1.86940	0.1886
4	ENC does not Granger Cause GDP	0.62229	0.6582
	GDP does not Granger Cause ENC	1.62110	0.2510

“*”表示在0.05 显著性水平下显著。

根据表1的结果认为，当 p 取为1、2、3、4时，原假设“ENC does not Granger Cause GDP”对应的 F 统计量的 P 值均大于0.05，接受原假设；当 p 取为1、2时，原假设“GDP does not Granger Cause ENC”对应的 F 统计量的 P 值均小于0.05，拒绝原假设。可以推断，GDP 是 ENC 的 Granger 原因，但 ENC 不是 GDP 的 Granger 原因，因此，得到模型的基本形式为一元线性回归模型，为排除模型的异方差性，对变量进行取自然对数处理，得到模型如下:

$$LnENC = \alpha + \beta LnGDP + \delta \quad (1)$$

其中：ENC 表示能源消费总量；GDP 表示实际国内生产总值；“Ln”表示对变量取自然对数；α、β 表示未知参数；δ 表示随机干扰项。

(2) 模型的检验

将数据代入模型后，通过 Eviews6.0，运用最小二乘法可以得到模型的检验结果，见表3。

表 3　OLS 法检验模型输出结果

Dependent Variable: LNENC				
Method: Least Squares				
Date: 09/06/15 Time: 15:03				
Sample: 1992 2013				
Included observations: 22				
Variable	Coefficient	Std. Error	t – Statistic	Prob.
LNGDP	0. 569213	0. 022906	24. 84989	0. 0000
C	4. 435003	0. 187685	23. 62999	0. 0000
R – squared	0. 968628	Mean dependent var		9. 082577
Adjusted R – squared	0. 967060	S. D. dependent var		0. 406224
S. E. of regression	0. 073727	Akaike info criterion		–2. 290377
Sum squared resid	0. 108715	Schwarz criterion		–2. 191191
Log likelihood	27. 19415	Hannan – Quinn criter.		–2. 267012
F – statistic	617. 5172	Durbin – Watson stat		1. 086050
Prob(F – statistic)	0. 000000			

表 4　OLS 法检验模型主要输出结果

变量	参数	t 检验的 P 值	F 检验的 P 值	R^2	修正的 R^2	DW 值
LnGDP	0. 569213	0. 0000	0. 000000	0. 968628	0. 967060	1. 086050
C	4. 435003	0. 0000				

通过表 4 可以看出，解释变量的参数为正，符合经济意义；同时，模型检验的 R^2 的值等于 0. 969，接近 1，证明模型整体拟合优度良好；F 检验和 t 检验的 P 值都接近于零，说明解释变量对被解释变量变异的解释能力强，且解释变量参数都显著不为零；DW 的值为 1. 09，说明模型有可能存在自相关问题。

经检验，模型存在二阶正自相关关系，现对模型进行自相关修正，得到修正后模型的输出结果（见表 5）。

表 5　模型自相关修正主要输出结果

变量	参数	t 检验的 P 值	F 检验的 P 值	R^2	修正的 R^2	DW 值
LnGDP	0. 568938	0. 0000	0. 000000	0. 973498	0. 968529	2. 002044
C	4. 436983	0. 0004				

不难证明，修正后的模型不存在自相关问题，同时也不存在其他违背基本假定的问题。综上所述，四川省能源消费与经济增长模型的最终拟合结果为：

$$LnENC = 0.568938LnGDP + 4.436983 \tag{2}$$

即四川省 GDP 每增加（减少）1 个百分点，可使得四川省能源消费量增加（减少）0.57 个百分点，换句话说，四川省经济每增加（减少）1 个百分点，其引致能源消费量增加（减少）0.57 个百分点，由此可以在预测四川省经济增长速度的基础上得到能源消费量的增长速度。

3. 电力消费与经济增长回归模型

首先对四川省电力消费量（ELC）与实际国内生产总值（Y）进行格兰杰因果关系检验，通过软件 Eviews6.0 分析得到如下结果。

表 6　Y 与 ELC 的格兰杰因果关系检验输出结果

滞后长度 p	原假设	F 统计量值	F 统计量的 P 值
1	ELC does not Granger Cause Y	0.08836	0.7697
	Y does not Granger Cause ELC	4.20277	0.0552
2	ELC does not Granger Cause Y	0.37353	0.6945
	Y does not Granger Cause ELC	4.04991	0.0392 *
3	ELC does not Granger Cause Y	3.12562	0.0660
	Y does not Granger Cause ELC	1.35584	0.3030
4	ELC does not Granger Cause Y	2.61018	0.1068
	Y does not Granger Cause ELC	5.51966	0.0159 *
5	ELC does not Granger Cause Y	3.13236	0.0985
	Y does not Granger Cause ELC	4.69803	0.0431 *

“*”表示在 0.05 显著性水平下显著。

根据表 6 的结果，当 p 取为 1、2、3、4、5 时，原假设“ELC does not Granger Cause Y”对应的 F 统计量的 P 值均大于 0.05，接受原假设；当 p 取为 2、4、5 时，原假设“Y does not Granger Cause ELC”对应的 F 统计量的 P 值均小于 0.05，拒绝原假设。可以推断，Y 是 ELC 的 Granger 原因，但 ELC 不是 Y 的 Granger 原因，因此，得到模型的基本形式为：

$$\text{LnELC} = \lambda + \mu \text{LnY} + \varepsilon \tag{3}$$

其中：ELC 表示电力消费总量；Y 表示实际国内生产总值；“Ln”表示对变量取自然对数；λ、μ 表示未知参数；ε 表示随机干扰项。

继而将数据代入模型检验得到如下结果。

表 7　OLS 方法模型检验输出结果

参数	未知参数估计值	t 检验的 P 值	F 检验的 P 值	DW 值	可决系数 R^2
LnY	0.892654	0.0000 *	0.000000 *	1.190808	0.992153
c	-0.669076	0.0002 *			

其中，“ * ”表示在 0.05 显著性水平下显著。

根据检验结果（见表 7）可知，模型可决系数接近于 1，认为模型整体拟合优度良好，同时参数的相关系数符合经济意义；未知参数的 t 检验的 P 值均在 0.05 显著性水平下显著，认为模型未知参数均显著不为 0；模型整体检验的 F 统计量的 P 值也在 0.05 显著性水平下显著，认为解释变量对被解释变量变异的解释能力强；经检验认为模型不存在自相关问题，同时不难检验模型也不存在其他违背经典假定的问题。最终得到模型结果如下式：

$$\text{LnELC} = 0.892654\text{LnY} - 0.669076 \tag{4}$$

即四川省 GDP 每增加（减少）1 个百分点，可使得四川省电力消费量增加（减少）0.89 个百分点，即四川省经济每增加（减少）1 个百分点，其引致电力消费量增加（减少）0.89 个百分点，由此也可以在预测四川省经济增长速度的基础上得到四川省电力消费量的预测值。

（二）2016年四川省能源、电力需求预测

1. 能源需求总量预测

根据公式（2）分析结果我们不难发现，四川省经济每增加（减少）1 个百分点，其引致能源消费量增加（减少）0.57 个百分点，由此可以根据四川省经济增速预测出四川省能源消费量的增长比例。依据 2015 年四川省经济发展状况分析，2016 年四川省经济将继续保持中高速发展势头，按照全省经济增速为 7% ~ 8% 估计，四川省 2016 年能源消费量将同比增加 3.99% ~

4.56%。

2. 电力需求预测

根据公式（4）的分析结果发现，四川省经济每增加（减少）1个百分点，其引致电力消费量增加（减少）0.89个百分点，由此根据四川省经济增速可预测四川省电力消费量的增长速度。同样按照2016年四川省7%~8%的年经济增长速度来分析，可以预测四川省电力消费量同比增加6.23%~7.12%。

三　四川省能源电力产业发展形势分析

2014年6月国务院办公厅印发了未来一段时期我国能源发展的行动纲领——《能源发展战略行动计划（2014~2020年）》（以下简称《行动计划》），明确了2020年我国能源发展的总体目标、战略方针和重点任务，部署推动能源创新发展、安全发展、科学发展。该《行动计划》指出："能源供应和安全事关我国现代化建设全局。要坚持'节约、清洁、安全'的战略方针，重点实施节约优先、立足国内、绿色低碳和创新驱动四大战略，加快构建清洁、高效、安全、可持续的现代能源体系。到2020年，基本形成统一开放竞争有序的现代能源市场体系。"① 四川省能源电力产业的发展将继续受到全国、全省经济新常态下能源供需格局的深刻影响，步入健康稳定、与经济社会协调发展的新阶段。

（一）能源电力发展进入新常态

2016年是"十三五"开局之年，国民经济和社会事业的发展将进入一个新的发展时期。经济增长重心已逐渐从第二产业向第三产业过渡转移，反映在电力消费结构方面，尽管第二产业的电力需求仍然占较大比重，但工业的电力需求占比将逐渐下降；第三产业电力需求占比将有所提高。从工业内部看，钢铁、水泥等高耗能行业产能已经饱和或达到峰值，而高端装备制造等战略新兴

① 新华网，http://news.xinhuanet.com/politics/2014-11/19/c_1113313536.htm.2014/11/19/2015/8/20。

产业等将成为第二产业的新增长点。从需求总量看，随着“十三五”时期经济结构调整进入关键阶段，能源消费增长趋势发生明显变化，社会用电量作为经济“晴雨表”出现明显的增速下滑趋势，与经济新常态相适应的能源电力发展正逐步显现新的特征。在过去适度超前发展原则的基础上，与全社会用电量增速低位形成鲜明对比的是，我国电力装机容量增速始终维持在高位，这也从侧面反映出我国对未来电力供需形势预期方面存在不足之处，因此需要对能源电力行业整体投资和建设规模进行合理调整。

在经济新常态下，2016 年四川省能源电力产业增速将有所放缓。总的来看，未来一段时间内，能源生产将保持3% ~5%左右的中低速稳定增长状态，这或将成为能源电力产业发展的新趋势。

（二）能源革命进一步深化

2016 年能源革命将继续深化，并深刻影响整个“十三五”时期全省能源电力产业的发展，在能源消费革命、能源供给革命、能源技术革命和能源体制改革不断深化的新形势下，四川省能源电力产业将面临更多新机遇和更大的挑战。

从目前来看，传统粗放式能源生产、消费模式将逐步被取代，新型绿色低碳的能源生产、消费方式开始逐渐成为主流，并将贯穿整个经济社会未来的发展过程和各个领域。传统高耗能、高污染、高排放的“三高”经济发展方式正逐渐向低能耗、低污染、低排放的“三低”方向转型，能源利用效率进一步提高，节能环保产业得到了空前发展。同时，相对于传统化石能源，水能、太阳能、风能、天然气等清洁可再生能源将成为能源结构的重要组成部分，从而为四川省水电等清洁能源产业的发展开辟更加广阔的市场空间。能源生产要立足于建立国内多元供应体系，同时大力推进不可再生能源的清洁高效利用，着力发展可再生能源，形成煤、油、气、核、新能源多轮驱动的能源供应体系，同步加强能源输配网络和储备设施建设。

（三）继续优化调整能源结构

为应对我国的能源需求压力、减小能源生产和消费对生态环境造成的破坏、提高能源技术总体水平，中央提出要着力优化能源结构，把发展清洁低碳能源产业作为调整能源结构的主攻方向。坚持发展非化石能源与化石能源高效清洁利用并举，逐步降低煤炭消费比重，提高天然气消费比重，大幅增加风电、太阳能、地热能等可再生能源和核电消费比重，形成与我国国情相适应、科学合理的能源消费结构，大幅减少能源消费排放，促进生态文明建设。四川省能源电力产业距离全面建成小康社会的目标要求还有很大的发展空间，能源供给结构还需要进一步优化，目前主要的电力供给以水电、火电为主，其中水电占全部电力供应的近八成，而且水电产业受季节性影响严重，同时新能源、天然气电力供给依然占比较小，能源结构的不合理配置也成为制约经济发展的一个重要因素。未来一段时间，可实行多种优质能源并举，由依靠单一能源资源向“绿色多元”发展，进一步提高风能、天然气等新能源比重，优化能源供给结构，同时提高不可再生能源利用效率，降低单位能耗的污染物排放水平，推进不可再生能源的清洁高效利用。

（四）加快能源市场化改革

根据《能源发展战略行动计划（2014～2020年）》要求：“坚持社会主义市场经济改革方向，使市场在资源配置中起决定性作用和更好发挥政府作用，深化能源体制改革，为建立现代能源体系、保障国家能源安全营造良好的制度环境”。

深化能源体制改革，将重点在三个方面寻求突破：一是推进政府自身改革，处理好政府和市场的关系。政府应进一步取消和下放能源项目审批事项，集中精力做好发展战略、规划、政策、标准等的制定和实施，加强市场监管，加强能源普遍服务。能源企业投资项目，除了特别重大的以外，一律应由企业依法依规自主决策。二是继续搞活存量，推进国有大型能源企业改革。对电力、油气行业，实行以政企分开、政资分开、特许经营、政府监管为主要内容的改革，细化区分竞争性环节和自然垄断环节，加强对自然垄断性业务的监管，放开竞争性业务。三是继续激发增量，进一步增强社会资本的活力和创造力。逐步放开电力、石油、天然气领域竞争性环节的价格，由企业自主定价，政府定价范围主要限定在网络型自然垄断环节。制定负面清单，实行法无禁止均可进入。2016年改革重点可能继续从能源行业准入和行业结构、价格形成机制、政府调控和监管等方面入手，出台一系列改革措施，力争取得重大突破。

能源体制改革十分复杂，改革过程中的不利因素也不容小觑，集中体现在价格形成机制不合理、能源项目的行政审批制管理模式、垄断等几个方面，这些因素成为能源体制改革的强大阻力，不解决这些问题，不打破这些桎梏，能源生产力就不能得到进一步解放和提高。

（五）优先发展清洁可再生能源

充分发挥四川省优势资源作用，继续实行“水电优先”的发展原则，同时加大天然气、风能、太阳能等清洁能源的开发投入力度，降低火电在能源供给结构中的比例。在加强生态保护和完善移民政策的基础上，加快推进金沙江、雅砻江、大渡河“三江”水电基地建设，进一步增加水电装机容量，提高水电在能源供给结构中的比重；同时加快风能、太阳能、天然气等清洁能源的开发，特别是要提高天然气发电的研发投入，增加天然气发电在能源电力供给结构中的比重，缓解水力发电“丰余枯缺”的季节性影响，保障全省电力的稳定供给；关停小火电机组，淘汰落后产能，重点建设路口煤电基地、川南煤电基地、攀枝花煤电基地和川东煤电基地，大力发展煤炭循环经济，提高煤电企业的煤炭利用率，减少污染物的排放，进一步优化全省电源结构。

（六）加速四川电网和特高压智能电网建设

为解决四川省弃水问题，加快构建四川电网主网架，在满足四川电网安全可靠供电的基础上，围绕川渝负荷中心优化电网结构，为外送和接受省外电力提供网架支撑；同时满足雅砻江、金沙江下游二期、大渡河等大型水电基地特高压直流外送需要，建设强大电力输送端网络平台；要满足四川中小水电汇集、接入和送出需要，建设省内西电东送通道，提高输电能力和走廊利用效率。在充分利用原有雅安—武汉特高压项目前期成果基础上，建设雅安—重庆的交流特高压线路，加快西南特高压同步电网建设，构建水电资源调配的平台。

参考文献

能讯网：《今年1～11月份四川省水电装机电量皆占鳌头》，http：//www. infopetro.

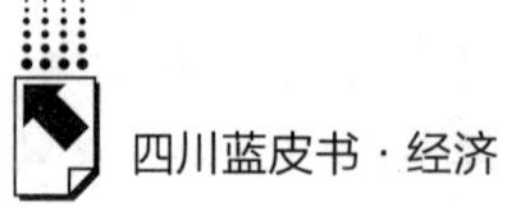

com. cn/special/other/power/201501/63623. html. 2015/01/21/2015/08/22。

孙祥栋:《关于电力与经济的关系》,《中国能源报》2015 年 9 月 14 日第 5 版。

贾科华:《用电量增速进入新常态》,《中国能源报》2015 年 7 月 20 日第 1 版。

褚艳芳:《加强特高压交流骨干网建设 充分利用水电》, http: //www. powerfoo. com/news/scsd/scsd/2011/69/7A9G. html. 2015/03/12/2015/09/20。

姚远

劳承玉

2015 年 12 月 9 日

B.15

2016年四川省旅游产业发展分析与预测

杨启智　林 巧*

摘　要：　随着“美丽中国－丝绸之路旅游年”主题的开展、“515 战略”的提出与实施以及旅游产业相关政策的落实，旅游产业迎来了金融危机以来快速发展的好时机，旅游消费成为经济下行压力加大之时新的经济增长点。2015 上半年，四川旅游业呈现快速增长态势。全省实现旅游总收入 3070.05 亿元，同比增长 28.6%，较全国旅游产业增幅高 14.2 个百分点；接待入境游客人次同比增长 15.5%，比全国平均增速高 11 个百分点。2016 年，四川三大旅游市场将持续稳定增长，出境旅游市场增长更快；国际知名度上升至新高，带动入境旅游快速增长；“互联网＋”助推旅游新模式，在线旅游借机加速发展；旅游市场更加秩序化、标准化和规范化；乡村旅游与藏区旅游高速发展。

关键词：　四川省　旅游产业

2015 年上半年，全国旅游产业蓬勃发展。2015 年被国家旅游局确定为“美丽中国－丝绸之路旅游年”，这一年，一系列旅游业相关政策法规的落实和实施为旅游业的快速发展创造了良好时机：《旅游法》《国民旅游休闲纲要》《国务院关于促进旅游业改革发展的若干意见》等政策的落实，有效地扩大了旅游业的投资需求；降税、自贸区建设和双边自贸协议等政策有力地拉动了旅游消费需

* 杨启智，四川农业大学旅游学院院长，博士，主要研究方向为旅游产业经济；林巧，四川农业大学经济学院，硕士研究生，主要研究方向为产业经济。

求；国民旅游的消费信心随着国家旅游局“515战略”的实施逐渐增强，产业发展动力充足；区域旅游一体化借助国家“一带一路”战略、京津冀协同发展、长江经济带建设等，进程明显加快。旅游产业迎来了金融危机以来快速发展的好时机，旅游消费成为经济下行压力加大之时新的经济增长点。国家统计局2015年1～6月数据显示，国内旅游人数和旅游收入分别为20.24亿人次和1.65万亿元，同比增长分别为9.9%和14.5%；出境旅游人数为6190万人次；来华旅游入境人数约6510万人次，同比增长4.5%；旅游业实际完成投资3018亿元，同比增长28%。

2015年，面对错综复杂的国际形势和国内经济下行压力加大的困难局面，四川经济走势与全国基本一致，运行总体基本平稳，下行压力仍然很大。2015上半年，四川旅游业呈现快速增长态势。四川旅游产业的快速发展除了归功于四川丰富的旅游资源外，还有赖于决策层的“顶层设计”。2013年四川确立了“建设旅游经济强省和世界旅游目的地”战略目标；2015年，随着国务院办公厅《关于进一步促进旅游投资和消费的若干意见》、国家旅游局《游客不文明行为记录管理暂行办法》的实施，以及四川省《景区最大承载量核定导则LBT 034－2014》和《四川省入境旅游奖励试行办法》的实施、依法治旅的逐步推进，旅游产业发展形成了良好的环境和态势。2015年上半年，全省实现旅游总收入3070.05亿元，同比增长28.6%，比全国旅游产业增长幅度高出14.2个百分点；入境游客接待人次同比增长15.5%，比全国平均增速高11个百分点。仅在春节期间，全省接待国内外游客人数便居全国第一。同时，四川旅游的高成长性吸引着资本不断做大，上半年，全省旅游项目签约达880亿元，同比增长94.6%，旅游项目完成投资532亿元，同比增长约36.5%①。

一　四川省旅游产业发展概况

（一）2011～2014年四川旅游发展回顾

依照目前我国旅游产业的统计方法，反映一个地区旅游产业宏观运行状况

① 四川旅游政务网：《“旅游＋”携手资本四川打造区域经济社会发展新引擎》，http：//group.scta.gov.cn/cms/pub/sclyj/mttd/zxmtbd/system/2015/07/22/000652481.html。

的指标主要有：反映旅游产业的收益和结构状况的“旅游总收入”“国内旅游收入”“国际旅游（外汇）收入”三大指标和反映旅游产业规模状况的“接待国内游客人次”、“接待入境游客人次”两大指标。由于出境游越来越成为旅游产业的一大热门，2014 年中国公民出境游更是达到 1.17 亿人次，将“出境游客人数”纳入分析，更能全面和客观地反映旅游产业的规模和结构状况。因此笔者选用这六大指标来进行分析，2011～2014 年四川省旅游产业宏观运行状况如表 1 所示。

表 1　2011～2014 年四川旅游产业宏观运行状况

指标	2011 年		2012 年		2013 年		2014 年	
	数值	增速(%)	数值	增速(%)	数值	增速(%)	数值	增速(%)
旅游总收入(亿元)	2449.15	29.9	3280.25	33.9	3877.4	18.2	4891.04	26.1
国内旅游收入(亿元)	2410.57	29.5	3229.83	34	3830.04	18.6	4838.34	26.3
旅游外汇收入(亿美元)	5.94	67.8	7.98	26.5	7.64	-4.3	8.58	12.7
国内旅游人数(亿人次)	3.5	28.9	4.35	24.2	4.87	12.1	5.35	10
入境旅游人数(万人次)	164	55.9	227.34	25.1	209.56	-7.8	240.17	14.6
出境游客人数(万人次)	56.9	20	76.84	35.1	74.2	10.4	123.76	66.8

资料来源：根据 2011～2014 年四川省旅游业统计公报数据整理而得。

由表 1 可以看出，“十二五”时期以来，四川省旅游产业呈现持续增长趋势。2011 年和 2012 年四川旅游产业呈现出境市场高速增长、入境市场快速增长、国内旅游稳步增长，三大旅游市场齐头并进的发展格局，整个旅游产业持续快速增长。2013 年以来，受经济缓慢复苏、芦山大地震、特大洪灾等宏观经济环境和重大自然灾害影响，四川旅游业增长放缓，总体平稳增长。2014 年，全省旅游业恢复到震前水平，旅游经济运行总体稳中有进，三大市场稳步发展。近年来，四川国内旅游收入与全省旅游总收入变化趋势一致，并且国内旅游收入在旅游总收入中占比在 98.5% 以上，可见，四川省旅游经济以国内旅游接待为主。从旅游产业收益来看，2014 年，四川旅游业总收入 4891.04 亿元，同比增长 26.1%，超过 2011 年的 2 倍，增速有所放缓。其中，国内旅游收入（4838.34 亿元）和旅游外汇收入（8.58 亿美元），分别是 2011 年的 2.01 倍和 1.44 倍。从规模和构成来看，2014 年，四川实现国内旅游接待和入境旅游人数分别为 5.35 亿人次和 240.17 万人次，分别是 2011 年的 1.53 倍和 1.46 倍；出境旅游人数为 123.76 万人次，是 2011 年的 2.18 倍。

（二）旅游产业整体发展情况

2015 年上半年，在经济下行压力仍然较大的情况下，旅游业作为促进经济增长的新动力和扩大内需新增长点的优势进一步显现。1 ~6 月，全省旅游三大市场齐头并进，共实现旅游总收入 3070.05 亿元，同比增长 28.6%，完成全年目标任务的 53%。

1. 2015年上半年三大旅游市场发展情况

（1）国内旅游市场持续高速发展

国内旅游市场继续保持良好的发展态势。如图 1 所示，1 ~6 月全省接待国内旅游人数超过 3.24 亿人次，与 2014 年同期相比，增长 9.2%；实现国内旅游收入 3047.16 亿元，同比增长 28.7%，与全国的国内游大市场相比，远高于全国平均水平，比国家旅游局发布的上半年全国实现国内旅游收入高 14.2%。可见，国内旅游市场在四川旅游业中的基础和支柱地位更加突出。在增速方面，与同期相比，国内旅游收入增速保持在 25% ~30%，其峰值出现在 2014 年的上半年，增速达到 29.4%，而 2015 年上半年增速接近 2014 年峰值，总体呈现稳定快速增长趋势；国内旅游人数增速总体下降，有所放缓，在 2014 年下半年至 2015 年上半年保持在 10% 左右，这是由于在经过 2013 年的大自然灾害之后，2014 年国内旅游增长迅速，经过 2014 年已经恢复到震前水平，在 2015 年保持平稳增长，增速放缓，但属于旅游产业经济的正常波动周期范围。

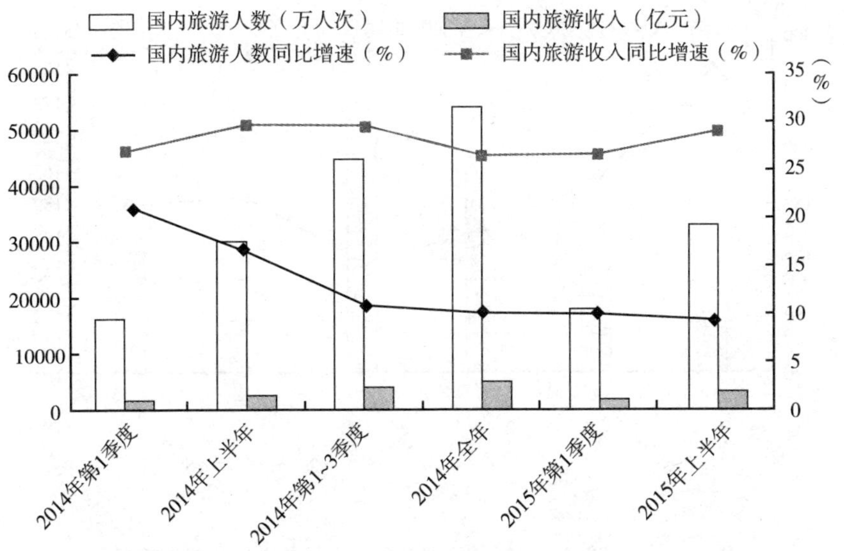

图1　2014～2015年上半年四川国内旅游市场发展情况

（2）入境旅游市场平稳增长

入境旅游市场保持平稳增长势头。1～6月，全省共接待入境游客106.46万人次，同比增长15.5%，增速高出上半年全国接待入境旅游人次增速的11个百分点；共实现旅游外汇收入3.72亿美元，与2014年同期相比增长12.2%。

2015年，四川已出台《四川省入境旅游奖励试行办法》，已开始实行入境旅游奖励政策。3月，四川启动了“三大国际营销活动”，包括实施以“欧洲熊猫粉丝四川探亲之旅”为主线的欧亚重点客源地的营销活动，启动“寻找川菜名馆暨美食之都全球营销”活动，以及“四川境外直航城市旅游营销”。在这一系列政策促进和营销推动下，虽然受中东呼吸综合征、长江客轮沉没等事件的不利影响，但是2015年上半年四川省入境旅游市场仍然保持平稳增长。图2（a）和2（b）为2014～2015年上半年入境旅游游客人数和旅游外汇收入情况。

（3）出境旅游市场持续迅猛增长

出境游市场依然呈现高速增长趋势。2015年上半年全省具备经营出境业务资质的旅行社共组织居民80.73万人次出境旅游，相比于2014年上半年增

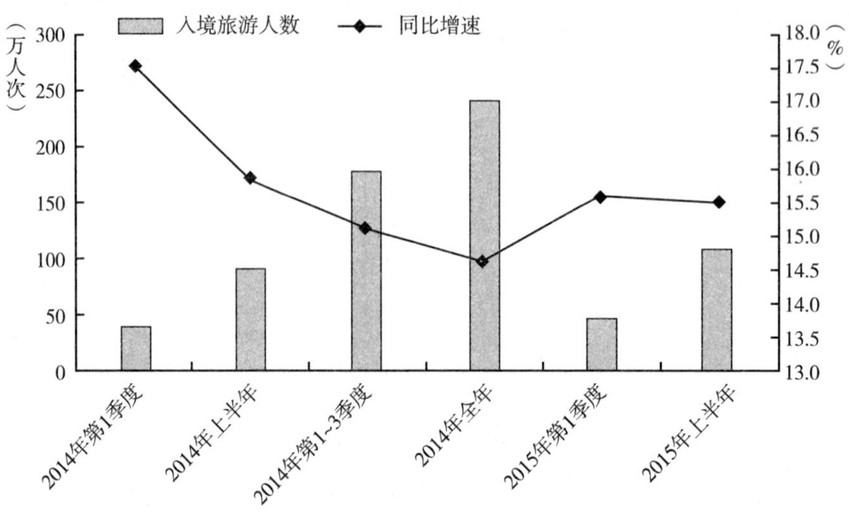

图2（a） 2014～2015年上半年四川入境旅游市场发展情况

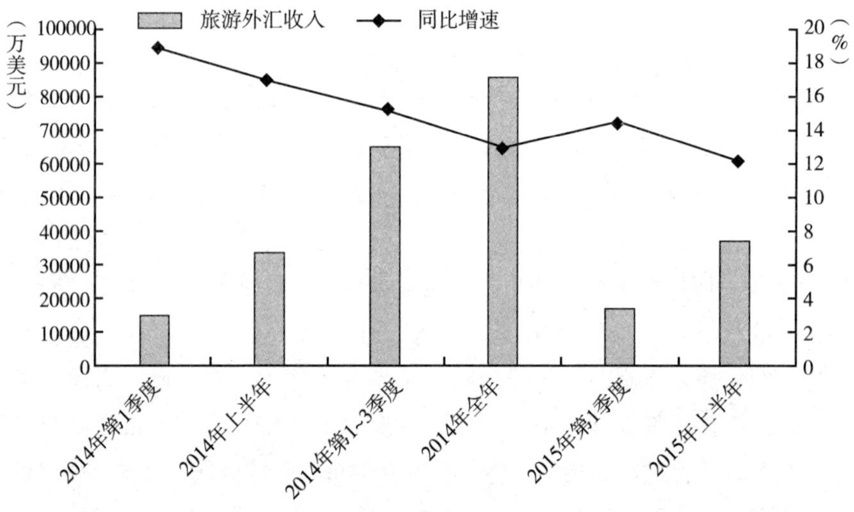

图2（b） 2014～2015年上半年四川入境旅游市场发展情况

长了76.2%；其中，第一季度旅行社共组织居民40.15万人次出境旅游，同比增长104.4%。可见，随着四川省居民收入得提高，在“入境游、国内游、出境游”传统三游形态中，出境游已经成为公民旅游选择的新主流。

（三）旅游企业发展情况

目前中国统计年鉴中对旅游企业的统计方法是，针对旅行社、星级饭店、旅游景区等三大旅游企业类型，通过营业收入、营业税金及附加、利润率、全员劳动生产率、从业人员和企业数等指标，来反映一个地区旅游企业经营状况。根据研究需要，笔者主要采用营业收入（万元）、利润率（%）、从业人员（人）和企业数（家）四大经济指标进行分析。

1. 旅行社经营情况分析

旅行社发展的初级阶段，以观光游、团队游为主的旅游形式在旅游市场中有支撑作用，旅行社在旅游市场中发挥了重要作用。随着人民生活水平不断提高、互联网的快速发展和广泛应用以及旅游交通设施的改善，游客出行方式逐渐由依赖旅行社向休闲度假游、自驾游转变，游客市场分流较严重，传统旅行社面临前所未有的挑战，经营状况急剧下滑。从表2可以看出，虽然总体旅游企业数量增加，但是从业人员数、利润率和营业收入均大幅下降，其中利润率降至0.03%，传统旅行社经营状况急剧下滑。至2013年，随着旅行社专业化水平和经营管理经验的积累，旅行社经营状况大幅改善，营业收入、利润率和从业人员数大幅度增长，利润率上升到3.03%。至2014年，在全国旅行社市场发展缓慢，整体呈现疲软的态势下，四川旅行社也难以避免地陷入发展缓慢的困境，90%以上的游客选择了自由行，跟团游一落千丈，“散客化”现象更加明显。开展在线旅游业务成为旅行社跟随网络信息技术的广泛应用潮流、应对游客日益增长的和多元化的消费需求以及日益激烈的市场竞争的必然选择。

表2　2010～2014年四川旅行社经营情况统计

项目＼年份	2010	2011	2012	2013	2014
营业收入(万元)	413353.17	348427.71	692189.35	716563.10	741313.02
利润率(%)	1.02	0.03	2.95	3.03	2.36
从业人员(人)	10459	6586	7096	9203	8588
企业数(家)	631	730	629	534	586

资料来源：2010年至2014年中国旅游统计年鉴。

据统计，2008～2013 年，我国旅游者线上购买的比例分别为 4.9%、5.2%、6.2%、7.3%、8.5%，呈现逐年上升的趋势[①]。艾瑞统计数据显示，2014 年前三个季度中国在线旅游市场交易规模达 755.4 亿元，环比增长 17.3%，与上年同期相比增长 25.8%，2014 年前三个季度中国在线旅游 OTA 市场营收规模为 39.5 亿元，同比增长 22.3%[②]。2015 年上半年，中国在线旅游总交易规模达到 1654.8 亿元，与上年同期相比增长 35.6%。同时，2015 年上半年在线旅游渗透率为 8.9%，部分大型 OTA 企业的业务增速达到市场均值的三倍多。由此可见，在互联网强大的技术力量的推动下，旅游产业发生着巨大改变。

2. 星级饭店经营状况分析

星级饭店实现平稳增长。星级饭店数量规模方面，2015 年第二季度全国星级饭店统计显示，全国共有 12163 家星级饭店，其中停业数为 881 家，停业率约为 7.24%；四川共 484 家，停业数为 44 家，停业率为 9.095%，高出全国水平约 2.2 个百分点。而在 2014 年，因受政治、经济、社会等各种因素的影响，全国星级饭店 12037 家，停业率为 7.12%；四川所受影响较大，474 家星级饭店中停业数为 71 家，停业率高达 14.98%，高出全国水平的两倍。星级饭店经营方面，2015 年上半年四川星级饭店经营状况总体平稳。2015 年第一季度星级饭店平均房价略有下降，接待总人数平稳增长，共接待 312.28 万人次，增速为 5.2%，营业收入实现 19.64 亿元，与上年同期相比增长 4.4%；第二季度，四川二星、三星和四星饭店平均出租率均高于全国平均水平，饭店平均出租率均在 55% 以上，而一星级饭店 14.65% 的平均出租率远低于全国 49.94% 的水平，五星级饭店接近全国平均水平（见图 3、表 3）。各星级饭店在数量构成方面，较之 2014 年数据，二星和三星级饭店数量均有所减少，高端饭店数量有所上升。可见，在经过 2014～2015 年的调整之后，四川高端星级饭店经营状况逐渐接近全国平均水平。

---

① 携程旅游：《2013 年国内旅游者意愿调查报告》，http：//finance.qq.com/a/20130221/005368.htm。

② 新浪财经：《旅游消费旺季来临改革提升国资背景旅游股优势》，http：//finance.sina.com.cn/stock/hyyj/20150719/133922728718.shtml。

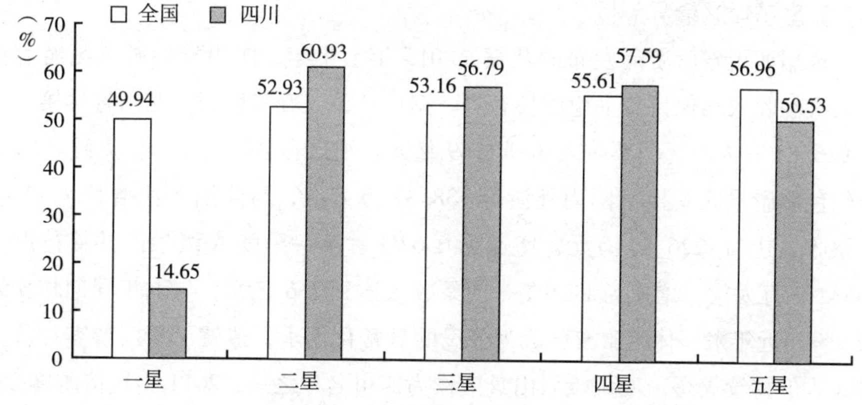

图3　2015 年第二季度星级饭店平均出租率比较

表 3　2015 年第二季度四川省星级饭店经营情况统计（分星级）

项目	一星	二星	三星	四星	五星
饭店数量	3	123	176	109	29
平均房价(元/间·夜)	89.94	160.35	237.38	316.17	663.47
平均出租率(%)	14.65	60.93	56.79	57.59	50.53

资料来源：2015 年第二季度全国星级饭店统计公报。

在过去的五年，从表 3 可知，2010～2014 年四川星级饭店经营状况有所波动。五年来，星级饭店营业收入持续上升，但利润率却在 2010 年快速上升之后下降，2014 年降至 1.83%，低于 2010 年的 2.22%。从业人员数五年内总体上升，中间有所波动。企业数量总体减少，增减波动较频繁。

表 4　2010～2014 年四川星级饭店经营情况统计

项目＼年份	2010	2011	2012	2013	2014
营业收入(万元)	583027.05	653180.52	772088.39	805187.22	844871.01
利润率(%)	2.22	2.27	3.97	3.76	1.83
从业人员(人)	57383	54973	53980	57675	60180
企业数(家)	534	395	420	396	461

资料来源：2010～2014 年中国旅游统计年鉴。

3. 旅游景区情况分析

根据四川省旅游局发布的数据，2015 年上半年，四川省旅游景区游客接待人次和收入均保持着平稳增长态势。据统计，仅春节期间，四川省共接待游客 986.84 万人次，门票收入达到 1.69 亿元。纳入春节期间旅游信息统计的 26 个红色旅游景区共接待国内外游客 138.33 万人次，与同期相比增长 7.13%；门票收入达到 1226.84 万元，增速为 6.67%。第一季度 A 级景区共接待游客 7053.13 万人次，增速为 11.9%，门票收入达到 7.6 亿元，与上年同期相比增长 9%；近年来，休闲旅游已成为公民的日常化需求，造就了景区游客接待量和收入的持续火爆。四川峨眉山景区作为四川名片之一，2014 年接待游客 287 万人次，增幅达到 28.4%，预计 2015 年全年将接待游客 310 万人次。

4A 级景区创建踊跃。至 2015 年 8 月，全国新增 15 家 5A 级景区，四川占一席之地；同时全省新批准 15 家 4A 级景区、7 家 3A 级景区和 6 家 2A 级景区。目前，全省共有 10 家 5A 级景区，144 家 4A 级景区和 76 家 3A 级景区。

2015 年 3 月 12 日，四川省旅游饭店行业协会成立；5 月 27 日，四川省旅行社协会成立；6 月 2 日，四川省旅游景区管理协会成立大会在剑阁举行。由“分”到“专”，实现行业协会与行政管理部门“脱钩”，在保证有效管理的前提下，避免过重的“行政色彩”，也意味着协会将有更多的自主权、财务权和活动权，有利于提升协会的活力和创造性，促进四川旅游产业的持续健康发展。

二　影响2015年四川年旅游产业发展的主要原因

自然环境、旅游资源禀赋、区位状况等方面一直是影响四川旅游产业发展的相对固定的因素，而经济状况、政策环境、硬件设施以及人力资本等软件投入更是影响旅游产业波动变化的重要因素，笔者将从这一类因素分析影响四川旅游业 2015 年上半年表现的原因。

（一）经济环境

2014 年世界经济缓慢复苏、国内经济由高速增长转向中高速增长“新常态”，四川经济总体保持平稳较快增长，全省 2014 年 GDP 增长率 8.5%。2015

上半年，四川经济与全国基本一致，运行总体平稳，下行压力仍然很大，上半年GDP增长率8.0%，主要经济指标表现二季度好于一季度，从目前掌握的数据看，四川经济指标表现好于全国平均水平，呈现稳中有升的发展趋势。由此可见，旅游产业发展的宏观经济环境良好。同时，全国旅游经济高速发展，旅游消费依然成为新的经济增长点，旅游经济运行综合指数回升至近三年来的高位水平。同时旅游投资创新活跃，大型投资公司纷纷进入旅游领域，旅游产业迎来了金融危机以来最好的阶段之一。

（二）政策环境

国家旅游局将2015年确定为“丝绸之路旅游年”，这是旅游行业贯彻落实“一带一路”战略构想的重要举措，也为出境旅游市场带来了发展机遇，更为四川旅游业发展带来了新机遇。据国家旅游局预计，“十三五”时期，中国将为“一带一路”沿线国家输送1.5亿人次中国游客，中国游客旅游消费将达2000亿美元。2014年至2015年上半年，建立了一系列与旅游产业相关的法律法规，为旅游产业规范发展创造了良好的外部环境。《旅游法》《国民旅游休闲纲要》《国务院关于促进旅游业改革发展的若干意见》等政策的落实，有效地提升了社会资本对旅游业的关注度。降税、自贸区建设和双边自贸协议等政策为旅游消费回流发挥了积极作用。国家旅游局“515战略”的实施，增强了国民旅游消费信心和产业发展动力。

（三）硬件设施

硬件设施主要包括基础设施、旅游基础设施、旅游资源以及旅游产品等。影响近两年旅游产业发展的硬件设施主要表现在基础设施和旅游产品打造两个方面，这两个方面的建设为进一步开发四川旅游资源，为四川打造世界旅游目的地，使四川旅游业快速发展创造了基础条件。

（四）软件因素

软件因素主要包括人力资源、资本投入和旅游企业经营管理水平三个方面，而影响2015年旅游产业发展状况的软件因素集中体现在资本投入迅猛增长上。2014年，四川旅游投资持续活跃，投资规模稳步增长，全省旅游投资项目总计473项，完成投资总额952.8亿元，同比增长31.9%，远高于2014年四川省全社会固定资产投资增长20个百分点。2015年上半年，全省旅游项目签约达880亿元，同比增长94.6%。

三 2016年四川省旅游产业发展预测

2015年是全面深化改革、“十二五”收官谋划、“十三五”发展的关键之年，也是全面建设小康社会，实现两个一百年的目标转成之年，这一年中国旅游迈上新起点。2015年全国旅游发展主题为“丝绸之路旅游年”，在南方丝绸之路上占有重要地位的四川，上半年全省旅游经济运行好于预期，已经步入快速上升通道，下半年，中国旅游业仍处于黄金增长期，“十二五”规划目标将圆满完成。2016年为“十三五”的第一年，随着四川各项政策的陆续实施和各方面因素的影响，四川省三大旅游市场、旅游目的地、旅游方式、旅游产品等将有新的变化。

（一）三大旅游市场持续稳定增长，出境旅游市场增长更快

2015年，省际和省内各地区区域旅游合作加强，四川先后和山西、重庆、贵州开展战略合作，并开展川滇黔渝接合部旅游联盟推介会和签署《建设以成都为中心的世界旅游目的地市州区域旅游合作协议》等，将有利于国内旅游市场稳定健康发展。同时，在以四川国际文化旅游节为代表的系列节庆活动的推动下，三大旅游市场将恢复到持续稳定增长。同时，旅游行业为贯彻落实“一带一路”战略构想，推出“丝绸之路旅游年”主题，也为出入境旅游市场带来了发展机遇，这更为南方丝绸之路上的四川旅游业发展带来了新机遇，四川出境旅游市场将呈现新的繁荣。

（二）四川将打造国际休闲旅游目的地和集散地，国际知名度将上升至新高

2015年，四川围绕国家旅游局“美丽中国——丝绸之路旅游年”的主题，开展并完成“行南丝绸之路游大熊猫家乡——欧洲熊猫粉丝四川探亲之旅”的国际营销宣传活动。这次活动从欧洲出发，经过14个国家，向世界展示四

川丰富的旅游资源和产品以及大熊猫保护和相关研究成果，推出一批新产品和新线路。据不完全统计，奥地利广播电台 ORF、凤凰卫视欧洲台、欧洲时报、奥地利通讯社、维也纳日报、华信报等境外知名媒体都用重要的版面、时段报道了本次活动。2016～2018 年将继续创新策划熊猫粉丝四川探亲之旅活动，在四川省主要客源国和中国港澳台地区实施，将大幅度提升四川的国际旅游形象。2015 年，四川省会成都成为《纽约时报》评出的 2015 年世界上 52 个最值得旅游的城市之一，被誉为“熊猫和美食之都”，可见四川成都国际知名度将提升到一个新高度。

据统计，截至 2015 年 6 月，成都机场通航城市数量达到 189 个，其中国内城市 119 个，国际地区城市 70 个；开通航线共 245 条，其中国内航线 163 条，国际地区航线 82 条。成都成为中西部地区唯一拥有开通直达美国和非洲的航线、拥有最多至欧洲和中东航线的机场的城市，实现直飞五大洲。而将于 2015 年底开工的成都新机场，据预测，到 2030 年，旅客吞吐量将达到 8000 万人次，货物吞吐量达 200 万吨。机场规模和吞吐量均为现双流国际机场的 2 倍以上。

预计到 2016 年，四川打造国际休闲旅游目的地和世界旅游集散地的建设成效将更加明显，其国际知名度将上升到新高度，入境市场将呈现大幅度上涨趋势。

（三）“互联网＋”助推旅游新模式，在线旅游借机加速发展

随着互联网应用大潮的带动，餐饮旅游行业的经营模式也在迅速发生着根本性变化。因旅游业涉及吃、住、行、游、购、娱六大要素，且游客、产品均呈高度分散性，因此产品的信息不对称是制约其发展的因素之一。但在互联网信息爆炸年代，通过互联网平台不仅能够实现景点门票、机票、火车票及酒店预定，甚至有“景点＋住宿”、“景点＋机票”及线路安排等各种形式的打包产品，尤其是 APP 软件的广泛应用，使得地图、搜索和旅游相关的更新信息随时随地满足游客需求。在“互联网＋旅游”的新发展模式下，在线旅游有望更加迅速发展。2015 年 8 月，国务院办公厅印发《关于进一步促进旅游投资和消费的若干意见》（以下简称《意见》），《意见》首次系统提出积极推动“互联网＋旅游”。在“互联网＋旅游”的新发展模式下，在线旅游发展将会更加迅速。

（四）旅游市场更加秩序化、标准化和规范化发展

2015 年提出旅游业“515”战略。4 月，四川三家 A 级景区被摘牌，这对促进四川旅游景区的整体质量提升和标准化发展有一定激励作用，促进四川旅游景区的自我完善和提升。由此可见，2016 年，四川旅游产业发展将会更加标准、规范。

（五）精准扶贫，助推乡村旅游高速发展

四川走在全国前列，早在前两年就率先启动四川省乡村旅游扶贫试点。数据显示，2014 年全省乡村旅游实现总收入 1340 亿元（占全省的 27.4%），同比增长 28.2%；5 万多个行政村中发展乡村旅游的超过 3500 个，带动 1000 余万农民直接和间接受益①。旅游扶贫作为精准扶贫的十大工程之一，将会进一步促进乡村旅游快速发展。

（六）藏区旅游持续快速发展

2015 年全国旅游工作会议上提出了“厕所革命”的号召，为旅游公共服务体系建设和文明旅游工作推进明确了方向。2016 年以旅游厕所革命为契机，加强旅游公共服务体系建设，同时在“互联网 +”的旅游新模式促进下，有利于促进藏区旅游业快速发展。

参考文献

四川省政府官网发布的数据资料、文件通知及相关法律法规。
四川省统计局官网发布的数据资料。
四川省旅游局官网发布的相关资料。
《中国旅游统计年鉴》。
中国旅游研究院：《2015 年上半年旅游经济运行和下半年趋势预测研究结果》。

---

① 中国农业新闻网：《旅游扶贫：让乡村花更艳景更美》，http：//sichuan. farmer. com. cn/details/2015071614533030743729. html。

B.16
2016年四川房地产市场发展形势分析与预测

陈　妤*

摘　要：2015 年以来，受国家及地方政府的房地产新政刺激，四川省房地产市场在前期持续处于低迷状态后出现回暖的迹象，商品房销售面积增长连续 6 个月提速，房地产开发投资及供给增速也在 8 月回升，但回升态势并不稳固，均在 9 月出现小幅回落。当前四川省房地产市场仍处于调整期，存在去库存压力较大、市场分化加剧、房地产开发资金需求紧张等问题。展望 2016 年，四川省房地产市场出现强劲复苏的难度较大，很可能保持温和上涨，房地产业的调整还将持续一段时间。

关键词：四川省　房地产

一　2015年1~9月四川省房地产市场发展情况分析

（一）房地产开发投资增速8月回升

2015 年 1 ~9 月，四川省房地产开发投资额同比增长 12.5%（绝对额为 3666 亿元），较 1 ~8 月回落 0.7 个百分点，较 2014 年 1 ~9 月增速回落 3.4 个百分点。其中，住宅开发投资额为 2343 亿元，占房地产开发投资的比重为

* 陈妤，四川省社会科学院产业经济研究所研究实习员，硕士，主要研究方向为宏观经济、计量经济、货币政策。

63.9%，同比增速为10.7%，增速同比下降3个百分点。经历了前期的持续下行之后，伴随新政刺激，房地产出现复苏迹象，房地产投资增速在8月出现回升，这将对全省的固定资产投资产生一定的拉动作用。但是，房地产开发投资的回升并不稳定，1~9月增速较1~8月有所回落。一方面由于商品房前期库存基数大，去库存化压力较大；另一方面，受经济下行压力和房地产市场大环境低迷等不利因素的影响，房地产市场观望气氛浓厚，房地产开发投资增长乏力，这将对后期房地产开发市场的平稳持续发展将产生不利影响。

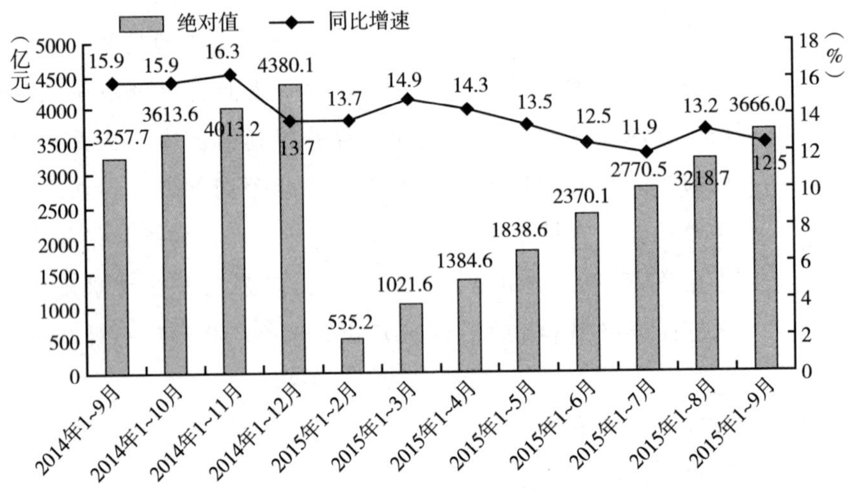

图1　2014年9月到2015年9月四川省房地产开发投资额及增速

注：如无特殊说明，本文图表数据均来源于四川省统计局网站。

（二）房地产供给小幅回升

1. 商品房施工面积8月小幅回升

2015年1~9月，四川省房地产施工面积为36524万平方米，同比增速为9.7%，增速同比下降5.1个百分点，房地产施工面积增速在上半年连续5个月下降后，在1~8月有小幅回升，1~9月增速继续回落，回升态势并不稳固。其中，2015年1~9月，商品住宅施工面积为23866.70万平方米，同比增速为5.1%，增速同比提高2.2百分点；办公楼施工面积为1342.24万平方米，同比增速为18%，增速同比下降20.1个百分点；商业营业用房施工面积为5322.46万平方米，同比增速为22.1%，增速同比下降11个百分点。

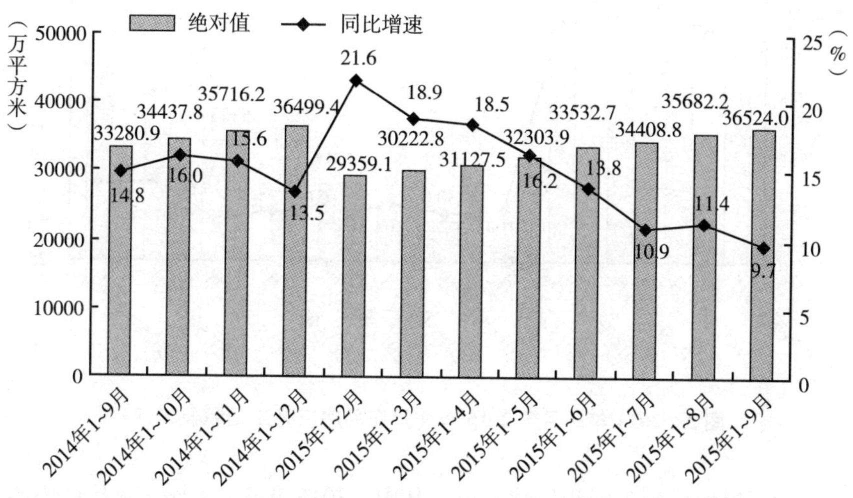

图2　2014年9月到2015年9月房地产施工面积及增速

2. 新开工面积持续下降，降幅收窄

2015年1~9月，四川省新开工面积为7300.3万平方米，同比下降13.6%，增速同比下降31个百分点，新开工面积呈持续下滑的趋势（和2014年上半年趋势一致），但增速较1~7月增速回升5个百分点。其中，2015年1~9月,商品住宅新开工施工面积为4629.19万平方米，同比下降15.9%，增速同比下降24.3百分点；办公楼新开工施工面积为227.5万平方米，同比下降25.1%，增速同比下降99.8个百分点；商业营业用房新开工施工面积为1202.1万平方米，同比下降7.1%，增速同比回落50.5个百分点。在新政刺激下，房地产销售有所回暖，带动房地产开发投资、新开工面积增速在8月出现上扬，这两个指标作为分析房地产发展未来走势的先行指标，前者同比增幅加大，后者同比降幅收窄，说明房地产有向好迹象，但是1~9月这两个指标同比增速均有所回落，说明房地产回暖趋势并不稳固，仍处在调整阶段。

3. 商品房竣工面积持续下滑

2015年1~9月，四川省房地产竣工面积为2682.9万平方米，同比下降10.5%，增速同比下降16.3个百分点，降幅有所收窄，较上半年增速提高3.4

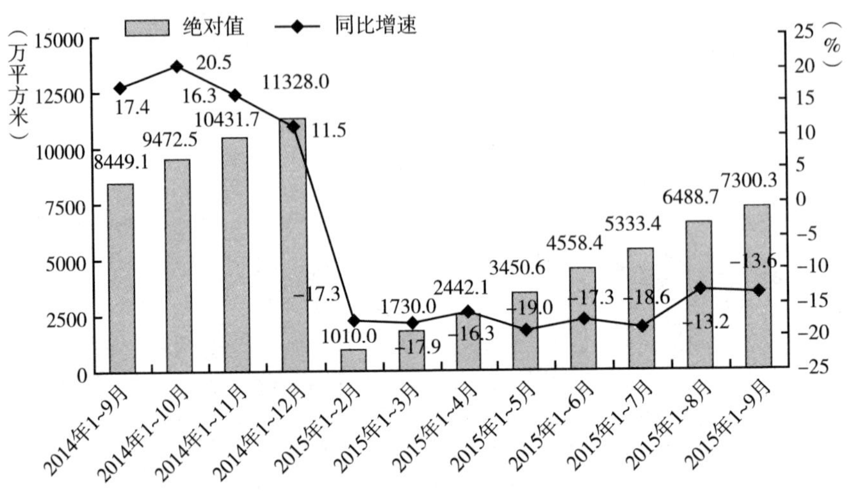

图3　2014年9月到2015年9月商品房新开工面积及增速

个百分点，房地产竣工面积持续下滑。其中，2015年1~9月，商品住宅竣工面积为1872.8万平方米，同比下降17.3%，增速较2014年同期下降16.8个百分点；办公楼竣工面积为70.8万平方米，同比下降6.7%，增速同比下降60.6个百分点；商业营业用房竣工面积为375.8万平方米，同比增长7.9%，增速同比回落29.8个百分点。受前期房地产市场持续低迷影响，房地产企业开发投资积极性不高，房地产竣工面积持续下滑。

（三）商品房销售市场出现回暖迹象，期房销售持续向好

1. 商品房销售面积增长持续提速

2015年1~9月，四川省商品房销售面积为5178.8万平方米，同比增速为5.9%，增速同比提高7.8百分点，较上半年增速提高1.6个百分点，商品房销售面积自2月以来连续6个月正增长，且除9月外同比增速均逐月提高。其中，1~8月，住宅销售面积为3897.2万平方米，同比增速为4.8%，增速同比提高6.9百分点。2月适逢春节假期，属于房地产传统销售淡季，商品房销售面积普遍较低。3月以后，随着多项调控政策效果逐渐显现，商品房销售面积一改2014年持续下降的趋势，销售面积增速转负为正，同比增速持续提高，商品房销售市场出现回暖迹象。

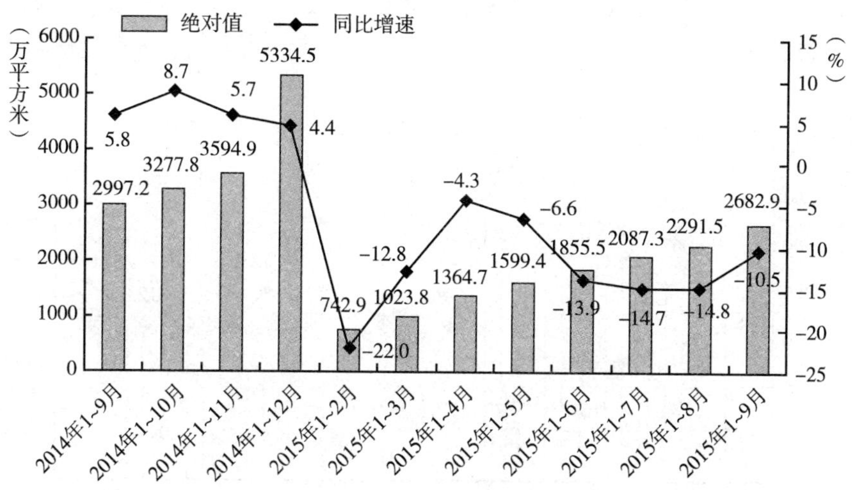

图4　2014年9月到2015年9月房地产竣工面积及增速

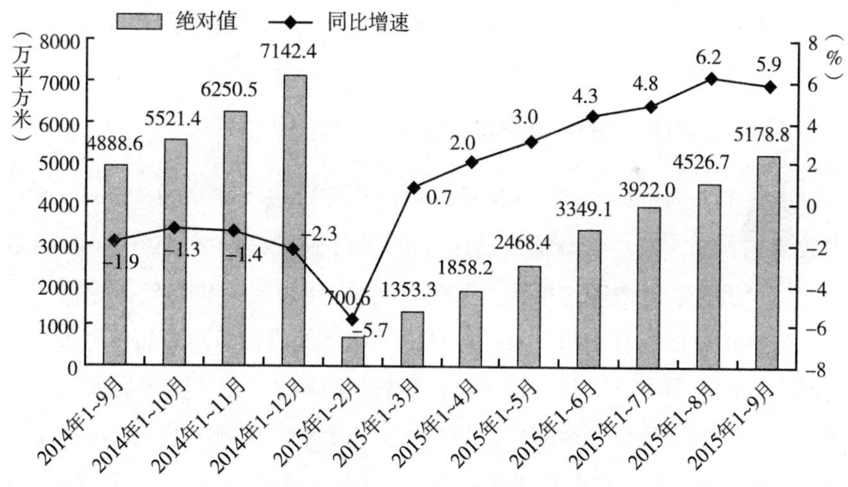

图5　2014年9月到2015年9月商品房销售面积及增速

2. 商品房期房销售面积增长明显

2015年1~8月，四川省商品房现房销售面积较2014年1~8月下降2%（绝对额为713.7万平方米），降幅收窄3.9百分点，较上半年增速提高6.6个百分点；期房销售面积为3813万平方米，同比增长7.9个百分点，增速较 2014 年同期提高 9.2 个百分点，是商品房销售面积转负为正的主要影响因素。

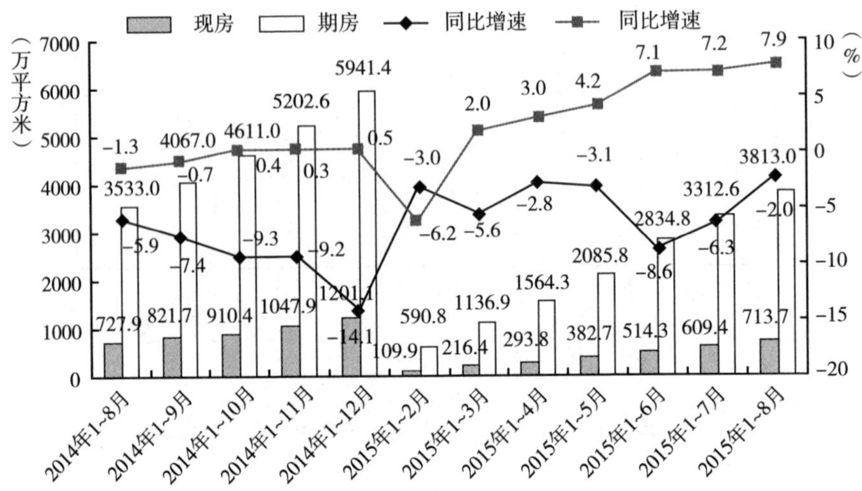

图 6　2014 年 8 月至 2015 年 8 月商品房现房、期房销售面积及增速

（四）二手住宅价格受房地产新政的影响较大①

以成都市为例，2015 年 1～9 月成都市住宅价格环比指数为 100.1%，同比指数为 97.9%；其中，新建商品住宅价格环比指数为 100.1%，同比指数为 97.9%；二手住宅价格环比指数为 100.2%，同比指数为 98.4%。这说明成都市住宅价格在短期内有小幅上涨，并且二手住宅价格比新建商品住宅价格上涨幅度略大，但与 2014 年同期比，住宅价格是下降的，并且新建商品住宅下降幅度更大。从分类价格指数来看，与 8 月相比上涨幅度最大的是二手住宅中的 90～144 平方米户型，其次是新建商品住宅中的 144 平方米以上的户型，而 90 平方米及以下的刚需型住房价格则保持稳定或有较小幅度的下降。这说明近期的房地产新政对二手住宅价格的影响略大于对新建商品住宅的影响，尤其是对改善型住房价格的影响最大。

① 由于数据的可得性，此处对房地产价格的分析仅以成都市的住宅价格为例。

表1　2015年1～9月成都市住宅价格指数

		环比(上月=100)	同比(2014年同月=100)	定基(2010年=100)
新建住宅价格指数		100.1	97.9	107.9
新建商品住宅分类价格指数	90平方米及以下	100.0	97.4	107.2
	90～144平方米	99.8	98.0	110.1
	144平方米以上	100.6	98.6	105.8
二手住宅价格指数		100.2	98.4	99.3
二手住宅分类价格指数	90平方米及以下	99.9	97.9	99.7
	90～144平方米	100.8	98.9	98.6
	144平方米以上	100.0	98.6	99.8

注：如无特殊说明，本文图表数据均来源于四川省统计局网站。

二　四川省与其他省份房地产开发投资情况的横向比较

为更加客观地判断四川省房地产业的发展形势，在此选取全国其他省份与四川省进行比较。从表2可见，与其他省份相比，2015年1～9月四川省房地产投资规模处于较高水平，在全国排名第5，仅低于东部的江苏、广东、浙江和山东，增速（12.6%）排名也第5，远高于全国平均水平（2.6%）。其中，占房地产投资比重为63.9%的住宅投资稍微靠后，排名第7，增速（10.7%）高于全国平均水平（1.7%），排名第6。

表2　2015年1～9月全国及各省份房地产投资情况

单位：亿元，%

	房地产投资		房地产住宅投资	
	绝对额	增速	绝对额	增速
全　国	70535.07	2.6	47505.17	1.7
海南(东部)	1227.13	25.9	910.51	18.3
江苏(东部)	6251.52	3.0	4652.68	6.7
浙江(东部)	5399.61	1.6	3377.19	-0.2
山东(东部)	4246.66	2.2	3161.12	6.7
福建(东部)	3452.32	1.7	2189.67	0.6

续表

	房地产投资		房地产住宅投资	
	绝对额	增速	绝对额	增速
河北(东部)	3150.67	6.3	2306.93	5.4
广东(东部)	6122.16	16.0	4210.08	17.9
辽宁(东部)	3284.43	-26.9	2401.04	-26.4
湖北(中部)	2950.50	4.1	2061.96	4.9
吉林(中部)	654.49	-7.5	453.06	-11.3
黑龙江(中部)	678.53	-24.5	473.84	-26.9
安徽(中部)	3272.44	3.0	2124.11	1.3
山西(中部)	1034.18	12.0	760.67	11.0
江西(中部)	1089.79	14.5	796.21	15.8
河南(中部)	3329.71	9.2	2442.10	6.8
湖南(中部)	1861.38	-6.5	1277.79	-7.5
广西(西部)	1226.55	0.8	918.71	7.2
内蒙古(西部)	865.76	-17.3	609.66	-14.3
贵州(西部)	1621.42	-1.3	988.31	-3.2
云南(西部)	1889.97	-5.6	1181.01	-9.1
西藏(西部)	39.10	13.0	30.55	68.3
陕西(西部)	1785.42	2.6	1320.65	-2.0
甘肃(西部)	563.76	2.7	387.29	2.2
青海(西部)	248.15	8.2	146.45	4.6
宁夏(西部)	423.07	-11.8	261.62	-13.2
新疆(西部)	756.60	2.7	449.83	-2.5
四川(西部)	3665.95	12.6	2343.03	10.7
四川省排名	5	5	7	6

注：资料来源于中国统计局网站。

三　2015年全国及四川省房地产新政

2015年以来，我国房地产政策以稳消费、去库存为总基调，为促进房地产市场平稳健康发展，国家多部委出台了一系列支持居民自住和满足改善性住房需求的住房新政，并多轮降准降息，刺激购房需求。从四川省来看，2015年以来，四川省房地产政策以调供给、去库存为主旋律。在全国3月30日推出房地产新政后，四川省4月也紧接着公布并落地了一系列涉及信贷、税费、用地供应、住房公积金方面的政策；进入5月后，泸州等市州政府也相继推出住房购买优惠、补贴政策，具体如表3所示。

表3　2015年四川省地方政府房地产新政汇总

时间	措施
5月	泸州市政府通过《2015年促进房地产建筑市场平稳健康发展的28条措施(试行)》,明确二套房首付款比例下调,满足条件的居民购房给予不同档次的补助
5月	广安市出台《关于进一步促进房地产业平稳健康发展的意见》:凡在广安购买商品住房建筑面积在90平方米以内(含90平方米)的,按购房款总额的2%给予补贴;住房建筑面积在90~140平方米(含140平方米)的,按购房款总额的1.5%给予购房补贴;购买已办房屋所有权证的存量住房的,按购房款总额的1%给予购房补贴
5月	眉山市政府规定,2015年5月1日至7月底,符合条件的进城购房农村居民可享受政府补贴300元/平方米,房企再给予200元/平方米补贴;8月1日至12月底,政府补贴降至200元/平方米
5月	宜宾市政府规定:宜宾户籍居民在市中心城区购买普通商品自住房的,可享受200元/平方米的补助
5月	广元市政府规定,对农村居民、城镇低收入家庭及普通高等学校毕业五年内的大学生,2015年7月1日至2016年6月30日期间在市城区购房的,财政补助标准100元/平方米;2016年7月1日至2017年6月30日期间购房的,补助标准50元/平方米
5月	绵阳市政府出台优惠政策:给购房者补贴全额办证规费,给购住房者补贴50%契税;在绵阳科技型中小企业创业的高校毕业生购房,符合条件的可给予最高额不超过2万(本科)~5万元(博士)的安居补助,并可享受最高不超过50万元的公积金贷款;开发商提供房价2%以上的优惠
6月	双流县政府公布《双流县稳定经济增长的若干意见(试行)》,规定,将对在双流县内购置物业的购房者给予80元/平方米的补贴。而且,购房补贴不局限于住房,凡购买双流县新建住宅、公寓、办公、商业的购房人均在补助范围内,并承诺该项补助将在购房者办理分户房产证时申请兑付
6月	内江市出台《促进房产市场健康平稳发展的意见》,规定:符合财政补贴条件的购房者,在2015年6月1号到12月31号期间购房,可享受补贴,其中,棚改客户,选择货币安置的购房者可享受80元/m^2的财政补贴;农村户口、大学生村官、毕业5年内的大学生购房,可享受80元/㎡的财政补贴;符合内江市"甜城英才引进工程"条件的购房者,可享受150元/m^2的财政补贴

注：以上内容来源于四川省各级政府网站。

随着国家及地方政府对于房地产市场的调控政策出台，四川省房地产市场出现回暖势头，房地产市场预期向好，需求得到一定程度释放，开发商信心有一定的提振。在国家及省级政府出台房地产新政后，省内部分城市相继出台的购房补贴政策，不仅提振了市场信心，加快了部分刚需购房者的入市速度，也有利于当地楼市加速去库存。

四　当前四川省房地产发展存在的问题

（一）去库存化压力较大

2015 年上半年，受“3·30”新政、降息降准等利好政策的影响，四川省房地产销售出现回暖迹象，但去库存压力仍然较大，房地产企业整体处在去库存的调整阶段中，行业赢利空间持续收窄。从全国来看，据国家统计局 10 月 20 日公布数据，前三季度全国商品房待售面积 66510 万平方米，同比增长 16.4%，较上半年增加 772 万平方米，较 7 月末增加 251 万平方米，比 8 月末增加 186 万平方米；其中，住宅待售面积减少 387 万平方米，办公楼待售面积减少 71 万平方米，商业营业用房待售面积增加 483 万平方米。从四川省来看，以成都市为例，成都市 2015 年 1～5 月库存分别为 799 万、805 万、809 万、812 万、801 万平方米，库存面积并没有明显的降低，在部分月份甚至有一定的提高。因此，未来房地产市场销售压力仍然巨大，消化库存是当前房地产业亟待解决的突出问题。

（二）房地产市场分化严重

虽然四川省房地产市场出现回暖迹象，但从不同业态及各市州的具体情况来看，房地产市场存在严重分化。具体表现为：一是商品住宅、办公楼和商业营业用房走势分化较大。商品住宅经过前期的较快发展，目前已进入相对稳定的时期，而商业营业用房和办公楼仍处于高速发展的阶段，从商品房供给来看，1～9 月商品住宅施工面积同比增速仅为 5.1%，而商业营业用房和办公楼同比增速分别为 22.1% 和 18%，但是商品住宅受近期房地产新政的影响更为明显，增速呈回升态势，而商业营业用房和办公楼施工面积增长较 2014 年同期都有较大的回落。二是不同区域房地产走势分化明显。从 1～8 月的房地产开发投资增速看，21 个市州中，阿坝增长 164.8%，凉山增长 135.7%，广安增长59.2%，遂宁增长41.5%，自贡增长40.7%，增幅位居前五名，属于增长强劲的市州；德阳增长35.8%，乐山增长30.3%，资阳增长26.3%，眉山增长21.7%，巴中增长17.8%，成都增长14.4%，属于增长较快的市州；内江增长6.7%，雅安增长4.2%，泸州增长1.8%，属于增长缓慢的市州；而甘孜州下降27.1%，攀枝花下降24.6%，宜宾市下降16.3%，达州下降12.4%，南充下降8.8%，绵阳下降2.9，广元下降1.1%，是仍然属于处于下降通道的市州。从房地产销售来看，部分市州去库存化压力较大，房价增长乏力，而部分市州压力相对较小，房地产销售及价格走势也有一定程度上的分化。

（三）房地产开发资金到位并不乐观

随着本次房地产市场的持续调整，企业库存显著增加，再加上前期销售持续大幅回落，导致资金回笼速度放慢。尽管近期楼市新政推出后，融资成本有所下降，且央行采取了降息措施，但开发商融资仍存在困难，开发资金面临趋紧的态势，违约风险趋于上升。从全省固定资产投资到位资金来看，1~9月，全省到位资金20434亿元，同比增长4.1%，较上年同期下降9.8个百分点，到位资金增速回落。其中，国家预算内资金增长25.6%，国内贷款下降2.3%，利用外资下降41.2%，自筹资金增长3.8%，其他资金来源增长1.7%。到位资金来源中仅有国家预算内资金增速较快，其他来源资金增长缓慢或下降，而国家预算内资金主要保障省内基础设施等方面。再加上，近期虽然经历了多轮降准降息，但央行出台这一系列货币政策目的主要在于支持实体经济，房地产的资金到位情况估计仍然不容乐观。作为资金密集型的房地产开发行业，需要大量的资金用于周转，资金的短缺与不足，加之商品房库存的逐渐增大，将对房地产企业扩大投资的信心产生一定的压力，并进一步影响企业的竞争能力。

五　四川省2016年房地产发展主要指标预测

在当前整体宏观环境压力尚存、投资不振的背景下，2015年以来出台的宽松货币信贷政策，持续刺激需求入市，再加上一系列投融资端口调整政策，鼓励企业加快开发节奏、调整投资结构，以及四川省政府及多个市州政府出台的住房公积金、购房补贴等政策，直接降低购房成本，宽松的市场环境为房地产回暖注入新的动力。但同时，由于房地产业去库存压力较大、市场分化严重及资金需求紧张等问题仍将存在，四川省房地产市场在未来一段时间出现大幅度回升的难度较大，预计 2015 年下半年及 2016 年四川省房地产市场将会继续保持回暖态势，房地产开发投资、销售等数据很有可能温和上涨。根据以上定性分析以及前期房地产相关指标数据的走势，房地产主要指标预测值如表 4 所示。

表 4　2015 年、2016 年全年房地产主要指标预测值

单位：亿元，%

指标	2015 年		2016 年	
	绝对值	增速	绝对值	增速
房地产开发投资	5002.1	14.2	5787.4	15.7
商品房施工面积	40915.8	12.1	46521.2	13.7
新开工面积	10048.0	-11.7	10299.2	2.5
商品房销售面积	7678.1	7.5	8376.8	9.1

六　对2016年工作的几点建议

（一）优化结构，合理引导住房消费

坚持由以市场为主来满足多层次需求，由以政府为主来提供基本住房保障，进一步保障、改善中低收入人群的住房需求，加快构建、完善全省的住房供应体系。一是坚持以租为主、租售并举，提供保障性安居工程住房，满足基本住房需求。二是积极推进新型城镇化，坚持城区一体，优化城乡环境。三是引导开发企业调整供应结构，加强规划和土地的引导和调控作用，使供应结构与需求结构基本保持一致。四是要认真落实国家对居民首次购买普通自住房和改善性住房的各类优惠政策，合理引导自住和改善性住房的需求。五是大力发展住房租赁市场，通过对房地产开发商和私人投资经营租赁住房实行优惠财政补贴、税收减免等政策性优惠贷款方式，大力支持和鼓励建造和经营租赁住房。

（二）贯彻落实宏观政策，有效拉动住房消费

政府要认真落实好放宽住房公积金购房贷款和提取政策，继续坚持“分类指导，因地施策”的原则，根据不同城市实际情况，出台有针对性、差异化的楼市政策，有效拉动四川省的住房消费。同时，房企应继续优化推盘与定价策略，积极去库存。

（三）大力培育本地优秀房地产开发企业

积极引导企业转变观念，创新思路，正确把握房地产市场形势，鼓励企业升级开发资质等级，提升企业开发楼盘的质量和品位，充分发挥本地房地产企业的本土优势，增强四川省经济的持续发展能力。

（四）加强金融扶持，加快房地产业的资金流通

一方面要加大金融对房地产开发企业支持力度，为企业融资创造良好条件。对已达到预售许可条件的项目，要保证项目贷款需求，确保项目顺利竣工；对在建普通商品房开发项目，要满足其合理资金需求，提高开发贷款授信和简化审批手续；对达到授信、放款条件的开发贷款，要提升服务质量，及时予以发放。另一方面对于居民自住需求，从贷款、条款、期限、利息水平、贷款程序等方面给予扶持，加快受理、审批、发放个人住房贷款的成数，简化审批手续。鼓励外地居民来四川省购房，各商业银行应提供住房贷款支持。

B.17 2015年四川机械装备制造业发展分析

袁　境*

摘　要： 在经济新常态下，四川的工业经济增速放缓，经济进入转型升级时期。四川省坚持创新驱动发展战略，积极实施重大技术装备的“3+9”工程，从“发展整机、强化配套、增强集成、抢占高端”等关键环节着手，促进三大装备制造基地和九个重点产品链的发展。本文在对2014年度四川省机械装备制造业发展概况分析基础上，就四川机械装备制造业发展特点与问题进行深入分析，针对四川省机械装备制造业发展，提出相应的政策建议。

关键词： 四川省　机械装备制造业

一　产业发展概况与分析

（一）产销保持较高增长，主要指标增速同比下降

2014年，四川省规模以上机械装备制造业发展情况如表1所示，全年累计完成工业总产值7640亿元（全口径，下同），比2013年增长13.1%，增速下降5.5个百分点；实现主营业务收入7415亿元，增长10.1%，增速比上年下降8.1个百分点；利税总额796亿元，增长-1.4%，增速在十年来首次出现下降；利润426亿元，增长-4.3%，增速在近十年来首次出现下降；出口呈现恢复性增长，出口交货值267亿元，增长36.6%；产销率98.09%，同比增加0.18%。[①]

---

* 袁境，副研究员，博士，四川省社会科学院产业经济研究所。

① 资料来源于2015年四川工业年鉴。

表1　四川机械装备制造业基本概况（2014年）

	累计总值(亿元)	比上年增长(%)	比上年增速
工业总产值	7640	13.1	下降5.5个百分点
主营业务收入	7415	10.1	下降5.1个百分点
利税总额	796	-1.4	增速下降
利润	426	-4.3	增速下降
出口交货值	267	36.6	
产销率(%)	98.09	0.18	

资料来源：2015年年四川工业年鉴。

1. 行业发展极不平衡，部分行业出现负增长

2014年，按照新国民经济分类（八大类），四川机械装备产业除了汽车制造业、金属制品业主营业务收入高于全省平均增速，分别增长17.11%、10.42%外，其余六大类增速均低于全省平均增速，其中：铁路、船舶、航空航天和其他运输设备制造业增长7.35%，通用设备制造业增长7.27%，专用设备制造业增长6.61%，电气机械和器材制造业增长6.22%，金属制品、机械和设备修理业增长6.21%，仪器仪表制造业出现负增长（-3.13%）。在四川省重点监测的15个细分行业中，两大行业增速大幅下降，是全行业增速下行的主要因素：第一大行业汽车及其零部件制造业增速仅为16.98%，同比下降20.99%；第二大行业电工电器行业增长仅为3.99%，增速同比下降6.04%。其余13个行业中，航空航天、农业机械、基础件、石油化工通用机械增长相对较快，增速分别为27.47%、17.42%、13.04%、11.72%；内燃机、机床工具、轨道交通等3个行业增速仅为个位数；工程机械、仪器仪表、重型矿山机械等3个行业出现负增长；详见表2。

表2　2014年四川省分行业主要经济指标（全口径）

单位：亿元，±%

行业名称	工业总产值		销售收入		利税		利润总额	
	累计	增速	累计	增速	累计	增速	累计	增速
全　省	7640.29	13.08	7415.18	10.08	795.93	-1.43	425.89	-4.29
农业机械	183.76	18.92	175.56	17.42	22.04	9.73	16.20	11.73
仪器仪表	65.38	1.69	61.22	-2.46	7.71	11.50	4.80	18.85

续表

行业名称	工业总产值		销售收入		利税		利润总额	
	累计	增速	累计	增速	累计	增速	累计	增速
石油化工通用机械	948.57	12.65	915.87	11.72	121.50	-0.45	82.56	-2.30
重型矿山	332.69	10.60	308.41	-1.10	-57.53	-786.2	-70.05	-224.3
机床工具工业行业	215.80	7.84	199.94	2.91	21.36	-2.32	12.07	-8.27
电工电器	1542.07	8.72	1482.72	3.99	124.86	0.94	61.97	-0.55
基础件	683.47	12.20	652.90	13.04	70.91	10.55	43.99	8.94
食品包装	11.95	11.37	10.51	2.71	1.39	22.00	0.86	10.34
汽车及其零部件	2280.07	18.13	2236.64	16.98	355.24	9.18	199.60	16.46
轨道交通	153.62	6.98	152.37	2.30	9.93	1.38	5.45	34.48
内燃机行业	47.37	8.02	45.98	6.05	4.53	-15.40	2.11	-13.25
航空航天	82.97	31.65	82.08	27.47	9.50	18.13	7.13	21.96
工程机械	143.12	0.23	191.56	-2.48	17.14	-9.32	7.99	-21.80
其他机械	244.52	4.84	223.25	3.66	25.84	-3.23	16.47	-10.50
其他金属制品	704.93	17.49	676.17	11.93	61.51	2.63	34.74	0.57

注：资料来源于2015年四川工业年鉴。

2. 装备制造基地增速弱于全省，其他重点市赶超加速

四川区域发展经济指标情况在2014年有调整变化，如表3所示。成都、德阳、自贡、资阳、绵阳、眉山、宜宾、泸州等8市共完成工业总产值6073亿元、销售收入5913亿元，分别占全省总量的79.5%、79.7%，与2013年同期相比略有下降。其中，成都、德阳、自贡三大装备制造基地和眉山销售收入增速仅为个位数，低于全省平均水平，资阳、绵阳、宜宾、泸州增速超过全省平均水平。

表3　2014年四川省重点市主要经济指标

单位：亿元，±%

地区	工业总产值		销售收入		利税总额		利润	
	累计	增速	累计	增速	累计	增速	累计	增速
八市小计	6072.78	—	5912.84	—	655.93	—	349.08	—
成　都	2898.63	12.33	2862.21	9.39	403.53	7.76	222.92	15.46
德　阳	1047.9	12.82	998.19	7.23	30.44	-57.94	-9.79	-130.5
自　贡	752.91	7.81	742.8	6.76	85.08	-4.71	50.11	-11.68

续表

地区	工业总产值		销售收入		利税总额		利润	
	累计	增速	累计	增速	累计	增速	累计	增速
资　阳	654. 22	16. 71	634. 04	14. 81	65. 74	12. 64	40. 58	9. 32
绵　阳	323. 68	22. 28	292. 92	14. 56	28. 34	25. 84	18. 99	33
眉　山	186. 84	9. 3	184. 84	5. 99	23. 9	-5. 5	13. 88	-17. 94
宜　宾	109. 34	19. 73	99. 63	15. 69	9. 69	-5. 36	6. 55	2. 89
泸　州	99. 26	18. 69	98. 21	18. 27	9. 21	22. 18	5. 84	20. 47

注：资料来源于2015年四川统计年鉴。

3. 重点企业产销下滑，企业分化严重

2014年，全川37户重点企业（3户军工企业未列入）完成工业总产值902亿元，同比增长仅为1. 25%；主营业务收入942亿元，同比出现较大幅度下降，增长-4. 71%，前20户重点企业产销情况见表4。东方汽轮机、东方电机、二重集团、川开实业、四川空分等17户重点企业主营业务收入出现负增长。东方汽轮机、二重集团、四川空分、南车眉山车辆等重点企业出现严重下滑，主营业务收入同比分别增长-14. 7%、-17. 6%、-10. 8%、-46. 5%。重点企业中的油气装备、航空航天等部分行业企业则出现逆势强劲增长，四川宏华、特变电工（德阳）、南车资阳机车、川锅锅炉、广汉川油井控、六合锻造、自贡高新机械等主营业务收入同比分别增长13. 4%、20. 3%、26. 2%、31. 8%、22. 7%、24. 6%、37. 2%。

表4　2014年四川省重大技术装备前20户重点企业产销情况

单位：亿元，±%

企业	工业总产值		主营业务收入		利税总额		利润	
	累计	增速	累计	增速	累计	增速	本期	增速
东方汽轮机有限公司	136. 93	4. 12	149. 59	-14. 7	9. 15	-54. 09	0. 35	-94. 42
东方锅炉股份有限公司	122. 26	-1. 48	122. 42	1. 05	11. 37	-22. 86	6. 6	-31. 36
四川宏华石油设备有限公司	91. 48	14. 4	88. 76	13. 37	25. 4	14. 56	21. 3	14. 71
东方电机有限公司	70. 29	-0. 62	68. 12	-4. 75	8. 78	-13. 64	2. 83	-41. 42
中国第二重型机械集团公司	52. 01	-3. 12	45. 41	-17. 63	-79. 71	-152. 6	-80. 43	-147

续表

企业	工业总产值		主营业务收入		利税总额		利润	
	累计	增速	累计	增速	累计	增速	本期	增速
四川川开实业发展有限公司	39.45	5.04	31.31	-5.03	2.23	4.36	1.08	-10.62
华西能源工业股份有限公司	32.41	-1.49	31.6	0.32	2.28	67.07	1.86	47.65
特变电工(德阳)电缆股份有限公司	29.73	19	27.91	20.32	1.52	111	1.08	103.02
绵阳新华内燃机股份有限公司	29.23	3.94	29.85	0.88	3.36	-17.94	2.67	-19.18
四川惊雷科技股份有限公司	26.94	12.46	24.21	12.3	3.49	-8.74	2.46	9.9
四川空分设备(集团)有限责任公司	22.85	3.92	17.63	-10.82	1.99	-7.21	1.36	0.08
四川大西洋焊接材料股份有限公司	20.81	-15.09	26.86	-4.14	1.78	37.34	1.02	62.45
四川东材科技集团股份有限公司	19.57	-2.16	14.59	0.52	2.15	185.46	1.63	173.61
南车资阳机车有限公司	18.27	25.3	24.34	26.24	-1.64	37.04	-1.81	32.37
南车成都机车车辆有限公司	14.31	6.26	16.44	11.62	0.53	71.79	0.15	188.07
广汉川油井控装备有限公司	13.78	28	13.78	31.77	4.09	31.77	3.58	31.77
南车眉山车辆有限公司	13	-37.85	12.07	-46.48	-0.82	-148.6	-1.02	-239.7
四川川锅锅炉有限责任公司	12.96	5.24	11.77	22.73	0.49	-11.17	-0.01	-117
四川六合锻造股份有限公司	12.11	25.92	11.64	24.57	1.92	46.47	1.41	44.31
自贡市高新机械制造有限公司	12.08	37.23	12.56	37.23	2.03	-10.54	1.28	-25.73

注：不含汽车制造企业，剔除军工企业。

资料来源：2015 年四川工业年鉴。

4. 重点产品产销形势分化，部分主导产品下滑明显

受市场需求影响，四川省重点产品产销形势在 2014 年发生分化，部分主导产品产量出现明显下滑，重点产品产量情况见表 5。①发电设备产量的大幅

下挫。2014 年，四川共生产发电设备3610 万千瓦，同比增长 -2.7%，上年增速为4.8%。②部分重点产品产量增长加快。金属切削工具、发动机、电站水轮机、阀门、食品制造机械、环境污染防治专用设备、汽车、电动机、蓄电池、太阳能电池等重点产品产量的增速分别为 20.2%、59.9%、171.4%、25.5%、61.6%、32.5%、19.1%、56.0%、29.9%、37.5%。③其他重点产品产量出现大幅下滑。工业锅炉、燃气轮机、电焊机、石油钻井设备、挖掘铲土机械、混凝土机械、石油化工用加氢反应器、模具、客车、水轮发电机、核能发电机、变压器、电工仪器仪表等重点产品产量出现大幅下滑。

表 5　2014 年四川省重点产品产量

产品名称	单位	当期产量	同比增长(%)
金属切削工具	万件	46040.01	20.16
电站锅炉	蒸发量吨	142661.4	6.97
工业锅炉	蒸发量吨	56550.18	-40.07
发动机	千瓦	51979266	59.85
电站用汽轮机	千瓦	28893000	7.48
燃气轮机	千瓦	2401000	-36.98
电站水轮机	千瓦	883130	32.59
金属切削机床	台	19162	3.62
金属成形机床	台	8686	16.57
电焊机	台	19989	-43.97
机床数控装置	套	4904	171.39
泵	台	1650132	-5.39
气体压缩机	台	4873647	13.19
阀门	吨	729045.4	25.51
液压元件	件	1126218	4.76
气动元件	件	1069859	-20.51
滚动轴承	万套	15210.29	-23.05
齿轮	吨	32788.24	-9.8
金属密封件	万件	99.63	42.31
矿山专用设备	台	454099.17	7.04
石油钻井设备	台(套)	35268	-44.87
挖掘、铲土运输机械	台	8463	-17.35
金属轧制设备	吨	76722.38	11.46
炼油、化工生产专用设备	吨	101170.79	53

续表

产品名称	单位	当期产量	同比增长(%)
石油化工用加氢反应器	台	9	-30.77
模具	套	320588	-82.13
食品制造机械	台	24099	61.63
环境污染防治专用设备	台(套)	1210	32.53
汽车	辆	962786	19.07
改装汽车	辆	160083	-3.74
铁路机车	辆	196	32.43
铁路货车	辆	2565	-44.47
发电机组(发电设备)	千瓦	36102673	-2.66
电动机	千瓦	1682056.3	56.03
变压器	千伏安	20894196	-80.81
通信及电子网络用电缆	对千米	1300367.57	28.38
电力电缆	千米	1710285.06	6.32
蓄电池	千伏安时	5394934.65	29.89
太阳能电池(光伏电池)	千瓦	414711.3	37.51
电工仪器仪表	台	198801	-61.17

资料来源：2015年年四川工业年鉴。

二 机械装备产业基地发展状况分析

2014年，德阳、成都、自贡三大基地机械装备产业总产值为4708亿元、销售收入4603亿元、利税519亿元、利润263亿元，分别占全省相关指标的比重为61.6%、62.1%、79.1%、75.4%，工业总产值、销售收入比重分别比上年下降1.6个百分点和1.8个百分点，利税、利润比重分别比上年提高8.2个、11.5个百分点。三大基地机械装备产业发展情况详见表6。①

（一）德阳——总产值上台阶，增速回落，效益下滑

2014年，德阳市总产值首次迈上千亿元新台阶，工业总产值、销售收入

① 资料来源于2015年四川工业年鉴。

分别完成1048亿元、998亿元，同比分别增长12.8%、7.2%，增速比上年回落2.2个、12.3个百分点。全市效益大幅下滑，并首次出现亏损，实现利税30.44亿元，比上年下降57.9%；亏损9.79亿元，比上年下降130.5%。[①]

（二）成都——平稳发展，效益提升

成都积极实施创新驱动发展战略，促进机械产品数字化、智能化、信息化、绿色化，实现产品升级换代，高端装备保持良好发展势头，企业应对市场风险能力有所增强。2014年，成都市总产值达2899亿元、销售收入2862亿元，同比分别增长12.3%、9.4%，增速比2013年分别回落7.8个百分点、8.4个百分点；利税、利润增长分别为7.8%、15.5%。[②]

（三）自贡——总产值保持增长，增速回落，效益下滑

2014年，自贡总产值达753亿元、销售收入743亿元，同比分别增长7.8%、6.8%，增速比上年大幅回落12.4个、12个百分点；利税、利润出现负增长，增速分别为-4.7%、-11.7%。[③]

表6　2014年德阳、成都、自贡机械装备产业发展概况

指标		德阳	成都	自贡
总产值	累计(亿元)	1048	2899	753
	增长(%)	12.8	12.3	7.8
	与上年增速相比(个百分点)	-2.2	-7.8	-12.4
销售收入	累计(亿元)	998		743
	增长(%)	7.2	9.4	6.8
	与上年增速相比(个百分点)	-12.3	-8.4	-12
利税	累计(亿元)	30.44亿元		
	增长(%)	-57.9	7.8	-4.7
利润	累计(亿元)	亏损9.79亿元		
	增长(%)	-130.5	15.5	-11.7

注：资料来源于2015年四川工业年鉴。

① 资料来源于2015年德阳统计年鉴。

② 资料来源于2015年成都市统计年鉴。

③ 资料来源于2015年自贡统计年鉴。

三　四川机械装备制造业创新成果突出

（一）重点产品创新研制和国产化攻关

1. 启动一批创新研制项目与重点项目

2014 年，四川启动一批具备弥补产业链关键环节、对重点产品链发展有重大带动作用的创新项目。主要包括：翼龙无人机、国产大飞机钣金套件数字化成形工艺装备研制及技术应用、分布式智能风光储发电系统、金属选择性激光熔化 3D 打印设备 CZ - M5025 研制、600MW - 1000MW 等级火电机组经济性提升研制、CAP1400 主管道热段研制、P71 - AUS 型大容积棚车、HXD1 型深度国产化电力机车制造、重型燃机燃气加热器研制、新一代高精度复杂结构飞机零件批生产线技改、国产商用发动机 CJ1000 风扇单元体研制及整机总装、通航航电及无人机系统产业化、60MW 级轻型燃气轮机动力涡轮国产化研制及产业化、商用无人机远程指挥控制系统等一批重点项目。推进 50MW 重型燃气轮机自主研制、燃机研发能力建设一期、国机重工西南（泸州）基地、成飞民机“大飞机”、南车成都产业基地、中国电科特种通用飞机及无人机系统研发生产基地、自贡通用航空产业园等重点项目建设。

2. 四川在装备领域技术创新成果

2014 年，四川机械装备技术创新成果具体如表 7 ~ 14 所示。清洁高效发电设备（火电设备、核电设备、水电设备、风电设备），详见表 7；重型机械及容器，详见表 8；工程施工机械，详见表 9。轨道交通装备，详见表 10。石油天然气采输及矿山设备，详见表 11。节能环保装备，详见表 12。民用航空航天装备，详见表 13。智能制造装备，详见表 14。

表 7　2014 年四川能源设备重点产品创新研制成果

	企业	产品名称	备注
火电设备	东方锅炉	高效超净排放 105 万千瓦超超临界燃煤机组	国内首台百万等级、一次再热汽温 620℃高效超超临界、超净排放
		30 万千瓦、60 万千瓦机组	优化改造方案推向市场
		燃机压气机试验台、燃烧器试验台	全面竣工投运

续表

	企业	产品名称	备注
火电设备	东方锅炉	5万千瓦燃机9~17级压气机	试验成功
		1~8级压气机、燃烧器	试验启动
		"M701F重型燃机转子制造技术研究"项目	获中国科学技术二等奖
	成发公司	航改燃型燃机FT4000动力涡轮单元体	完成设备改造方案设计、设备选型、部分工艺改进。
核核电设备	二重集团	AP1000压力容器、蒸发器等全套锻件	研制完成
		AP1000水室封头	国内第一件，研制完成
		ACP1000蒸发器、稳压器全部锻件	投料
		CAP1400堆芯补水箱锻件	合格制造
		CAP1400主管道	国内首套订单
		CAP1400锥形筒体	国家科技专项立项
	东方电气	CAP1400常规岛发电机转子	产品研制
		CAP1400核控制棒驱动装置试验台	竣工投运
水电设备	东方电气	溪洛渡16号、17号、18号机组	成功投运
		糯扎渡6号机组、锦屏机组、呼和浩特抽水蓄能电站2号机组、巴西杰瑞7.5万千瓦贯流式机组、峡江水电站灯泡贯流式机组7号机组	成功投运
风电设备	东方电气	DF110-2500型2.5MW风电机组	通过GL设计认证
	川润股份	全液压风电成套技术装备(部件重量整体降低40%)	完成研制

资料来源：2015年四川工业年鉴。

表8　2014年四川重型机械及容器创新研制成果情况

单位	项目研制情况
二重集团	推进超大超厚、薄壁焦炭塔等新型重型容器研制
	薄壁焦炭塔容器已成功完成研制
东方锅炉	世界最大单炉日投煤量达3250吨级的潞安气化炉内件制造
四川空分	完成大流量LNG转注泵研制、混合冷剂制冷工艺LPG冷箱研制、低温冷箱铝阀体密封型蝶阀研发、大型LNG贮槽液压顶升倒装等工艺技术研究
	开展8万~10万方等级大型成套空分设备研发
	完成了200万方日天然气液化成套设备、3万方LNG低温液体贮槽研制
	国内首台国际先进水平LNG开架式海水气化器(ORV)通过中国机械联合会鉴定

续表

单位	项目研制情况
蓝星机械	自主研制国内先进、拥有自主知识产权、替代传统管壳式换热器的160万吨/年加氢裂化装置绕管式换热器正式交付用户
	400万吨/年煤炭间接液化项目煤化装置(宁煤炉)研制完成
	首台撬装产品“水套加热炉”成功发运

资料来源：2015年四川工业年鉴。

表9　工程机械创新研制成果

单位	项目情况
二重集团	大型露天煤矿设备、矿用磨机、钢渣微粉生产线设备等成套设备开发
四川长起	220吨CAC220全地面起重机完成技术设计、工艺设计,技术及工艺试验,并进行样机试制及调试检测
攀钢集团工程技术公司	工程机械大型推土机用D8型履带板研制完成

资料来源：2015年四川工业年鉴。

表10　轨道交通创新研制成果情况

单位	项目情况
资阳机车	完成出口泰国窄轨交流传动内燃机车整车设计
	完成2200~2500kW混合动力机车总组装
	开展双燃料机车可靠性验证
	完成DF12机车全三维改进设计和苏丹动车组、GK0C型机车改进设计
	12V240/12V280柴油机、16V280机车双燃料发动机研制取得阶段成果
	内燃动车组、八轴内燃机车等四个项目通过省科技成果鉴定
眉山车辆	C80EF、C80EFZ型敞车样机试制通过技术评价并小批量投运,GQ80型轻油罐车技术引进、样机试制及样机技术评价,P80型大容积棚车技术引进。
	30吨KM98AF型铝合金煤炭漏斗车样机通过样机评审并已上线试运行
	160km/h快运活动侧墙棚车关键技术成功突破
	研制出世界最大容积澳大利亚P71-AUS棚车、澳大利亚N78-AUS凹底双层集装箱平车、N5GJ-AUS型5关节平车、毛利塔利亚C98-MRT型矿石敞车等

资料来源：2015年四川工业年鉴。

表 11　石油天然气采输及矿山设备创新研制成果

单位	项目情况
四川宏华	在水平钻井技术和水压裂技术等页岩气开采两大领域实现关键技术突破，并完成部分核心装备研制
	自主开发的水平钻井成套设备已在全球市场占有 18% 的份额
	自主研制成功世界上最大的压裂泵及柔性水罐
	具有国际先进水平的齿轮齿条钻机研制成功完成功
宝石机械成都公司	成功完成 30″、36″超大直径全面钻进牙轮钻头系列化研制，并实现现场应用
金星压缩机公司	完成了高效节能型迷宫活塞式压缩装置研发
	燃气净化橇装模块式自动化工厂成套装备通过省级鉴定
	页岩气综合利用装备、气举采油分配计量装备等创新产品成果推广
四川精控阀门公司	完成上装一体式深冷球阀创新研制，实现该领域的进口替代
自贡运机	完成输送距离 8282 米的山西阳泉燕龛煤矿亚洲最长管状带式输送机研制
	完成国内输送量最大的 5500t/h 山东日照港大运量管状带式输送机研制
	完成安徽金日盛矿业双物料双向输送功能的长距离曲线带式输送机研制
	完成云南怒江昆钢水泥下运发电带式输送机系统研制，年发电 250 万千瓦时

资料来源：2015 年四川工业年鉴。

表 12　节能环保装备创新研制成果

单位	项目情况
东方锅炉	发布“超净排放”环保技术方案，包含 5 项核心技术，可对火电厂排放物的脱硫、脱硝、烟气除尘等问题进行综合解决
	目前国内唯一具备“超净排放”5 项核心技术的企业
川润股份	完成高炉炉渣综合利用成套技术装备和燃机余热锅炉研制
华西能源	投运自贡垃圾焚烧发电厂 2 号机组、安装调试广安垃圾焚烧发电
	垃圾焚烧循环流化床锅炉通过省级科技成果鉴定
	100MW 等级高炉煤气锅炉完成研制
乐山亚联机械	完成废弃轮胎自动切块机研发

资料来源：2015 年四川统计年鉴。

表 13　民用航空航天装备创新成果

单位	项目情况
二重集团	成功试制了多种型号的大型航空模锻件
成飞公司	民机完成国产大飞机机头壁板组件自动装配工艺装备研制并实现应用
	国产大飞机钣金套件数字化成形工艺装备研制顺利

续表

单位	项目情况
成发公司	CJ－1000系列发动机风扇及增压单元体研制，完成1套风扇增压级试验件试制，1套增压级转子叶片试验件试制，试制风扇增压级转子、前承力机匣等17项试验件
九洲电器集团	成功研制机场综合通信导航监视CNS系统、T3CAS航电综合监视系统和便携式卫星通信站
成都振芯科技公司	基于北斗的深耦合组合导航系统与终端研发
川冶新材料公司	研制完成可控微气氛真空烧结新型航空航天钨合金平衡器件

资料来源：2015年四川工业年鉴。

表14 智能制造装备创新研制成果

单位	项目情况
长征机床	横梁升降式动梁龙门加工中心、横梁升降复合龙门加工中心等新产品试制和产品派生拓展设计等推进
普什宁江机床	NJ－THMC6350IV喷油器体型腔深孔钻铣高精多轴复合加工中心、NJ－CH6140喷油器体柱面成型和螺纹滚压加工高精度复合数控车削中心、NJ－K069(系列)后桥双端面数控卧式加工机床完成研制通过省级鉴定
成都普瑞斯数控机床	PL600高速立式加工中心研制成功，主要性能精度指标达到国际先进水平
德阳宏源机电	成功研制TK6920数控落地铣镗床，实现年产10台的生产能力
三阳永年公司	顺利研制金属3D打印专业化装备及关键组件
南车、华西能源、成发	南车共享铸造公司智能制造工厂示范工程、华西能源重容车间智能化改造、成发机匣智能加工中心等建设顺利
成量集团	研制成功调整精度高达φ0.002－0.02mm的微调精镗单元、QX500刀具预调测量仪、MK9624全自动丝锥磨沟机
	国家数控机床专项“PVD/PCVD涂层技术及设备研究及开发”通过预验收

资料来源：2015年四川工业年鉴。

（二）国内外市场开拓

2014年，四川机械装备重点企业着力加强对新产品开发和产品结构调整，以订单为突破口，积极开拓国内、国际市场，全年出口交货值达到252亿元，比2013年增长37.8%。①

1. 国内市场

四川省内各机械装备制造企业积极开拓国内市场。①二重集团开拓国内市场：承接了四川友麒2900mm复合板轧机、燕钢1580mm热连轧机、核电福清5号机组主管道等多个重大项目合同，与电站主机厂、船企等签订了铸锻件产品战略采购协议。②东汽在国内国际市场开拓中取得显著成效，火电新中标订单67亿元；电站服务中标同比增长20%；新签订鄂州100万、上都60万改造、田湾核电改造、神头凝汽器及低加等重点项目订单。③资阳机车厂获得国铁50组八轴9600KW电力机车订单，44台路外机车（含19台修车）订单，获得161列动车电气连接器订单等。②

2. 国际市场

四川省内机械装备企业积极开拓国际市场。①二重集团在伊拉克、伊朗等中东地区开拓冶金设备、水泥设备市场，获得伊克卡拉乔日产6000t水泥生产线立磨订单，首次出口水泥设备，获得巴基斯坦K3主管道订单，与CMEC达成向塞尔维亚4000万吨露天煤矿提供技术咨询达成合作意向等。②眉山车辆新签海外货车整车订单1024辆出口澳大利亚、阿根廷等国家和地区，产品涵盖棚车、平车和漏斗车等车辆，订单达4.7亿元。③资阳机车公司签订合同向哈萨克斯坦出口12台机车，向苏丹出口8台内燃动车组，与德国MAN公司签订了MAN27/38曲轴系列订单，并通过动车成套产品向阿根廷、伊拉克市场等出口电气连接器等电气产品。④东方电气与俄罗斯拉奥能源公司签署了共建水电、太阳能等三个电站合同框架协议，签订了向印度提供ENNORE1×660MW超临界燃煤主机供货合同。⑤四川宏华石油钻机、顶驱等主导产品实现出口交货值67亿元，比上年增长高达218.7%，引领全省机械产品出口额。⑥成发公司与罗罗公司签订了5年2.9亿美元的新产品合同，与GE能源公司签订了5年3亿美元的叶片订单。③

---

① 资料来源于2015年年四川工业年鉴。

② 资料来源于2015年四川工业年鉴。

③ 资料来源于2015年四川工业年鉴。

四　四川装备制造业发展面临的问题与对策建议

（一）发展中的问题

1. 产业结构层次偏低，产业增长效率低

四川省制造业结构性矛盾依然突出，产业结构层次偏低。矿物制品业、农副产品加工业、黑色金属冶炼业等技术含量少、产品附加值低的初级产品加工产业和资源密集型产业比重过高。存在对自然资源的依赖性过强，产业加工度偏低，开发转化程度不高等问题。四川机械装备制造业与信息产业融合度不高，智能制造发展滞后，产业占比还比较低。缺乏有产业带动效应的智能制造龙头企业，也未形成战略性新兴制造业产业集群。

2. 自主创新能力不强　缺乏核心竞争力

四川机械装备制造业除了少部分企业具有一定的自主创新能力外，多数企业仍停留在经验设计和仿造阶段，技术创新的整体水平与东部沿海、发达国家存在着不小差距，企业的自主创新能力弱，关键技术自给率低制约着四川机械装备制造业的更新换代，广大高新技术产业的关键设备部件、核心技术仍然需要依赖国外或国内引进。2014 年，四川省新产品产值占 GDP 的比重（9.1%）不及全国平均水平（18.3%）的一半；全省有效发明专利 9043 件，分别为广东的 9.3%、江苏的 17.1%、浙江的 40%。①

3. 要素成本上升，产业竞争力削弱

随着机械装备制造业的人工成本、土地要素成本的上升以及资金融资难融资贵的问题日渐突出，以及市场环境的恶化，四川机械装备制造业的竞争力削弱。

4. 企业规模偏小，企业竞争力弱

四川机械装备制造工业企业规模普遍偏小，龙头企业不多，缺乏产业带动效应。企业规模偏小不利于发挥龙头企业对配套小企业的牵引、带动作用，降

① 资料来源于 2015 年中国统计信息。

低产业链条的完整性，延伸性，降低产业集群效应。在2014年中国制造业500强企业中，四川上榜企业18家，在全国排名前十，和浙江92家、江苏45家、山东62家、北京36家相比，还有一定差距。

（二）对策建议

1. 进一步推进首台（套）重大技术装备的应用与推广政策，完善进口税收政策

继续发挥对国内或省内首台（套）重大技术装备奖励的政策，加大鼓励范围与力度。用户为省内企业的，按研发单位50%、用户50%的比例拨付奖励资金；用户为省外企业的，奖励资金全额划拨给研发单位。进一步加大对重大技术装备关键零部件和原材料进口免税政策的支持，对重大技术装备关键零部件和原材料进口实行免税政策。

2. 加大创新支持，增强制造业核心竞争力

四川机械装备制造业的产业层次不高，创新驱动能力有限，需要加大创新支持力度，提升四川机械装备制造业的创新驱动能力，增强四川机械装备制造业的核心竞争力。一方面要采取措施鼓励产学研的结合，发挥在川高校科研机构的创新能力，同时要鼓励企业与高校科研机构的合作；二要以税收优惠鼓励企业发挥作为创新主体的作用。

3. 加大融资体制改革，解决融资难题

四川机械装备制造业企业中的中小企业面临融资难融资贵的难题，需要加快融资体制改革，建立完善的资本市场体系，增加直接融资的比例，优化间接融资渠道，完善信用体系建设，增强中小企业融资能力，降低融资成本。

4. 加快推进“互联网+制造业”，促进两化深度融合

四川机械装备制造业与信息化融合度不高，随着信息技术对制造业的影响日益加深，需要围绕智能制造，加快推进“互联网+制造业”，促进信息化与工业化的深度融合，优化生产工艺流程，提升企业经营管理效益，增强四川机械装备制造业竞争力。

5. 加大职业人才教育，提升劳动力素质

机械装备制造业发展需要大量的优质职业技术人才，政府需要加大职业教育投入力度，并建立多层次的职业教育体系，充分利用社会资本，完善多渠道

发展职业教育的模式，扩大职业教育规模，要增强企业与社会职业学校的融合度，提升职业教育水平。

参考文献

四川统计局：《2015 年四川统计年鉴》。

四川经济与信息委员会：《2015 年四川工业年鉴》。

四川成都统计局：《2015 年成都统计年鉴》。

四川自贡统计局：《2015 年自贡统计年鉴》。

四川德阳统计局：《2015 年德阳统计年鉴》。

B.18

2016年四川省信息安全产业发展形势分析

苏平　方茜*

摘　要： 近年来，四川信息安全产业运行主要特点是增势良好、产品链逐步完整、技术水平国内领先、自主创新能力较强。目前，发展条件占优、基础扎实、优质企业存量较大、政府工作有序以及企业反应积极是产业增长的有利因素；未形成集聚之势、市场化能力偏弱、产业投入不足、难以实现自主可控是产业增长的不利因素。在创新驱动、战略化趋势、市场需求刺激、企业并购及产品融合的大流下，四川信息安全产业将保持良好的增长态势，预计2016年产业规模达到350亿元。

关键词： 信息安全产业　产业发展形势　因素分析

“信息安全产业是保障国家信息安全的战略性核心产业”①。近年来，随着知识经济、信息经济成为世界经济发展的主流，信息技术的普遍应用和互联网的广泛覆盖，使得信息安全逐步成为关系国家政权稳固、国防安全、社会稳定、经济发展和科技进步的重要因素。在旺盛的市场需求和政府高度关注的大背景下，信息安全产业迎来了发展的春天。2014年，信息安全产业被四川省委省政府明确定位为“高端成长型产业”。至此，四川电子信息产业“电子信

---

* 苏平，四川省经济和信息化委，调研员，主要研究方向为产业经济；方茜，四川省社会科学院经济研究所副所长，博士后，副研究员，主要研究方向产业经济、公共管理。

① 工信部：《信息安全产业“十二五”发展规划》，http://www.gov.cn/.htm，2011年12月8日。

息→新一代信息技术→信息安全”的转型升级路径更加清晰，信息安全产业发展的新篇章正在开启。

一　四川信息安全产业运行的主要特点

（一）四川电子信息产业发展状况

产业规模持续增大。2014 年，四川电子信息产业实现主营业务收入 6306.7 亿元，居中西部第 1 位，全国第 7 位。其中，电子制造业实现主营业务收入 3808 亿元，同比增长 10.1%，总量排名全国第 6 位，增速比全国平均水平高 0.3 个百分点。软件与信息服务业实现主营业务收入 2498.7 亿元，同比增长 18.5%，实现软件业务收入 1893.7 亿元，同比增长 18.3%。

产业增速明显下滑。2014 年四川电子信息产业增速为 13.8%，低于“十二五”时期前三年产业平均增速 23.2 个百分点；低于“十一五”时期的平均增速 24 个百分点。

出口增长态势良好。在增速明显下滑的情况下，出口保持了良好的增长态势。电子制造业规模以上企业完成出口交货值 2527 亿元，同比增长 20%，总量排名居全国第 4 位，增速排名居全国第 10 位。

转型升级成效显著。主要表现在两个方面：一是软件业增速超过电子制造业 8.4 个百分点，软硬结构比调整为 33.2∶66.8；二是信息安全产业发展加速，增速超出全行业 19.8 个百分点。

（二）四川信息安全产业运行主要特点

与产业整体增速下滑形成鲜明对比，四川信息安全产业表现出良好的增长态势。2014 年，信息安全企业实现工业总产值 1281.1 亿元，较上年同期增长 14.7%，其中，信息安全产业产值 183.4 亿元，较上年同期增长 33.6%。按类别细分，安全可靠芯片产业产值 11.1 亿元，同比增长 56.9%；安全可靠终端产品产值 110.6 亿元，同比增长 38.8%。信息安全系统产品与应用产业产值 45.3 亿元，同比增长 18%；信息安全软件与信息服务业实现信息安全收入

16.4 亿元，同比增长 33.4%。2014 年，四川有 148 户上一定规模的信息安全产业企业。其中，企业总产值过亿元的 49 户，比 2013 年净增 12 户。信息安全产值过亿元的企业 25 户，比 2013 年新增 6 户①。

信息安全产品链逐步完整。拥有全系列信息安全系统产品 12 类 80 余种，包括安全与存储硬件、身份认证、通信保密及终端系列、数据库管理系统、安全检测类，以及授权访问控制类产品等。在安全可靠终端产品领域，有安全保密手持终端及系统、车载终端、北斗、高分手持，以及安全路由交换产品、安全家庭信息终端等。在安全可靠芯片设计领域，有保密手机安全芯片、密码芯片、网络通信芯片、智能电视核心和外围芯片、北斗导航基带和射频芯片等专用芯片。在信息安全软件与相关信息服务业领域，有中间件、数据库等国产基础软件，工业控制安全软件、云计算，大数据安全软件产品和平台、移动互联网安全产品和平台等。

技术水平在国内领先。相关统计显示，全省信息安全产业获得的国家科技进步奖 32 项，省部级科技进步奖近 400 项。在互联网安全监测与治理、国产密码、信息取证与侦查、数据擦除与恢复、安全保密芯片及终端、“北斗”、“高分”芯片和终端、安全存储、安全路由交换、工业控制安全软件、云计算和大数据安全软件等细分领域，四川信息安全产业保持在全国领先水平。

拥有较强的自主创新能力。据不完全统计，2014 年全省信息安全企业拥有的国家授权的专利 6585 项。其中，发明专利 4346 项，占到专利总量的 2/3。

二　影响四川信息安全产业运行的因素分析

（一）有利于四川信息安全产业增长的主要因素

产业发展条件优越。四川是资源大省、人口大省和科教大省，是西部地区的经济中心，2014 年四川实现地区生产总值 2.85 万亿元，经济发展基础雄厚。四川拥有西部首个“信息安全产业专业化园区”和国家级“信息安全产

① 雷兹：《推动信息安全产业发展四川逐步成为信息安全产业高地》，四川新闻网，2015 年 6 月 1 日。

业公共技术服务平台”，也是科技部授牌的“国家信息安全成果产业化基地”，拥有国家和省级重点实验室3个。此外，四川通信基础设施优良，有省干线出省光缆数量22条，传输总带宽达到3200Gbps，城域网出口带宽超过100Gbps。

专业人才支撑有力。四川拥有四川大学、电子科技大学、西南交通大学、西南科技大学，中国电子科技集团公司十所、二十九所、九所和三十所，中国科学院（成都分院）、中国工程物理研究院、国家信息安全产业基地（成都）培训中心等众多知名高校和科研院所，信息安全产业发展所需的专人人才供给充分。

产业发展基础扎实。四川安全可靠芯片与集成电路产业规模居全国前列。2013年四川集成电路产业（制造、封测）完成销售产值350亿元，占全国的13%；生产集成电路40.4亿块，占全国的4.7%；IC设计收入为64.5亿元，占全国的6.5%，居全国第6位。目前，四川已具备“设备→材料→设计→制造→封测”一体化的IT产业链。在材料方面，有四川永祥股份有限公司、成都青洋电子材料有限公司等代表性配套企业；在IC设计方面，有振兴科技、四川虹微、和芯微为代表的IC设计企业60余家；在制造方面，有飞阳科技6英寸平面光波导晶圆生产线，嘉石科技6英寸第二代与第三代集成电路芯片生产线、四川广义微电子股份有限公司“0.25微米6英寸MOSFET”芯片项目，以及在建的士兰半导体6英寸芯片生产线；在封装测试方面，有英特尔、德州仪器等全球知名企业。

优质企业数量较多。四川拥有的信息安全类优势企业较多，如中国电子科技集团公司第三十研究所，以及由其控股上市公司成都卫士通信息产业股份有限公司。其中，中国电子科技集团公司第三十研究所是国内唯一的保密通信专业研究所；2008年8月在深圳证券交易所上市的成都卫士通信息产业股份有限公司，是目前国内以密码为核心的信息安全产品和系统的最大供应商。

产业推进计划先行。截止到2015年上半年，四川信息安全产业发展规划、重点企业目录、产业技术路线图、人才发展规划、产业发展路线图、数字家庭产业路线图、大数据产业发展路线图等基础性编制工作已基本完成。

省级部门紧密配合。省发展改革委员会加强要素保障支持，根据相关单位申请，核实并批复了一批符合条件的企业享受大工业电价。省科技厅出台了《加快科技企业孵化器建设与发展的措施》，明确了重点发展的地区，资助了一批信息安全科技项目。省财政厅 2014 年累计安排资金 4.44 亿元，支持信息安全产业发展。省通信管理局着重加快“国家计算机网络应急技术处理协调中心（四川分中心）”建设。信息安全产业发展推进小组办公室围绕政策研究、规划制订、路线图编制等开展工作。

21 市州积极谋划。全省 21 市州产业推进小组成员单位明确了工作职能、任务分工，并建立了信息安全产业的推进机制。成都市对全市 100 余家涉及信息安全产品及服务的企业情况进行了梳理，确定 58 家重点监测企业，建立了全市信息安全产业运行监测平台。绵阳市成立了中国（绵阳）科技城“信息安全产业联盟”，以联盟模式促进产业发展。内江市开工建设信息安全产业园（含孵化园），该产业园将成为西南片区孵化信息安全科技型企业的高端孵化园区。遂宁市加大招商引资工作力度，大力吸引集成电路产业集聚。

国内企业反应积极。信息安全产业受到业界高度关注，一大批企业积极响应政府号召，纷纷入川共谋发展。中国电子科技集团公司在川企业 30 所、10 所、29 所及其全资或控股公司，争做国内第一梯队集团军。工程物理研究院、总参 57 所、兵装 58 所、中电子 9 所在相关领域密集发展。长虹、九州等一批国有大型骨干企业发挥积极作用。各大通信营运企业在信息安全设备采购、安全服务等方面带动了产业的发展。清华大学在专业人才培育、重大项目布局等方面给予四川支持。电子科技大学、四川大学、西南科技大学等一批骨干科研院校在设计研发和人才培育等方面做了大量工作。

（二）不利于四川信息安全产业增长的主要因素

产业未形成集聚态势。首先，产业规模偏小不利于集聚。虽然四川信息安全产业规模位居全国第二，但只占到全国总规模的 20%，没有绝对优势。其次，信息安全产业与相关产业协调性发展不足，不利于集聚。信息安全产业需要与基础元器件、集成电路设计、数字视听、终端产品等配套发展。当前状况是，生产资料分散、企业缺乏合作，在产业上游、中游和下游间没有形成有效的联系，不同产品的部门之间也少有沟通和联合。

市场化能力偏弱。尽管四川信息安全产业在技术和研发层面有较大优势，但十分缺乏拳头产品。尚无产品达到 360 桌面安全系统、天融信防火墙那样的影响力和市场份额。急切地需要将技术和研发优势向产业优势转化，同步探索高效的商业运营模式。

产业投入明显不足。信息安全产业发展需要大量的资金注入。从现实来看，国家财政投入各地后，用以发展信息安全的专项资金很少。而创新型中小企业普遍存在融资难的问题，企业申请贷款的渠道也不畅。目前，四川正在尝试以“信息安全产业投资基金”撬动产业发展，2015 年上半年也发放了一批项目资金。但总体而言，资金支持力度仍旧偏小，对产业的支撑有限。

产业自主可控难度大。就现状而言，在信息安全平台系统、信息安全芯片基础产业、基础网络设备等核心领域，我国对国外技术和产品有很大的依赖性。如九成以上元器件、网络设备、通信协议等信息安全类产品依赖国外厂商。在政府、金融、军队、能源等重要部门广泛应用的服务器、信息安全管理系统等设备的国产化率仅有 4.94% 和 2.75% 。国内大部分市场被 orale、EMC、IBM/HP 等欧美国家的企业所占据①。

三　四川信息安全产业发展形势分析

（一）创新驱动为产业注入新动力

党的十八大明确提出：“科技创新是提高社会生产力和综合国力的战略支撑”，“要坚持走中国特色自主创新道路、实施创新驱动发展战略”。2015 年 3 月《中共中央国务院关于深化体制改革，加快实施创新驱动发展战略的若干意见》明确指出，到 2020 年，基本形成适应创新驱动发展要求的制度环境和政策法律体系，为进入创新型国家行列提供有力保障。将创新作为国家发展战略为四川信息安全产业的自主创新和国产化提供了强大支撑。

（二）产业的国家战略化趋势

当前，世界各国对信息资源和互联网主控权的争夺十分激烈。早在 20 世纪 90 年代，欧美发达国家围绕网络空间竞相出台了发展战略。2015 年，在提

① 《信息安全刻不容缓国产化成产业发展催化剂》，赛迪网，2014 年 7 月 15 日 http：//www.cctime.com/html/2014－7－15/20147151012513092.htm。

交人民代表大会审议的《国家安全法》草案修订稿中增加了提升“网络与信息安全保护能力”、建设“国家网络与信息安全保障体系”、维护“国家网络空间主权”等相关规定。这意味着，我国已将网络空间上升为第五大主权领域空间①。网络空间的维护迫切需要国家从安全战略的高度，对信息安全产业的发展进行统一规划，通过技术、产品和服务模式等创新提升信息安全防护的支撑能力。信息安全上升为国家战略为产业发展提供了坚实背景和强大动力。

（三）市场需求激发产业快速扩张

近年来，作为新兴产业的典型代表，信息安全产业在我国处于高速发展期。根据互联网数据中心（IDC）发布的数据，“目前中国信息安全产业产值与整个信息服务业产值的比例仅为1%左右，而欧美发达国家这一比例普遍在10%左右”②。未来，伴随着互联网在经济、社会领域的持续渗透，以及物联网、云计算、大数据等技术的普及，我国信息安全产业的发展空间巨大，将扩展到目前产业空间的10倍以上。首先，国家安全需求为产业发展带来活力。将信息安全作为国家战略以及网络强国目标的确立激生了国家对信息安全的需求，“产品的国产化力度会空前加大，而信息安全审查等制度建设会为本土安全企业提供更多的机会”③。从现实来看，出于对国家安全的考虑，一些政府采购项目已明确提出拒用国外产品。其次，公民对个人信息的保护意识提高，对信息安全产品提出更高要求。再次，随着网络法治化的推进，首席信息安全官制度、安全问责将倒逼各行各业信息安全建设。最后，随着“两化融合”逐步深入，农村信息化将继续推进，市场需求愈发旺盛。

（四）企业并购与产品融合成大流

受市场竞争压力所迫，信息安全类企业，包括国内企业与国外企业、大企业与小企业、成熟企业与成长企业都倾向于并购。此外，产业基础好、规模较

---

① 前四大空间为海、陆、空、天。

② 刘捷：《发展信息安全产业　推动工业转型升级》，《四川党的建设》（城市版）2015年第6期。

③ 崔光耀：《信息安全产业战车驶入机遇期》，《中国信息安全》2015年第3期。

大的电子信息企业与信息安全企业之间的并购也不断加速。从国内情况看，瞄准信息安全产业的巨大发展潜力，一些大企业大集团（特别是央企）纷纷入驻信息安全产业。产品融合安全功能是大势所趋，而整机企业、上游企业将采用捆绑销售策略占领市场空间。

四　四川信息安全产业规模发展预期

根据2015年6月发布的信息，四川信息安全产业发展目标为："到2017年，信息安全系统产品、安全可靠终端产品、安全可靠芯片、信息安全软件产业规模达到550亿元；到2020年，信息安全系统产品、信息安全终端产品、安全可靠芯片、信息安全软件产业规模达到1100亿元。"[①] 可知，2015～2017年，四川信息安全产业年均增速预设值为40%；2018～2020年，四川信息安全产业年均增速预设值为30%。以此类推，计算得到2015～2017年、2018～2020年各年度四川信息安全产业产值，见表1。

表1　四川省信息安全产业发展规模预期（2015～2020年）

单位：亿元

年份	年均增速	信息安全产业	信息安全系统产品	安全可靠终端产品	安全可靠芯片	信息安全软件
2014	40%	183.4	45.3	110.6	11.1	16.4
2015		256.2	63.3	154.5	15.5	22.9
2016		357.9	88.4	215.8	21.7	32.0
2017		500.0	123.5	301.5	30.3	44.7
2018	30%	650.3	160.6	392.2	39.4	58.2
2019		845.8	208.9	510.1	51.2	75.6
2020		1100.1	271.7	663.4	66.6	98.4

2015年四川信息安全产业产值达到256.2亿元，2016年达到357.9亿元。根据2014年的发展基础，在既定年均增速预设值下，计算得到各年度信息安

① 刘捷：《发展信息安全产业　推动工业转型升级》，《四川党的建设》（城市版）2015年第6期。

全系统产品、安全可靠终端产品、安全可靠芯片、信息安全软件产业四个细分产业的发展规模，见表1。因四个细分产业的增速并不一相同，该数据仅作参考。

五　促进四川信息安全产业加快发展的建议

（一）国外推进信息安全产业发展的主要做法

美国打造自主可控信息安全产业链的主要举措：一是出台产业发展政策及规划，如《网络空间国家安全战略》（2003年）、《全球供应链安全国家战略》（2012年）、《大数据研发计划》（2012年）、《提升关键基础设施的网络安全》（2013年）、《提高关键基础设施的安全性和恢复力》（2013年）、《网络安全框架》（2014年）。二是健全产业组织机构，如国家安全局、国家标准与技术研究院、国家信息保障同盟、跨部门网络安全工作组、国内安全联盟、互联网安全产业促进协会等。三是完善相关法律，如《政府信息安全改革法》《网络安全研发法》《联邦信息安全管理法》《网络安全研发法》。四是制定信息安全技术标准制度，如可信计算机系统安全评价标准、联邦信息系统安全控制的指导意见、国家产业安全计划实施指南等①。

日本促进信息安全产业发展的主要做法：一是建立健全产业组织机构，如日本数据通信协会、日本计算机应急处理协调中心、日本情报处理推进机构、日本信息安全教育事业者联络会、日本安全对策推进协议会、日本信息安全管理协会、日本信息安全管理协会等。二是打造运行有效的信息安全技术体系，如技术企业、军工企业、研究所和社会团体。三是多方促进产业技术人才培养，如东京都警视厅将培养网络犯罪搜查的IT人才计划视为紧急任务，日本网络安全协会通过信息安全人才育成研讨会等形式，探索人才培养模式。四是定期举办信息安全展览会等活动，推广最新技术服务和安全产品②。

① 详细内容可参看：周季礼、于东兴、吴勇《美国打造自主可控信息安全产业链的主要举措及启示》，《信息安全与通信保密》2014年第11期。

② 详细内容可参看：张向宏、卢坦、耿贵宁《日本信息安全产业发展及对我国的启示》，《保密科学技术》2013年第2期。

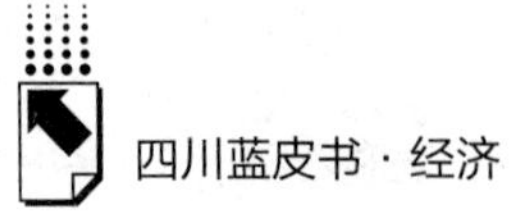

（二）促进四川信息安全产业加快发展的建议

1. 有序推进产业规模扩大

划定2017年和2020年两个阶段。到2017年，促进产业规模化发展，预设信息安全系统产品、安全可靠终端、安全可靠芯片、信息安全软件产业规模达到500亿元以上，初步形成支撑自主可控的通信网络、下一代互联网、云计算、物联网和移动互联网等信息系统的能力。到2020年，产业规模化发展见成效，预设信息安全系统产品、安全可靠终端、安全可靠芯片、信息安全软件产业规模达到1100亿元以上，产业竞争力明显增强，初步形成产业链完整、分工合理的产业体系。

2. 培育成绵内遂四大产业基地

以现有产业为基础，打造成（都）、绵（阳）、内（江）、遂（宁）四大产业集聚地：①成都以“国家示范网络空间信息安全产业园”建设为主；②绵阳在打造“国家数字家庭产业基地”的同时，强化“信息安全产业园”建设；③遂宁在强化要素保障的基础上，全力推进洪芯微科技、广义微电子、上特科技集成电路等项目投产和达产；④内江在规划1.67平方公里“信息安全产业园”的同时，开展招商引资工作。

3. 实施一批重大产业项目

积极推动中电科网络与信息安全产业园、嘉石科技集成电路、京东方绵成8.5代液晶面板生产线、清华大学AMOLED等一批重大项目的落地、复工和建设。积极促进中国电子科技集团、中国移动、中兴通信、长虹四方合作，推动安全手机在川产业化发展。抓好国家信息技术安全研究中心西南平台、信息安全产业协同创新中心（成都）、可信云计算与大数据省级重点实验室、自主可控云计算与大数据应用工程中心、四川北斗运营中心等项目的各项基础建设和推进工作。

4. 加大力度推进产品应用

当前，信息安全产业已到了以行业应用推动产业发展的关键时期。要以安全智能终端大规模应用为目标，出台产业政策激发需求，推动示范应用。自主可控的安全手机首先在省级部门和部分市（州）进行试点，将安全智能手机作为移动办公设备，纳入采购范围，根据使用情况再向全省推广。鼓励通信运营商以套餐方式推广安全手机，按推广数量给予整机采购一定的补助。以政府采购为切入点，结合市场化推广，初步形成规模，争取中兴、华为等品牌厂商在川建立生产基地。实施四川北斗综合应用示范工程。抓住北斗重大专项示范机遇，利用可提供实时精密定位服务的北斗地基增强系统，在成都、绵阳和泸州等地开展示范应用，积极争取获批总装北斗综合应用示范基地，协调省级配套资金到位，拉动北斗终端及服务配套产业发展。加快四川“国家数字家庭应用示范产业基地”、高分综合应用示范工程建设。根据市场需求，编制政府采购信息安全产品及服务目录，完善政府采购方式及程序，建立用于政府采购和招标的专家数据库。鼓励企业契合市场所需，改进技术和产品，参与四川信息安全项目建设。

5. 以保障措施完善促发展

贯彻落实《国务院关于印发进一步鼓励软件产业和集成电路产业发展若干政策的通知》中关于增值税、企业所得税等各项税收优惠政策。落实重大项目会商协调制度。通过定期协商，落实责任、明确时间节点、帮助企业解决问题。对符合四川产业发展方向并在省域实现产业化的信息安全项目，在信息安全高端成长型产业专项资金等省级发展资金中给予支持。对战略性新兴产业和五大高端成长型产业专项资金支持的项目加强协调服务、跟踪检查，确保项目达到预期目标。加快设立省集成电路产业投资基金。根据 2015 年 6 月 1 日经省政府第 87 次常务会议通过的《四川省集成电路产业投资基金组建方案》，严格落实方案要求，力争 2015 年完成基金公司、管理公司注册，同时不低于 20 亿元首期募集资金到位，确保年内投放首批项目。建立“信息安全产业经济运行统计体系”和“运营监测系统”，对产业相关企业和项目展开调研，摸清全省信息安全技术、产品和企业状况。依托国家、省人才计划，强化信息安全领域高端人才引进和培养。在信息安全产业基地、园区等产业集聚区开展人才政策试点工作，探索产学研协同发展的人才流动、定薪定酬，以及科技成果分享等方面的机制。

专 题 篇

Special Reports

B.19
四川省新型城镇化建设研究

陈 映*

摘 要： 四川新型城镇化初见成效，但也面临诸多困难和矛盾。进入城镇化转型发展的关键时期后，机遇与挑战并存，四川应以科学规划引领城镇化快速、健康发展，优化城镇空间布局，强化城镇产业支撑，增强城镇综合承载能力，推进城镇管理制度创新，完善城镇化发展体制机制。

关键词： 四川 新型城镇化 以人为本

新型城镇化是以城乡统筹、城乡一体、产城互动、节约集约、生态宜居、和谐发展为基本特征的城镇化。① 2013 年 12 月中央城镇化工作会议展望了中

* 陈映，经济学博士，四川省社会科学院产业经济研究所副所长、研究员。主要研究方向：区域经济、产业经济。

① 胡锦涛：《坚定不移沿着中国特色社会主义道路前进为全面建成小康社会而奋斗——在中国共产党第十八次全国代表大会上的报告》（2012 年 11 月 8 日），新华网，http：//www. xj. xinhuanet. com/2012 – 11/19/c_ 113722546. htm。

国新型城镇化发展的远景，要求以人为核心，实现城镇化由数量扩张向质量提升的转型发展。2014 年 3 月《国家新型城镇化规划（2014～2020 年）》出台，围绕未来 6 年我国新型城镇化发展描绘了清晰的路线图。按照中央新型城镇化建设的基本要求，结合四川实际，努力走出一条以人为本、科学发展、集约高效、功能完善、环境友好、社会和谐、个性鲜明、城乡一体、大中小城市和小城镇协调发展的具有四川特色的新型城镇化道路，构建布局合理、形态适宜、层级清晰、功能完善的现代城镇体系，对四川与全国同步全面建成小康社会、努力谱写中国梦四川篇章具有重大的现实意义和深远的历史意义。

一　四川新型城镇化发展的基本判断

（一）纵向比较——新型城镇化建设初见成效

“十一五”时期、“十二五”时期，四川省认真贯彻落实中央关于推进新型城镇化的精神和要求，省委、省政府也做出了加快推进新型城镇化的重大决策，四川以人为核心的新型城镇化建设总体上呈加快推进的态势，城镇化水平不断提高，质量逐渐向好。城乡综合配套改革取得突破。以人为核心，以质量为关键，以改革为动力——具有四川特色的新型城镇化实践正由内至外地改写着蜀中大地，并为全国新型城镇化建设提供经验和启示。

1. 城镇化发展速度加快

一是城镇化率逐年上升。改革开放初期，四川城镇化水平大约为 11%。西部大开发战略实施以来，特别是党的十八大明确提出走新型城镇化道路以来，四川城镇化率不断提高。2014 年，四川城镇化率达到 46.3%，居全国第 24 位，居西部地区第 6 位。

二是城镇化水平不断提高。1978～2000 年，四川的城镇化水平年均提高约 0.7 个百分点；[①] 2005 年比 2000 年提高了 6.3 个百分点，年均提高 1.26 个百分点；2010 年比 2005 年提高了 7.18 个百分点，年均提高 1.44 个百分点；2014

① 四川省统计局：《简析四川城镇化发展现状及成因》，四川省人民政府网站，http：//www.sc.gov.cn/zwgk/jjjs/tjsj/tjfx/201007/t20100727_ 996168.shtml。

年比2010年提高6.12个百分点，年均提高1.22个百分点。可见，自2000年以来，四川城镇化率以平均每年1.2~1.5个百分点的速度在逐步提高。

三是城镇化增幅明显。2014年末，四川常住人口8140.2万人，其中，城镇人口3768.9万人，城镇化率为46.3%，较2013年提高1.4个百分点。

2. 新型城镇体系建设加快

经过“十一五”时期、“十二五”时期的快速发展，四大城市群发展实力提升，区域性中心城市对区域发展的带动作用不断增强，中小城市和小城镇的功能进一步完善，四川城镇体系逐步优化和完善。2013年，泸州、绵阳、南充3个城市人口突破100万大关，四川超过100万人的城市增至4个。尤其是2013年以来多点多极支撑发展战略的大力实施，四川城镇体系和城镇功能进一步优化和完善，城镇综合实力进一步增强。目前，四川的城镇化布局和形态趋于完善，“人往哪里去”的问题得到一定程度的解决。

3. 城乡收入水平不断提高

2014年，全省城镇居民人均可支配收入为24381元，比2013年增长9.0%；农村居民人均纯收入8803元，比2013年增长11.5%。[①] 城乡居民收入比由2013年的2.83∶1缩小为2014年的2.77∶1（见表1）。2015年上半年，四川城乡居民持续增收，城镇居民人均可支配收入13196元，同比名义增长8.1%；农民居民人均纯收入5319元，同比名义增长10.3%，高于全国平均增幅0.8个百分点；城乡收入比为2.48∶1，较上年同期的2.59∶1缩减0.11（见表1）。

表1　部分年份四川城乡居民收入情况

单位：元

时间	城镇居民人均可支配收入	农民人均纯收入	城乡居民纯收入比
2007年	11098	3547	3.13∶1
2012年	20307	7001	2.90∶1
2013年	22368	7895	2.83∶1
2014年	24381	8803	2.77∶1
2015年上半年	13196	5319	2.48∶1

资料来源：四川省统计局：《2014年前三季度四川经济形势新闻发布稿》，http://www.sc.stats.gov.cn/tjxx/zxfb/201410/t20141023_ 22236.html。

① 《2014年四川城镇居民人均可支配收入24381元》，四川新闻网，http://scnews.newssc.org/system/20150122/000531442.html。

4. “两化”互动融合成效突出

近年来，四川统筹推进新型工业化和新型城镇化互动发展，以工业化带动城镇化，同步建设城市新区和产业园区，产业向园区集中、园区向城镇集聚，实行功能分区，有效发挥产业功能、服务功能和居住功能，使产业和城镇发展互为依托、互相促进。产业集聚和人口聚集同步实现，做到时间上同步演进，空间上产城一体，布局上功能分区，产业上三产融合。目前，四川的产城融合之路成效显现，依托产业发展城市，发展产业促进就业。2013 年，是四川城镇化历程中具有里程碑意义的一年，城镇化率首次超越工业化率（见表 2），[①] 城镇化率长期落后于工业化率的历史被改写了。2014 年，四川城镇化率高于工业化率 2.9 个百分点（见图 1）。

表 2　四川部分年份工业化与城镇化发展情况比较

单位：%

年份	工业化率	城镇化率
2000	29.40	26.70
2005	34.20	33.00
2008	39.30	37.40
2009	40.10	38.70
2010	43.20	40.18
2011	45.10	41.80
2012	45.30	43.50
2013	44.10	44.90
2014	43.40	46.30

资料来源：《10 年来四川城镇化率首次反超工业化率》，《四川日报》2014 年 7 月 4 日。

5. 科学规划的引领作用不断凸显

按照多点多级支撑发展战略部署，四川结合四大城市群的特点和发展实际，分别对四大城市群进行定位，做出了成都平原城市群一体化发展、川南城市群优先发展、加快推进川东北城市群、积极培育攀西城市群的整体安排，出台差别化的扶持政策，并通过各个增长极之间的互相支持和配合，缩小地区之

① 梁现瑞、刘川：《10 年来四川城镇化率首次反超工业化率》，《四川日报》2014 年 7 月 4 日。

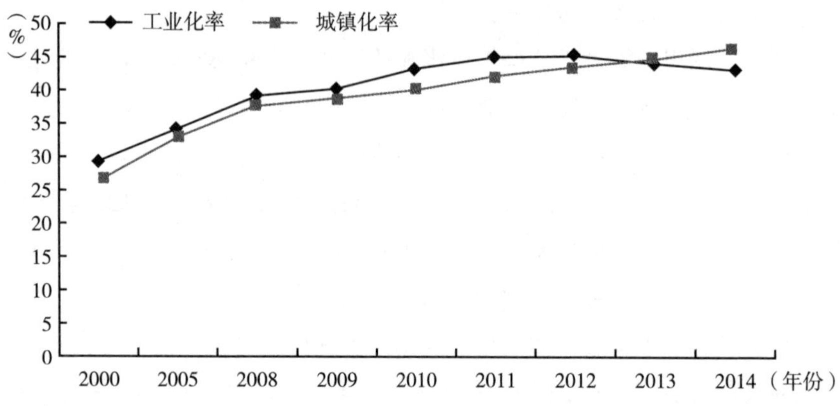

图1　2000 年以来四川工业化城镇化发展比较

间的差距。省域城镇体系规划也在修编中，规划打破行政区划限制，以先进理念引导城乡规划转型升级，对省域空间的布局实现了三大改变：一是根据区位和自然条件，确定各个城市的定位和主要功能；二是按照国家和省域主体功能区划，依据资源和环境承载力确定开发边界，预设城镇人口规模和用地规模；三是规划中充分体现“生态优先”原则，严格设定生态红线、制定管控政策措施，维护自然生态系统。此外，规划还强调维护历史文化的“原真性”。①

6. 多项措施助城镇化质量不断提升

以人为本，城镇化全部围绕“人”展开，把人能否成为最大受益者作为衡量新型城镇化推进成果价值高低的核心指标。一是以做强产业促进就业。积极发展吸纳就业能力强的传统优势产业和现代服务业，不断增强城镇吸纳就业的能力，让农民“就得了业”。2014 年，全省城镇新增就业超过 90 万人。二是加大保障性住房建设力度、大力发展公共租赁住房。在全国率先实施“农民工住房保障行动”，将农民工住房问题纳入城镇住房保障体系加以统筹解决；健全了农民工住房保障政策体系，2015 年竣工公共租赁住房的 30% 将定向供应农民工，让农民“安得了家”。三是加快“百万安居工程建设行动”。2014 年，共建成 52 万套保障性住房，超额完成旧城危旧房和棚户区改造目标，推动了城镇转型升级。棚改省级统贷融资“四川模式”受到中央领导肯

① 熊筱伟：《我省今年将编制完成省域城镇体系规划》，《四川日报》2014 年 2 月 10 日。

定。2015 年，加快了 70 万套续建项目建设；积极推行棚改货币安置；政府购买服务提供公租房。四是启动省级“百镇建设试点行动”，以县为基本单元、“宜农则农、宜工则工、宜商则商”的全域规划开始全面推开。[①] 2013 年在 100 个小城镇投资了近 100 亿元，2014 年启动了第二批“百镇建设试点行动”，使试点小城镇的基础设施和生态环境得到明显提升和优化，为农民工就地城镇化创造了条件。五是城市新区建设有序推进。支持一批有条件的城市高水平规划和建设城市新区，新区建设把“宜居”放在首位，着力提升城镇综合承载能力。六是基本公共服务加快向社区和基层延伸，均等化水平有所提高。目前，四川城镇公共服务能力以及要素保障能力不断提高，“宜业宜居”新格局成为城镇常态。

7. 统筹城乡综合配套改革稳步推进

作为全国统筹城乡综合配套改革的试点单位，成都为全国城乡统筹发展提供了经验和样本。四川省域范围的城乡综合配套改革梯级试点也取得了丰硕成果。目前，户籍制度、农村土地产权制度、社会保障制度、社会管理和投融资体制等系列改革正向纵深推进，促进了人力、土地、资金等要素在城乡间的自由流动。如，全面放开成都之外城镇落户限制，教育、卫生、社保、就业同权，基本实现了“全开放”和“零门槛，[②]让农民“进得了城”。又如，土地制度改革成效显著。成都市率先全面推行以“还权赋能”为核心的农村产权制度改革，对农村土地等产权进行了确权、登记和颁证，建立了包括农村土地在内的产权交易服务体系。目前，全省农村集体土地所有权确权登记颁证基本完成，正开展农村土地流转收益保证贷款试点，积极探索土地承包经营权抵押、担保进行融资的新途径、新模式。再如，以下放财权、事权为主要内容的“扩权强镇”试点取得了重大进展。此外，适合新型城镇化发展需要的投融资机制和金融服务模式在不断探索和完善。

---

① 胡敏、梁现瑞、许静、曾小清：《以人为核心四川新型城镇化建设加快推进》，《四川日报》2013 年 12 月 9 日。

② 曾小清：《四川进一步放开户籍限制今年起力争年均增加百万城镇居民》，四川在线，http：//sichuan. scol. com. cn/dwzw/content/2013 －12/12/content_ 6573112. htm？ node＝968。

（二）横向比较——新型城镇化建设任重道远

虽然，四川城镇化发展取得了明显成绩，但新型城镇化发展总体水平仍较低，“两化”互动融合发展格局尚未形成，农民工市民化困难重重，城镇空间分布和规模结构不合理，城镇综合承载力不强，城镇基础设施建设和公共服务功能还不能满足需要，城镇人居环境亟待改善，新型城镇化建设的体制机制尚部健全，等等。①

1. 城镇化水平偏低，差距较大

一是与全国平均水平相比差距大。1978 年，四川城镇化率为 11%，与全国的差距为 6.92 个百分点。2000 年，四川城镇化率为 26.69%，与全国的差距扩大为 9.53 个百分点。2007 年城镇化率为 35.6%，与全国的差距稍有下降，为 9.34 个百分点。2010 年城镇化率为 40.18%，与全国的差距为 9.5 个百分点，差距又扩大了。2014 年全国城镇化率为 54.77%，四川的城镇化率为 46.30%（见图 2），与全国的差距为 8.47 个百分点（见表 3），差距有所缩小。

表 3　部分年份四川与全国城镇化率比较

单位：%，个百分点

年份	全国	四川	与全国的差距
1949	10.64	3.40	-7.24
1964	17.00	9.72	-7.28
1978	17.92	11.00	-6.92
1982	21.13	14.27	-6.86
1990	26.41	21.29	-5.12
2000	36.22	26.69	-9.53
2001	37.66	27.20	-10.46
2002	39.09	28.20	-10.89
2003	40.53	30.10	-10.43
2004	41.76	31.10	-10.66

① 《四川省“十二五”城镇化发展规划》，百度百科，http://baike.baidu.com/link?url=Y9mzexWrwG7zXknrDU4Zri-Wuez_SBzK_MemZT3uR2NuVmDUaF7iwSjFotFaiAbH9u-RvN_PfeZTL7TO6GAHU_。

续表

年份	全国	四川	与全国的差距
2005	42.99	33.00	-9.99
2006	43.90	34.30	-9.6
2007	44.94	35.60	-9.34
2008	45.68	37.40	-8.28
2009	46.59	38.70	-7.89
2010	49.68	40.18	-9.5
2011	51.27	41.83	-9.44
2012	52.57	43.53	-9.04
2013	53.73	44.90	-8.83
2014	54.77	46.30	-8.47

资料来源：根据相关年份《中国统计年鉴》、《四川统计年鉴》以及《2014 年四川省国民经济和社会发展统计公报》数据整理而得。

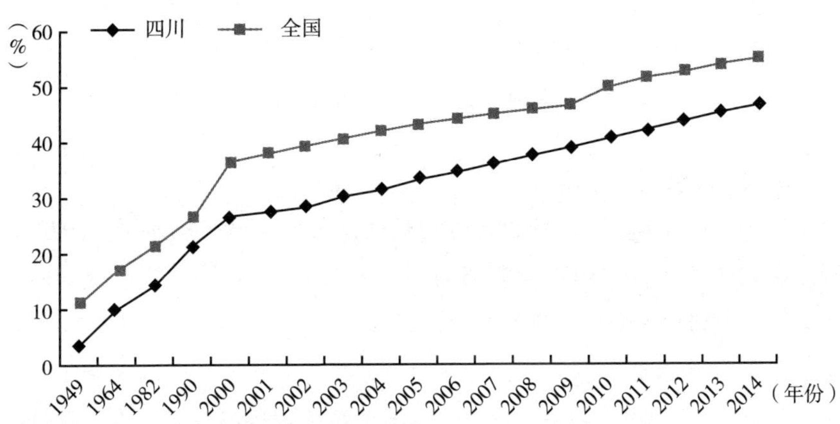

图 2　四川与全国部分年份城镇化发展比较

二是与东部发达省市相比差距明显。2014 年，全国有 8 个省份的城镇化率超过 60%，有 19 个省份城镇化率超过 50%，四川在全国排名靠后，居第 24 位，其城镇化率分别低于上海、北京、天津、广东、辽宁、浙江、江苏、福建 42.70 个、40.1 个、36.7 个、21.7 个、20.75 个、18.57 个、18.9 个、15.5 个百分点（见表 4）。

三是在西部地区处于中下位置。2014 年，西部有 4 个省市区城镇化率超过50%，四川在西部12省市区中居第6（见图3），城镇化率比排名前五的内蒙古、重庆、宁夏、陕西、青海分别低13.20个、13.30个、7.31个、6.27个、3.48个百分点，处于中下水平，比西部的平均水平（46.88%）低0.58个百分点。

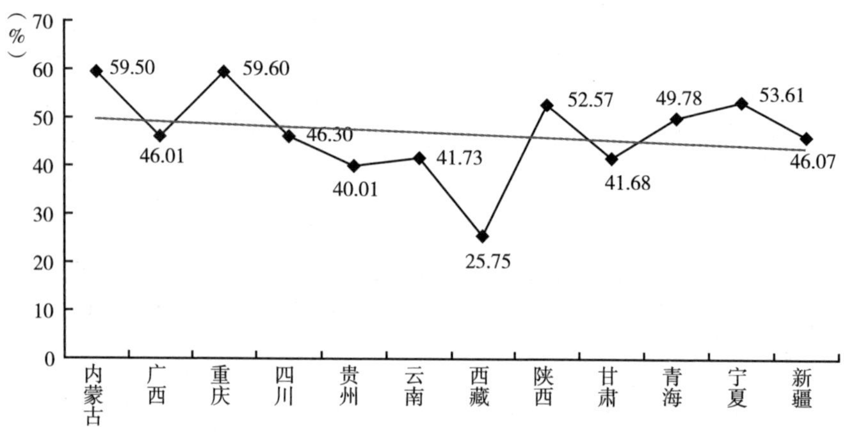

图3　2014年西部12省市区城镇化率

2. 城镇化发展进程缓慢

受多种因素影响，四川城镇化进程长期落后于全国平均水平，1978年比全国低6.92个百分点，1990年有所缩小，为5.12个百分点，① 但到2000年，差距竟然拉大到9.5个百分点。2000～2014年，与全国的差距由9.53个百分点缩小到8.47个百分点，但差距依然很大，要赶上和超过全国平均水平，任务还十分艰巨。近10多年来，我国东部地区城镇化快速发展，不少省份的城镇化率都超过50%，有的甚至超过60%。如，2000～2014年，江苏的城镇化率由41.49%提高到65.20%。截止到2014年底，四川的城镇化率还不到50%，与江苏省的差距由2000年的14.80个百分点拉大到2014年的18.90个百分点。此外，从四川在全国城镇化的位次来看，2000年居第25位，2014年为第24位，10多年来基本没改变（见表4）。

① 李博、靳取：《四川省新型城镇化发展现状及发展对策研究》，《四川经济管理学院学报》2010年第3期。

表4　全国各省市区2000年与2014年城镇化对比

地区	2000年		2014年		2014年比2000年提高（个百分点）	位次变化
	城镇化率（%）	位次	城镇化率（%）	位次		
全　国	36.22	—	54.77	—	17.51	—
北　京	77.54	2	86.40	2	8.86	—
天　津	71.99	3	83.00	3	11.01	—
河　北	26.08	26	49.30	21	23.22	↑5
山　西	34.91	15	54.00	14	19.09	↓1
内蒙古	42.68	9	59.50	10	16.82	↓1
辽　宁	54.24	5	67.05	5	12.81	—
吉　林	49.68	7	54.81	13	4.52	↑6
黑龙江	51.54	6	57.50	11	5.13	↑5
上　海	88.31	1	89.00	1	0.69	—
江　苏	41.49	11	65.20	6	23.71	↑4
浙　江	48.67	8	64.87	7	16.2	↑1
安　徽	27.81	23	49.20	23	21.39	—
福　建	41.57	10	61.80	8	20.23	↑2
江　西	27.67	24	50.20	19	21.20	↑5
山　东	38.00	14	53.75	16	15.75	↓2
河　南	23.20	30	45.20	27	22.00	↑3
湖　北	40.22	12	55.67	12	15.45	—
湖　南	29.75	21	49.28	22	19.53	↓1
广　东	55.00	4	68.00	4	13.00	—
广　西	28.15	22	46.01	26	17.86	↓4
海　南	40.11	13	53.76	15	13.65	↓2
重　庆	33.09	18	59.60	9	26.51	↑9
四　川	26.69	25	46.30	24	19.61	↑1
贵　州	23.87	28	40.01	30	16.14	↓2
云　南	23.36	29	41.73	29	18.37	—
西　藏	18.93	31	25.75	31	6.82	—
陕　西	32.26	20	52.57	18	20.31	↑2
甘　肃	24.01	27	41.68	28	17.67	↓1
青　海	34.76	16	49.78	20	15.02	↓4
宁　夏	32.43	19	53.61	17	21.18	↑2
新　疆	33.82	17	46.07	25	12.25	↓8

资料来源：根据《中国统计年鉴2001》和全国31个省市区《2014国民经济和社会发展统计公报》数据整理而得。

3. 城镇化区域差异明显

（1）21 个市州城镇化差距明显

2014 年，在四川 21 个市州中，成都的城镇化水平最高，达到 70.30%，甘孜最低，仅 26.87%，两者相差 43.43 个百分点（见图 4）；市州之间城镇化差距较大，分为 3 个梯队（见表 5）。

第一梯队：城镇化水平超过 60% 的市州，有成都和攀枝花，分别为 70.30% 和 64.03%，成都高出全省平均水平 24 个百分点，攀枝花高出全省平均水平 17.73 个百分点，且两个城市的城镇化率远远高于全国平均水平。

第二梯队：城镇化率在 40% ~50% 的城市，有自贡、泸州、德阳、绵阳、遂宁、内江、乐山、南充、眉山、宜宾、雅安 11 个城市。其中，德阳、绵阳超过了四川的平均水平，率先实现了次级突破。11 个城市城镇化总体水平较为接近，虽与成都和攀枝花差距较大，但又明显高于第三梯队的城市。

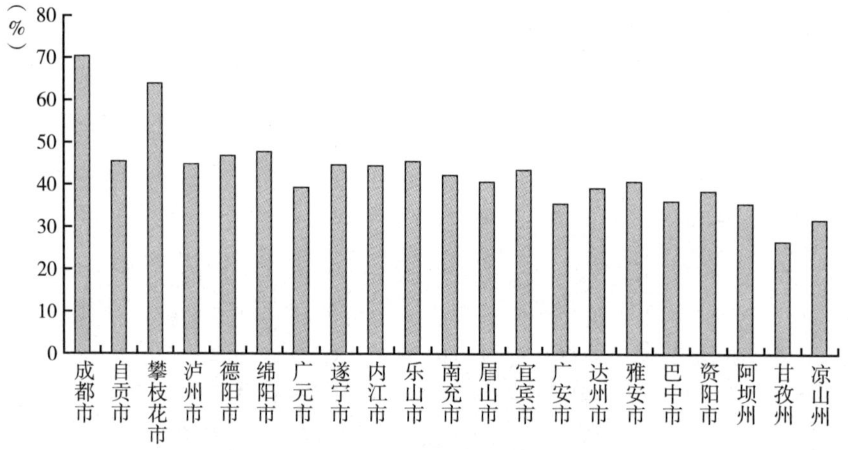

图 4　2014 年四川 21 个市州城镇化率

表 5　2014 年四川省 21 个市州城镇化率

单位：%

地　区	城镇化率	地　区	城镇化率
成 都 市	70.30	眉 山 市	40.65
自 贡 市	45.62	宜 宾 市	43.85
攀枝花市	64.03	广 安 市	35.81
泸 州 市	44.84	达 州 市	39.39

续表

地　区	城镇化率	地　区	城镇化率
德 阳 市	47.27	雅 安 市	41.00
绵 阳 市	47.90	巴 中 市	36.12
广 元 市	39.33	资 阳 市	38.59
遂 宁 市	44.61	阿 坝 州	35.69
内 江 市	44.21	甘 孜 州	26.87
乐 山 市	45.93	凉 山 州	31.44
南 充 市	42.40		

资料来源：根据21个市州2015年政府工作报告以及各市州2014年国民经济和社会发展统计公报整理而得。

第三梯队：城镇化水平在40%以下的市州，有广元、广安、达州、巴中、资阳、阿坝、甘孜、凉山8个市州，其中达州城镇化率增幅居全省第一。这些市州城镇化水平较低，但城市经济具有一定的活力。

（2）四大城市群之间存在明显差异

四大城市群城镇化水平继续提升，但城市群之间差异明显。从城镇化率来看，2013年成都平原城市群、川南城市群、川东北城市群和攀西城市群的位次与2012年相同，成都平原城市群居首，城镇化率为55.2%，远高于全省44.9%的平均水平。川南城市群次之，城镇化率为42.3%。川东北城市群和攀西城市群城镇化率分别为38.4%和37.2%，居第三和第四位（见图5）；从城镇化率提高幅度看，成都平原城市群和川南城市群城镇化率分别比2012年提高了1.15个百分点和1个百分点。川东北城市群城镇化率增幅最大，比2012年提高了1.52个百分点，是四大城市群中增幅唯一超过全省平均水平的城市群。攀西城市群城镇化率增幅最小，仅为1个百分点（见表6）。[①] 按照国际上对城镇化发展阶段的划分，四大城市群中，成都平原城市群正步入以城市型社会为主题的时代，川南城市群进入城镇化稳步加速时期，而川东北和攀西城市群则刚步入城镇化加速发展时期。

① 罗轩：《2013年四川城镇化率川东北增幅最大》，《华西都市报》2014年3月26日。

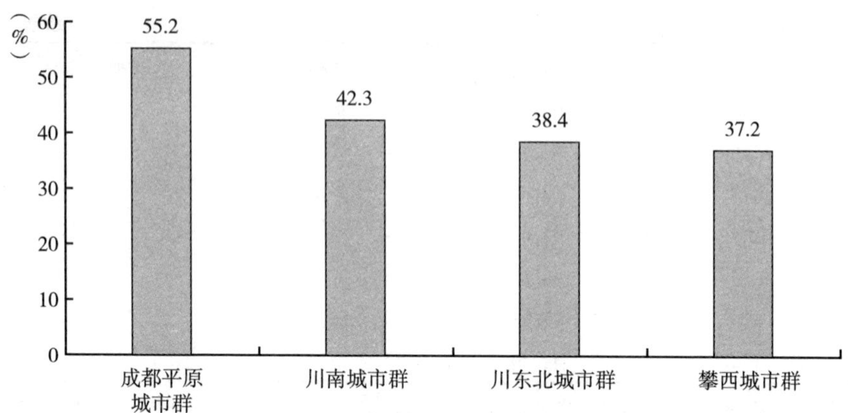

图 5　2013 年四川省四大城市群城镇化率

表 6　四川四大城市群城镇化比较

单位：%，个百分点

城市群	城镇化率		2013 年城镇化率增幅
	2012 年	2013 年	
成都平原城市群	54.05	55.20	1.2
川南城市群	41.30	42.30	1.0
川东北城市群	36.88	38.40	1.52
攀西城市群	36.25	37.20	0.95

资料来源：戴璐岭：《2013 四川四大城市群城镇化数据发布仅川东北超平均线》，四川新闻网，http：//www. newssc. org2014 – 03 – 24。

4. 城镇等级规模体系不合理

四川设市城市数量总体偏少，大城市数量也不多。成都为全省唯一的一个超大城市，泸州、绵阳、南充 3 个城市人口刚刚突破百万大关。从全省城市规模结构来看，次级规模区域性中心城市和第三级规模中心城市缺乏,[①] 省域经济空间呈现不协调性；城市群和区域性中心城市对区域的辐射和带动作用

① 滕采模、冯久先、罗学文、明波、肖成钢、刘红樱：《加快城镇化进程对四川资源和环境的影响》，《西南金融》2008 年第 3 期。

还不突出；中小城市规模小，市场化程度和开放度都较低，集聚和扩散作用未能发挥；小城镇数量虽多，但规模偏小，特色不突出，服务功能较弱。此外，城镇规模结构和空间布局与资源环境承载能力不匹配，增加了经济社会和生态环境成本。优化我省城镇空间布局，提升首位城市，实现次级突破，夯实底部基础，变“一城独大”为“多点多极支撑”，任务还十分艰巨。

5. 城镇发展缺乏强有力的产业支撑

第二产业发展不充分，第三产业发展缓慢，新兴产业发展不快。由于缺乏强有力的产业支撑，致使城镇化发展动力不足。大中小城市缺乏优势产业带动，非农产业对小城镇发展的支撑作用不够，大中小城市和小城镇之间缺乏合理的产业分工，产业同构现象严重。[①] 产业支撑能力不足，既使得城市面临着巨大的就业压力，也影响了城市的可持续发展。

6. 城镇化发展质量有待提高

“非农”人口增长减缓，人口流动速度减缓，严重影响了城镇化增幅；农民市民化进程滞后，农村转移人口难以真正融入城市社会；“土地城镇化”快于人口城镇化，城镇建设用地粗放低效；城镇空间分布和等级结构与资源环境承载能力不匹配；城镇公共服务供给能力不足，城市的规划水平、服务水平和管理服务水平不高。[②]

7. 城镇化的体制机制性障碍未得到根本消除

城乡统一的用地市场尚未建立起来；城乡分割的户籍制度还没根除，农民市民化有序推进和梯次放开的机制还没建立；城镇化融资机制未实现创新，基础设施建设、住房、医疗、教育等多元化的融资需求，仍是城镇化中的难点之一；产城互动机制还不完善，人口与产业双转移、产业升级与劳动力素质提高的良性互动机制还未建立；城市的管理方式和管理模式还有待创新，目标明确、协同管理的城市管理体制还需要完善；城市间协调发展的联动机制还不健全，产业同构、资源浪费等问题突出。

---

① 陈映：《四川加快新型城镇化发展的对策建议》，《经济体制改革》2010 年第 6 期。

② 《国家新型城镇化规划（2014～2020 年）》，新华社，http：//news. xinhuanet. com/house/bj/2014－03－17/c_ 126274610_ 2. htm。

二　四川新型城镇化发展趋势分析

（一）宏观背景分析

城镇化作为扩大内需的最大潜力，被期待为下一轮经济发展的驱动力。当前，中国城镇化已步入转型提升的关键时期，一些有利于四川新型城镇化快速发展的积极因素正在形成。

1. 城镇化进入转型发展的关键时期

根据国际经验，四川正处于城镇化率30%～70%的快速发展区间，步入由数量扩张向质量提升的转型时期，城镇化发展的外部挑战前所未有，内在要求也更为严格。一方面，新型城镇化承载着转方式、调结构的重任，城镇化的空间格局需要重新塑造，制约人口城镇化的因素也变得更为复杂；另一方面，经过“十一五”时期、“十二五”时期的加快发展，随着“两化”互动发展战略的深入实施以及统筹城乡综合配套改革的新突破，四川城镇化转型发展的条件日趋成熟，呈现更好更快的发展势头。

2. 国家和省级层面的政策引导和支持

党的十八大提出“走中国特色新型城镇化道路”，2014年中央经济工作会议和中央城镇化工作会议明确了新型城镇化发展的政策措施。2014年，国家新型城镇化综合试点启动，以中小城市和小城镇为重点，因地制宜、分类实施、试点先行，实行差别化的政策扶持。① 2014年，由国家发改委牵头、多部委参与制定的新型城镇化“以人为本”配套政策即将出台，包括《居住证管理办法》《城镇住房保障条例》等。② 2013年，四川省出台的《关于加快推进新型城镇化的意见》勾画了城镇化建设的新蓝图。2013年底省委经济工作暨城镇化工作会议确定了2014年四川新型城镇化建设六大任务和统筹城乡的五大改革。2015年《四川省新型城镇化规划（2014～2020年）》（以下简称《规

---

① 《国家新型城镇化规划（2014～2020年）》，新华网，http://news.xinhuanet.com/politics/2014－03/16/c_119791251_2.htm。

② 张艺萌：《城镇化配套政策将出台包括〈居住证管理办法〉等》，《京华时报》2014年10月16日。

划》）出台，将促进四川新型城镇化快速健康发展。

3. “三化联动”成为城镇化发展的强劲动力

农业现代化和新型工业化的快速发展，推动着四川新型城镇化强劲发展。“工业强省”战略深入推进，人口和产业的不断集聚，使城镇具备了吸纳大量就业的良好条件，成为新型城镇化发展的巨大“引力”。随着农业生产的规模化发展，大量的农村富余劳动力加快向城镇集聚和向非农产业转移，成为新型城镇化发展的巨大“推力”。①

4. 西部地区全面开发开放

当前，四川城镇化率既低于全国平均水平，也未达到西部地区的平均水平，发展潜力大，上升空间大。西部全面多层次、全方位开发开放格局的逐步形成，将为四川新型城镇化提供广阔空间。国家主体功能区划、进一步支持地震灾区发展振兴、大力扶持民族地区跨越发展和贫困地区加快发展等政策的大力实施，特别是成渝经济区规划的实施以及天府新区获批国家级新区的契机，四川具备了进一步加快新型城镇化发展的良好基础和有利条件。丝绸之路经济带和长江经济带建设也为四川沿线地区的产业发展和城镇发展提供了契机。

5. 成都统筹城乡综合配套改革试点效应显现

全国统筹城乡综合配套改革试点所积累的“成都经验”，包括“全域成都”科学规划、让农民享有与城市居民同等的财产权利、为耕地设立保护基金、城乡基本公共服务均等化、城乡一体的基本公共服务制度以及新型村级民主治理机制等，正逐步推广到全省乃至全国其他区域。随着综合配套改革的深入推进，将加快破除阻碍城乡一体化发展的体制机制性障碍，以城带乡、以工促农、城乡一体的发展格局的形成，将为四川加快新型城镇化发展增添强劲动力。

然而，步入城镇化快速发展阶段之后，四川新型城镇化发展也面临着诸多矛盾和挑战。如，城镇就业压力加大；城镇人地矛盾更趋尖锐；农民进城后难以在短时期内真正市民化；城镇资源环境压力突出；等等。

① 陈映：《四川加快新型城镇化发展的对策建议》，《经济体制改革》2010 年第 6 期。

（二）四川新型城镇化发展趋势分析

1. 新型城镇化发展的空间和潜力巨大

参照国际经验，当城镇化率处于 30～70% 的时期，是城镇化快速发展的阶段。2014 年四川城镇化率达到 46.30%，进入城镇化加速发展的区间。未来 5～10 年，四川城镇化不仅有很大的上升空间，而且还将有一个较快的发展速度。2010～2014 年，四川城镇化年均提高 1.22 个百分点。按照这一发展趋势，四川未来相当长一段时期城镇化率每年提高 1.2～1.5 个百分点是完全可能的。以 2014 年的城镇化率（46.3%）为基数，若按年均提高 1.2 个百分点的速度推算，城镇化率 2020 年将达到 53.50%，2025 年达到 59.35%，2030 年达到 65.5%；若以年均提高 1.5 个百分点的速度推算，城镇化率到 2020 年将达到 55.30%，2025 年达到 62.80%，2030 年超过 70%，达到 70.30%，如图 6 所示。同时，当一个国家或地区的人均 GDP 超过 3000 美元后，其工业化和城镇化进程将呈现加速发展态势，产业结构、消费方式也将发生重大变化。2014 年，四川人均 GDP 为 35128 元，约 5469.42 美元。因此，未来 5～10 年乃至更长期时期内，将是四川城镇化加速发展时期，城镇化发展的潜力巨大。

图 6　2015～2030 年四川城镇化发展趋势预测

2. 快速城镇化有力地推动经济增长

一是城镇化建设将创造大量新的投资需求。目前，四川进入城镇化快速发展阶段，大中小城市数量剧增，城市规模不断扩张，各种资源向城镇集聚的速度加快。城镇化快速发展对基础设施、市政工程、房地产业等提出了更高的要求，由此创造新的投资需求，为经济增长带来强大动力。二是城镇化发展有利于扩大消费需求。四川是农业大省，农村人口多，蕴含巨大的内需空间，以快速城镇化为契机充分释放内需潜力，将推动经济快速增长。有资料显示，城镇化每增加1个百分点，产生的消费将拉动GDP增长1.5个百分点。据测算，目前1个城镇居民的消费水平至少相当于3个农民的消费总额。据此推算，城镇化率每提高1个百分点，就会有30万的农村人口进入城市，可增加最终消费20亿元左右，至少拉动最终消费增长0.5个百分点。未来5~15年，四川城镇化率每年提高1.2~1.5个百分点是完全可能的，由此将会有更多的农村人口进入城市，强力拉动消费增长。[①] 同时，随着农民市民化进程的加快，城乡居民消费结构将从生存型需求向发展型需求、从以物质性消费为主向以服务性消费为主转变，消费结构升级潜力与消费水平提升空间巨大，有力地推动四川经济增长。

3. 全省将会出现更多的中等城市和小城市

按照《规划》，参照新的城市规模标准，结合四川城市建设的实际，未来几年，四川将再建6个人口超100万的大城市、10多个人口在50万~100万的中等城市、20多个20万~50万的一类小城市、70~80个人口在20万以下的二类小城市，[②] 是必需的，也是可能的。

三　推进新型城镇化发展的对策建议

未来相当长一段时期，四川应按照中央关于新型城镇化建设以及《规划》的基本要求，以人为本、因地制宜、分类指导、“速质”并重，全面推进新型城镇化建设，使城镇化布局和形态更加优化，大中小城市和小城镇发展更加协调，城镇可持续发展能力进一步增强，通过全面深化改革充分释放城镇化发展

① 陈映：《四川加快新型城镇化发展的对策建议》，《经济体制改革》2010年第6期。

② 《国务院印发〈关于调整城市规模划分标准的通知〉》，新华网，http://news.xinhuanet.com/fortune/2014-11/20/c_1113330964.htm。

潜力，破解阻碍城镇化发展的体制机制，走出一条“形态适宜、产城融合、城乡一体、集约高效”的四川新型城镇化道路。①

（一）以科学规划引领城镇化健康发展

按照《规划》所确定的“以人为本、公平共享，优化布局、集约高效，四化同步、城乡一体，生态文明、传承文化，市场主导、政府引导”的基本原则，城镇化质量和水平明显提升、城镇化布局和形态更加优化、城镇可持续发展能力明显增强、城镇化和新农村建设更加协调、城镇化体制机制逐步完善的目标，② 因地制宜，合理定位城市功能，科学规划城镇规模和等级；根据国家和省级主体功能区划要求，科学设置开发强度和开发时序；促进城市总体规划、土地利用总体规划和产业发展规划相互衔接和协调；加强城镇化规划宏观管理，保持规划的科学性、权威性和连续性。

（二）优化城镇化空间布局

适应工业化、城镇化快速发展的要求，确定与资源环境承载能力相匹配的城镇空间布局，以城市群为主体形态推进新型城镇化，基本形成规模和结构合理、定位科学合理、大中小城市和小城镇发展协调发展的“一轴三带、四群一区”的城镇化格局，促进城市功能互补和产业分工合理。③

加快发展四大城市群。率先发展成都平原城市群，绵—成—乐、成—遂、成—资等城镇发展带，将其建设成为西部地区核心增长极、内陆开放高地、最具核心竞争力的城市群；推进川南城市群发展，加快内自泸宜一体化发展，加快长江沿线、内泸—贵州和内宜—云南城镇发展带建设，将其建设成为成渝经济区的新兴增长极、辐射黔滇以及向南向东开放的前沿地带；积极培育川东北城市群，强化广巴达、南达以及沿嘉陵江城镇发展带建设，将其建设成为四川发展的新兴增长极、川渝协作示范区、革命老区振兴发展示范区；加快攀西城市群发展，建设金沙江沿江以及安宁河谷——攀枝花两个城镇发展带，将其建

① 李琼会：《要走有四川特点的新型城镇化发展之路》，《四川日报》2013 年 8 月 17 日。

② 《四川新型城镇化规划（2014～2020 年）》，《四川日报》2015 年 4 月 3 日。

③ 《四川新型城镇化规划（2014～2020 年）》，《四川日报》2015 年 4 月 3 日。

设成为国家战略资源开发新兴增长极、全省南向开放的桥头堡。①

引导川西北生态经济区城镇有序发展。选择部分有条件的县城和重点镇，按照“保护优先、适度发展”原则构建点状布局的城镇化空间格局，把它建设成为国家重点生态功能区、重要生态屏障、重要生态旅游区、国际生态旅游目的地以及四川面向藏、青、甘等的交往纽带和桥梁。②

有序推进城市新区建设。抓住机遇高水平建设成都天府新区，构建“一带两翼、一城六区”的新型空间发展形态，将其建设成为现代高端产业集聚区、内陆开放经济高地、创新驱动发展先导区、统筹城乡改革发展示范区以及宜业宜商宜居城市。科学推进城市新区建设，合理确定新区建设规模，有序拓展新区发展空间，强化新区产业支撑。

促进大中小城市和小城镇协调发展。推动成都提质转型，加快推进城市空间、产业、生态、管理以及城乡形态转型发展；大力发展区域中心城市，根据其发展水平和条件，按照提升发展质量、促进加快发展、进行重点培育几个层面促进其协调发展；③ 培育一批有基础、有一定规模、有优势和特色、承载力强的宜居县城；促进小城镇加快发展，继续开展“百镇建设行动”试点工作，充分发挥小城镇服务乡村、以工促农、以城带乡的重要节点作用。

（三）强化城镇的产业支撑

以新型工业化为动力，加快推进新型城镇化，着力强化城镇的产业支撑，把发展产业作为新增城镇就业岗位的重要途径，实现城镇化与促进就业良性互动。一是优化城市产业布局。因地制宜，科学定位，发挥优势，推动适宜各城镇的产业发展。二是发展特色优势产业。大城市重点发展高新技术产业和现代服务业等；中小城市发展特色产业和劳动密集型产业；小城镇建立特色产业集中区。三是促进产城融合发展。围绕产业园区、产业集聚、产业新城三个层次，按照城镇规划对各类产业园区进行统一管理，引导产业和人口集聚，把园区作为“两化”互动发展的空间结合点，以产促城、依城兴产，推进产城互动发展。

---

① 《四川新型城镇化规划（2014～2020年）》，《四川日报》2015年4月3日。

② 《四川新型城镇化规划（2014～2020年）》，《四川日报》2015年4月3日。

③ 《四川新型城镇化规划（2014～2020年）》，《四川日报》2015年4月3日。

（四）增强城镇综合承载能力

一是加快城镇道路交通设施建设。优先发展城市公共交通，加速成都地铁建设，支持条件成熟的绵阳、南充、泸州等区域性中心城市规划、建设城市轨道交通；加快城市主干道、次干道、快速路以及绕城路建设。二是加快市政公用设施建设，有效促进城市供排水、电力、通信、供暖、地下管网、环卫设施以及公共绿化等。[①] 三是加快城镇公共服务设施建设，完善城镇公共服务体系，提升公共服务水平。四是增强城镇资源环境承载能力。合理确定城镇开发边界，集约节约利用城镇建设用地。加强生态环境建设与保护，保持城市生态系统与经济系统和社会系统处于相互协调、相互促进的动态平衡状态。

（五）推进城镇管理制度创新

创新城镇管理，鼓励城镇管理理念和管理方式创新，鼓励社区服务和管理创新，使管理责任制制度化、常态化和长效化；创新社会治理体制，坚持依法治理、综合治理和源头治理；健全防灾减灾救灾体制机制，强化行政问责和责任溯源追究，储备城市突发公共事件应急预案，完善应急保障体系。

（六）完善城镇化发展体制机制

推进户籍管理制度改革。以人为本推进农业转移人口市民化，并保障其与城市居民享有平等的教育、公共卫生和基本医疗服务以及社会保障等方面的权利，强化农业转移人口创业就业的政策扶持。建立城乡统一的居民户口登记制度，全面落实放开除成都外的其他大中小城市和小城镇，尤其是县城和中心镇的落户政策；全面推行流动人口居住证制度，加快建设省级流动人口综合信息平台，探索建立人口动态管理机制。[②]

深化土地管理制度改革。实行严格的城市用地标准，控制新增城镇建设用地规模，建立健全城镇低效闲置存量建设用地退出机制；推进农村土地制度改

---

① 《四川新型城镇化规划（2014～2020年）》，《四川日报》2015年4月3日。

② 《四川省人民政府关于2013年加快推进新型城镇化的意见》，四川省人民政府网站，http：//www.sc.gov.cn/10462/10883/11066/2013/5/14/10262097.shtml。

革，放活农村土地经营权，加快确权登记成果应用，整体推进土地承包经营权确权登记颁证，实行“多权同确”，赋予农民更多财产权利。深入推进增加农民财产性收入改革试点。[①] 推动具备条件的市（州）建设农村产权交易平台，支持成都市选择部分县（市、区）慎重稳妥推进农民住房财产权抵押、担保、转让试点。选择符合条件的农民专业合作社发起设立农村资金互助组织试点。

创新城镇化建设投融资机制。建立财政转移支付同农民市民化挂钩机制。建立和完善地方政府举债融资机制和有效的债务风险防控机制。为保障性安居工程等建立融资平台，创新融资方式，多渠道筹集保障房建设资金。引导社会资本在更大范围内参与城镇化建设，[②] 鼓励和引导民间资本参与市政公用设施的建设和运营，通过让其投资基金、股票以及购买地方政府债券等方式参与市政公用设施建设和运营。[③]

推进行政区划改革和管理创新。科学、合理调整行政机构、行政层级和行政区划，增加中等城市和Ⅰ类、Ⅱ类小城市数量，加快小城镇发展步伐。对符合条件的县进行撤县设市，同时有序撤乡设镇和镇改设街道办事处。继续开展“扩权强镇”试点，向经济实力强的乡镇下放权力，解决转型期地方政府公共服务、公共产品短缺等困难。

加快建立城市群发展协调机制。建立健全城市群联席会议制度，及时沟通和协调城市群重大事项。完善流域上下游的利益分享和生态补偿机制。形成优势突出、协作配套的区域间产业分工和协作体系以及上下游产业的联动机制，优化城市间产业空间布局。深化城市群资源优化配置管理机制改革，推动各种要素在城市间自由流动和优化配置。建立健全城市群利益共享体制机制，统筹协调区域内基础设施和公共服务等。完善区域内生态共建、环境同保和污染共治体制机制，共同促进区域环境保护和生态安全。[④]

---

① 蔡继明：《完善法制建立城乡统一的建设用地市场》，《中国党政干部论坛》2014 年第 6 期。

② 熊筱伟、许静：《四川明确 2014 年新型城镇化建设六大任务》，《四川日报》2013 年 12 月 23 日。

③ 中华人民共和国住房和城乡建设部：《关于印发进一步鼓励和引导民间资本进入市政公用事业领域的实施意见的通知》，中华人民共和国住房和城乡建设部网站，http://www.mohurd.gov.cn/zcfg。

④ 《国家新型城镇化规划（2014 ~ 2020 年）》，新华网，http://news.xinhuanet.com/politics/2014-03/16/c_119791251_2.htm。

参考文献

《国家新型城镇化规划（2014～2020年）》。

杨会春主编《推进新型城镇化建设学习读本》，人民出版社，2014年2月第1版。

《四川省国民经济和社会发展第十二个五年规划纲要》。

《四川省人民政府关于2013年加快推进新型城镇化的意见》。

《中共四川省委四川省人民政府关于加快推进新型工业化新型城镇化互动发展的意见》。

《2014年四川省国民经济和社会发展统计公报》。

《四川省2014年统筹城乡发展工作要点》。

《四川省新型城镇化规划（2014～2020年）》。

B.20

四川省县域经济研究报告（2016）

李晓燕*

摘 要： 当前，四川县域经济发展进入新的历史时期，丝绸之路经济带战略、长江经济带战略、新一轮西部大开发战略形成对西部地区、对四川省至关重要的国家重大战略体系，四川能否抓住战略机遇、迎接挑战，将直接影响新常态下四川经济、社会发展实力，以及在西部地区的地位。县域经济是国民经济的细胞，县域经济的发展水平和综合实力是国民经济的坚实基础，因此，在新的历史时期，四川县域经济应该转变思路，调整策略，确定重点，实现效率、公平和可持续发展。

关键词： 四川省 县域经济 战略机遇

县域经济是国民经济中最基本的区域经济子系统，是国民经济中具有地域特色且功能完备的基本单元。县域经济往往既带有城市经济特征，又表现出农村经济特色，其县域范围内经济、社会、文化、生态融合发展，逐渐形成了相对独立的地域实体。目前，县域已成为落实国家宏观调控的重要空间载体，县域经济发挥着联系宏观和微观经济的桥梁和纽带作用。截止到2013年12月，全国（不含港澳台）共有2853个县级行政区划单位，其中市辖区872个、县级市368个、县1442个、自治县117个、旗49个、自治旗3个、特区1个、林区1个。《中华人民共和国行政区划简册2006年》的统计数据显示，全国县域内陆地国土面积896万平方公里，占全国陆地国土面积的93%；全国县域

* 李晓燕，四川省社会科学院农村发展研究所副研究员、经济学博士，主要研究方向区域经济发展、资源与环境、农业产业发展。

内人口总数达9.18亿，占全国总人口的70.24%；全国县域经济的地区生产总值达8.81万亿元，占全国GDP的48.10%。[①] 可见，在中国的经济社会发展中，无论是从县域所拥有的国土面积和人口来看，还是从县域经济的经济体量来看，县域经济的地位日渐突出，加快县域经济发展已成为国民经济发展的迫切要求。

“郡县制，天下安”，“天下之治始于县”，县域发展占有特殊的重要地位，它是衡量国家发展的最重要的标志，关系着国家的安定与繁荣。自党的十六大报告首次提出“发展农产品加工业，壮大县域经济”后，党的十七大报告再次强调，“以促进农民增收为核心，发展乡镇企业，壮大县域经济”。2011年国家发布的“十二五”规划纲要明确提出“增强县域经济发展活力，扩大县域发展自主权，稳步推进扩权强县改革试点”。2012年党的十八大报告强调，“优化行政层级和行政区划设置，有条件的地方可探索省直接管理县（市）改革”，“以经济建设为中心是兴国之要，发展仍是解决我国所有问题的关键”，“推动经济持续健康发展”，作为国民经济的基本单元，县域经济跨越式发展是我国经济建设的重要组成部分，这一时期县域经济发展的重点是持续、健康发展。党的十八届三中全会强调经济发展中的结构调整和优化，注重发展中的公平、效率问题，提出“加快转变经济发展方式，推动经济更有效率、更加公平、更可持续发展”。这为新常态下县域经济发展提出了更高的要求和更明确的方向，即效率、公平、可持续发展。

四川作为地处西南腹地的内陆省份，是“中国西部综合交通枢纽”“中国西部经济发展高地”，省域经济综合竞争力在全国31个省、市、区中排名第12位[②]，西部地区第1位。县域是四川省经济发展的核心，其辖区面积占四川

① 邹家明：《黑龙江省县域经济核心竞争力研究》，东北林业大学博士学位论文，2007。

② 在《中国省域经济综合竞争力发展报告（2013~2014）——新常态下中国省域经济结构分析》中，2013年全国31个省、市、区经济综合竞争力处于上游区（1~10位）的依次是江苏、广东、北京、上海、浙江、山东、天津、辽宁、福建、湖北；处于中游区（11~20位）的依次是河南、四川、湖南、河北、安徽、重庆、吉林、内蒙古、江西、陕西；处于下游区（21~31位）的依次为海南、黑龙江、山西、新疆、广西、贵州、宁夏、云南、青海、甘肃、西藏。

省的92.4%，经济总量占四川省的53.2%[①]，县域经济发展水平决定着全省经济发展的规模和水平。2013年，四川省委十届三次全会提出实施多点多极支撑发展战略，夯实底部基础，加快县域经济发展，全面提升县域经济实力，到2020年与全国同步全面建成小康。四川省委、省政府《关于加快县域经济发展的意见》进一步明确了县域经济的发展目标。2014年，四川省政府发布的《关于2014年县域经济发展改革工作要点及责任分工方案的通知》对四川省县域经济发展进行了具体部署，旨在明确各职能部门、各个县发展县域经济的目标、任务、原则和路径。[②]“十三五”时期是四川省大力发展县域经济的关键时期，实施兴县强省的重大战略，改善县域发展条件，提升县域经济整体质量，是全面提高省域经济综合竞争力，破解城乡二元结构，实现城乡发展一体化的重要措施。

一　四川省县域经济总体发展概况

党的十六大以来，四川省委、省政府把县域经济作为全省经济发展的重心，强调突出县域特色和县域经济差异化发展，有效增强了县域经济综合实力。从总体上看，全省县域经济正处于稳步上升期，发展潜力不可估量。

（一）综合实力增强，组团发展、协同推进特征显现

2010年全国县域经济百强县（市）排名，四川仅双流县（第27位）入选。

2012年全国县域经济基本竞争力百强县（市）排名，四川双流县（第20位）和郫县（第94位）2个县入选。

2015年全国县域经济竞争力400样本县（市）排名[③]，四川有17个县

① 四川省统计局：《2013年四川县域经济发展情况》，四川省人民政府网，http：//www.sc.gov.cn/10462/10464/10465/10574/2014/5/12/10301445.shtml，2014－5－12。

② IUD中国政务舆情监测中心：《看四川县域经济升级版今年怎么搞》，《领导决策信息》2014年第5期。

③ 中国社会科学院财经战略研究院县域经济课题组：《中国县域经济发展报告（2015）》，2015－5－29。

（市）入选，其中：排名前100位的县有4个，分别为双流（第18位）、郫县（第54位）、新津县（第81位）、彭州市（第91位）；排名101～200位的县有5个，分别为西昌市（第113位）、仁寿县（第127位）、金堂县（第144位）、峨眉山市（第170位）、江油市（第180位）；排名201～300位的县有4个，分别为什邡市（第276位）、宣汉县（第286位）、绵竹市（第294位）、广汉市（第297位）；排名301～400位的县有4个，分别为简阳市（第320位）、大竹县（第326位）、安岳县（第357位）、会理县（第395位）。

从横向比较来看，在2015年全国范围的县域经济排名中，四川省的县域经济发展远不及江苏省（百强县20个、400强县44个）、浙江省（百强县26个、400强县37个）等沿海省份，这是由于四川属于内陆省份，先天的区位条件决定了交通、市场、人才、信息等要素相对沿海发达地区不占优势，制约了县域经济发展。从纵向比较来看，四川县域经济正在逐步壮大，全省的全国百强县数量从2010年的1个增加到2015年的4个，不仅数量增加，排名位份也在逐年提高；全国400强县17个，在百强、101～200位、201～300位、301～400位呈均匀分布，说明四川省的县域经济正进入组团发展、协同推进阶段。

（二）县多面广，经济总量占比过半

据四川省统计局公布数据，2013年，四川省183个县（市、区）[①] 地区生产总值（GDP）总量超过100亿元的有96个，比上年增加11个；超过200亿元的有43个，比上年增加6个，超过300亿元的19个，比上年增加2个。

除48个市辖区外，四川省现有135个县（县级市、自治县），占全省县（市、区）总数的73.8%；辖区面积44.9万平方公里，占四川省的92.4%，2013年GDP 13963.0亿元，占四川省经济总量的53.2%。其中，56个县市GDP总量过100亿元，比2012年增加6个；21个县市GDP总量超过200亿元，比2012年增加4个；超过300亿元的有4个县市，分别是双流县746.1亿元、西昌市373.5亿元、郫县360.2亿元和简阳市344.8亿元。[②]

① 2013年，全省县区行政区划调整，新设立巴中市恩阳区、广安市前锋区，广元市元坝区更名为广元市昭化区，撤销达县、设立达州市达川区。

② 四川省统计局：《2013年四川县域经济发展情况》，四川省人民政府网，http：//www.sc.gov.cn/10462/10464/10465/10574/2014/5/12/10301445.shtml，2014－5－12。

（三）经济增速相对较快，人均水平较低

2013 年，135 个县市 GDP 比上年增长 10.1%，增速比四川省平均水平高 0.1 个百分点，其中 87 个县市 GDP 增幅超过四川省平均水平；135 个县市全部工业增加值增长 11.4%，增幅比四川省高 0.4 个百分点，87 个县市全部工业增加值增幅超过四川省平均水平；135 个县市非公有制经济增加值增长 12.4%，增幅比四川省高 0.3 个百分点，82 个县市非公有制经济增加值增长高于四川省平均水平（见表 1）。[①] 但是，由于县域户籍人口占四川省的 70.9%，各项经济指标的人均水平较低（见表 2）。

表 1　2013 年四川省 135 个县市与四川主要经济指标比较

单位：%

指标	四川省	135 个县市	比四川省
地区生产总值比上年增长	10.0	10.1	0.1
全部工业增加值增长	11.0	11.4	0.4
非公有制经济增加值增长	12.1	12.4	0.3
地方公共财政收入增长	15.0	13.5	-1.5

表 2　2013 年四川省 135 个县市主要人均指标*

单位：元，%

指标	四川省	135 个县市	相当于四川省平均水平比例
人均地区生产总值	32454	25936	79.9
人均全社会固定资产投资额	26014	21182	81.4
人均社会消费品零售总额	12798	8681	67.8
人均地方公共财政收入	3441	1398	40.6
城镇居民人均可支配收入	22368	21536	96.3
农民人均纯收入	7895	8388	106.2

* IUD 中国政务舆情监测中心：《看四川县域经济升级版今年怎么搞》，《领导决策信息》2014 年第 5 期。

① 四川省统计局：《2013 年四川县域经济发展情况》，四川省人民政府网，http://www.sc.gov.cn/10462/10464/10465/10574/2014/5/12/10301445.shtml，2014-5-12。

二　四川省县域经济差异化发展趋势

县域经济差异化发展可以避免同质化竞争和恶性竞争，既能有效保护县域经济，又能挖掘特色，提高县域经济综合竞争力。本报告分析四川省县域经济差异化发展，把类型区域分为两种：一是按综合竞争力排名划分，可分为"十强县"和其他县；二是按地形地貌划分，可分为平原地区县、丘陵地区县、盆周山区县和民族地区县。

（一）经济实力差异化："十强县"实力凸显

根据四川省统计局公布的2014年四川省县级经济综合评价排位，2014年四川省"十强县"依次是：龙泉驿区、双流县、涪城区、新都区、温江区、郫县、青白江区、旌阳区、翠屏区和新津县。由于地理区位、经济基础、发展水平、基础设施等硬性约束条件，"十强县"名单相对稳定，但排名位次每年都有所变动（见表3）。

表3　2010～2014年四川省"十强县"排名变化

2014年	2013年	2012年	2011年	2010年
1. 成都市龙泉驿区 —	1. 成都市龙泉驿区 ↑1	1. 成都市双流县 —	1. 成都市双流县 —	1. 成都市双流县
2. 成都市双流县 —	2. 成都市双流县 ↓1	2. 成都市龙泉驿区 —	2. 成都市龙泉驿区 —	2. 成都市 龙泉驿区
3. 绵阳市涪城区 —	3. 绵阳市涪城区 —	3. 绵阳市涪城区 —	3. 绵阳市涪城区 ↑1	3. 成都市郫县
4. 成都市新都区 —	4. 成都市新都区 —	4. 成都市新都区 —	4. 成都市新都区 ↑1	4. 绵阳市涪城区
5. 成都市温江区 —	5. 成都市温江区 —	5. 成都市温江区 —	5. 成都市温江区 ↑1	5. 成都市新都区
6. 成都市郫县 ↑2	6. 德阳市旌阳区 ↑1	6. 宜宾市翠屏区 ↑1	6. 德阳市旌阳区 ↑2	6. 成都市温江区
7. 成都市青白江区 ↑2	7. 宜宾市翠屏区 ↓1	7. 德阳市旌阳区 ↓1	7. 宜宾市翠屏区 —	7. 宜宾市翠屏区

续表

2014 年	2013 年	2012 年	2011 年	2010 年
8. 德阳市旌阳区 ↓2	8. 成都市郫县 —	8. 成都市郫县 —	8. 成都市郫县 ↓5	8. 德阳市旌阳区
9. 宜宾市翠屏区 ↓2	9. 成都市青白江区 —	9. 成都市青白江区 —	9. 成都市青白江区 —	9. 成都市 青白江区
10. 成都市新津县 —	10. 成都市新津县 —	10. 成都市新津县 （新上榜）	10. 德阳市什邡市 —	10. 德阳市什邡市 （新上榜）

注：本表以 2010 年为初始年，以后每年与前一年的排名位次进行比较，“—”表示位次不变；“↑”表示位次上升，旁边数字表示上升位数；“↓”表示下降，旁边数字表示下降位数。

从各项经济指标来看，“十强县”是四川县域经济的核心竞争力，经济实力领先全省县域，而四大类型区域的县域对“十强县”已呈赶超趋势。

一是“十强县”与全省县域、四大类型区域相比，发展优势明显。“十强县”常住人口仅占四川省县域的 9.8%，但 2014 年 GDP 占四川省县域经济比重达 21.0%，“十强县”县均 GDP 为 510.7 亿元，是四川省县域平均水平（139.1 亿元）的 3.7 倍（见表 4）。“十强县”非农产业发展领先县域，其中工业增加值占四川省县域比重达 24.8%，服务业增加值占县域比重达 23.3%。“十强县”经济运行质量优于县域，其中地方公共财政收入占县域比重达 27.3%，规模以上工业企业利税总额占县域比重达 28.4%。①

表 4 “十强县”GDP 平均规模与县域对比

县域	GDP 平均规模（亿元）	
	2013 年	2014 年
“十强县”	468.9	510.7
175 个县	127.5	139.1
22 个平原县	278.5	305.9
69 个丘陵县	170.0	185.2
33 个山区县	82.2	89.7
51 个民族县	34.0	36.6

① 四川省统计局：《2014 年四川“十强县”发展优势和挑战并存》，四川省人民政府网，http：//www.sc.gov.cn/10462/10464/10465/10574/2015/8/28/10350662.shtml，2015 - 8 - 28。

二是四大类型区域县对“十强县”有赶超趋势。从“十强县”与平原、丘陵、山区、民族等各类型区域GDP、工业、服务业、财政指标的增速比较看，类区竞相发展的势头强劲（见表5、表6）。①

表5　四大类型区域县呈赶超趋势

类区	态势
平原县	广汉市、什邡市是老牌强县，经历了汶川特大地震后近几年恢复发展的势头持续较好；彭州市在石化项目新增产能带动下工业增加值总量和增速双提升，2014年GDP增长28.5%，居四川省首位
丘陵县	69个丘陵县占四川省县域经济比重超过50%，2014年GDP增长9.2%，增速比“十强县”平均水平快0.2个百分点，雁江区、简阳市、江阳区、仁寿县的GDP总量均超过300亿元，在四川省县级经济综合评价中排位靠前，对“十强县”形成有力竞争
山区县	广元朝天区2013年工业对GDP的贡献率达60.9%，工业化率达49.1%；农民人均纯收入增速居全省同类县区第4位、全市第1位。绵阳平武县2014年城镇居民人均可支配收入22270元，是2008年的2.3倍；农民人均纯收入7050元，是2008年的2.2倍
民族县	西昌市工业、服务业、投资、消费等多个单项指标居四川省前列，在县级经济综合评价中排位靠前，且位次提升较快

表6　2014年“十强县”与各类型区域主要经济指标增速比较

单位：%

指标	GDP增速	全部工业增加值增速	服务业增加值增速	地方一般公共预算收入增速
“十强县”	9.0	9.4	9.6	14.4
平原县	9.8	10.8	9.6	13.6
丘陵县	9.2	9.9	10.1	15.6
山区县	9.4	9.9	10.2	15.1
民族县	8.0	11.3	6.8	4.4

① 四川省统计局：《2014年四川“十强县”发展优势和挑战并存》，四川省人民政府网，http：//www.sc.gov.cn/10462/10464/10465/10574/2015/8/28/10350662.shtml，2015－8－28。

（二）发展重点差异化：四大类型区域特色明确

四川省四大类型区域中，平原地区共15县，分布在成德绵经济发达区域；丘陵地区共44县，2012年其经济总量占全省县域经济总量的49%，集中了全省38%的人口；盆周山区共26县，自然资源富集，特色经济发展较快；民族地区共51个县，面积占全省县域的66.5%，经济总量仅占12.2%，重点发展生态经济和高原特色农（牧）业。[①] 近年来，四大类型区域的县域立足县情，坚持"宜农则农、宜工则工、宜商则商、宜旅则旅"的原则，注重发挥比较优势，突出特色化发展，逐渐提升了县域经济综合竞争力（见表7）。

表7　各类型区域代表县县域经济发展特色对比

类区	代表县	特色定位	发展现状
平原地区	双流县	科技创新	"十二五"时期以来财政累计投入科技创新资金4.2亿元，聚集各类研发平台94个，其中国家级24个。每年设立1亿元人才专项资金，高层次人才总量居成都市第二
	夹江县	西部瓷都	县财政安排5000万元发展基金，支持企业技术改造，近两年投资46亿元，技改和新建陶瓷生产线50条。筹建国家级陶瓷质检中心和西部陶瓷学院
丘陵地区	泸州市	白酒产业	每年划拨200万元充实酒业发展基金，专项用于重点酒企贷款贴息。实施龙头带动，构建起泸州老窖为塔尖、"小巨人"企业为塔身、原酒生产企业群为塔基的白酒产业梯次发展"金字塔"
	宜宾县	扩权强镇	对新增乡镇税收县级实得部分、新增建设用地有偿使用收入县级部分、土地出让金净收益部分、城市基础设施建设配套费、乡镇属地国有资产处置收益，5个100%返还乡镇，激发基层发展活力
	渠县	农业经营模式创新	创新推行"引进龙头企业建基地带农户""鼓励家庭农场建基地带农户"等多种经营模式和"土地流转金+务工收入+国家投入基础设施作为农民股金进行二次分红"等利益分配模式

① 四川省人民政府：《关于推进平原地区丘陵地区盆周山区民族地区县域经济发展的指导意见》，四川省人民政府网，http：//www.sc.gov.cn/10462/10883/11066/2013/11/7/10284981.shtml，2013-11-6。

续表

类区	代表县	特色定位	发展现状
盆周山区	米易县	阳光康养旅游产业	明确“花园县城、公园城市、康养基地”定位，加快建设安宁河谷“城在山中、水在城中、行在绿中、居在园中”的山水园林县城
	苍溪县	现代农业	建成跨乡跨村万亩农业现代园区12个，千亩园区52个。以红心猕猴桃为领军，苍溪雪梨、生猪、肉毛兔为骨干的“1+3”生态特色产业发展定位，建设中国红心猕猴桃第一县
	石棉县	世界碲都	科学开发利用碲矿，运用“飞地”模式将矿产、电力等资源要素引入工业园区有效配置。
	平昌县	巴山新居全域扶贫	2012年以来，启动以建设驷马－得胜－元山10个乡镇为重点的新农村示范片，建成中岭、创举等25个示范新村、293个聚居点，改造2.5万户农村危房
民族地区	西昌市	生态城市	把邛海作为核心生态资源，先后投入资金40亿元。2014年环邛海六期(2万亩)湿地全面建成后，成为全国最大、最美的城市湿地，邛海水域面积恢复至38平方公里以上
	金川县	资源开发	科学推进境内蕴藏量520万千瓦的大渡河流域水电开发。探索“资源股权化、股权基金化、基金民生化”资源开发新途径，采取水电移民“逐年货币补偿安置”方式
	九龙县	“藏彝走廊”生态旅游	围绕“环贡嘎山两小时旅游圈”和“金沙江流域大香格里拉国际精品旅游核心区”建设，打造“藏彝走廊、秘境九龙”生态文化旅游品牌

资料来源：王建宏：《百县勃兴千镇竞发》，《当代县域经济》2014年第6期。

三　四川省县域经济发展存在的主要问题

经过多年的探索与实践，四川省的县域经济发展取得了很好的成效，组团发展、协同推进的格局已经形成，个别县跻身于全国百强县、400强县的行列。但是，正是和全国强县进行比较，尤其是和东部发达地区相比，在全面建设小康社会的战略目标背景下，四川省县域经济总体上仍然基础薄弱，经济总量还不够大，综合实力还不够强，发展中还存在很多问题需要突破。

（一）县域经济总量偏小

2013 年，135 个县（市）的面积占四川省的 92.4%，户籍人口占四川省的 70.9%，这两个指标所占份额非常大，已经超过全省的 2/3，但是县域的 GDP 仅占四川省的 53.2%，刚刚过半，其中第三产业增加值仅占四川省的 42.7%，地方公共财政收入仅占 27.0%。从中可以看出，四川县域经济的整体效益和效率还不是很高，县域经济的总量偏小。由于四川县域经济规模小，财政收入相应低，在外部投资有限的前提下，四川县域内的资源优势无法顺利转化为经济优势，从而制约了县域经济发展。

人均生产总值是衡量一个地区经济发展的重要指标，2013 年四川省 135 个县（市）人均 GDP 为 25936 元，按照当时的汇率换算相当于 4079.73 美元，根据国际上通常认可的标准①，四川省县域经济总体上属于初步工业化经济或中等发达水平经济，经济刚刚从起飞阶段迈入加速成长阶段，可见四川省的县域经济已经成长起来，但面临的发展压力很大。

以 2015 年全国百强县中排名最靠前的双流县为例，与同期第一名的江苏昆山市相比，二者之间的差距十分显著。2014 年，昆山实现地区生产总值 3001 亿元，比上年增长 7.7%，成为全国首个地区生产总值超过 3000 亿元的县级市，农民人均纯收入达 26864 元，比上年增长 10.7%。双流县实现地区生产总值 569.2 亿元、增长 6.6%；农民人均纯收入 15870 元，增长 12.3%。可以看到，虽然双流县 GDP 增速与昆山相差不远，农民人均纯收入的增速甚至快于昆山，但是由于基数较小，二者在 GDP 绝对值和农民人均纯收入之间的差距还是很大。

（二）县域经济产业结构协调性差

近年来，虽然四川县域经济产业结构加快了调整步伐，并取得较为显著的成

① 以人均 GDP 为量化指标，地区经济大概可以粗分为 5 个档次。①人均 GDP 在 300 美元左右甚至不足 300 美元的为欠发达经济。②人均 GDP 在 800～1000 美元的为普通发展中经济。这一发展阶段，人民基本解决了温饱问题。③人均 GDP 在 3000～5000 美元的为初步工业化经济或中等发达水平经济。④人均 GDP 在 8000～10000 美元的为高度成就工业化经济。其中 10000 美元即为发达经济的标志线。⑤人均 GDP 在 20000 美元以上的为后工业化经济。同时，按照发展经济学观点，人均 GDP 在 400～2000 美元为经济起飞阶段，2000～10000 美元为加速成长阶段，10000 美元以上则进入稳定增长阶段。

效，但整体来看特色不够突出、规模仍然较小、名牌产品较少，支柱产业和龙头产品仍然缺乏，市场占有率不高，同时还存在较为严重的结构趋同现象，很大程度上造成了产业协调性差、生产能力过剩、过度竞争、经济效益低下等问题。[①]

一是产能过剩问题突出。大部分县（市）在进行产业结构调整时，往往忽视科学规划和科学论证，看到什么项目赢利空间较大就蜂拥而上，匆匆出台支持政策，导致诸如多晶硅、太阳能电池、水泥等行业随着国内外市场需求和国家调控政策的变化而出现了较为严重的产能过剩问题。

二是产业结构协调性较差。多数县（市）在调整产业结构时，往往只看重单一行业或单个企业的规模做大，忽视了第一、第二、第三产业的协调发展和产业链条的整体打造，导致产业之间互动不足、带动能力不强和经济效益低下等问题。

（三）县域经济强弱差异大

根据2014年四川省县级经济综合评价结果，十强县经济实力强劲，GDP总量占全省的1/5，其中排名第一的龙泉驿区GDP破900亿元，超过了全省8个市州。在十强县中，成都市占据了7席，分别是龙泉驿区、双流县、新都区、温江区、郫县、青白江区、新津县。[②]“十强县”过于向成都集中，形成了高势能的区域发展空间，吸纳集聚各种优质生产要素，并且这种态势几乎固化，这非常不利于全省范围内增长极的打造，不利于全省县域经济的整体提升。

四川省GDP过百亿的县市区已经突破100个，而国家级贫困县36个，其大多数GDP不足10亿元，二者的经济发展水平强弱悬殊。2013年，经济总量最大的双流县GDP达746.1亿元，炉霍县经济总量最小，仅4.63亿元，二者相差161倍；地方公共财政收入最大县双流县（64.6亿元）是最小县壤塘县（0.1495亿元）的432倍。[③] 2014年，县域竞争力排名第一的龙泉驿区GDP达944.6亿元，排名最末位的德格县GDP为6.8亿元，二者相差139倍。

---

① 张克俊、龙京局：《四川省县域经济发展评价报告（2014）》，四川省社会科学院，2014。

② 《2014年四川十强县发布龙泉驿超双流郫县再次夺冠》，人民网，http://sc.people.com.cn/n/2015/0828/c345458-26161103.html，2015-8-28。

③ 四川省统计局：《2013年四川县域经济发展情况》，四川省人民政府网，http://www.sc.gov.cn/10462/10464/10465/10574/2014/5/12/10301445.shtml，2014-5-12。

（四）县域工业化和城镇化发展滞后

工业化和城镇化是传统农业社会向现代工业社会转变的标志，也是现代经济社会发展的动力和引擎。县域经济壮大的途径就在于推进工业化和城镇化。

推进县域经济工业化，不仅要发展农产品加工、流通等工业和服务业部门，提高工业、服务业部门对县域经济的贡献份额，而且要用企业化管理、产业化经营的现代生产经营方式改造传统的农业生产经营方式，发展现代农业。从全国来看，经济大县强县，无一不是工业或服务业发达的县市。凡是县域经济发达的县（市），其工业增加值占国内生产总值（GDP）的比重一定较高。[①] 2013 年，四川 135 个县市全部工业增加值同比增长 11.4%，增幅比全省高 0.4 个百分点，但 78 个县市工业化率低于全省平均水平，全省 50% 以上的县（市）工业比重在 50% 以下，表明全省县域的工业化程度仍然较低。

四川城镇化率较低，城镇规模偏小。2013 年末四川常住人口 8107 万人，其中，城镇人口达 3640 万人，城镇化率为 44.90%。而就县域而言，135 个县中有 119 个县（市）城镇化率低于四川省平均水平，镇区人口面积比重不到 25%。绝大多数县域的人口和产业集聚能力较弱，吸纳农村劳动力转移能力不高，现代城市的功能无法体现出来。

四　新常态下四川县域经济发展的重点与对策

当前，四川县域经济发展面临新的历史时期，丝绸之路经济带战略、长江经济带战略、新一轮西部大开发战略形成对西部地区、对四川省至关重要的国家重大战略体系，四川能否抓住战略机遇、迎接挑战，将直接影响四川新常态下经济、社会发展实力，以及在西部地区的地位。县域经济是国民经济的细胞，县域经济的发展水平和综合实力是国民经济的坚实基础，因此，在新的历史时期，四川县域经济应该转变思路，调整策略，确定重点，实现效率、公平和可持续发展。

---

① 卢建明：《山西省县域经济发展研究》，华中科技大学博士学位论文，2008。

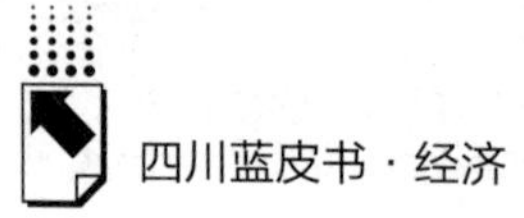

（一）抓住战略机遇，重视发展开放型县域经济

党的十八届三中全会首次把建立完善开放型经济体制作为前进目标，这也是中央推进内陆欠发达地区经济可持续发展的战略部署。随着国家丝绸之路经济带战略和长江经济带战略的逐步实施，四川作为重要节点之一也将面临更多的对内对外开放机会和更广阔的发展空间。四川务必牢牢抓住中央经济发展战略调整带来的重大历史机遇，大力发展内陆开放型县域经济，以新的发展思路、新的发展途径、新的政务方式来推进县域经济发展的新跨越。

发展开放型县域经济，不可盲目跟风其他地区的发展模式，应当根据当地县情"量体裁衣"，因地制宜。第一，以市场为导向，挖掘本地特色资源的市场潜力，重点发展创汇农业，创建一批名、优、特、稀产品的知名品牌，实施品牌战略，以出口为导向拓展对外贸易。第二，把招商引资作为总抓手，以引进资金、技术、管理、人才为重点，立足于抓细抓实，积极采取驻点招商、产业招商、部门招商等多种方式，提高招商引资成功率。第三，以发展外派劳务和鼓励有条件的企业"走出去"为重点，积极参与国际经济技术合作，争取在"十三五"期间，在各个县区中培育一批以出口为主、具有国际竞争力的外贸龙头企业①。

（二）拓展市场需求，大力发展特色型县域经济

现代市场经济理论和实践表明，没有地域特色的产品，是没有竞争力的；虽有地域特色但无市场需求的县域经济，也许可以自给自足，但却是难以发展壮大。只有根据市场需求彰显资源特色，才有可能发展和壮大县域经济。② 当前，四川省绝大多数县（市、区）坚持以市场为导向、以自身资源为依托，结合产业结构调整，在第一、二、三产业领域都发展出了一批具有县域经济特色的产品。例如，会理石榴、新繁泡菜、广汉肉兔、天全食用菌、安岳柠檬、南江黄羊等特色农产品；夹江瓷砖、绵竹年画等特色工业产品；九寨沟、峨眉山、长宁竹海、自贡灯会等特色旅游产品；古蔺郎酒、绵竹剑南春酒、射洪舍得酒、绵阳高新技术开发区的光友粉丝等第一、二产业相结合的特色产品；龙

① 田劲松：《四川省对外贸易发展现状及对策分析》，《现代经济信息》2013 年第 15 期。

② 文大会：《彰显特色壮大四川县域经济》，《四川党的建设》（城市版）2010 年第 9 期。

泉驿桃花节、郫县薰衣草节等第一、三产业相结合的观光农业。

在各个县都积极发展特色经济的大背景下，区域之间的竞争日趋激烈，进一步壮大县域经济将面临更大的压力和挑战。因此，各个县（区）应该结合各自的区位、资源禀赋条件、现有产业基础，积极主动地拓展国内外市场需求，逐步做大做强特色经济。第一，强化主导产业，实行重点开发。在传统产品中筛选优势品牌，打造名牌产品。第二，大力培育中介组织，搭建特色产品和市场需求之间、科技新产品与厂商和市场之间的桥梁，保障供求和价格等市场信息、科技信息、特色产品信息在生产者和消费者之间的畅通。第三，充分利用平台，将基地建设与特色资源开发结合起来，例如“重要战略资源开发基地”“农产品深加工基地”“乡村旅游创客示范基地”等，实现特色资源开发利用的规模化、规范化、集聚化。

（三）加强区域合作，促进县域经济组团发展

竞争与合作是区域经济发展的两条“动脉”，而对于县域这一最小的国民经济单元而言，同属于省级区划，最好的发展思路，应该是协作大于竞争。尤其对于四川这样的内陆资源型大省，加强区域合作，促进县域经济组团发展，是县域经济持续、健康发展的良策。

第一，编制四川县域特色经济发展规划。四川省必须把全省的县域经济发展作为一个系统完整、分工明确、相互关联、互为依托、优势互补的“一盘棋”经济体系，着眼全局，突出特色，发挥优势，集群发展。省政府确定每个县（市）经济发展的主导方向和产业建设的重点内容，明确发展目标任务，从而形成各有侧重、各有分工、各有特色的县域经济发展格局。第二，错位发展建好园区，有效避免县域间同质化竞争，实现市与县、县与县分工协作、差异化发展，推进项目向园区集中，产业集聚发展。第三，优势互补发展异地经济。打破县（市）区行政限制，以区域资源整合、壮大特色产业集群为主线，以“领域相通、产业相连、技术相近”为准则，实行“飞地经济”“异地经济”等灵活模式，实行利税分成等机制，吸纳周边地区相关产业和企业入园，打造关联度高、规模大的产业基地和产业集群，① 推进县域工业特色化、集约化、品牌化。

---

① 王志鹏：《以更加开放的思维推进县域经济发展大提速》，《齐齐哈尔日报》2013 年 7 月 10 日。

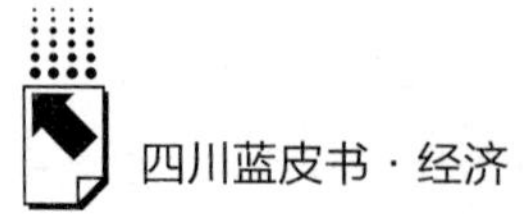

（四）优化地方治理的权利配置，满足基层政府的能力需求

随着四川省城乡统筹发展和城镇化进程的加快，县域经济发展速度惊人，在这一过程中，基层政府肩负城乡统筹发展、新农村建设等越来越多的重大责任，但相应的经济社会管理权限却一直没有扩大，权责不对等成为困扰县域经济快速发展的体制性因素。破除体制限制，扩大县和乡镇的权力，更好地服务当地百姓成为基层政府的迫切要求。四川省先后在2007年、2009年分两批次对全省59个县进行了扩权强县的改革试点，取得了试点县政府运行效率明显提高、县域经济发展明显加快、财政运行质量明显改善等显著成效，具备了扩权强县改革试点的丰富经验，为开展扩权强镇改革试点奠定了基础。四川下一步可以采取“撤、扩、并”等方式，增强中心集镇的实力，并根据各种类型的集镇适当、适度下放行政管理权，以满足基层政府的能力需求。①

（五）正视资源环境约束，实现县域经济的可持续发展

新一轮西部大开发的实施要求西部地区在经济快速发展的同时，注重自然资源的可持续开发利用和生态环境的保护。新形势下，四川县域应当正确认识自然资源开发、生态环境保护与县域经济发展的关系，既要抓住机遇，尽快将区域资源优势转换为产业优势、竞争优势和区域经济优势，又要注重自然资源的可持续性和生态环境的承载力，实现县域经济、资源、环境协调发展。

尤其在资源利用方面，由资源依托性开发向市场导向性开发转变，由因地制宜向因市制宜转变。四川大部分县域虽然自然资源丰富，但很多优质特色产品的市场份额很小，资源型产品的市场潜力还需要深度开发。因此，各县（区）在资源转化与利用方面，首先要考虑市场竞争能力，结合当地特色资源和产品市场趋势打造“名优特产”品牌，并充分考虑环境承受能力，在环境许可的范围内开发优势资源。

---

① 张克俊、李晓燕：《建立健全城乡统筹发展体制机制》，《四川党的建设》（农村版）2014年第3期。

B.21

四川农民工住房保障研究报告*

田 焱**

摘 要： 相较于全国其他省区，四川农民工住房保障需求总量大、结构复杂且变化较快，故保障任务重、难度高、压力大。前期，全省在农民工住房保障城镇覆盖和方式选用等“点面”上，已付出了大量的心血及努力，也收到了一定的成效，但要进一步推进与完善农民工住房保障事业，则有必要精准地把握该群体的有效保障需求，并形成完整的保障思路及体系，提出与实施一系列相应的对策及措施。

关键词： 四川 农民工 住房保障

一 四川农民工的基本居住状况

（一）早期个别城市的相关数据

早期（即21世纪初），相关研究机构及人员对四川最为集中、规模最大的成都市的农民工居住状况，进行了专题调研，其结果有三组数据值得我们关注。

第一组数据：农民工自行从当地人手中租住的比例达50.73%；居住在用工单位（或老板）提供的集体宿舍，约占25.03%；居住在工地工棚（或活动

* 本文系四川省住房和城乡建设厅的“四川新型城镇住房保障体系建设研究”基金项目（SCWZD－201311－SJCT）阶段成果之一。

** 田焱，四川省社会科学院产业经济研究所，副研究员，主要研究方向：房地产经济、住房保障、企业经营管理。

房）和住在亲友家的分别占 12.74%、3.02%；居住在自有房屋的占 1.95%；享受政府提供租赁住房的，仅占 0.89%；还有 5.47% 的选择其他住房途径。

第二组数据：没有自购房的农民工，人均居住面积为 8.16 平方米，不足当时城市居民人均居住面积（当时为 27.1 平方米，且呈逐年上增之势）的 1/3。其中，50 岁以上农民工人均居住面积最小，仅为 5.52 平方米；38～50 岁农民工人均居住面积 7.52 平方米；23～37 岁农民工人均居住面积 7.71 平方米；22 岁以下农民工人均居住面积最大，为 11.15 平方米。进一步地，根据调研人员走访得到的数据，22 岁以下农民工对自己居住面积的估计通常过大，因此，农民工人均居住面积实际上很可能低于 8.16 平方米。人均居住面积小于 1 平方米的被访者达 1.24%。调查还发现，有一个大约 5 平方米的棚中甚至居住了 8 个人。

第三组数据：在被访者中仅 37.62% 的农民工住在 1～2 人的房屋中，32.05% 的住在 3～4 人的房屋中；另外，还有 6.81% 的住在 10 人或多于 10 人的房间中，甚至有些工棚入住人数高达 30 人。①

（二）近期部分城市的相关数据

近期（即时隔前述调研活动近 10 年时间的 2014 年），结合全省工业化、城镇化、经济发展和劳动力流动等情势变化，我们选择性地适度扩大了调研（地域等）范围，对成都、资阳和达州农民工的居住问题，进行了专题调研，由此获得了一系列相关的宝贵数据。

第一组数据：总体上看，三城市被访农民工中自行从当地人手中租住的比例为 44%；用工单位（或老板）提供住房的约占 20%，其中，又细分为工地工棚（10%）、生产经营场所（6%）以及单位宿舍（4%）；乡外从业回家居住的约占 21%；务工地自购住房的约占 3%；还有 12% 的选择其他住房途径。

第二组数据：成都农民工主要的居住形式是自行从当地人手中租住，单位提供住房的比例也很高；达州农民工因就近就业比重高等，有近半数的人选择了“乡外从业回家居住”，而这些住房通常是郊区宅基地上的自建房和城市征地后的安置房；资阳农民工的居住情况则处于成都和达州之间。详细情况，如图 1 所示。

① 吕萍等：《农民工住房理论、实践与政策》，中国建筑工业出版社，2012。

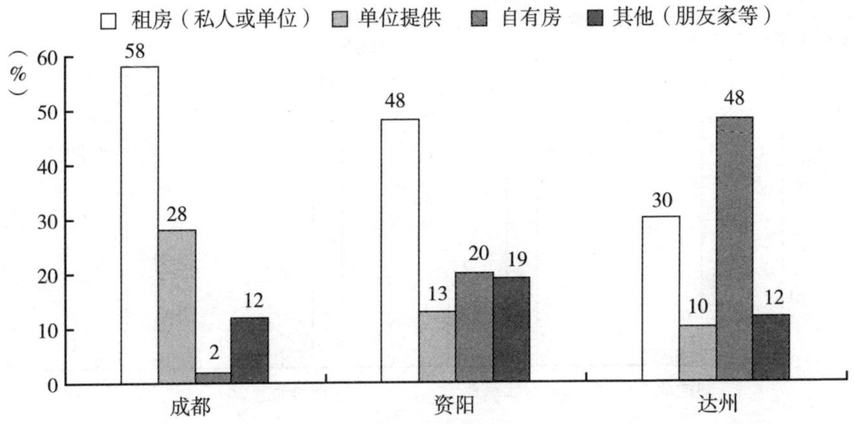

图1　三城市农民工房屋居住类型及比例

第三组数据：从事建筑业的农民工选择租住的比例最低（一般主要住施工现场的工棚），制造业的农民工选择租住的比例最高。详细情况，如图2所示。

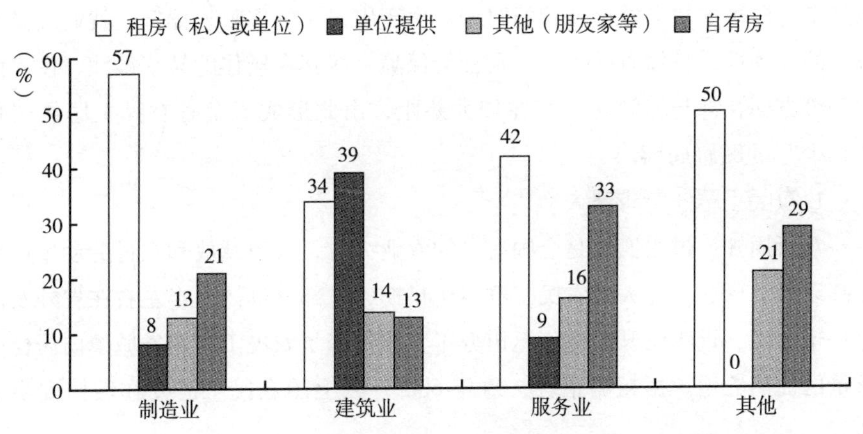

图2　不同行业农民工居住类型及比例

第四组数据：三城市中，农民工主要还是以家庭的形式居住，单独住和与同伴合住的比例都不高，几个人一块合住的情况只是在建筑业要高一些；在其他行业，特别是在服务业，合住情况并不像我们认为的那样普遍，这明显有别于沿海等一些城市的情况。相关情况，详见图3。

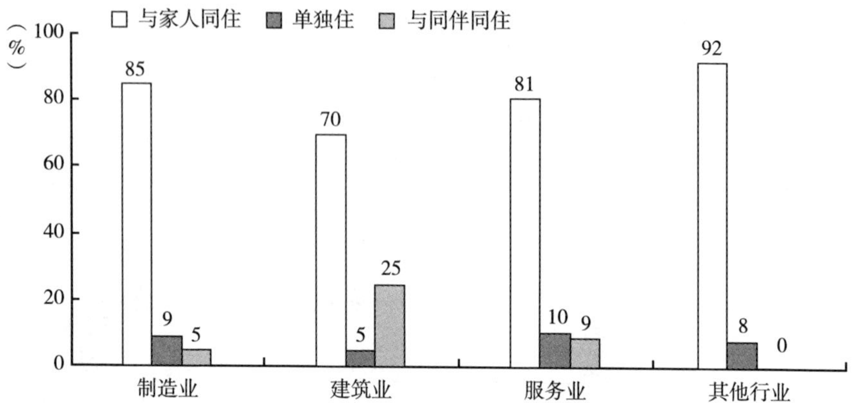

图3　不同行业农民工与家人同住、单独住和与他人合租情况

（三）全省农民工居住的基本状况

总体上看，目前全省整体已步入城镇化中期（即成长）阶段，这一阶段正是农村居民加快向城镇转移的时期。由于农民工整体收入偏低，就业又具有较大的变动性，且没有基本住房及社会保障，故其在居住的易获得性、住房的租购等方面，都与城镇居民存在较大差距，由此形成了全省农民工居住“忧多喜少”的尴尬局面。

1. 农民工居住需求量大

众所周知，过去四川是全国有名的农业大省，改革开放和农村劳动生产率提高以后，形成了庞大的农民工群体。早期，这部分群体一半左右在省外及沿海一带务工，近年已开始逐年返川务工，故带来了农民工在本省城镇内居住需求量的徒然大增。据粗略估计，每年600万以上的农民工需要在城镇安身居住。

2. 农民工居住房源结构复杂

目前，农民工居住房源大体分为：自（购）有房屋、单位（或老板）提供住房、自行从当地人手中租住、建筑工棚（或活动房）、政府提供的租赁性住房（如公共租赁住房等）、亲戚家和其他住房等。其中，拥有自（购）有房屋的，基本属进城时间较长的（从事自营劳动）小业主，或近郊宅基地自建房和征地安置房等的业主。

3. 农民工居住质量较低且安全隐患较多

绝大多数农民工在城里没有自己的住房，所居住的房屋不仅空间较为狭小，而且廉价、不卫生，通常房屋设施简陋、缺乏安全保证，且经常几人，十几人挤在一间临搭建的简易房屋或工棚内，有的甚至住在楼梯间。

4. 农民工居住环境条件差

农民工大多居住在城中村、城乡接合部，这些地方一般建筑密度都很高，治安条件也不太好，周围水、气、声环境、绿化情况等往往比较差。尤其是建筑工人，往往居住在污水横流、机器轰鸣、尘土飞扬的工棚内，居住环境极为恶劣。①

5. 农民工居住存在明显差异

农民工居住的差异，既表现在不同城市（如成都、资阳、达州等）之间的住房结构中，又表现在不同行业（如制造业、建筑业、服务业等）之间的住房结构方面，还表现在家庭、单独和合住形式，以及居住环境质量、租金及物业支付水平等方面。

6. 农民工居住已有改善但步伐较慢

近年来，农民工自己租房子住的比例已逐年开始下降，政府提供的租赁性住房（如公共租赁住房等）越来越多，房屋的质量等综合条件和安全状况，均已大为改观，且租金水平也并不高且保持相对稳定。这些都是政府和全社会的关心支持所带来的“喜人”格局，但这一格局与农民工的迫切需要相比、与城镇住房保障对象相比，的确还在一定的差距。

二　四川农民工住房保障现状

（一）由点到面的保障发展过程

为了弥补市场配置住房资源的不足与缺陷，满足农民工居住的迫切需要，早期（特指 2007 年以后）成都等工业化、城镇化和经济发展水平较高的城市，采取了相应的制度设计和“农民工公寓”建设等措施，从而在全省的

① 吕萍等：《农民工住房理论、实践与政府》，中国建筑工业出版社，2012。

“点”上开启了农民工住房保障的先河。此后，随着全省公共租赁住房建设步伐的加快，以及其他条件的相对成熟，在全川的“面”上，便正式而全面地推开了农民工住房保障行动。

1. 实施“农民工住房保障行动”方案

自2013年起，四川在全国率先制定与实施了“农民工住房保障行动”方案。该方案规定，政府或用工企业针对有稳定职业并在城镇居住一定年限的农民工，定向提供公共租赁住房。该方案的实施，在当年即获得了显著的成效。相关数据，详见表1。并且，截止到2015年5月底，全省共向农民工提供公共租赁住房5万余套（间）约15万农民工享受到了住房保障。①

表1　2013年四川“农民工住房保障行动”执行情况

单位：套，%

地区	农民工住房保障行动			地区	农民工住房保障行动		
	计划数	完成数	完成比例		计划数	完成数	完成比例
成　都	4800	4800	100.00	宜　宾	1860	1977	106.29
自　贡	1000	1000	100.00	广　安	900	1367	151.89
攀枝花	1200	1202	100.17	达　州	550	551	100.18
泸　州	2100	2101	100.05	巴　中	120	120	100.00
德　阳	3000	3006	100.20	雅　安	50	50	100.00
绵　阳	2800	2802	100.07	眉　山	1050	1321	125.81
广　元	1000	1509	150.90	资　阳	1020	1060	103.92
遂　宁	2380	2380	100.00	阿　坝	0	0	
内　江	2230	2238	100.36	甘　孜	0	0	
乐　山	1850	2396	129.51	凉　山	240	240	100.00
南　充	1850	1863	100.70	合　计	30000	31983	106.61

2. 丰富农民工住房保障供给

为迅速提升保障供给总量和弥补供给结构性缺陷，四川在供应公共租赁住房的同时，还探索了其他多种保障供给方式。例如，向农民工发放住房保障租赁补贴；逐步放宽农民工购买产权型保障性住房限制；允许成都等省政府批准

① 相关数据为各地上报至四川省住房和城乡建设厅后，初步统计归总的数据。

的公共租赁住房“租改售”试点城市，开展向农民工出售公共租赁住房试点工作等。此外，一些城市（如自贡市）还围绕深化城乡建设用地增减挂钩试点，对中心城区行政区域内的深化城乡建设用地增减挂钩试点项目，按政府主导、规划引领、市场运作、统一管理原则，向退出宅基地申请货币化安置进城务工农民销售限价商品住房。

3. 建立健全农民工住房保障制度

在《关于印发 <2013 年全省住房保障工作要点 > 的通知》（川建保发〔2013〕78 号）和《关于印发 < “农民工住房保障行动”工作方案 > 的通知》（川建保发〔2013〕106 号）等基础上，2015 年又出台了《加强农民工住房保障工作指导意见》，从而进一步完善了相应制度。随后，全省各地尤其是地级以上城市，陆续也制定了农民工住房保障的准入办法（包括准入程序、准入条件和租金标准），确定了可供房源及相关要素保障，落实了分配工作和优惠政策，并强化了监督检查。

（二）保障中存在的主要问题

在获得上述成效的同时，一些地方也反映出了诸如农民工住房保障任务量过重、农民工规模和住房需求统计难、企业自建公共租赁住房的政策支持力度不够、后期管理难度大、既有保障资源有效利用不高等问题。这些都从侧面反映出了，农民工住房保障仍处于起步及初期阶段，迫切需要系统、规范、稳定和持续健康发展。此外，在保障的细节中也同样存在一系列具体问题。

1. 公共租赁住房建设困难重重

（1）公共租赁住房建设面临较大压力。经调查发现，出于资金、时间等综合因素考虑，各地在完成下达的建设任务时，往往首先会考虑挖掘保障存量资源，如改建扩建用工企业职工宿舍，以此转换成公共租赁住房；其次动员社会力量参与，其中最主要的是动员用工企业修建公共租赁住房。为挖掘存量和动员用工企业，各地办法不一而足，但现实是多数地方这两类资源都被充分使用了。从全省 19 个地市州的统计情况看，各地在建成及可用着保障农民工居住的公共租赁住房中由政府供给的数量极不平衡。相关数据显示：目前，政府占比超过 50% 的仅有 4 个地方，分别为自贡（100%）、成都（85.48%）、德阳（56%）和凉山州（51.1%）。绵阳市和广安市的公共租赁房全部由企业和投资公司建设，政府没有参与建设。可以预见，如无新的建设业主出现或重大制度创新，政府建设公共租赁住房占比较低的地方未来会面临更大的建设压力。

（2）地方政府建设公共租赁住房的积极性不高。在公共租赁住房建设过程中，由于地方政府面临着“钱从哪里来”这一最大问题（因目前尚未将该建设投资列入地方政府当年财政预算），加之建设成本客观存在且巨大，但收益预期却又不明确，这就导致了地方政府普遍缺乏建设积极性。同时，与工资、社会保险等相比，农民工在居住方面的诉求并不强烈，地方政府尚未面临明显而较大的社会压力。因此，既无利益驱动，又无外部压力，在资源极为有限的背景下，地方政府权衡的结果就必然是缺乏建设公共租赁住房的偏好。

（3）用工企业建设公共租赁住房先天不足。经调查显示，出于留住人才和降低劳动力成本的需要，用工企业对于修建或改建公共租赁住房有较高积极性。然而，值得注意的是，用工企业的这一建设行为明显先天不足。一是大多数此类住房（宿舍型居多）只面向本企业员工，从使用权和受益权的归属来说，这类“公共租赁住房”公共性不足，更接近于私人产品。二是用工企业建房的出发点是为了满足劳动力要素而非人的发展需要，因此所提供的该房更多的是住宿功能，公共服务和其他功能较为欠缺。另外，用工企业建房能力也十分有限。在当前经济环境下，大多数中小企业投融资能力偏低，虽然企业自建职工宿舍不需承担额外土地成本，但仅仅套均100多元的税费减免是杯水车薪，企业面临较大资金压力。更为突出的是，企业没有该房处置权，这就降低了投入产出预期，而且还须履行接受定期检查和监督的义务，企业建房积极性受到抑制。

2. 管理营运中的众多障碍与问题

（1）申请渠道较多且公开透明，但手续复杂且审核时间较长。各地借助多年城镇住房保障管理经验，基本完善了农民工进入公共租赁住房保障管理系列的规范流程与行事标准。例如，申请准入条件和审核办理过程较为公开透明，申请者超过房源规模的通过公开摇号并经公证后确定承租人。然而，值得注意的是，农民工申请公共租赁住房除了较高的准入条件外，在填写公共租赁住房申请审核表基础上，还需提供多种证明材料，且这些证明分别须经相关部门予以审核、签章。同时还得历经较长的审核时间和复杂的审核程序。这些都大大制约了农民工“参保”的积极性。

（2）后期管理方式多样，但复杂内容加上群体特质使管理压力巨大。在别人和以往的经验基础上，各地根据实际情况已逐步形成了多样化的保障房后期管理方式，例如，由用工企业实施租赁监管和退出管理；政府房管部门直接管理；园区与用工企业共同管理。然而，这三类管理方式均有局限性。第一和第三类由用工企业全权负责或主要参与的方式适用范围较窄，而且由于增加了企业运营成本，抑制了企业帮助员工申请公共租赁住房的积极性。更为尖锐的管理问题由业主与实际居住者分离导致，通常物业管理公司须同时向业主和租住户负责，租住户需求经物业公司反映给政府，而政府审批程序复杂且时间较长，导致管理效率低下。第二类政府直接管理实质上是住保部门直接面对千家万户，不仅大幅增加保障机构工作量、浪费政府资源、降低行政效率，而且从以往廉租住房的管理经验教训来看，由于政府的公共性和公益性身份，难以达到有效管理。

（3）建设管理流程长、环节多、任务重、压力大。与其他类型住房相同，公共租赁住房建设管理更须经历宣传发动、申请登记、土地划拨和房屋建设、房租收缴、档案建设、退出管理等十余个系统流程、数十个环节。这些流程环节，以及其中所牵涉的各种工作任务，大多主要由当地住建或房管部门（住房保障主管部门）负责进行管理，而各地住建和房管部门本身就面临着人员少、技术力量薄弱等现实困难，现在不仅要全面负责上述流程环节中的各项管理工作，而且还要采取多种途径及方式的保障宣传公关等非专业性工作，这无疑进一步地加大了他们的工作压力。

3. 源自农民工角度的保障缺陷

（1）公共租赁住房居住消费缺乏足够吸引力。相关文件规定，向农民工定向提供的公共租赁住房租金标准按当地市场租金 50% 的水平确定。同时，就目前已建成使用的公共租赁住房实情看，其往往交通方便，房屋结构合理，周边配套较为健全，小区服务和管理比较完善。显然，与同类型住宅相比，公共租赁住房具有显著的价格等综合优势。然而，现实情况则是，与农民工原来租房相比则并无较大吸引力。这是因为，除租金外，农民工还需承担水、电、物业管理等日常支出，少数公共租赁住房房源是工业用地，水、电收费标准更高。同时，绝大多数公共租赁住房只保障基本居住，而日常家居用品如床、灶具、桌椅等均需租住者自行购买或租用（这些原租房一般都具备）。因此，以农民工当前的租住和生活习惯为参照，公共租赁住房价格（含房租、居住开支等）对农民工而言吸引作用并不十分明显。

(2) 农民工对保障性住房整体认知度不高。调查发现，农民工对保障性住房的整体认知程度不高。在所有被访对象中，有1/3的没有听说过公共租赁住房等保障性住房（功能）。如果不计算我们调查的两个现有公共租赁住房小区，这一比例还要低一些。按调查地点分类，工业园区和商贸点的农民工多数都还只是听说过保障性住房，但是对于在城市社区和建筑工地就业的农民工来说，听说过保障性住房的比例不到一半。

(3) 受访者对保障性住房政策了解度偏低。即便对于听说过住房保障的农民工，他们在回答"是否知道公共租赁住房申请条件?"问题时，对申请条件很清楚的只占27%（主要是已经入住了保障性住房小区的农民工），有多达44%的农民工完全不知道申请条件。这说明我们的政策宣传还很不到位，没有充分地传达给潜在的公共租赁住房需求群体。

三 四川农民工住房保障需求状况

（一）宏观层面的保障需求简况

通常，经济增长对农民工具有较强的吸引力，而产业发展对农民工具有一定的吸纳力。前者一般决定着农民工的基本迁移规律或倾向，由此形成某地"迁入地""迁出地"的划分与分级格局；后者一般决定着农民工的地域或区域分布格局。从四川省的具体情况看，首位城市的成都和不久之后的次级城市，如德阳、绵阳、宜宾和乐山等城市应属一级农民工吸引地区，其他地级市为二级农民工吸引地区，其他县市为三级农民吸引地区，除此之外更多的地区为农民工溢出地区。在这一基本"迁入地"和"迁出地"划分与分级格局中，成都等一级吸引地区，吸引外地农民工最多，吸引了本省一半以上的外出务工农民，成了最为明显的农民工"迁入地"，其他则依次递减。与此同时，相关的调研同样显示，成渝经济圈为我国城乡统筹的重要试点地区，该城市群（即主要包括成都和重庆两市）平均第二产业增长率为18.45%，第三产业增长率为13.00%，其对农民工的吸引力和吸纳力均处"中"级水平，即虽然

（与沿海等“高”级水平城市群比较）目前农民工数量并不多，但未来有较大发展空间。因此，在目前乃至未来数年之内，成都、德阳、宜宾等一级吸引地区的农民工住房保障需求总量将呈一定增长之势，并在全川范围之内，占最大的比重，相应的需求结构也十分复杂。

（二）微观层面的保障需求简况

一般而言，相较于城镇居民或完全市场条件下的住房消费（或交易）者，农民工受自身社会经济属性和外生相关因素影响，其住房消费行为比较独特而复杂，但总体上仍处于如下诸多消费特征范围之内，这也正好为我们的抽样调查结果所证实。

（1）农民工具有一定的住房支付能力，但有效住房保障需求实际不足。据测算，2012 年四川省城镇居民月均工资 3528 元，其中农民工最为集中的制造业、建筑业和服务业的月均工资分别为 3020 元、2662 元和 2500 元左右，[①] 扣除约占工资总额 40% 的五项社会保险法定缴纳费用后，每月可支配收入约 1800 元，按照 2012 年四川省的恩格尔系数（0.4）测算，农民工平均收入水平具有一定的按照市场价支付房租的能力。考虑行业和工种的收入差异，其中部分农民工具有较强支付能力。然而，大部分农民工不具备承租公共租赁住房的资格。由于准入条件与农民工特征之间的错位，部分农民工被排除在公共租赁住房覆盖范围外。例如，仅缴纳社会保险准入条件而言，2012 年，全省农民工参加城镇职工基本养老保险、城镇职工基本医疗保险、失业保险、工伤保险四项保险的参保率分别仅为 6.56%、6.58%、5.36% 和 13.82%，[②] 这就将使大部分农民工不具备公共租赁住房承租能力。因此，农民工的有效住房保障需求实际是不足的。

（2）中小企业对公共租赁有强烈住房需求。近六成的农民工由用工企业提供免费住宿或发放住宿补贴，因此除农民工个体外，用工企业是影响公共租赁住房需求的重要方面。调查发现，大型企业（包括大型国有企业和民营企

---

① 农民工相对集中的服务业主要包括批发零售、住宿餐饮、居民服务、环境和公共设施管理等。

② 根据资料测算。资料来源：四川省人力资源和社会保障厅四川省统计局：《2012 年四川省人力资源和社会保障事业发展统计公报》，2013 年 7 月发布。

业）雇佣劳动力规模较大，其住宿大多自成体系，这类企业对公共租赁住房需求较小。如达州钢铁厂共有员工 7200 人，厂区内有大学生公寓、职工单身公寓和周转房三类出租房，加上原有职工住房，能解决 90% 以上的职工住宿问题。相对而言，中小企业对公共租赁住房的需求更为强烈。一是从住房支出能力看，调查中发现现有提供住宿的企业每名员工月均住宿开支为 150 元左右，但大多租住普通住宅房，“群居”较为普遍，企业还须承担安全隐患带来的潜在风险。二是从意愿看，企业为稳定或扩大员工（人才）队伍，必然需要稳定的员工宿舍，而租住普通住宅房则面临着诸如合同到期（大多为一年一签）、房租上涨等问题。另外，调查显示，这些中小微企业对公共租赁住房政策了解不多，但有着十分显著的租住偏好，甚至有企业总经理表示愿意成立工会“以跟政府对接，更好地掌握对员工的优惠政策”。

（3）工业园区受访者对保障性住房需求较大。调查发现，尽管工业园区的集体宿舍大都被整改为公共租赁住房，解决了大量的农民工居住问题，但这一需求仍然很大。目前，工业园区内没有住进集体宿舍的农民工仍大多落居于租赁市场的低端房屋，其应是保障性住房需求最大的群体。调查发现有 73% 的园区农民工表示需要保障性住房。此外，在商贸点和城市社区打工的农民工对保障性住房有一定的需求，半数以上希望获得保障性住房。需求量相对较低的是从事建筑业的农民工，认为自己需要保障性住房的仅占 44%。

（4）制造业和服务业对公共租赁住房需求较高。从调查行业的分布来看，从事制造业的农民工需求最高，他们一般都有较为稳定的工作，有企业单位的担保，应是公共租赁住房的重点对象。其次是在服务业工作的农民工，这一类群体流动性相对较大，工作收入都不太稳定，通常只能通过社区的渠道来申请。从事建筑业的农民工对公共租赁住房的需求最低，由于是跟着项目走，或者跟着包工头，这一行业的农民工工作的流动性最大，可预测性差。

四　四川农民工住房保障措施

（一）明确保障的总体发展思路

从目前农民工住房存在着政府和市场双失灵的这一客观事实出发，根据农民工的住房消费以及保障需求，包括租购意愿和能力，并借鉴外地成功经验，结合相关供给条件尤其是政策安排，近期农民工住房保障发展的总体思路应是：充分发挥政府主导、企业社会责任和市场调节功能作用，多渠道改善农民工居住条件，建立一个体系，规范一个市场，完善六项制度，即加快建立起“以低端市场租赁房为重点，以保障性住房（公共租赁住房）为主，以公有产权保障房和商品房（租赁）为补充”的农民工住房供应体系，健全“农民工（市场租购的）经济租用房、公共租赁住房、共有产权保障房”三位一体的住房保障体系，其中，应重点立足于公共租赁住房保障及正在推行的“农民工住房保障行动”，并逐步完善“住房公积金制度、住房补贴制度、财税支持制度、金融服务制度、土地供应制度、规划保障制度相互补充”的农民工住房政策及实施体系，使进城农民工的住房条件尽快改善。中长期可根据经济发展以及国家相关政策完善等情势，逐步建立起以公共租赁住房（包括实物和货币配租、“补人头”和“补砖头”以及“租转售”相结合）为重点，其他为辅助的农民工住房供应体系。

（二）保障推进的具体途径

1. 力借公共租赁住房实施保障

从我国现行的相关规定来看，公共租赁住房制度应对农民工实行“国民待遇”，甚至提供“最优惠待遇”，调整住房保障相关规定，逐步扩大住房保障范围，尤其针对有留城意愿而又多年在城镇定居，并在住房、入学、社会、保障、社会管理等方面推进配套改革，让农民工也能享受（与廉租住房）并轨后的公共租赁住房保障制度，享受社会发展的成果。因此，应借正在实施的“农民工住房保障行动”，着力与重点将农民工纳入公共租赁住房保障体系之内。

2. 完善住房公积金制度

完善中的住房公积金制度，应重点建立健全农民工住房公积金租房使用和异地转移机制。对此，一方面，要将住房公积金制度实实在在地扩大到农民工，把他们纳入城镇住房社会保障体系，即必须扩大住房公积金制度覆盖（农民工）范围，并扩大其使用范围（既可用于购房，亦可用于租房——包括保障性住房）；另一方面，还应建立公积金异地转移机制，充分发挥农民工输出地与输入地的公积金中心的作用，消除农民工心理障碍，解决农民工的后顾之忧，提高农民工参保的积极性，使他们能有一笔住房消费资金用于解决自己的住房问题，这也是依法扩大住房公积金制度覆盖范围的需要。

3. 建立农民工实名制度和信息平台

针对农民工就业和生活等特点，借鉴其他省区的经验，可建立以劳务输入地为主，实行农民工实名制管理的制度。与之相应，劳务企业要建立农民工用工管理档案、工资档案及个人信用情况档案等。其中农民工个人信用档案应由农民工个人身份证明、商业信用记录、社会公共信息记录以及可能影响个人信用状况的涉及民事、刑事、行政诉讼和行政处罚的特别记录等综合资料组成。在此基础上，还应建立全省相应的信息平台，以利于全省范围农民工住房保障的协调配合管理，确保农民工的正当居住权益。

4. 规范房屋租赁市场管理

应充分利用各种住房资源及便利条件，由政府出台相关政策，让一些二手住房进入市场流通，适当降低住房价格，实行租售并举，供农民工选择。与此同时，还应建立省级政府公共租赁住房租金补贴机制，以适度支持本省农民工在全川范围就业所应享受到的住房保障。此外，还应加强城镇房屋出租管理，从省到各城镇，政府必须出台房屋租赁市场管理规定，建立私房出租登记备案制度，进一步保护农民工利益。

（三）其他具体措施

1. 实施差异化的农民工住房保障行动

根据此前的实践和我们调研的结果，在进一步实施农民工住房保障行动中，有必要将区域性中心城市作为农民工住房保障供给的重点，以射线状式递减保障供给覆盖全川所有城镇。

（1）成都作为特大型中心城市，制造业和服务业均发展迅速，应同时加大政府和园区供给力度，并强化住房租赁市场规范管理和选择优先及鼓励产业企业进行公共租赁住房租金补贴试点。

（2）新兴工业城市，如资阳、眉山、遂宁等，加大工业园区房源供给，辅以政府供给。这两大供给都必须由省和地方政府层面提供相应的财税优惠政策，尤其应加大省级的支持力度。

（3）其他城市中心城区，应加大政府供给房源力度。

2. 制定差别化准入条件和审批流程

针对农民工内部显著的异质化特征，应采取差别化的住房保障管理方式，其中，近期更应予以差异化的保障准入条件。

（1）地方政府直接向农民工供给的公共租赁住房应同时采取两种申请方式：农民工直接申请和企业申请。前者可延续原有准入条件，后者则可适当放宽准入条件，特别是餐饮、娱乐、批发零售等企业，可通过对企业资质设定条件和定期审核方式提高对农民工住房保障力度。

（2）园区向农民工供给的公共租赁住房应鼓励以企业为单元申请，对农民工资料进行备案，加强对农民工个人及家属房屋情况以及其他相关信息档案管理。

3. 开展多样化的保障宣传

（1）以农民工普遍接受的形式和载体加强宣传，如通过短信、微信等多种方式，加大农民工的关注度和知晓度。同时，通过工业园区或用工企业进行宣传；通过社保部门向缴纳社保的农民工进行宣传；通过劳务就业招聘市场进行宣传等。

（2）以农民工最为关心的问题为主要内容进行宣传，包括租金、租期、公开公平分配流程、房源信息等。

（3）借力行业协会、各类商会、志愿服务等手段，形成需求者自我组织、主动宣传的局面。

4. 提高管理部门的主导及专业能力

除在方案设计、宣传、督查、审计等具有显著外部性和非排他性事务上依然承担主要责任外，针对住保部门在农民工的公共租赁住房供给（建管）中的面临的压力和存在的不足，应当从两方面着手强化其主导及专业地位。

（1）进一步细分公共租赁住房建管内容，剔除可以由地方政府完成的部分，如对申请人材料收取、资质审核等流程可由社区完成，减少管理支出。

（2）实行科学规范的现代流程管理，确立“人随事转”的工作和职能协调配合机制，确定专人负责公共租赁住房业务，并随着职能职责调整，负责人员随之调整，以稳定服务队伍。

B.22

“一带一路”战略背景下四川省生物医药产业实施知识产权保护的对策研究

王学人　廖冲绪*

摘　要：“一带一路”战略背景下，相关经济体之间在生物医药产业领域的合作共赢空间很大，然而，我国生物医药产业领域内相关企业在实施知识产权保护方面尚存诸多问题。为此，本文以四川省生物医药产业为具体研究对象，重点分析了“一带一路”战略背景下我省生物医药产业实施知识产权保护的必要性、现状、问题、基遇与挑战，同时还介绍了与“一带一路”战略相关的主要经济主体在该产业领域实施知识产权保护的情况，在此基础上，本文为我省生物医药产业实施知识产权保护提出若干对策建议。

关键词：“一带一路”战略　生物医药产业　知识产权保护

一　四川省生物医药产业实施知识产权保护的重要意义

生物医药产业属于知识密集型产业，主要包括生物技术产业和医药产业，具有高技术、高投入、高风险等特征，因而，实施知识产权保护对于生物医药

* 王学人，四川省社会科学院产业经济研究所副所长、副研究员，研究方向为产业经济理论与实践，宏观经济分析；廖冲绪，四川省社会科学院科研处处长、副研究员，研究方向为基层民主和基层治理，党的建设。

产业发展至关重要。从20世纪70年代中期开始至今，全球生物医药产业发展较快，产业增速显著高于同期GDP增速，生物医药产业在很多国家备受关注，不仅积极注入充足资金，而且高度重视该产业领域的知识产权保护。生物医药知识产权，是指一切与生物医药产业相关的公民、法人、非法人单位对自己的创造性智力活动成果的财产权，包括与生物医药产业相关的著作权、专利和技术秘密、商标和商业秘密、研究开发和技术转让等权利。

自从加入WTO起，四川省积极推进知识产权战略实施，不断强化知识产权管理能力，使我省生物医药产业的国际市场地位显著提升。在生物医药产业领域内，2008～2012年，国内申请人提交的专利申请量增长近5倍，产业总产值增长近1.5倍。此外，四川省已将生物医药产业列为七大战略性新兴产业之一。

在产业发展迅猛的同时，生物医药产业领域的竞争也异常激烈。以美国、欧洲和日本为例，这三个国家的生物医药产业专利申请量分别占本国专利申请总量的53%、19%和14%①，而四川省的专利申请量仅占7%。经过近年来的较快发展，四川省生物医药产业已经具备较强的产业发展基础和国际竞争力，四川省也已成为全球第三大医药市场。而且，根据艾美仕（IMS）预测分析，四川省生物医药市场将在2020年成为全球第二大生物医药市场，地位仅次于美国。

根据相关研究，未来五年到十年将是全球范围内生物医药产业迅猛发展的优胜劣汰的关键时期；此外，在“一带一路”战略实施的背景下，相关国家（包括中国）在生物医药产业领域的竞争将会更加激烈。为此，我省生物医药产业必须未雨绸缪，必须在提升产业知识产权能力方面下大力气，尽快练好“内功”，才能在日趋激烈的国际竞争中立于不败之地。

二　四川省生物医药产业实施知识产权保护存在的问题

（1）该产业领域实施知识产权保护的意识欠缺。我省生物医药产业领域内有相当一部分从业人员尚未充分认识到生物医药产业实施知识产权保护的重

① 孙林丽：《医学领域生物技术的专利法保护研究》，山东大学硕士论文，2012。

要性，不仅缺乏实施知识产权保护的意识，而且缺乏知识产权保护的相关知识。

（2）生物医药产业领域的知识产权保护制度缺失。我省生物医药产业相关的知识产权制度体系尚不完善，尤其是知识产权案件的惩罚力度偏轻且法律程序较繁，使知识产权保护成效偏低。此外，当前我省生物医药产业领域内科技成果转化大多采用技术转让的方式，但现实中往往因技术转让合同约定不规范，责权利不清、无形资产流失，最终导致知识产权无法得到有效保护，使企业和专利权利人合法权益受损。

（3）生物医药产业领域的知识产权保护人才不足。一直以来，我省对生物医药产业领域知识产权专业人才的培养力度不够，导致相关专业人才供给远远不能满足实际需求；而相关企业的专利代理人、专利律师等处理知识产权事务的高级专业人才更为稀缺。

三　“一带一路”战略背景下四川省生物医药产业实施知识产权保护面临的外部环境

1. 制度环境

（1）中国

我国对生物医药产业实施知识产权保护，经历了一个从无到有、从弱到强的过程，是遵循生物医药产业自身发展规律和国际惯例要求的。自1984年起，我国对生物医药产业实施知识产权保护，对药品和用化学方法获得的物质的发明给予方法专利保护但不保护产品本身，并且一切发明专利权的保护期限为15年①。1992年，四川省对该《专利法》进行实质性修改，并从1993年开始实施全面药品专利制度此后②；1999年，我省施行《新药审批办法》和《新药保护和技术转让的规定》；2002年，我省出台《药品注册管理办法》；2005年，我省又颁行了《涉及公共健康问题的专利实施强制许可办法》③。至此，

① 1984年四川省《专利法》规定。

② 倪娜：《药品专利政策对生物制药业的影响研究》，中国人民解放军军事医学科学院硕士论文，2010。

③ 黄玲：《我国生物医药产业知识产权保护策略研究》，《洛阳师范学院学报》2011年第4期。

我省生物医药产业领域的知识产权保护法律体系初步形成。此外，党的十七大报告也明确提出“实施知识产权战略”，并颁布了《国家知识产权纲要》，使我国知识产权战略进入实施阶段。

（2）欧洲

由于专利制度最早发源于欧洲，欧洲各国对生物医药产业实施知识产权保护是最早的。全球首部专利法于1474年在威尼斯颁布。之后，欧洲各国的专利法相继颁布。欧洲理事会于1949年成立，专门设立了专利专家委员会负责制订相关的专利公约。1953~1954年，部分欧洲国家签订了《关于专利申请格式要求的欧洲公约》和《关于国际专利分类的欧洲公约》，制定出统一的专利分类表，并成为此后全球通用的专利分类法。1962年欧洲经济共同体提出《欧洲专利公约》草案，次年签订了《统一发明专利实体法公约》。1973年，欧洲经济共同体缔约国签订了《建立欧洲授予专利制度的公约》（亦称《欧洲专利公约》或《慕尼黑公约》），该公约于1977年生效。根据该公约成立欧洲专利局（EPO），授予欧洲专利。此后，该公约在1978年、1994年、1995年和2000年进行过修改，但基本条款保持不变。

20世纪末爆发的“生物潮”，使欧洲生物医药产业走入低谷。2003年，伴随欧盟制定与实施生物技术产业发展战略以及继续强化“里斯本协议”和“第七框架协议”的相关要求①，欧洲生物医药产业重获崭新发展活力。

（3）印度

尽管在实施知识产权制度建设方面印度起步较早，但是，印度专利法对生物医药产业领域的知识产权管理一直较宽松。直到迫于WTO的强大压力，2005年印度才对本国专利法进行修改，最终结束了利用反向工程开发仿制药的历史。2005年修改案中，不仅增加了发明所需具备的新颖型和创造性方面的相关规定，还增加了专利授予前可以提出专利授予异议等规定，此外还正式引入了产品专利制度。

（4）巴西

巴西在生物医药产业领域的知识产权保护制度建立源自其国内部分药价畸高的原因调查。1999年，巴西国会设立国会审理委员会专门调查当时在巴西

① 李军：《九阳生物人力资源战略研究》，兰州理工大学硕士论文，2013。

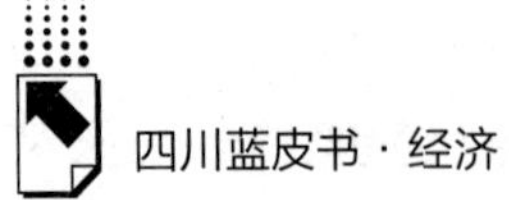

销售的部分药物价格虚高的原因。根据调查，药价偏高的原因是专利权的存在。此后不久，巴西修正了《工业产权法》，引入事先同意机制。

从1999年12月开始，巴西对医药化学和生物化学技术领域的专利申请实行双审查制度，由国家工业产权局和巴西国家公共健康署分别进行专利申请的强制审查。自此，在生物医药领域申请专利需要依据《巴西国家工业产权局生物技术与制药领域专利申请指南》以及巴西国家公共健康署的有关专利申请与授权的规定。

（5）东盟

东盟各国在生物医药领域的知识产权保护起步较晚，并且在保护手段及保护内容等方面的规定也较简略。1997年，菲律宾颁布《传统可用医药法》。1997年，《泰国传统泰药知识法》，主要对泰药保护进行了较详细的规定。2000年，东盟制定了《关于获取生物和遗传资源的东盟框架协定草案》。

2. 主要机遇

随着“一带一路”战略实施（“新丝绸之路经济带”和“21世纪海上丝绸之路”，简称“一带一路”），我省生物医药企业必将积极参与到国际合作中去，国际资本也会进入该产业领域，使生物医药产业发展获得更充裕的资金支持。

当前，“一带一路”战略实施将使该产业领域内的国内企业与跨国企业迎来更多合作共赢的机会。为此，需要大力推进我省生物医药产业相关发展政策尽快与国际接轨，主要包括以下内容：第一，随着人类基因组精确基因序列图谱绘制完成，人类基因序列将全部输入公共基因数据库①，我省生物医药产业将有机会发挥自身后发优势；第二，即将有一大批生物技术药品的专利保护期届满，我省生物医药企业将有机会进行药物仿制而不会侵权；第三，“一带一路”战略实施后，我国巨大的生物医药市场将吸引来许多跨国公司，尤其是一些欧洲国家相关企业，在与跨国企业间的投资合作项目中，我省生物医药企业将获得更多学习与成长的机会。

3. 主要挑战

当前，我省药品仿制比例高达九成，创新型新药几乎为零。“一带一路”战略实施之后，我省在生物医药产业领域内必将面临相关经济主体（尤其是

---

① 侯晓莉：《生物制药潜力巨大》，《中国医药报》2003年5月10日。

欧洲国家）提出实施更严格的知识产权保护要求的挑战。

以专利药为例，"一带一路"战略实施后，我省不能再走仿制专利药品的老路。因为，根据相关国家生物医药产业的现行知识产权保护的严格法律规定，仿制专利药品可能导致数亿美元的专利侵权赔偿后果。与之同时，我省也不可能全部采用购买专利药的方式，因为仅一个专利药品知识产权转让费用就可能高达几百万美元，这是相关企业无力承担的。鉴于此，为积极应对"一带一路"战略实施后我省生物医药产业将要面临的困难局面，只能走加强创新药物研发的道路。然而，由于资金不足和缺乏经验，我省生物医药企业创新药物研发进程极为缓慢；如果再遇上国外同行抢先申报专利权的情况，则国内企业的前期开发投资全部落空。

四 "一带一路"战略背景下四川省生物医药产业实施知识产权保护的主要对策

1. 鼓励生物医药企业建立内部知识产权管理体系

"一带一路"战略实施将是一个长期的过程，从长远来看，我省生物医药产业领域的相关企业需要拥有自身的专业化知识产权管理部门。由此，应鼓励我省生物医药产业领域的相关企业在借助现有知识产权中介机构获取专利代理、检索、咨询等服务时，要更加注重培养和选拔企业自身的专业人才，逐步建立企业内部知识产权管理体系。

2. 鼓励生物医药企业健全自身的科技创新激励机制

在"一带一路"战略实施的背景下，应鼓励我省生物医药产业领域内的相关企业尽快建立健全科技创新激励机制，激发企业的科研人员的积极性和创造性，加快我省生物医药产业领域的相关企业追赶并超越国外先进同行。

3. 鼓励生物医药企业加大自身科研创新投入

生物医药企业生存与发展的关键在于强大的自主创新能力，而此能力的不断提升必须要有充足的科研创新投入作为基础。"一带一路"战略实施中，生物医药产业的市场竞争将更加激烈，仿制新药会受到严格限制，而非专利药生产利润会越来越低。由此，我省生物医药产业领域的相关企业更需要政府在产业扶持政策及专项扶持资金投放方面给予适当倾斜，使这些企业在更宽松的科技创新环境中加快提升其自主创新能力。

4. 引导生物医药企业充分发挥专利文献的作用

专利文献对于生物医药产业领域内专利权战略的运用至关重要。“一带一路”战略实施中，国家知识产权管理部门要充分发挥自身专利文献分析能力，为四川省生物医药企业在研发和经营中的各项决策提供重要依据，并着力引导生物医药企业在研发初期和研发过程中充分利用好相关专利文献信息，既能使企业在研发中节约投入的时间、人力和资金，又能使企业在经营中精准筛选合格的专利技术合作对象、科学评估专利许可费用等。

5. 加强生物医药产业领域知识产权专业人才培养

“一带一路”战略实施中，我省生物医药产业领域的知识产权专业人才远远不能满足需求。不仅很多国内高校都没有开设知识产权的相关课程，而且很多国内生物医药企业的知识产权工作人员都没有参加过系统化的专业培训。由此，我省需要加大知识产权教育普及，尤其需要加强生物医药产业领域的知识产权专业人才培养与储备。

6. 完善生物医药产业相关知识产权保护法律法规

“一带一路”战略实施中，应鼓励我省生物医药产业领域内的相关企业尽快构建企业知识产权保护制度体系；与之同时，为了能在“一带一路”战略实施中，对我省生物医药产业知识产权进行强有力的依法保护，为我省生物医药产业发展营造良好的法治环境，我省应尽快完善行政执法、行政管理及法律咨询服务等方面的配套法律法规，并且应对各类侵权违法行为进行严惩。

7. 强化生物医药产业实施知识产权保护的意识

我省应加大生物医药产业实施知识产权保护的宣传力度，既要让我省生物医药产业领域内的相关企业准确认识“一带一路”战略实施将给该产业发展带来的机遇与挑战，又要着力在社会公众中宣传生物医药产业发展与实施知识产权保护的重要关系，在全社会形成重视生物医药产业知识产权保护的良好舆论氛围。

参考文献

艾南：《生物制药业继续升温》，《中国工业报》2004 年 6 月 2 日。

程永浩:《生物医药技术转移中的知识产权》,《中国高校科技》2014 年第 5 期。

程永浩:《生物医药技术转移新模式探析》,《医学导报》2014 年第 8 期。

陈莹:《浅谈知识产权》,《山西高等学校社会科学学报》2005 年第 11 期。

邓永辉:《生物医药中小型企业的市场战略》,《企业家天地》2003 年第 8 期。

杜杰超、卢秀莲:《知识产权框架下四川省药学发展新探》,《科技信息》2011 年第 27 期。

段继东:《机遇与挑战并存企业当自强段继东》,《中国医药报》2012 年 1 月 30 日。

丁恒龙、王卫星:《日本知识产权制度的变迁及启示》,《科学管理研究》2009 年第 6 期。

符雄:《基因组药物在药物创新中的作用和地位》,《广东药学院学报》2002 年第 4 期。

傅贵勤:《浅析中小企业知识产权保护》,《经济论坛》2012 年第 7 期。

贵浩、张建伦:《推动丝绸之路经济带产业合作探讨》,《亚太经济》2014 年第 6 期。

费艳颖、闫晓辉:《专利权国际保护与欧洲统一专利权的区域性实践》,《大连海事大学学报》(社会科学版)2007 年第 6 期。

黄玲:《四川省生物医药产业知识产权保护策略研究》,《洛阳师范学院学报》2011 年第 4 期。

胡金波、刘雪梅:《浅析四川省医药知识产权保护》,《药学进展》2006 年第 2 期。

侯晓莉:《生物制药潜力巨大》,《中国医药报》2003 年第 5 期。

姜立友:《生物制药:全球同冷暖》,《中国医药报》2004 年第 10 期。

贾引狮:《建立中国——东盟知识产权法律协调机制的思考》,《特区经济》2010 年第 10 期。

李建民:《"丝绸之路经济带"合作模式研究》,《中国党政干部论坛》2014 年第 5 期。

刘兰茹、张丽军、方志伟:《医药知识产权保护的法律体系》,《中国医药指南》2007 年第 7 期。

刘兰茹、方志伟、兰恭赞:《四川省医药知识产权的现状及策略研究》,《哈尔滨商业大学学报》(社会科学版)2006 年第 4 期。

刘立峰:《知识产权战略为企业保驾护航——加强知识产权保护推动企业持续发展》,《中国安防》2009 年第 8 期。

刘芸:《论药品的专利权保护》,扬州大学硕士论文,2012。

李留宇、王南海:《让知识产权成为资本》,《国际融资》2011 年第 12 期。

曼鹿:《关注中药知识产权》,《医药世界》2005 年第 6 期。

马大龙:《从人类基因组中发掘药物宝藏》,《生物学通报》2000 年第 6 期。

马太龙:《基因组药物研究进展》,《中国中医药报》2003 年第 6 期。

鲁靖：《医药行业如何应对“生存危机”》，《价格月刊》2003 年第 9 期。

倪娜：《药品专利政策对生物制药业的影响研究》，中国人民解放军军事医学科学院硕士论文，2010。

潘律：《四川省医药知识产权保护概况及对策研究》，武汉理工大学硕士论文，2007。

彭真军：《加强四川省医药知识产权法律保护的措施》，《中国药业》2009 年第 12 期。

裘伯纯：《企业该如何利用海外专利信息》，《中国知识产权报》2007 年 4 月 16 日。

单孟渤：《四川省生物药物的现状与展望》，《山东食品科技》2004 年第 7 期。

舒科惠、吴楠、朱太勇、张坤、牛志民：《辽宁省医药产业专利保护现状研究》，《辽宁医学院学报》（社会科学版）2012 年第 4 期。

孙林丽：《医学领域生物技术的专利法保护研究》，山东大学硕士论文，2012。

孙磊：《生物制药产业投资机会研究》，合肥工业大学硕士论文，2007。

唐鹏琪：《印度新专利法对印度药品工业的影响》，《南亚研究季刊》2001 年第 S1 期。

陶莉：《试论反垄断立法对四川省自主知识产权发展的影响》，《大众科技》2007 年第 11 期。

万礼：《四川省生物制药产业的发展战略》，西南交通大学硕士论文，2003。

王熠：《中药知识产权保护意识亟待加强》，《中国医药指南》2003 年第 24 期。

王利明：《结合“十二五”规划展开依法治国》，《中国社会科学报》2011 年 1 月 4 日。

王磊、赵晓宇、刁天喜：《印度新〈专利法〉及其对制药产业的影响》，《中国药业》2008 年第 14 期。

王一流：《东盟知识产权保护法制一体化之思考》，《知识产权》2009 年第 4 期。

王习农、陈涛：《“丝绸之路经济带”内涵拓展与共建》，《国际商务》（对外经济贸易大学学报）2014 年第 5 期。

汪张林：《美、日、德汽车公司的知识产权战略》，《汽车工业研究》2011 年第 6 期。

文家春、朱雪忠、陈国清：《欧洲专利与共同体专利及其协调浅析》，《研究与发展管理》2005 年第 3 期。

文家春：《专利制度的区域性协调与统一——从欧洲经验看中国未来的选择》，《科技管理研究》2005 年第 4 期。

吴翠玲、李培进、蔡国友、张传本、吴曙霞：《对生物医药产业可持续发展战略的思考》，《中国生物工程杂志》2003 年第 11 期。

向晓梅：《区域产业合作的机理和模式研究》，《广东社会科学》2010 年第 5 期。

许瑞表：《深入推进商标战略实施服务创新型国家建设》，《知识产权保》2013 年 6

月 5 日。

于宏林、焦玉峰、李显林：《直面 WTO——中国生物制药的国际化征途》，《中国生化药物杂志》2002 年第 1 期。

杨悦、李野、苏怀德：《四川省新药法规体系的形成与发展》，《中国新药杂志》1999 年第 6 期。

杨柳、戴友良、马改民：《四川省医药行业的创新与发展》，《国际商务》（对外经济贸易大学学报）2003 年第 3 期。

晏雪鸣：《论药品注册管理与专利保护的协调》，华中科技大学硕士论文，2007。

杨恕、王术森：《丝绸之路经济带：战略构想及其挑战》，《兰州大学学报》（社会科学版）2014 年第 1 期。

张玮：《武汉生物基因制药产业价值创造能力分析》，《中国集体经济》2010 年第 13 期。

张卉聪：《浅析蒙医药的知识产权保护问题》，《赤峰学院学报》（汉文哲学社会科学版）2009 年第 7 期。

赵建国：《科学管理：提升国际竞争力》，《中国知识产权报》2013 年 6 月 5 日。

朱雪祎、梁正：《跨国公司对发展中国家物种资源的掠取行为及应对策略分析》，《科技进步与对策》2007 年第 3 期。

朱建华、马勇：《加入 WTO 后医药产业路在何方》，《现代企业》2002 年第 12 期。

朱玉荣：《四川省实施知识产权战略的依据与选择》，《商业研究》2008 年第 12 期。

朱文洪：《新形势下如何加强科技管理工作的思考》，《中小企业管理与科技》（上旬刊）2010 年第 1 期。

周明：《爱康国宾获 2500 亿美元投资》，《中国证券报》2007 年 12 月 6 日

庄瑾：《中国药品可及性法律问题研究》，北京大学硕士论文，2005。

《培养知识产权运用和保护的各类人才——国家保护知识产权办公室主任、商务部副部长姜增伟在中国知识产权高等教育二十年论坛上的讲话》，《中国发明与专利》2007 年第 11 期。

《杭州工商部门“到访”罗氏制药》，http：//deguozhisheng. blogchina. com/2188568. html。

《最新专利国际条约汇编（上下）》，知识产权出版社，2002。

《世界知识年鉴》，世界知识出版社，2003。

B.23

四川省民族地区经济社会发展研究

贾兴元*

摘　要： 本文对2015年1~9月四川省民族地区经济社会运行的基本特点进行了梳理和分析，对深化支持四川民族地区经济社会发展的政策措施进行了述评，总结了四川民族地区“十二五”经济社会发展基本态势，在此基础上提出了四川民族地区经济社会发展目前存在的主要问题和瓶颈，最后对2016年四川民族地区经济社会发展重大举措、“十三五”期间重大发展战略做了分析和展望。

关键词： 四川民族地区　梳理分析　经济社会发展

2015年是四川省民族地区实施“十二五”规划收官年，也是全省系统部署精准扶贫的启动年。我省民族地区坚持“四个全面”战略布局，主动适应新常态。扎实推进中央和省委“各民族共同奋斗、共同繁荣发展”的总体部署，认真落实中央和省委、省政府一系列支持民族地区经济社会发展的重大政策措施，集中力量解决“扶贫、发展、民生、稳定”四件大事，全力推动民族地区科学发展、加快发展。四川民族地区经济社会取得了较快的进步和发展，民生和社会事业得到了进一步的加强和改善，基础设施建设进一步提升，产业发展后劲大幅增强。

---

* 贾兴元，四川省社会科学院民族与宗教研究所助理研究员，主要研究方向：四川民族地区经济社会发展。

一　2015年经济社会运行概况和基本态势比较

四川通过实施一系列重大工程和发展项目，少数民族和民族地区经济社会发展取得了显著成绩。2014 年，四川省民族自治地方经济实现了较快发展，其中地区生产总值 1886.9 亿元，增长了 8.3%；地方公共财政收入 181.42 亿元，增长了 10.2%。民生改善和扶贫工作成效巨大，其中农（牧）民人均纯收入 7939 元，增长了 16%；绝对贫困人口从 2011 年底的 115.58 万人减至为 73.23 万人。但是，民族地区农牧民收入还处于全省最低水平。2014 年，甘孜、阿坝、凉山州农牧民人均收入在全省排位分别为第 21、18 和 17 位，分别比全省平均水平低 2496 元、937 元、539 元。全省 67 个民族地区县有 57 个是扶贫重点县，贫困面宽、量大、程度深的问题尤为突出，民族地区作为扶贫攻坚的主战场和硬骨头，是全面建成小康社会的重点和难点。

2015 年上半年，四川民族地区实现 GDP 827.15 亿元，增势为 3.7，远远低于全省平均 8% 的增长率。其中第一产业增加值 121.5 亿元，增幅 3.4%，第二产业增加值 418.57 亿元，增幅 0.8%，第三产业增加值 287.0832 亿元，增幅 9.1%。完成全社会固定资产投资 985.4211 亿元，增幅仅为 0.9%，远远低于全省 11.3% 的增幅。从上半年的总体发展数据来看，我省民族地区经济社会发展加速放缓，与全省平均发展速度差距巨大，扶贫攻坚和全面实现小康任务艰巨。在促进四川民族地区经济社会发展方面，重点实施了六大举措。

（一）围绕民生，精准导向抓好“六大工程、一项计划”

1. 六大工程

（1）民族团结进步新村建设工程。按照民族团结进步新村建设十条标准要求，重点建设村内道路、供排水、通电等基础设施，根据新村的资源禀赋，有针对性地发展种养殖产业和民居旅游服务产业，逐步完善公共服务设施，有效改善村容村貌等，积极探索民族地区新农村建设的新机制，为民族地区加快农牧经济和社会发展起到了重大示范和引领作用。通过深入开展民族团结进步创建活动，切实注重以新村建设为载体，在美丽新村建设民族团结教育的阵地，不断丰富民族团结进步创建的内容和形式，将民族团结宣传教育活动与老百姓生产生活、日常行为习惯有机结合，努力开创村与村、组与组、邻里之间、各民族之间相互尊重、团结协作、和睦相处的民族大团结浓厚氛围。

（2）民族地区现代农牧业增收工程。按照“抓基地、调结构、优品种、培龙头、创品牌、促增收”的思路，在产业布局上以“产村相融”为基本要求，促进优势产业与民族地区新村建设互动并进。在产业发展上，重点突出畜牧养殖、蚕桑、酿酒葡萄、核桃、特色水果等优势特色产业发展，重点扶持产业扩大规模，形成产业带，加快推进特色优势产业规模化、市场化、专业化进程，通过原产地保护、产品深加工、有机食品认证等方式，不断提高农牧产品的附加值，切实带动农牧民增加收入。

（3）民族地区“四小”工程。2015 年，四川民族地区按照“突出重点、兼顾其他”的原则，着眼“择重、择难、择急、择优”，进一步调整优化民族地区农村“四小”工程的投入范围和项目布局，打捆使用各项支农资金、扶贫资金，集中力量建设农村基础设施，提高资金使用效率。探索以村为单位的推进模式，进一步整合“四小”项目，通过实施“四小工程”。集中解决村内非重大公共基础设施建设，着力提高整体效益和集中连片效益，在基础设施建设方面，着力解决了民族地区农牧民群众最急需、最直接、最现实的需求，提高了农牧民的参与度，有效促进了干群关系。

（4）民族文化建设推进工程。通过文化下乡活动等形式，进一步丰富基层各族群众文化生活，重点投向民族地区基层文化阵地建设，帮扶民族地区基层民族团结宣传文艺骨干团队改善设施设备，有效推进广大农牧民文化建设。

（5）民族地区乡村旅游综合服务设施示范工程。选择民族地区旅游资源丰富、基础设施较好、旅游接待能力较强的乡村，重点扶持乡村生态观光旅游，以道路、停车场、露营地、厕所、供水供电等配套基础设施建设为重点，建设一批具有民族特色和简易综合功能的乡村旅游综合服务设施。

（6）民族地区农牧民增收创业带头人培训工程。通过专项经费安排，围绕农林牧业、土特产品加工业、乡村旅游业，水电气、土木、农机、建筑、机械技工、家政服务等方面的需求，为农牧民提供专业培训，培养一批特色专业人才，带动农牧民致富，并起到示范作用。

2. 民族地区教育发展十年行动计划

按照省委、省政府关于民族地区教育发展十年行动计划的统一部署，解决民族地区寄宿制学生生活困难问题，为巩固民族地区基础教育奠定坚实基础。

（二）突出重点，创新方式开展依法依规监管及督导工作

通过进一步开展民族地区现代农牧业增收工程、“四小工程”和民族团结进步新村等重点项目交叉检查督导，细化落实分级督导责任，切实加强对项目申报、下达、实施、验收、后续管理等关键环节的督促指导，相关职能部门对项目全过程动态跟踪监管。健全项目监管层级的责任制和追踪问责机制，切实强化党风廉政风险体系的分级岗位责任落实，认真按照《两资项目管理人员十个不准》规范从政行为，做到项目实施有新举措、管理有新方法、工作有新成效，确保项目落到实处发挥效益。

（三）立足实际，着眼长远抓好两资项目“十三五”规划编制工作

在深入基层调研的基础上，编制“十三五”规划统领两资项目，按照财政预算管理体制改革要求，积极适应经济发展新常态和财政预算管理体制改革新变化，妥善应对发展阶段新挑战，积极探索因素分析法分配资金计划的管理模式和方法，切实做到科学合理分配资金计划。统筹布局“十三五”两资投入的基本方向、重点项目及覆盖区域，确保资金投向最需要的地方，投向最急需的项目及最贫困的群众，加快民族地区基础设施建设，改善生产生活条件，提高自我发展能力，使民生改善的效益最大化，争取中央财政在未来五年乃至更长时期，对四川民族地区继续并加大支持力度奠定基础。

（四）重点倾斜，天保工程为四川民族地区办实事①

2015 年中央和省共向 67 个民族地区县安排天保工程二期建设资金 163765 万元，占全省总投入的 51.6%。天保工程二期作为国家重要的生态环境建设工程，2015 年我省天保工程二期建设资金积极向 67 个民族县（自治县、享受

① http://www.sc.gov.cn/10462/10464/10465/10574/2015/10/20/10356126.shtml。

民族自治待遇县）倾斜，为四川民族地区经济社会发展、生态文明建设和社会和谐稳定做出了重要贡献，是我省民族地区的“民生工程”。

（1）加大省级财政对民族地区的倾斜力度。省财政2015年向67个民族地区县安排省级财政补助费6315万元，其中：集体所有省级公益林补偿费5385万元，退休人员医保定额补助费930万元。

（2）加强中央预算内投资对民族地区的建设力度。2015年天保工程二期为67个民族地区县安排公益林建设人工造林2.7万亩，落实中央预算内资金810万元。

（3）加大中央财政资金对民族地区的支持力度。2015年天保工程二期向67个民族地区县安排中央财政专项资金156640万元，其中：国有林管护费（含2010年前已补偿面积）51170万元，集体所有国家级公益林补偿费88090万元，集体所有省级公益林管护补助费1347万元，基本养老等“五项”社会保险补助费11550万元，政策性支出补助费163万元，国有中幼林抚育36万亩补助4320万元。

（五）扶贫攻坚，扶贫工程建设成效显著

“十二五”期间，省委、省政府通过集中投入、综合施策，在全省民族地区实施了一系列扶贫工程，农牧民人均纯收入大幅增加，民族地区农村贫困面貌得到改善。通过实施藏区扶贫攻坚项目，实施连片开发，通过基础设施建设和产业扶持项目等途径，有效改善广大藏族群众生产生活条件。通过地方病防治项目、东西协作扶贫、以工代赈项目、易地扶贫搬迁工程等项目，进一步改善民族地区的生产生活条件，增强了自我发展的内生动力。按照《红原县现代草原畜牧业示范县建设规划（2013～2015年）》，实施红原县现代草原畜牧业示范县建设项目，红原县牧业生产点道路建设和高原绿色蔬菜等种植扶贫基地建设效果良好。阿坝州扶贫开发和综合防治大骨节病试点及巩固提升工程，通过实施“易地育人、易地搬迁、更换粮食、社会保障、移民安置、调整结构（产业提升）、卫生防治、科技攻关”等项目，实施效果良好。通过制定《大小凉山彝区“十项扶贫工程”总体方案》，大小凉山综合扶贫开发及“十项扶贫工程”进展顺利。通过“溜索改桥”项目进一步改善贫困地区群众基础的出行条件，为贫困群众增收提供良好的交通保障。贫困村整村推进项目效

果突出，甘孜、阿坝、凉山共有906个贫困村纳入国家《扶贫开发整村推进“十二五”规划》，通过村内基础设施建设和农户产业扶持，不断改善贫困村发展条件，促进农村贫困人口增收。

（六）强化目标，注重实绩，抓好绩效考评工作

按照定向财力转移支付的管理要求，根据《四川省财政支出绩效评价管理暂行办法》和《四川省两项资金项目管理工作绩效考评细则》，认真开展两资项目管理工作绩效综合评估，将评估结果与次年资金分配挂钩；推进两资重点项目专项评审，对项目工程各个环节进行可行性论证、专项核查、绩效考评及经济和社会效益综合分析；切实加强基本建设项目的绩效管理，有效防止财政项目资金的浪费和工程实施过程中的腐败，最大限度地提高两项资金的使用效益。

二　四川省民族地区发展存在的主要瓶颈及“十三五”重大发展思路

（一）四川省民族地区发展存在的主要瓶颈

四川省少数民族地区是扶贫攻坚的主战场，以甘孜、阿坝、凉山为代表的少数民族地区，贫困面大、贫困程度深，扶贫任务十分艰巨，全省36个国家扶贫开发重点县，少数民族贫困县占20个。四川省少数民族和民族地区经济社会基础底子薄，发展水平与全省其他地区还有相当大的差距，区域发展不平衡、贫困面大、扶贫攻坚任务重等问题仍然突出，发展中仍面临着基础设施薄弱、生态环境脆弱等一些突出问题和特殊困难，加快社会事业发展和提升基本公共服务水平面临着专业人才十分缺乏等具体困难，部分藏区加强民族团结、维护社会和谐稳定的任务仍然艰巨繁重。

（二）四川省民族地区“十三五”重大发展思路

1. 立足“十二五”发展基础

要紧紧围绕国家发展重大战略部署，以十八届五中全会提出的全面实现小

康目标和习近平总书记提出的“四个全面”战略布局为指导，积极对接国家有关少数民族经济社会与文化事业发展的相关政策，立足地方社会实际和“十二五”发展基础，以精准扶贫、精准脱贫为基本目标，做好少数民族与民族地区社会事业发展“十三五”规划，指导各民族自治州、县及民族乡做好区域发展规划。

2. 发挥我省民族地区地理区位优势

继续加大四川民族地区交通基础设施建设，重点实施“北上、西进、南下”举措，加强铁路、公路、机场大通道基础设施建设，进一步加强经济示范区、经济社会发展综合试验区建设等，主动融入国家“一路一带”发展战略。“北上”重大举措，即重点建设以阿坝州为中心区域的“川西北生态经济示范区”，融入国家丝绸之路经济带建设；“西进”重大举措，以甘孜州为中心区，积极筹建“川藏走廊社会治理与经济社会发展试验区”，并使其在“十三五”期间成为国家级试验区，对国家藏区社会治理及互联互通南亚周边国家战略具有积极的意义；“南下”重大举措，以国家扶贫攻坚及长江经济带建设战略目标为导向，以攀枝花、凉山、宜宾地区为重点，打好乌蒙山连片特困地区扶贫攻坚战，将川南、川西南民族地区融入长江经济带建设。

3. 以经济建设为中心，着力发展民族地区特色产业

要适应国家在未来相当长一段时期内，经济社会进入结构全面转型调整、发展转向创新驱动的“新常态”发展主基调，重点扶持四川省民族地区特色产业发展。加强科学规划、加大开发力度、提高可进入性，充分利用民族地区自然资源优势、民族风情风光优势，发展旅游产业；充分利用民族地区高山深谷、高原草地等特殊地理、气候自然条件，发展特色农牧业。提升“大九寨沟环线”旅游设施建设，重点推进“大香格里拉旅游环线”配套基础设施建设，逐步推进“嘉绒—康巴旅游环线”等旅游环线规划建设。着力做精旅游产品、做强旅游文化企业、做靓旅游文化品牌，推动旅游文化产业持续健康快速发展，不断提升四川民族地区旅游美誉度、知名度和吸引力，把旅游业做成民族地区的支柱产业、优势产业。结合国家《藏羌彝文化产业走廊总体规划》，不断细化和落实州（县）文化产业发展实施计划，促进民族地区文化产业成为新的可持续的经济增长点，也使文化遗产保护与文化产业发展获得双赢。

4. 继续加大扶持力度，实施民生改善工程

加大民生改善工程力度。“十一五”时期以来，省委、省政府针对民族地区实施的一系列扶贫工程、惠民工程、民生工程，使民族地区各族群众得到实惠，生产生活水平明显改善。这些已经实施且效果良好的工程不仅应在“十三五”期间继续实施，而且需要加大力度。

5. 实施少数民族母语区免费学前双语教育工程

针对目前四川省民族地区学前教育发展滞后、基础薄弱、自我发展能力不足的基本情况，本着教育机会均等、公平的原则，投入专项经费，在少数民族聚居的县、乡设立免费的两年学前双语教学班，以解决使用少数民族语言地区学前儿童进入小学后普遍遇到的生活语言与教学语言的突出矛盾，有利于他们顺利接受小学教育。

6. 实施民族医药保护与发展和“医养结合”工程

我省藏、彝等民族医药产业特色明显，要将民族医药作为我国传统中医药学的重要组成部分，进一步挖掘少数民族地区医药资源。针对藏医自成体系的特点，“十三五”规划中，要认真贯彻落实省委、省政府关于尽快筹建“四川省藏医院”的相关精神，把“十三五”期间建立“四川省藏医院”作为我省发展民族医药事业的重中之重，使之成为满足藏族及各民族就医、研究和传承藏医药事业的重要基地。针对民族地区依然缺医少药，一些地区孤寡老人病无所医、老无所养的情况，设立专项扶持资金，先在部分州（县）试点，建立“医养结合”养老服务模式，逐渐形成政府倡导、社会参与的可持续养老服务模式。

7. 实施微小文化企业工程

针对民族地区文化资源丰富，但其存在形式基本以家庭、村落为载体的现状，加大对接文化部、财政部等发布的《藏羌彝文化产业走廊总体规划》、国家民委发布的《少数民族特色村寨保护与发展规划纲要》、住建部等发布的《关于切实加强中国传统村落保护的指导意见》等政策法规。拓展民族文化生产性传承保护路径。对那些以本乡本土文化资源、文化元素、手工技艺等为基础创业，并雇佣一定数量当地村民的作坊、小微企业给予一定额度的补贴、低息或无息贷款，加大对小微文化企业的金融扶持力度，使之成为文化资源变为产业的转化器，成为脱贫致富孵化器。

8. 修订完善民族工作相关法规，创新民族工作机制

长期以来，在省委、省政府领导下，四川省各项民族工作法规制订、工作机制创新走在了全国前列，对四川民族工作起到了积极的推动作用。为落实习近平总书记“民族地区加快发展，最终还是要向改革要动力、要活力”的指示精神，结合《民族区域自治法》和中央民族工作会议要求，充分考虑民族地区的特殊性，创新工作机制，“十三五”规划要重点完成四川省《城市民族工作条例》、《散杂居民族工作条例》和《民族乡工作暂行办法》的制订、修订工作，使之成为四川省城市民族工作、散杂居民族工作的指针，以及四川省创新依法治国、依法管理的重要内容。

B.24

四川省现代中药产业发展研究

魏良益*

摘　要：　四川省中药材资源丰富，拥有较强的科技力量和良好的产业基础。发展现代中药产业，符合国家产业发展战略，有利于四川省中药材资源科学开发和利用，有利于四川省传统中药产业转型升级，有利于提升四川省中药材、中药饮片、中成药等产品在国内国际市场上的竞争力，有利于带动全川中药材种植农民增收致富。

关键词：　四川省　现代中药　产业发展

四川省中医药资源丰富，开发利用历史源远流长，素有“中医之乡、中药之库”之美誉，业界“无川不成方”之传说。全国中药材资源普查数据显示，四川中药材品种超过5000种，有380余种常用重点中药材，有49种道地中药材；药材蕴藏量居全国第一，是我国最大的中药材产地之一[①]。四川省拥有较强的科技力量和良好的产业基础，是科技部批准组建的全国第一个中药现代化产业基地，也是全国唯一由科技部、国家中医药管理局、中国科学院等单位与四川省共建的现代化科技产业发展基地。

在《中药现代化科技产业（四川）基地建设实施方案要点（2011～2015年）》中，四川省政府提出了建设实施科技创新、大品种培育、大企业培育、中药资源可持续发展、市（州）县基地示范、中医药服务与健康“六大工

---

* 魏良益，博士，四川省社会科学院，副研究员，主要研究方向：产业经济、企业管理。

① 郭成林：《四川中国医药“再出发”－访四川省科技厅厅长彭宇行厅长》，《中国卫生产业》第七卷第十二期。

程”，打造四川省现代中药千亿产业，促进我省中药资源优势转化为经济优势，变中药资源大省为中药产品大省、产业大省，壮大现代中药产业①。《秦巴山区（四川）中药产业发展规划（2015～2020年）》在贯彻落实国务院《秦巴山片区区域发展与扶贫攻坚规划（2011～2020年）》《中药材保护和发展规划（2015～2020年）》的总体要求下，规划了四川秦巴山区“大中药、全产业链”发展模式、发展中药材种植加工等“三层次发展路径”、园区建设产业集群打造、企业带动服务联动创新驱动等促进中药产业发展的重大战略。在现代科技的支撑下，四川省中药资源优势正加快转化为产业发展经济优势，逐步成为全川经济发展、农民增收、生态保护的绿色产业，促进四川中药产业发展加速从中药资源大省向产品大省产业大省跨越。

一　经济指标完成情况

（一）中药材种植面积与产量稳步上升

2011～2014年，全省中药材种植面积、产量分别以年均3.02%、3.07%的增速逐年增长，见表1。

表1　2011～2014年四川省中药材种植面积、产量情况

年份	面积（千公顷）	产量（万吨）	面积增速（环比，%）	产量增速（环比，%）
2011	98.8	38.71	—	—
2012	101.8	41.3	3.04	6.69
2013	104.0	40.4	2.16	-2.18
2014	108.0	42.3	3.85	4.70

资料来源：《四川省国民经济和社会发展统计公报》（2011年、2012年、2013年、2014年）。

（二）中药工业销售保持较快增长

2011～2014年，全省中药工业销售收入年均增长率16.92%。其中中成

① 《四川省人民政府办公厅关于印发中药现代化科技产业（四川）基地建设实施方案要点（2011～2015）的通知》，四川省政府网，http：//www.sc.gov.cn。

药销售收入年均增长率19.88%，中药饮片销售收入年均增长率11.35%，见表2。

表2　2011～2014年四川省中药工业销售收入情况

单位：亿元，%

年度	中药工业	年增长	中成药	年增长	中药饮片	年增长
2010	277.13	—	177.41	—	99.72	—
2011	377.49	36.21	253.10	42.66	124.39	24.74
2012	398.60	5.59	281.83	11.35	116.77	-6.13
2013	464.61	16.56	328.92	16.71	135.69	16.20
2014	507.96	9.33	357.91	8.81	150.04	10.58

资料来源：《四川省统计年鉴》（2010年、2011年、2012年、2013年、2014年）。

2013年，全省中药工业完成销售收入464.61亿元，同比增长21.98%，占全省医药工业50.78%，居全国第三位（排前二位的分别是吉林1004.8亿元、山东471.32亿元）。其中，中成药销售收入328.92亿元，同比增长25.59%，占全省医药工业销售收入35.95%，排全国第四位（排前三位的分别是吉林867.52亿元、江西375.29亿元、山东364.85亿元）；中药饮片销售收入135.69亿元，同比增长14.03%，占全省医药工业销售收入的14.83%，排全国第二位（第一位吉林省137.35亿元）。

2014年，全省中药工业完成销售收入507.96亿元，同比增长10.7%，占全省医药销售收入的50.47%，居全国第三位（前二位分别是吉林省1221.53亿元、山东省537.32亿元）。其中，中成药销售收入357.91亿元，同比增长9.27%，占全省医工业药销售收入35.56%，排全国第四位（前三位分别是吉林省1058.30亿元、山东省414.01亿元、江西省410.88亿元）；中药饮片销售收入150.04亿元，同比增长14.26%，占全省医药工业销售收入的14.91%，排全国第二位（第一位吉林省163.23亿元）。

2015年上半年，全省规模以上中医药工业企业完成中成药27.80万吨，同比下降12.30%。在108户重点跟踪企业中，1～6月工业总产值排前10名的企业：科伦实业集团、禾润、逢春、禾邦、倍特、地奥、扬子江药业集团、四川海容、康弘、蓉生、美大康[①]。1～4月各子行业中（以主营业务收入为例），中药工业完成184.66亿元，同比增长3.50%；中成药完成133.00亿元，同比增长1.68%；中药饮片完成51.66亿元，同比增长8.84%[②]。从重点子行业主营业务收入增长来看，中成药工业增长率为1.68%，比上年同期下降12.86个百分点；中药饮片也呈现下滑的趋势，1～4月比上年同期下降0.2个百分点[③]。

（三）整体赢利水平趋于平稳

2010～2012年，全省中药工业利润率保持在8.3%～9.0%，利税率保持在14.80%～15.30%。其中中成药利润率、利税率呈微上升趋势，中药饮片利润率、利税率呈微下降趋势。见表3。

表3　2010～2012年四川省中药工业经济效益情况

单位：亿元，%

年度	中药材工业				中成药				中药饮片			
	利润总额	利润率	利税总额	利税率	利润总额	利润率	利税总额	利税率	利润总额	利润率	利税总额	利税率
2010	24.11	8.70	42.14	15.21	16.80	9.47	42.14	16.86	7.31	7.33	12.23	12.26
2011	31.58	8.37	55.94	14.82	22.35	8.83	55.94	16.47	9.23	7.42	14.26	11.46
2012	35.75	8.97	59.17	14.84	28.19	10.00	59.17	16.49	7.56	6.47	12.71	10.88

资料来源：《四川省统计年鉴》（2010年、2011年、2012年）。

（四）出口保持较快增长

四川省出口中药产品主要集中在中成药和中药材。中成药出口金额较小，但增长较快；中药材出口基础较好，出口金额较大，年增长率保持在12%以上。见表4。

① 2015年1～6月全省医药工业经济运行情况，中国西部医药信息网。
② 2015年1～6月全省医药工业经济运行情况，中国西部医药信息网。
③ 2015年1～6月全省医药工业经济运行情况，中国西部医药信息网。

表4　2010～2012年四川省中药产品出口情况

单位：万美元，%

年份	中药产业		中成药		中药材	
	总金额	增长率	总金额	增长率	总金额	增长率
2010	3834	—	271	—	3563	—
2011	4500	17.37	500	84.50	4000	12.26
2012	5168	14.84	619	23.80	4549	13.73

二　存在的主要问题与影响因素分析

近年来，四川省现代中药产业开展了较大规模的兼并重组、产品结构调整和GAP/GMP/GSP技术改造等，发展速度较前几年同比增速趋缓，中药工业增长不明显，在全国排位略有下降。

（一）存在的主要问题

1. 中成药仍然缺乏明确的技术标准

由于基础研究的薄弱，四川省相关中成药的质量控制标准体系还没有建立起来，例如药效不明确、药物重复使用等问题广泛存在，少数中成药作为基本用药进入定点目录，一些中成药基本没有处方用药的限制。在我国几千年传统理论指导下生产出来的中成药，其使用也应当遵循正确的方法，缺乏科学的质量标准，导致广大医务人员对中成药无法做到辨别使用。

2. 中药产业研发投入严重不足

在我国，中医药基础理论研究、应用基础研究基础薄弱，对中药经典方剂的作用机制还没有研究清楚，对药方有效成分也处于初步探索阶段；作为中药产业主体的生产企业，其研发费用投入普遍很低，不超过其销售收入的1%，科研经费投入不足，直接导致了对中药药理药效的基础研究无法持续进行和完成，更没有力量对中药新品种的研究开发，这已经对四川省中药现代化产业发展造成了极大的影响。

3. 中药产品知识产权保护乏力

由于对中药产品知识产权保护力度不够，中医药生产企业投资研发新药的动力不够，进一步导致中药企业申请专利较少、专利成果市场转化率低的现状。中医药是一个高技术、高风险、高投入、高回报的高技术产业，众多中小企业没有实力进行新药物的开发研究，为了生存需要，他们不得不“进行有限的仿制”。而我国目前新药只要符合安全、有效的标准就有可能获得批准，有没有技术优势和产品的独特疗效并不在审批条件的范围内，这使每年都会有大量“新药”上市，因此，仿制改制品种理所当然地占有很高比例，结果是新药不“新”。有时数以百计的企业同时申报同类仿制药物或制剂，最后造成企业间互相杀价争夺市场。

（二）主要影响因素分析

1. 促进中药产业发展的主要因素

（1）医疗体制改革持续深化，国家投入持续增加。2015 年中央预算安排的医疗卫生支出较上年增长 22.1%①。根据《深化医药卫生体制改革 2014 年工作总结和 2015 年重点工作任务》（国发办〔2015〕34 号）文件，2015 年基本医疗保险参保率稳定在 95% 以上，城镇居民医保和新农合人均政府补助标准提高到 380 元，城镇居民个人缴费达到人均不低于 120 元，新农合个人缴费达到人均 120 元左右②。城镇居民医保和新农合政策范围内门诊费用支付比例达到 50%，政策范围内住院费用支付比例达到 75% 左右③。国内销售超亿的 50 个中药“大品种”中，80% 都是进入或曾经进入《国家医疗保险和工伤药品目录》的产品，国家医保目录中药品种以及医保面覆盖的变动，对中药产业的发展影响巨大，直接或间接促进中医药市场增长④。

（2）医药市场刚性需求增长。我国人口增长和老龄化步伐加快，截至 2014 年 12 月，全国 60 周岁以上人口达 2.12 亿人，占总人口的 15.5%，全国 65 周岁以上人口约 1.38 亿人，占总人口的 10.1%⑤。2015 年 1 ~4 月，全国医

---

① 《关于 2014 年中央和地方预算执行情况与 2015 年中央和地方预算草案的报告（摘要）》，中华人民共和国财政部官网。

② 《深化医药卫生体制改革 2014 年工作总结和 2015 年重点工作任务》，http//：www.gov.cn。

③ 《深化医药卫生体制改革 2014 年工作总结和 2015 年重点工作任务》，http//：www.gov.cn。

④ 广发证券：《中药产业快速成长，看好三大龙头》，http//：yjbg.stock.cnfol/060621/139，1330，1893160，00shtml。

⑤ 国家统计局：《中国 65 岁以上人口首超 10%》，凤凰财经网。

疗卫生机构总诊疗人次达24.7亿人次，同比提高3.3%，2015年1~4月，全国医疗卫生机构出院人数达6624.8万人，同比提高3.5%①。老年病、慢性病、因环境污染造成的呼吸道疾病、因工作压力大饮食不合理导致的各种疾病患者人数迅速增加，对医治疾病所需的药物刚性增加，有的药物还出现了缺货、断货的情况。

（3）国家实施健康产业发展战略。生物医药已经成为我国的战略性新兴产业，为了促进健康服务业发展，国家制定和出台若干政策措施：《中共中央国务院关于深化医药卫生体制改革的意见》②、《国务院关于扶持和促进中医药事业发展的若干意见》（国发〔2009〕22号）③、《关于促进健康服务业发展的若干意见》（国发〔2013〕40号）④ 等文件的出台，有力地推动了我省中医药产业持续发展。省科技厅、省发改委、省经信委等部门通过实施"重大新药创制"科技专项、战略性新兴产业发展专项、技术改造专项等方式，加大对我省新药研发、医药高新技术产业化和技术改造的支持力度。

2. 造成中药产业发展放缓的主要因素

（1）中药产业关联度低。经过多年的发展，四川中药农业、工业、商业、知识产权服务业之间关联性不强，产业链条仍然松散。中药材资源中只有少数品种被开发加工成附加值较高的中成药产品，多数品种及大宗中药材基本在中药材市场作为药材产品进行贸易。四川中药产业发展还基本处于中低水平阶段，资源优势还没有真正转化成市场优势和经济优势。

（2）中药研究成果转化率低。一方面，作为市场主体的四川中医药企业研发资金短缺、研发能力薄弱、科研成果少，研发资源主要集中在高等院校及政府所属的科研究机构，造成中药产品研发主体错位；另一方面，科研院所重视基础研究轻视应用研究，受研究人员科研目标及专业限制，往往更多注重科研项目的学术意义，而忽视了其应用价值和市场前景，最终导致取得的科研成果因缺乏市场需求而被束之高阁；同时，现行的科研成果转化机制体制阻碍了科研成果的转化，许多科技成果因转化渠道不畅无法进入中试，只能停留在实

① 《2015年1~4月全国医疗服务情况》，中国产业竞争网。

② 《中共中央国务院关于深化医药卫生体制改革的意见》，中央政府门户网站，www.gov.com。

③ 《国务院关于扶持和促进中医药事业发展的若干意见》，中央政府门户网站，www.gov.com。

④ 《关于促进健康服务业发展的若干意见》，中央政府门户网站，www.gov.com。

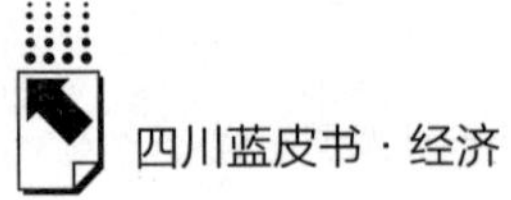

验室的小试阶段；许多市场前景良好的科研成果，因资金缺乏而得不到及时转化。

（3）中药企业规模偏小。四川中医药产业“小、散”产业格局没有根本转变，尽管近年来中药企业有较大的发展，但仍然存在规模偏小、管理水平较差、创新能力较弱、可持续发展能力差等问题。一部分成长性较好的大中型企业盲目多元化经营，削弱了对中药产业的集中投入；大部分中小企业既没有优势产品、也缺乏销售渠道、更没有研发能力，生存发展困难。产业“龙头”因企业规模不够大而不能发挥辐射带动作用，中小企业未能实现产业集聚，造成了四川省中医药行业发展速度缓慢、创新能力薄弱、市场竞争力缺乏等后果。

三　四川现代中药产业发展的几点建议

（一）以科技创新为支撑，发展现代中药产业

充利用生物技术、现代农业技术、现代物流技术、现代信息技术、现代管理技术，从中药材育种育苗、种植养殖、中药材加工、中成药制造以及配套服务整个产业链入手，促进四川省由传统中药产业向现代中药产业升级转型。以GAP为质量管理标准提升改造传统中药农业，以GMP为质量管理标准提升改造传统中药工业，以GSP为质量管理标准改造提升传统商业。

（1）出台有效政策促进产业大力发展。利用省内外和国内外日益壮大的医药消费市场带动全川中医药产业和重点企业稳步发展，将符合条件的中药产品纳入省级药品医保目录；出台专门政策对创新研发的新产品、新技术等给予扶持和推广。

（2）加大中药研发创新力度。发挥全省科研平台研发力量，加大中药新产品新技术研发，对研究成果产业化过程中存在的关键共性技术问题进行基础性理论研究，大力支持中药材天然产物有效成分提取新技术研发；申报与建设国家级产品、技术研发与服务重点实验室；建立药品信息、检测、中试、动物实验等国家级重点实验室；创新官产学研资合作开发模式，打造中药产业（链）开发创新、技术服务等新型产业联盟。

（3）促进中药种植养殖业标准化建设。加强大宗中药药材、川产道地药

材的规范种植基地建设与认证；建立种子库、基因库大力保护濒危珍稀中药等资源，加快推进川产道地药材优良新品种选育、审定、配套技术、推广等研究工作。

（4）实施品牌战略。大力培育川产道地中药材自主知识产权的知名品牌，大力支持中药材种植、加工、流通等环节的规范化、标准化建设；做强做大龙头企业，鼓励行业兼并重组，对接资本市场，全力探索四川特色的中药产业发展之路。

（二）以打造全省现代中药产业链为重点，发展现代中药产业

（1）中药材种植养殖产业。以川贝母、川芎、丹参、川白芷、川郁金、附子、半夏、党参、黄连、铁皮石斛、明参、白术、姜黄、连翘、大黄、厚朴、红豆杉、黄檗、虎杖、金银花、鱼腥草、杜仲、羌活、重楼、栀子、青蒿、麝香等为主要品种发展全省的中药材种植（养殖）产业①。积极利用现代生物技术、农业技术开展对濒危珍稀中药材资源的深入研究；推进野生中药材抚育、驯化研究；大力建设中药材种子种苗技术开发中心。

（2）中药材天然提取物生产。大力支持新荷花、省中药饮片、百草堂中药饮片、千方中药饮片、绿色药业、百胜药业、协力、华高等重点企业实施技术改造、产品升级换代；加大科技研发投入力度，聚集培养科研人才，从中药材有效成分的提取、分离、纯化等主要工艺切入，突破生产工艺、生产技术及生产设备等关键性难题，大力推进中药天然提取物发展。

（3）中成药、保健品和相关产品生产。积极支持中成药、保健品开发及生产企业的发展，以地奥、迪康、同道堂、科创、康弘、好医生、华神、雅安三九、光大、三勒浆、中汇、国嘉、三精升和、禾邦、美大康、蜀中、大千、宝光、四川太极、保宁、泰华堂、志远广和等企业为重点，大力支持地奥、地松龄血脉康、心血康胶囊、康复新、洁尔阴洗液、一清胶囊、苍耳鼻炎胶囊、三七通舒胶囊、脂必妥、鼻渊舒、糖脉康、当飞利肝宁、八珍颗粒、博恩清、新络纳、迈普新等产品做强做大②；以六味地黄胶囊、三勒浆口服液、红景天

① 四川中药发展规划。

② 四川中药发展规划。

胶囊、首乌延寿片等为重点，积极发展中药保健品产业。以银耳、木耳、食用当归、川明参、蜂制品、花粉制品等为重点，大力研发中药功能性食品。大力扶持以川产中药材提取物为主要原料或作为添加剂的食品、饮料、日化等相关产品研究和开发，占领中药材天然产物深度开发的市场空白。

（4）着力推进中药产品研发。出台专项政策支持中药新药、新产品研发；充分利用在川科研院校力量对中药质量标准体系、中药药理药效、中药药品安全性评价等重要技术进行研究。依托川内外以及国内外科研机构，开展行业关键共性技术问题研究。支持大品种和创新中药的前瞻性开发。积极推进现代中药标准和规范的基础性和应用性研究。

（三）以企业兼并重组为手段，促进中药产业集中集聚

2013 年工信部等 12 个单位下发《关于加快推进重点行业企业兼并重组的指导意见》①，着力推进全国对包括医药在内的重点行业开展兼并重组，以市场为手段，使资源在行业间重新配置，提高资源配置与使用效率。近年来，四川省医药行业中主要企业进行了大量的兼并重组，通过兼并重组将企业做大做强，特别实现资产规模和市场占有率的快速增长。继续鼓励四川科伦实业集团、四川科创集团、华润三九等大型医药企业在四川境内外开展并购重组，促进产业集中，发展总部经济，提升企业竞争能力。四川科伦实业集团在收购了广东庆发药业、广西桂林大华制药、成都青山利康制药和四川崇州君健塑胶等企业后，又收购了广元坤玖医疗器械、建设医疗器械生产和医药物流配送基地、君联实业和中华药业等各自持有利君国际医药（控股）的股份。华润三九医药全面重组雅安三九药业后，全力支持雅安三九药业的项目建设与产业发展，在扩大中药注射剂产能的同时，扩大片剂、糖浆剂及配方颗粒的产能，推进雅安医药工业的加快发展。四川科创集团收购四川广元中方制药和四川广元蓉成制药后，组建了四川新中方制药有限公司。

支持和帮助地奥集团、恩威制药、迪康药业、康弘药业、中汇药业、三勒浆集团等四川传统知名中药企业在中药材种植、中药饮片加工、中药提取物、

① 《关于加快推进重点行业企业兼并重组的指导意见》发布，中华人民共和国工业和信息化部官网，2013.1.22。

中成药研制等各领域进行资产、业务兼并重组，发挥企业行业发展引领功能，推进和提升全省中药产业集约集聚发展，让现代中药产业在四川省国民经济和社会发展中发挥更加重要的作用。

（四）以产品国际化营销为突破口，拓展中药产业发展空间

近年来，四川省中药出口、中药材及中药饮片出口、中药提取物出口、中成药出口额较大的企业有省医药保健品进出口公司、协力制药、川村中药材、川大华西药业、商来斯健康产业、绵竹市海富成贸易等。在全国出口贸易20强的企业中，四川企业排名靠后、数量少，只有四川协力制药、川村、川大华西三家企业进入前20强，在保健品出口企业中，还没有企业进入全国20强。

近年来，中药材在国际市场越来越受欢迎，除中国、日本、韩国、泰国等已将中药作为合法药物外，世界上已有130多个国家和地区使用包括中药材在内的传统药物，已有124个国家和地区建立了中医药研究机构①。以中国、韩国、日本为代表的亚洲市场、以华裔和华裔区为中心的欧洲市场、以美国为中心的北美市场植物药（包括中药材）年销售额超过300亿美元，中草药销售额超过150亿美元；阿拉伯和非洲市场的年销售额增长率在10%～20%，中药材的国际市场增长率将在10%以上②。

四川省是中药材的故乡，随着除了中药材种植、加工生产有很大发展潜力外，中药材产品国际化营销仍有较大空间。除继续巩固和发展中药材出口传统市场外，应拓展销售渠道，进一步挖掘细分市场，将川贝母、川黄连、川芎、川丹参、川明参等知名大品种药材进行品牌营销，扩大川中药市场知名度。加大中药材天然活性成分研究，加快中药材提取工艺技术、提取物应用技术与应用领域研发，推进资源节约与有效利用，延伸中药材产品价值链，提高中药材产品深加工附加值，为中药材拓展新空间。加强对中成药复方技术、药理、毒副作用的深入研究，加快中成药新药研发，提高川中药中成药国际市场份额。

① 邱蕾：《中药材国际市场营销现状及对策研究》，辽宁中医药大学，硕士学位论文，2010。

② 邱蕾：《中药材国际市场营销现状及对策研究》，辽宁中医药大学，硕士学位论文，2010。

B.25
2016年四川银行业金融总量与地区经济增长分析

罗志华　李 晶*

摘　要：　本文以历史数据分析法和相关性分析方法，对2003～2014年四川银行业金融机构主要经济数据进行分析，并以稳定性较好的信贷增速为假设，对2015年、2016年四川银行业主要经济指标进行预测和检验。基于信贷增长与地区经济增长之间存在的相关性，本文以信贷转化率为假设，对2015年、2016年四川省地区生产总值（GDP）进行了预测和检验。

关键词：　四川银行业　地区经济　增长

一　2003～2014年四川省信贷投放与地区经济增长相关性分析

由笔者完成的《2015年四川银行业金融总量与地区经济增长分析》[①] 已经对2003～2013年我国信贷投放与地区经济增长的相关性进行了论证。这一相关性得到了全国口径和四川省口径信贷与GDP数据支撑，且与2009年信贷救市政策关联度明显。在2008年之前，信贷总量曲线与GDP总量曲线基本重

---

* 罗志华，经济学博士，任职于四川省社会科学院金融与财贸经济研究所，高级经济师，兼任西南财经大学信托与理财研究所副所长，主要研究方向：银行业改革与创新；李晶，管理学博士，任职于四川省社会科学院金融与财贸经济研究所，中级经济师，主要研究方向：金融风险管理。

① 参见杨钢等《2015年四川经济形势分析与预测》，社会科学文献出版社，2015。

叠；受救市政策影响，在2009年之后信贷总量曲线与GDP总量曲线呈离散态势，近年来趋势线离散程度有所放大（见图1）①，GDP总量曲线位于信贷总量曲线下方，处于信贷总量曲线的0.9~0.8区间内。

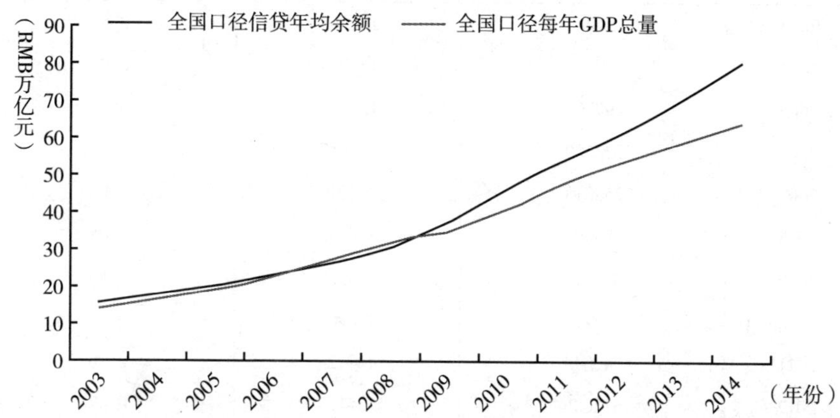

图1　2003~2014年全国口径各项贷款平均余额曲线与GDP总量曲线变化趋势

资料来源：中国人民银行、国家统计局。

图1显示，信贷投放与GDP总量具有较好相关性，但二者相关度近年呈现下降趋势。2013年开始实施的经济结构与增长方式调整，以及发展多层次资本市场等社会融资渠道多样化，可能是导致信贷投放曲线与GDP总量曲线发生进一步偏离的重要原因。尽管以信贷投放数据对地区GDP增长预测有弱化趋势，在目前仍然以信贷融资为主要融资渠道的金融服务环境下，信贷投放仍然不失为重要的经济增长预测要素。

表2数据显示，2003~2008年平均每1元（RMB）信贷投放创造大致0.97元GDP，2009~2014年平均每1元（RMB）信贷投放创造大致0.87元GDP。

① 国家统计局按照我国国内生产总值（GDP）数据修订制度和国际通行做法，根据修订后2013年GDP数据和有关历史资料，对2012年及以前年度的GDP历史数据进行了系统修订。因此，本报告中全国GDP数据与笔者完成的《2015年四川银行业金融总量与地区经济增长分析》中全国GDP数据存在一定差异。

表1　2003～2014年全国口径各年份信贷平均余额与GDP总量

单位：亿元

年份	全国口径信贷投放年均余额*	全国口径每年GDP总量	每年GDP总量与信贷余额之比值
2003	154787	136565	0.88
2004	179168	160714	0.90
2005	197702	185896	0.94
2006	222559	217657	0.98
2007	258013	268019	1.04
2008	298898	316752	1.06
2009	372823	345629	0.93
2010	467411	408903	0.87
2011	540044	484124	0.90
2012	615036	534123	0.87
2013	704822	588019	0.83
2014	799957	636139	0.80

*全年信贷平均余额＝（上年末信贷余额＋本年末信贷余额）/2，下同。

资料来源：中国人民银行、国家统计局，作者分析整理。

从四川省区域信贷投放与GDP增长数据分析来看，其相关性同样明显，与全国口径趋势线表现基本一致。笔者对四川地区2003～2014年信贷投放数据与地区GDP增长数据进行了整理分析。

从图2来看，四川省2003～2014年各年份全年信贷平均余额与全省年度地区GDP总量相关性和吻合度较高，特别是2009～2012年，两条曲线几乎重叠。2013年受到产业结构调整的影响，有一定的离散趋势。

表2数据显示，2003～2008年四川省平均每1元（RMB）信贷投放创造大致1.11元GDP，2009～2014年平均每1元（RMB）信贷投放创造大致0.96元GDP。始于2013年的经济结构与增长方式调整，以及多层次资本市场改革与资本市场直接融资业务发展，使信贷投放年均余额曲线与GDP总量曲线偏离度有所扩大，偏离趋势逐渐明显。依靠信贷投放推动GDP增长的政策效果正在逐渐弱化。

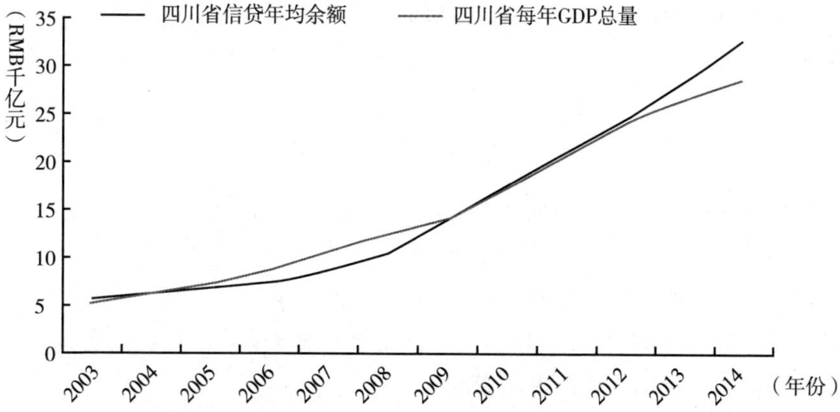

图 2　2003～2014 年四川地区各项贷款平均余额曲线与 GDP 总量曲线变化趋势

资料来源：《四川省金融运行报告》（2004～2014 年）*、《四川统计年鉴》（2002～2003 年）**，作者分析整理。

* 中国人民银行成都分行货币政策分析小组：《四川省金融运行报告》。《四川省金融运行报告》由中国人民银行成都分行自 2004 年开始逐年编制发布。本文采用了该报告中 2004～2014 年四川银行业存款、贷款、资产总额、营业网点、从业人员等数据。

** 四川省统计局：《四川统计年鉴》，中国统计出版社。《四川统计年鉴》由四川省统计局逐年编制出版，2007 年后由四川省统计局、国家统计局四川调查总队共同编制出版。《四川统计年鉴》2010 年及之前收录的四川银行业存款、贷款、资产总额数据，与四川银监局和中国人民银行成都分行数据均存在一定差异，本文采用了该年鉴中 2002～2003 年存款、贷款数据。

表 2　2003～2014 年四川省各年份信贷平均余额与四川省地区 GDP 总量

单位：亿元

年份	四川省各年份全年信贷平均余额	四川省各年份地区 GDP 总量	四川省地区 GDP 总量与信贷余额之比值
2003	5535	5333	0.96
2004	6280	6380	1.02
2005	6774	7385	1.09
2006	7451	8690	1.17
2007	8710	10562	1.21
2008	10290	12601	1.22
2009	13571	14151	1.04
2010	17733	17185	0.97
2011	21000	21027	1.00
2012	24339	23873	0.98
2013	28231	26261	0.93
2014	32525	28537	0.88

资料来源：《四川省金融运行报告》（2004～2014 年）、《四川统计年鉴》（2002～2003 年），作者分析整理。

以全国口径统计的GDP/金融机构各项贷款全年平均余额之比值，和四川省地区口径统计的GDP/金融机构各项贷款全年平均余额之比值进行比较显示，四川省口径统计的GDP/各项贷款曲线始终处于全国统计口径的GDP/各项贷款曲线的上方，并且存在一个相对稳定的差值（见图3）。

图3的分析结果反映出两个现象，一是在GDP对信贷资源的消耗率上，四川省地区与全国口径具有趋同性和一致性，变化方向及变化幅度的稳定性较好；二是四川省地区单位GDP（1RMB）与信贷投放年均余额的比值，要比全国口径高出0.12~0.15元RMB，该比值曲线始终处于全国口径的上方且呈平行移动趋势，不过这一缺口正在逐渐收窄。

本报告认为，与全国口径数据分析结果相比，四川省地区信贷投放创造GDP的效率可能要高于全国口径。这或许表现出四川省地区产业结构的优化，或者是信贷投放余额的相对不足①。

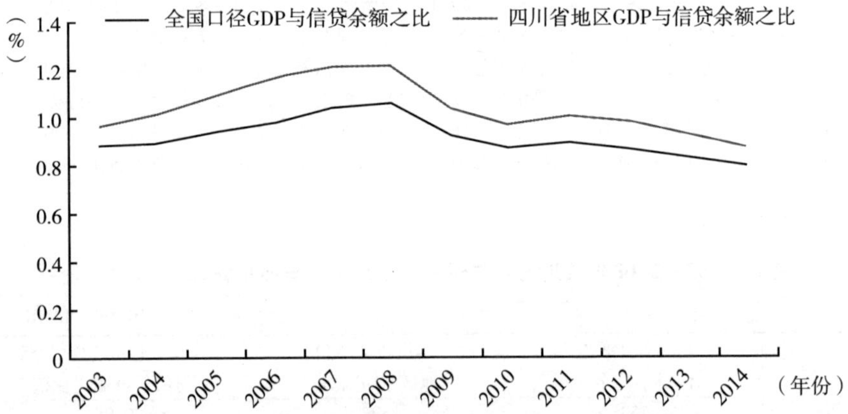

图3　GDP对信贷资源的消耗率——四川省地区口径与全国口径之比较

资料来源：中国人民银行、国家统计局：《四川省金融运行报告》（2004~2014年）、《四川统计年鉴》（2002~2004年），作者分析整理。

从信贷分析数据来看，部分商业银行在四川省内仍然具有“抽水”功能，这对四川省信贷供给支持GDP增长具有一定负面影响。从2014年末四川银监

① 也有分析认为，导致出现图3现象的原因可能是部分中资全国性大型银行和股份制银行等总行直接向四川省各类企业提供的信贷供给未进入四川省信贷统计口径，也可能是央企等非川内企业从大中型银行总行获得信贷后在四川创造GDP所致。

局对在川银行业金融机构存贷比统计数据来看，建设银行仅为53.61%，广发银行仅为52%，南充商业银行仅为45.26%，恒丰银行仅为39.09%，邮储银行仅为25.42%，信贷供给不足的情况在四川省内仍客观存在。

二　2003~2014年四川省银行业主要指标增长趋势分析

2003~2014年，四川省银行业金融机构各项主要指标增速基本平稳。基于历史数据与资料局限，本节选择本外币存款总额、本外币贷款总额、银行业金融机构资产总额，以及人民币存款总额、人民币贷款总额、机构网点总数、从业人员总数等主要指标作为分析四川银行业金融机构发展趋势的主要指标①。

1. 四川银行业金融机构存贷款增长分析

本报告以多项式②设定顺序为3期数据（过往3年数据），分别前推1个周期（年）进行本外币存贷款趋势预测和回归分析，得出图4中2015年、2016年本外币存贷款趋势线。

基于多项式趋势分析，由笔者2014年四季度完成的《2015年四川银行业金融总量与地区经济增长分析》中预测2014年四川银行业金融机构本外币存款总额达到5.4万亿元左右，本外币贷款总额达到3.4万亿元左右。从实际执行效果来看，2014年四川银行业机构本外币存款总额为53936亿元，本外币贷款总额为34751亿元，预测误差率分别为0.12%和2.21%。

基于以上多项式趋势分析，2015年四川银行业金融机构本外币存款总额将达到6万亿元左右，本外币贷款总额将达到4万亿元左右；2016年四川银行业金融机构本外币存款总额将达到6.6万亿元左右，本外币贷款总额将达到4.5万亿元左右（见图4）。以上预测分析结果仍会存在一定幅度±误差。

从四川银行业金融机构2003~2014年本外币存贷款与存贷比变化趋势来

---

① 由于历史数据与资料局限，本报告难以获得充分数据和资料对四川银行业金融机构净资产、税后利润、存贷比、不良率等关键指标进行趋势分析。

② 多项式是由若干个单项式的和组成的代数式。在数学中，多项式（polynomial）是指由变量、系数以及它们之间的加、减、乘、指数（正整数次）运算得到的表达式。

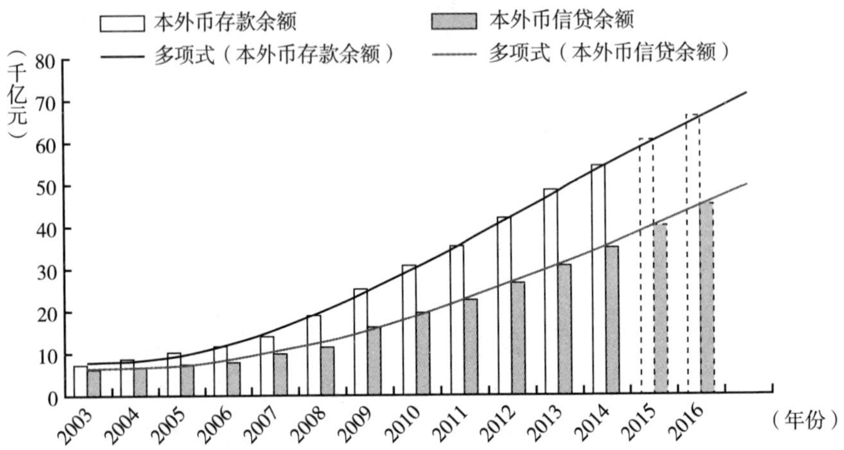

图4　四川银行业金融机构2003～2014年本外币存贷款增长态势及2015年、2016年增长趋势

资料来源：《四川省金融运行报告》（2004～2014年）、《四川统计年鉴》（2002～2003年），作者分析整理。

看，存贷比指标总体稳定。2015年6月24日，国务院常务会议通过《中华人民共和国商业银行法修正案（草案）》，取消贷款余额与存款余额比例不得超过75%的规定，将存贷比由法定监管指标转变为流动性监测指标。

另外，商业银行正面临日渐显著的金融脱媒影响，存款理财化、货币市场基金化十分明显，各类理财产品、货币市场基金、私募基金对传统存款分流较为显著。除此之外，息差收窄导致商业银行传统表内存贷款业务利润渐少，表内业务将逐渐向表外转移，以节约准备金成本和资本成本等。

表3　四川银行业金融机构2003～2014年本外币存贷款及存贷比变化比较

单位：亿元，%

年份	本外币存款余额	本外币信贷余额	本外币存贷比
2003	7236	5911	81.69
2004	8621	6650	77.13
2005	10050	6899	68.64
2006	11944	8003	67.01
2007	14089	9416	66.83

续表

年份	本外币存款余额	本外币信贷余额	本外币存贷比
2008	18788	11395	60.65
2009	25128	15979	63.59
2010	30504	19486	63.88
2011	34971	22514	64.38
2012	41568	26163	62.94
2013	48122	30299	62.96
2014	53936	34751	64.43

资料来源：《四川省金融运行报告》（2004～2013年）、《四川省统计年鉴》（2002～2003年），作者分析整理。

从2014年存贷款增长数据来看，增速正在放缓，存款增速下降趋势尤为明显（见图5、表4）。2014年存款增速下降了3.69个百分点，预计2015年存款增速可能继续下降至10%左右。鉴于此，笔者认为国内商业银行传统存贷业务特别是存款业务增长将趋于乏力，增速将逐渐放缓，存贷比也将逐年上升。2015年、2016年四川银行业金融机构存贷比上升至65%～68%区间内的可能性较大。

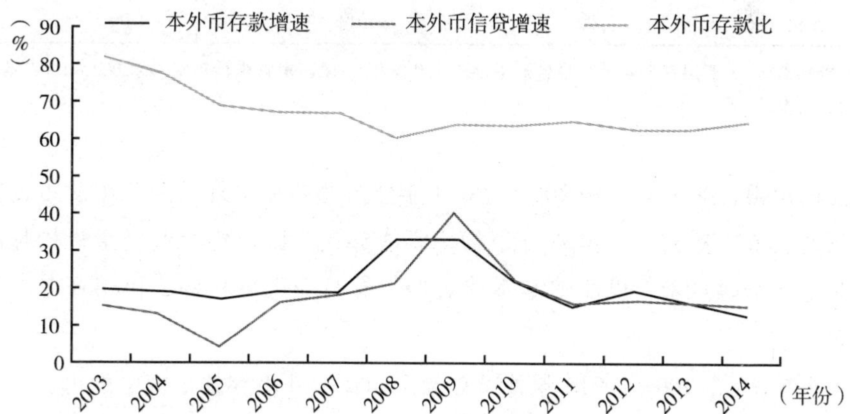

图5 四川银行业金融机构2003～2014年本外币存贷款增速及存贷比变化趋势

资料来源：《四川省金融运行报告》（2004～2014年）、《四川省统计年鉴》（2002～2003年），作者分析整理。

当前经济结构调整和产业转型正在对商业银行信贷和存款增长环境产生影响，存款理财化、资产证券化、大额可转让存单以及货币市场基金、私募投资基金等金融工具正在改变商业银行传统存贷款增长态势，并对四川银行业金融机构存贷款业务增长产生影响（见表4）。

表4　四川银行业金融机构 2003～2014 年本外币存贷款增速及存贷比变化数据

单位：%

年份	本外币存款增速	本外币信贷增速	本外币存贷比
2003	19.11	14.57	81.69
2004	19.15	12.50	77.13
2005	16.57	3.74	68.64
2006	18.84	16.01	67.01
2007	17.96	17.66	66.83
2008	33.35	21.02	60.65
2009	33.75	40.23	63.59
2010	21.40	21.94	63.88
2011	14.64	15.54	64.38
2012	18.86	16.21	62.94
2013	15.77	15.81	62.96
2014	12.08	14.69	64.43

资料来源：《四川省金融运行报告》（2004～2014 年）、《四川省统计年鉴》（2002～2003 年），作者分析整理。

四川银行业金融机构 2003～2014 年外币业务在本外币业务中的占比较小（见图6、表5），因此本外币指标既能够代表四川银行业金融机构传统存贷业务金融总量，也能够基本代表四川银行业金融机构人民币业务金融总量。

表5 显示，2004～2013 年外币存款余额在本外币存款余额中的占比不超过2%，在 2007～2013 年基本稳定在 0.6%～1%；2004～2013 年外币贷款余额在本外币贷款余额中的占比不超过 3%，2005～2013 年间基本稳定在2%～2.5%区间。本文不再对外币业务进行单独分析。

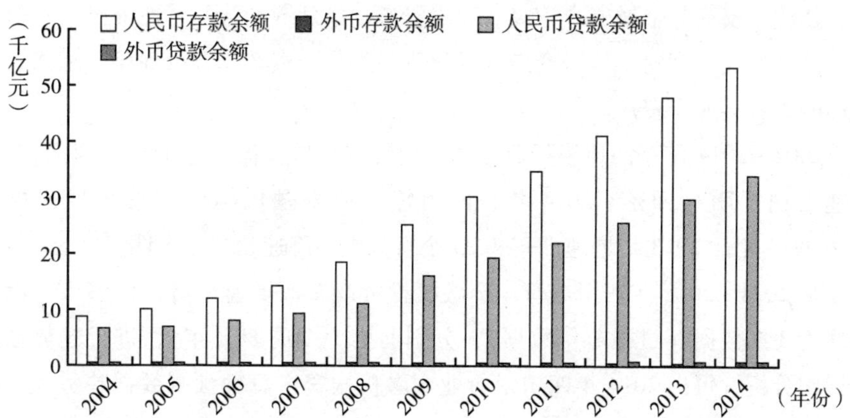

图6　四川银行业金融机构2004～2014年人民币与外币存贷业务变化态势

资料来源：《四川省金融运行报告》（2004～2014年），作者分析整理。

表5　四川省银行业金融机构2004～2013年人民币与外币存贷业务变化与外币占比态势

单位：亿元，%

年份	人民币存款余额	外币存款余额	外币存款占比	人民币贷款余额	外币贷款余额	外币贷款占比
2004	8462. 11	159. 29	1. 85	6475. 92	173. 70	2. 61
2005	9905. 30	144. 70	1. 44	6743. 00	155. 60	2. 26
2006	11802. 10	141. 50	1. 18	7833. 30	169. 83	2. 12
2007	13950. 40	138. 59	0. 98	9200. 90	215. 26	2. 29
2008	18661. 00	126. 70	0. 67	11163. 40	232. 00	2. 04
2009	24976. 50	151. 30	0. 60	15680. 30	299. 10	1. 87
2010	30299. 70	204. 40	0. 67	19129. 80	355. 90	1. 83
2011	34734. 70	236. 51	0. 68	22033. 20	481. 03	2. 14
2012	41130. 80	437. 00	1. 05	25560. 40	602. 85	2. 30
2013	47667. 28	454. 77	0. 95	29542. 74	756. 11	2. 50
2014	53282. 00	654. 00	1. 21	33884. 00	867. 00	2. 49

资料来源：《四川省金融运行报告》（2004～2013年），作者分析整理。

2. 四川银行业金融机构资产总额增长分析

本报告所分析四川银行业金融机构资产总额，仅指列于银行表内的货币资产、贷款、投资等金融资产，以及固定资产、递延资产等经营性资产，不包括银行管理的代客理财、信贷资产证券化等各类表外资产，以及保函、承诺、远期回购等各类或有资产。

2004～2014 年，四川银行业金融机构资产总量在保持近十年高速增长后，增速出现了明显回落。2014 年，四川银行业金融机构资产总量增速仅为 11.07%，相比 2013 年增速回落 7.23 个百分点，降速趋势十分明显。

从 2004～2014 年四川银行业金融机构资产总额增速来看，以多项式设定顺序为 3 期数据（过往 3 年数据），分别前推 1 个周期（年），进行趋势预测和回归分析，得出 2014 年四川银行业金融机构资产总额预测数据趋势线。按照该趋势预测，2015 年、2016 年四川银行业金融机构资产总额将分别达到 7.6 万亿元、8.2 万亿元左右。同样，以上预测分析结果存在一定幅度±误差。

表 6　四川银行业金融机构 2004～2013 年资产总额增长数据

单位：亿元，%

年份	四川银行业金融机构资产总额	四川银行业金融机构资产增速
2004	9761.91	—*
2005	11732.30	20.18
2006	13042.00	11.16
2007	16804.00	28.85
2008	21891.00	30.27
2009	29261.00	33.67
2010	35929.80	22.79
2011	42939.00	19.51
2012	52603.49	22.51
2013	62228.00	18.30
2014	69117.95	11.07

*表中“—”表示数据缺失。《四川省统计年鉴》与《四川省金融运行报告》分别收录的四川银行业金融机构资产总额数据存在较大误差。尽管《四川省统计年鉴》中收录数据可以弥补《四川省金融运行报告》中该数据的缺失，但本文鉴于上述原因未采用该数据。下同。

资料来源：《四川省金融运行报告》（2004～2014 年），作者分析整理。

如果将四川银行业金融机构本外币资产增速、本外币存款增速和本外币贷款增速三组数据放在一起（见图 7），会看到三组数据变化具有趋同性和相关性，存款和金融资产总额在 2014 年下降趋势较为明显，趋同性较好。

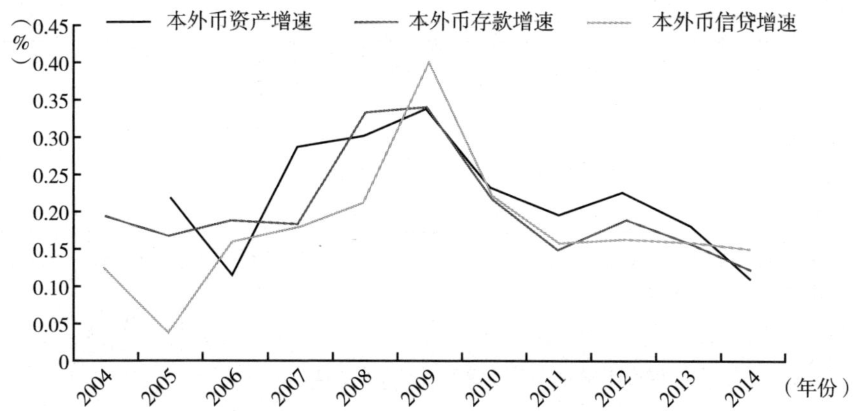

图7　四川银行业金融机构2004～2014年本外币资产、存款、贷款增速变化态势

资料来源：《四川省金融运行报告》（2004～2014年）、《四川省统计年鉴》（2002～2003年），作者分析整理。

图7显示，四川银行业金融机构存款增速与资产增速相关性较强，2009～2014年基本呈现正相关态势。一方面，存款增速对银行业金融机构资产增速影响明显；另一方面，银行业金融机构资产增速正在受到资本监管、金融脱媒、发展表外业务等金融改革影响，我国商业银行表内资产规模高速增长时代已渐成过去。鉴于此，本报告预测2015年、2016年四川银行业金融机构资产规模增速将分别下调至9.5%和8%左右。

表7　四川银行业金融机构2004～2013年本外币资产、存款、贷款增速数据

单位：%

年份	本外币资产增速	本外币存款增速	本外币信贷增速
2004	—	19.15	12.50
2005	20.18	16.57	3.74
2006	11.16	18.84	16.01
2007	28.85	17.96	17.66
2008	30.27	33.35	21.02
2009	33.67	33.75	40.23
2010	22.79	21.40	21.94

续表

年份	本外币资产增速	本外币存款增速	本外币信贷增速
2011	19.51	14.64	15.54
2012	22.51	18.86	16.21
2013	18.30	15.77	15.81
2014	11.07	12.08	14.69

资料来源：《四川省金融运行报告》（2004～2013 年）、《四川省统计年鉴》（2002～2003 年），作者分析整理。

3. 四川银行业金融机构网点数量与从业人员数量增长分析

图 9 显示，2009～2014 年四川银行业金融机构营业网点数量呈稳定增长态势，每年网点数据增长基本保持在 1%～3%，网点数量平均每年增长约 280 家。一方面得益于近年中国银监会对小微专营支行、社区专营支行等特色支行的支持，银行业营业网点具有持续增长的支撑；另一方面，随着互联网金融、直销银行和信息化的快速发展普及，随着利率市场化改革推进，商业银行营业网点建设将进入提质增效阶段，部分效益不好、功能重复的营业网点可能会被撤并，商业银行营业网点可能出现缩减趋势。

鉴于此，本报告预测 2015 年、2016 年四川银行业金融机构营业网点将分别增加 344 家和 282 家，增长率分别为 2.5% 和 2%。

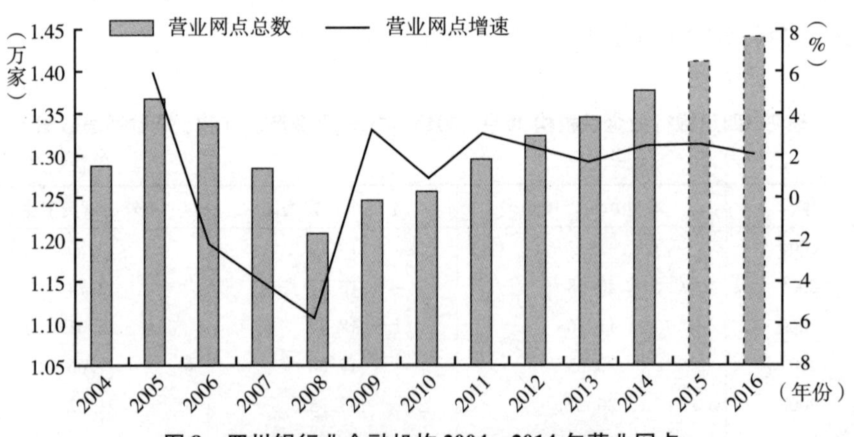

图 8 四川银行业金融机构 2004～2014 年营业网点总数及 2015 年、2016 年变化趋势分析

资料来源：《四川省金融运行报告》（2004～2014 年），作者分析整理。

从2011～2013年从业人员数量增长来看，四川银行业金融机构每年增量在1万人左右，但2014年这一数据发生了较大变化，从业人员增长不足0.8万人。很显然，在金融改革创新、互联网金融发展等驱动下，银行业从业人员面临结构性调整。商业银行将逐渐从人力资源密集型向技术密集型和信息密集型转型。

鉴于此，本报告预测2015年、2016年四川银行业金融机构从业人员数量增长趋势仍将继续下行，从业人员增长数量分别在0.7万人和0.6万人左右，从业人员增速分别下降至3%和2.5%（见图8、图9、表8）。

三　2015年、2016年四川银行业发展形势分析

1. 四川银行业金融机构发展环境与经济形势变化

经济与金融改革正在对银行业金融机构产生持续影响，我国经济与金融结构均在改革推动下发生重大调整。这对2015年、2016年四川银行业金融总量与地区经济增长预测带来了较大考验。随着利率市场化改革、金融脱媒、大额可转让存单发行以及代客理财、投资银行等表外业务发展，随着多层次资本市场建设推进，商业银行传统存贷款业务和金融资产规模增长可能受到日渐显著的影响，来源于银行信贷等间接融资支撑的四川地区GDP增长可能正在发生变化。

表8　四川银行业金融机构营业网点与从业人员2005～2014年数据

年份	营业网点总数(家)	营业网点增速(%)	营业网点增数(家)	从业人员总数(人)	从业人员增速(%)	从业人员增数(人)
2005	13656	5.99	772	129761	8.13	9761
2006	13352	-2.23	-304	128448	-1.01	-1313
2007	12826	-3.94	-526	132141	2.88	3693
2008	12065	-5.93	-761	130751	-1.05	-1390
2009	12460	3.27	395	135144	3.36	4393
2010	12559	0.79	99	189327	40.09	54183
2011	12934	2.99	375	196658	3.87	7331

续表

年份	营业网点总数(家)	营业网点增速(%)	营业网点增数(家)	从业人员总数(人)	从业人员增速(%)	从业人员增数(人)
2012	13218	2. 20	284	207560	5. 54	10902
2013	13431	1. 61	213	217813	4. 94	10253
2014	13751	2. 38	320	225745	3. 64	7932

资料来源:《四川省金融运行报告》(2005~2014 年),作者分析整理。

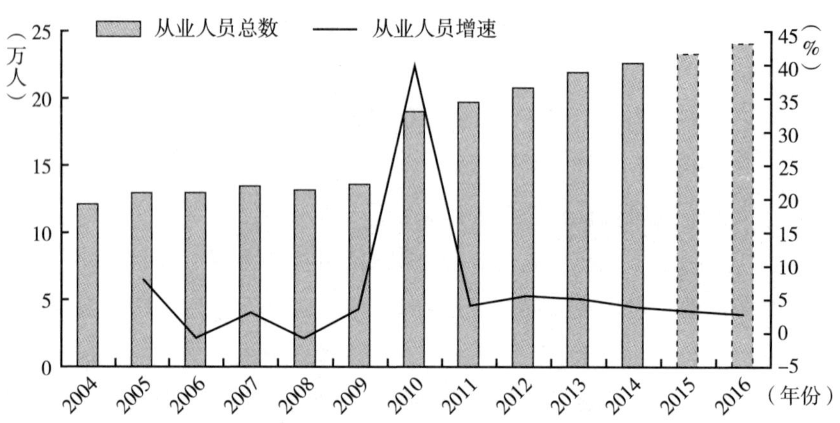

图 9 四川银行业金融机构 2004~2014 年营业网点总数及 2015 年、2016 年变化趋势分析*

* 《四川省金融运行报告》(2004~2014 年)收录的银行从业人员数据,2010 年比 2009 年增加了 5.4 万人,增幅达到 40.09%。笔者认为导致这一变化的原因,可能是统计口径上出现了变化,比如包含了四川银行业数万名派遣制员工,而 2009 年及之前并没有将这部分员工统计在内。

资料来源:《四川省金融运行报告》(2004~2014 年),作者分析整理。

本报告采用历史数据分析方法,对四川银行业金融机构 2015 年、2016 年主要经济指标进行分析预测。

2. 四川银行业金融机构2015年、2016年主要经济数据分析

基于:①信贷增速稳中有降;②存款、资产去杠杆化;③信贷资产质量面临下迁压力,本文对 2014 年、2015 年四川银行业金融机构主要经济指标增长速度假定如下。

表 9　四川银行业金融机构 2015 年、2016 年主要经济指标增速及比率假定

单位：%

序号	经济指标	2015 年	2016 年
1	本外币信贷余额增速	13.50	13.00
2	本外币存款余额增速	10.80	9.68
3	存贷比(本外币)	66.00	68.00
4	贷款不良率	2.00	2.20
5	本外币金融资产总额增速	9.50	8.00
6	资产利润率(税后)	1.20	1.15
7	外币贷款/本外币贷款	2.50	2.50
8	外币存款/本外币存款	1.00	1.00
9	营业网点数量增长	2.50	2.00
10	从业人员数量增长	3.00	2.50

基于表 9 的假定条件，以及 2003～2014 年历史数据分析，本文对四川银行业金融机构 2015 年、2016 年主要经济指标预测如下。

表 10　四川银行业金融机构 2015 年、2016 年主要经济指标预测

序号	经济指标	2015 年	2016 年
1	本外币存款余额(亿元)	59761	65544
2	其中:人民币存款(亿元)	59164	63905
3	本外币贷款余额(亿元)	39442	44570
4	其中:人民币贷款(亿元)	38456	44124
5	本外币金融资产总额(亿元)	75684	81739
6	营业网点总数(家)	14095	14377
7	从业人员总数(人)	232517	238330
8	不良资产总额(亿元)	789	981
9	税后利润总额(亿元)	908	940

3. 数据检验

对表 9、表 10 主要经济指标预测结果，本文采用四川银监局部分行业数据进行检验。

本报告选取四川银监局统计的四川银行业金融机构监管数据进行验证。相比 2014 年，2015 年 1～8 月四川主要银行业机构本外币存款同比增速平均值为 8.59%，本外币贷款同比增速平均值为 12.99%，本外币资产总额同比增速平均值为9.16%；资产利润率为0.80%，模拟全年资产利润率为1.20%，相比2014年下降0.07个百分点；截止到8月末的不良率为1.94%。

本报告认为，2014年、2015年川内部分企业陆续出现的违约风险将对商业银行信贷投放形成抑制，2014年达到1.73%①，预计2015年、2016年不良率仍将继续上升。同时，商业银行也会对不良资产采取出表清收、出售清收等措施，但不良资产证券化尚不可能形成主要处置渠道。因此，本文将2015年、2016年不良率分别预设为2.0%、2.2%②，分别比2014年上升0.27个百分点和0.47个百分点，比较合理。

在利润预测上，本报告认为，利率市场化与不良资产核销将对银行业金融机构利润形成侵蚀。受此影响，2014年四川银行业金融机构资产利润率降至1.27%③，仍将持续走低。

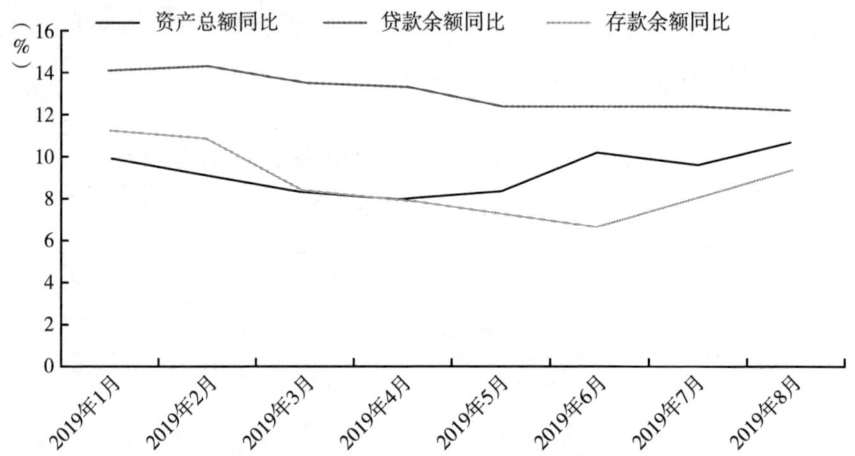

图10　四川主要银行业金融机构2015年1～8月存款、贷款、资产总额变化趋势

资料来源：四川银监局，作者分析整理。

---

① 资料来源：《四川省金融运行报告（2014年）》。由笔者于2014年四季度完成的《2015年四川银行业金融总量与地区经济增长分析》中预测2014年四川银行业金融机构不良率为1.8%，与实际数1.73%比较接近，偏离度不大。

② 本报告对商业银行不良率预测，受银行业监管机构对商业银行不良率容忍度的影响。

③ 资料来源：四川银监局统计数据，该数据为净利润率。由笔者于2014年四季度完成的《2015年四川银行业金融总量与地区经济增长分析》中预测2014年四川银行业金融机构资产利润率为1.3%，与实际数1.27%比较接近，偏离度不大。

4. 资料来源和统计差异

本文在数据采集和整理中，面临数据不完整、各部门数据存在差异等问题，见表11、表12、表13。

本文对本外币存款余额、本外币贷款余额、本外币资产总额、营业网点数量、从业人员数量的分析，均采用《四川省金融运行报告》（2004～2014年）中数据，其中2002～2003年本外币存款余额、本外币贷款余额两组数据采用《四川统计年鉴》数据。

基于数据差异的存在，本文对以上指标的分析结果与预测数据存在局限性。如作为《四川统计年鉴》、四川银监局等数据的比对和参考依据，则应以适当方法进行相应调整。

表11　四川银行业金融机构2002～2014年本外币存款余额及资料来源

单位：亿元

年份	本外币存款余额及资料来源		
	《四川省金融运行报告》（2004～2014）	《四川统计年鉴》（2002～2013）	四川银监局数据*（2008～2013）
2002	—	6075.03	—
2003	—	7235.77	7005.83
2004	8621.40	8462.11	8118.56
2005	10050.00	9905.33	9927.88
2006	11943.60	11802.14	11610.25
2007	14088.99	13980.36	13567.67
2008	18787.70	18661.04	17874.01
2009	25127.80	24976.45	24027.31
2010	30504.10	30299.67	29330.14
2011	34971.21	34971.21	33849.85
2012	41567.80	41576.80	40705.31
2013	48122.05	48122.05	47101.74
2014	53936.00	—	52867.02

*银监会非现场监管信息系统数据从2006年末开始提取数据。在2006年之前使用人行系统加工数据，由于人行系统对机构类别间相互存放的资产进行了扣除，因此2006年之前与2006年及之后的数据统计方法有所调整，数据口径存在一定差异。银监局上述数据包括信用社、财务公司等全部银行业金融机构数据。

表 12　四川银行业金融机构 2002～2014 年本外币贷款余额数据

单位：亿元

年份	本外币贷款余额及资料来源		
	《四川省金融运行报告》(2004～2013)	《四川统计年鉴》(2002～2012)	四川银监局数据(2008～2013)
2002	—	5158.76	—
2003	—	5910.59	6076.86
2004	6649.62	6475.92	6649.13
2005	6898.60	6743.00	6883.29
2006	8003.13	7833.32	7957.03
2007	9416.16	9200.93	9359.79
2008	11395.40	11163.39	11326.28
2009	15979.40	15680.33	15816.03
2010	19485.70	19129.79	19413.05
2011	22514.23	22514.23	22598.60
2012	26163.25	26163.25	26332.58
2013	30298.85	30298.85	30446.99
2014	34751.00	—	34951.89

表 13　四川银行业金融机构 2002～2014 年本外币资产总额及资料来源

单位：亿元

年份	本外币资产总额及资料来源		
	《四川省金融运行报告》(2004～2014)	《四川统计年鉴》(2002～2012)	四川银监局数据(2008～2014)
2002	—	5538.17	—
2003	—	6524.23	7654.41
2004	9632.23	7052.59	8819.75
2005	11732.30	10519.20	10195.54
2006	13042.00	11615.97	14087.91
2007	16804.00	12620.89	16812.30
2008	21891.00	16880.44	21896.76
2009	29261.00	22892.53	29273.71
2010	35929.80	28919.46	35950.22
2011	42939.00	34566.63	42896.82
2012	52603.49	39895.00	52603.49
2013	62228.00	45746.31	61359.22
2014	69117.95	—	69117.95

四　2015年、2016年四川省地区GDP总量预测

1. 2015年、2016年四川省经济环境分析与GDP总量预测

本报告认为，信贷投放均值与地区经济增长存在相关性，但这一相关性的关联值正在发生变化。从四川省统计局地区GDP统计数据来看，四川经济增长正面临较明显的失速，地区GDP与信贷投放平均余额的比值正在从1.0迅速下降至0.8（见图11），值得警惕。

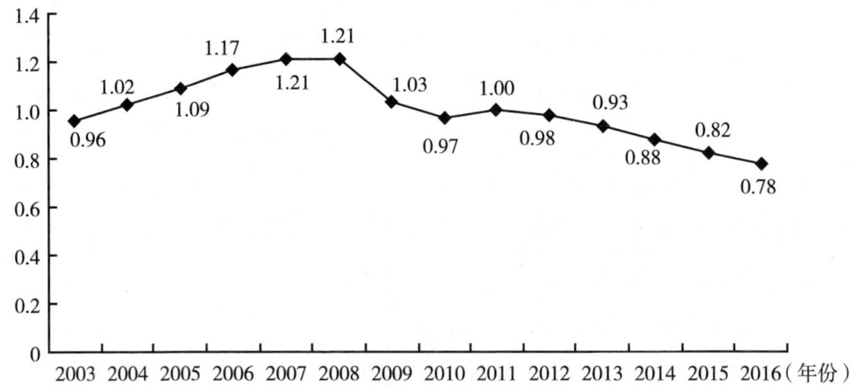

图11　GDP对信贷资源的消耗率变化——四川省地区GDP与信贷投放年平均余额的比值

资料来源：《四川省金融运行报告》（2004～2014年）、《四川统计年鉴》（2002～2004年），四川省统计局网站2015年季度统计数据发布，作者分析整理。

从本报告表2、图3中2009～2014年数据变化趋势判断，2015年、2016年四川省地区GDP总量与/信贷年均余额之比值可能呈继续下降趋势。依据表2、图3数据显示的2011～2014年这一比值的向下趋势，结合四川省2015年前三季度地区GDP增长数据分析，笔者认为2015年这一比值可能下降至0.82，2016年这一比值可能进一步降至0.80以下。

假定：（1）四川省地区GDP/信贷年均余额之比值在2015年、2016年分别为0.82和0.78，相比2014年分别下行0.06和0.10；（2）表9对四川银行业金融机构2015年、2016年主要经济指标预测基本准确。本报告对四川省2015年、2016年地区GDP总量预测如下。

表 14　四川省 2015 年、2016 年地区 GDP 总量预测

序号	四川省地区 GDP 总量预测	2015 年	2016 年
1	信贷年末余额(单位:RMB 亿元)	39442	44570
2	GDP/信贷年均余额	0.82	0.78
3	四川省地区 GDP 总量(单位:RMB 亿元)	30419	32765

2. 数据检验

四川省地区 GDP 总量数据，2015 年一季度为 6234.51 亿元，二季度为 7065.55 亿元，三季度为 8820.31 亿元。

尽管 2015 年四季度数据尚未发布，但以四川省地区 GDP/信贷年均余额为 0.82 作为预估假定，可预测 2015 年四川省地区 GDP 总量约为 30419 亿元。以已经公布的 2015 年一季度、二季度、三季度四川省地区 GDP 数据，结合本报告对 2014 年四川省地区 GDP 总量数据测算，可获得一季度完成率 20.50%、二季度完成率 23.23%、三季度完成率 29.00%、四季度完成率 27.28%，以及 1～2 季度完成率 43.72%、3～4 季度完成率 56.28% 等 6 组数据。

这 6 组数据与历年数据基本吻合。鉴于 2015 年第三、四季度对促增长力度的强化，预计第三、四季度增长效果有望优于往年。因此，2015 年与前三年均值偏离度分别为 -0.88%、-2.28%、1.69%、0.90%、-1.63%、1.30%，总体预测数据与前三年实际完成数据偏离度未超过 ±3%，可信度较好。

表 15　2012～2015 年四川省地区 GDP 各季度完成率比较*

单位：%

年份	四川省地区生产总值(GDP)2011～2013 年完成率及 2014 年预测					
	一季度	二季度	三季度	四季度	1～2 季度	3～4 季度
2012	20.73	23.73	29.07	26.47	44.46	55.54
2013	20.70	23.68	28.50	27.12	44.38	55.62
2014	20.60	23.90	27.98	27.53	44.50	55.50
2015	20.50	23.23	29.00	27.28	43.72	56.28
偏离度**	-0.88	-2.28	1.69	0.90	-1.63	1.30

* 在本报告编写中，四川省统计局公布了 2015 年一季度、二季度 GDP 完成数据，三季度、四季度数据尚未公布。因此，第三季度、第四季度完成率是基于全年 GDP 总量预测数据的测算结果。

** 预测完成率与前三年各季度完成率相比较的偏离幅度。

资料来源：四川省统计局，本报告分析整理。

五　对策与建议

本报告分析结果显示，传统银行信贷融资年内平均余额与四川省地区GDP比值从2012年的0.98下降至2014年的0.88，并可能在2015年降至0.82左右。本报告认为，基于传统信贷投放支撑的四川省GDP增速已处于明显下降通道，地区GDP增长降速明显，传统信贷融资对转型期四川省内GDP增长的支撑能力正在弱化，建设驱动经济增长的新型融资支撑体系和支持渠道已经日渐紧迫。

1. 创新四川省投融资支持体系，鼓励和支持实体经济通过资本市场获得融资支持

四川省委省政府要借力四川省被中共中央和国务院纳入《关于在部分区域系统推进全面创新改革试验的总体方案》[①] 试点区域的重要机遇和改革推力，大力推进成（都）德（阳）绵（阳）地区开展全面创新改革试验，创新四川省内投融资支持体系和支持模式。要大力支持省内实体经济通过债券、股权等资本市场获得融资支持，显著提升来源于境内外资本市场的融资占比；要大力推动地方政府企业和基础设施项目通过PPP模式获得社会融资发展，提升新型融资渠道对城市、城镇基础设施建设的支持能力；要大力发展私募产业投资基金，包括私募债权投资基金和股权投资基金，支持“大众创业、万众创新”新业态。

四川省要在传统银行信贷融资渠道之外，积极创新发展新型投融资渠道，逐渐降低地区经济增长对银行传统信贷融资渠道的依赖，为推动四川省地方经济增长注入新活力。

2. 创新四川省信贷融资担保体系，引导和支持商业银行为中小微企业、个人消费信贷提供融资服务

我国新兴产业发展和传统产业转型升级对银行传统信贷支持经济增长的模

① 《关于在部分区域系统推进全面创新改革试验的总体方案》选择1个跨省级行政区域（京津冀）、4个省级行政区域（上海、广东、安徽、四川）和3个省级行政区域的核心区（武汉、西安、沈阳）作为全面创新改革试验试点区域。

式提出了挑战，传统银行信贷融资模式并不适合以“大众创业、万众创新”为代表的新经济增长，我国商业银行信贷融资将更适合向消费金融、贸易金融转型，将更适合为中小微企业和居民消费提供金融服务。

2014年以来，四川省融资担保体系遭遇了前所未有的信用危机。2014年四川省融资担保行业显性代偿额54.4亿元，融资性在保余额2014年末比年初下降了130亿元，全省306家民营融资担保公司普遍陷于严重困境或濒临倒闭，影响波及125家国有融资担保公司，并于2014年爆发了汇通、安信、鹏润等融资担保公司信用风险事件。

导致四川省融资担保行业陷入困境的主要原因有三个方面：一是融资担保营运机制存在缺陷，融资担保公司无法依靠担保费收入生存和发展，民营融资担保公司大多依靠发放“过桥贷”“应急贷”等高利贷维持生存，形成行业风险集聚；二是风险保证金制度加重中小微企业财务负担，大致给贷款企业额外增加融资成本1.5%/年~3%/年，使中小微企业融资贵问题更加突出，财务风险上升；三是融资担保公司代偿后面临诉讼难、诉讼成本高、税收减免困难等问题，使融资担保公司雪上加霜。

四川省委省政府要以推进全面创新改革试验为重要契机，创新四川省信贷融资担保体系，引导和支持商业银行为中小微企业、个人消费者提供金融服务。具体建议如下。

一是选择一家省属国有大型融资担保公司注资改组为“四川省再担保公司”，资本总额为100亿元，通过省国资注资、金融市场发债、省属国企自筹等分期到位资本，快速形成再担保能力和行业信誉。

二是统一确定四川省内银、政、担风险分担比例，彻底解决此前银担合作中风险分担机制不足缺陷，将信用风险按照50%、20%、20%、10%的比例，在融资担保公司、再担保公司、商业银行、地方政府风险补偿专项基金之间进行合理分担，促进融资担保行业稳健发展。

三是推进四川省融资担保公司风险资本管理方式创新，引进信托隔离机制，设立“四川省融资担保信托基金”实施风险性资本隔离。将融资担保公司净资本区分为风险性资本和营运性资本，并运用《信托法》对风险性资本进行法律隔离和实行基金化独立管理。该信托基金第一受益人为在保融资债权人，第二受益人为融资担保公司。只有当在保余额归零，或者在保融资债权人放弃权益时，第二受益人才能享有和处置该信托财产（基金），避免因融资担保公司经营倒闭、法律诉讼等危及在保财产安全，引发合作银行恐慌性收贷和区域性金融风险。

同时，禁止融资担保公司向被保客户收取任何保证金，切实减轻中小微企业和“三农”融资成本，改变融资担保公司依靠收取保证金发放高利贷获利的生存模式。

四是采取减免融资担保公司诉讼费、资产保全费、抵质押品登记过户费等措施，切实减轻融资担保公司抵质押登记、税务，以及代偿后诉讼、不良资产处置等负担，优化四川省融资担保公司生存与发展环境。

3. 创新推进地方征信体系建设，优化区域信用环境，降低区域金融风险

四川省近年曝出的部分信贷违约事件分析结果显示，多数违约贷款企业源于过度融资、高利融资、短借长投等引发流动性风险，信用信息不透明、碎片化问题十分严重。现有征信系统不完善、征信信息碎片化、人民银行征信体系门槛过高等，导致四川省内商业银行、融资担保公司、小贷公司以及互联网金融等信贷融资提供机构缺乏完整征信体系支持，重大信用风险事件时有发生，已严重影响到四川省投融资环境，部分省外法人金融机构已将四川省列入信用风险高发区域。

四川省委省政府应抓住推进全面创新改革试验重大机遇，尽快启动推进四川省地方征信平台建设，整合省、市（州）地方征信信息资源，让省内融资担保公司、小额贷款公司等准金融机构和商业银行、信托公司、证券公司、保险公司等金融机构接入地方征信平台，形成人民银行征信补充机制，为省内各类信用服务机构提供征信支持，优化四川信用环境，降低区域金融风险，促进区域经济增长。

B.26
四川民营企业“走出去”研究
——基于境外投资的调查

李忠鹏　李月凝*

摘　要：　民营企业“走出去”是四川经济转型升级的引擎。四川民营企业“走出去”面临着自身素质制约，国内体制、机制及政策障碍，东道国环境约束。为了促进四川民营企业“走出去”，需要从战略高度统筹民营企业对外投资、完善财税支持政策体系、创新金融支持、提高便利化水平、加强服务平台建设、培育壮大主体、强化人力资源保障、构建风险防范和分担机制。

关键词：　民营企业　境外投资

一　转型升级与民营企业境外投资

（一）四川经济转型升级要求民营企业境外投资

2002年，我国开始实施“走出去”战略。“走出去”是我国对企业跨国经营活动的通俗说法，是与“引进来”相对应的概念。企业“走出去”包括高低不同的两个层次：低层次的是商品输出，即产品、服务等出口到国外；高层次的是资本输出，涉及境外投资建厂、并购、建立研发中心、设立贸易公司等。如果一家企业的跨国经营活动进入资本输出的层次，那么这家企业就变成了一家跨国公司。在大多数语境中，“走出去”就是资本输出，即境外投资。

* 李忠鹏，四川省社会科学院研究员，研究方向为产业经济学；李月凝，四川省社会科学院产业经济学专业研究生。

外向经济转型升级是四川经济转型升级的重要内容。改革开放以来，四川依靠低成本生产要素、一定实力的产业基础等优势，商品输出获得了快速扩张，但就总体来说，四川企业仍在全球产业分工体系中居于价值链的中低端，徘徊于“低技术陷阱”。2008年爆发的国际金融危机、人民币升值、国际贸易保护主义抬头、劳动力成本大幅上升以及资源环境约束的强化，使四川粗放型、低水平的外向经济面临严峻挑战，外向经济的转型升级已刻不容缓。实现从商品输出到资本输出、从贸易优势向资本竞争优势转变，是四川外向经济转型升级的必然选择，这将使四川在更大范围、更广领域和更高层次上参与国际经济合作和竞争，充分利用国际国内两个市场，优化资源配置，拓宽发展空间。

外向经济转型升级是四川经济转型升级的引擎。当前，四川经济面临“成长的烦恼”，并不具备经济转型升级的先决优势。通过境外投资、构建国际生产体系，有助于化解产能过剩，弥补资源缺口，为经济转型腾出空间，为产业高度化注入动力，形成“引进来”与“走出去”的均衡发展格局。从一定意义上可以说，四川经济转型升级将是较大规模境外投资的结果。

民营企业是四川经济发展的主力军，但目前其在境外投资中的作用与这一地位尚不完全相称。同国有企业相比，民营企业产权比较清晰、经营灵活、适应能力强，企业家勇于创新开拓。同时，民营企业没有官方色彩，政治色彩淡薄，易于为境外合作对象及当地社会大众所接受，尤其进入当地敏感的资源开发领域更是独具优势。因此，民营企业理当成为四川境外投资的A角。四川一些民营企业通过多年的发展和积累，已经形成一定的比较优势或竞争优势，借此能够有效开展境外直接投资活动。

（二）民营企业转型升级需要境外投资

当前，来自国内的经济下行压力加大、需求不振、综合要素成本上升、产能过剩等问题，来自发达国家的反倾销、贸易壁垒、代工需求减少等问题，来自新兴经济体的追赶比拼等问题，对四川民营企业的生存与发展构成了重大威胁。四川民营企业要从重重“围追堵截”中成功突围，必须顺应经济全球化潮流，突破自身的局限，积极“走出去”，加大境外投资的力度，着眼全球市场，整合全球资源，开展全球生产。通过“走出去”，不仅可以使企业的传统优势得以巩固和发挥，更重要的是有助于企业获得新的资源和新的机会，进而建立起新的竞争优势。

二　四川民营企业境外投资的基本状况

（一）四川民营企业境外投资的总体情况

四川民营企业“走出去”起步于20世纪末。随着国家实施“走出去”战略，四川民营企业对外投资的步伐明显加快。尤其是2008年以来，国际经济环境的重大变化为四川民营企业开展境外投资活动创造了良机。一方面，国际金融危机恶化了欧美国家融资环境，资产价值被低估；另一方面，四川民营企业的经济技术实力和经营自信心显著增强，对跨国竞争的畏惧感和国际市场的神秘感进一步破除，加之人民币升值降低了投资成本，企业开展境外投资活动的意愿日益强烈。截至2012年，全省核准民营对外投资企业271家，占全省对外投资企业总数80%；对外投资额29.1亿美元，占全省企业对外投资总额74%。2014年1~9月，全省经国家和省发改委备案的民营企业境外投资项目6个，备案中的中方投资额7.06亿美元。总的看来，四川民营企业境外投资尚处于初步阶段。

表1　2014年四川部分民营企业境外投资项目情况

序号	投资主体	项目名称	项目地点	投资内容	投资金额（万美元）	备注
1	四川百利药业有限责任公司	四川百利药业有限责任公司投资美国西雅图生物技术研究项目生物技术研发项目	美国西雅图	四川百利药业有限责任公司拟通过其在英属维尔京群岛设立的离岸公司盘古资本有限公司作为直接投资人在美国华盛顿州设立系统免疫公司，并从事医药及健康产品研究与开发。	900	省发展改革委备案
2	四川世纪城新国际会展中心有限公司	四川世纪城新国际会展中心有限公司投资密克罗尼西亚联邦雅浦州天堂岛国际旅游度假商贸区	密克罗尼西亚联邦雅浦州	对城市基础配套设施建设、旅游配套设施建设、旅游地产开发和村落安置四大部分工程进行地质勘查、方案设计、初步设计、施工图设计等方面的费用，同时还包括建设类项目的前期费用（中介费、律师费、勘察费等）和土地租赁费等。	9800	省发展改革委备案

续表

序号	投资主体	项目名称	项目地点	投资内容	投资金额（万美元）	备注
3	四川科伦医药股份有限公司	四川科伦医药股份有限公司收购利君国际医药（控股）有限公司部分股权	中国香港	四川科伦医药股份有限公司拟通过其在香港设立的全资子公司科伦国际发展有限公司通过公开市场和其他合法方式购买利君国际医药（控股）有限公司股份，使科伦国际发展有限公司合计持有不超过利君国际医药（控股）有限公司已公开发行股份的5%（不含5%）。	5678	省发展改革委备案
4	四川美丰加蓝环保科技有限责任公司	四川美丰加蓝环保科技有限责任公司投资英国欧蓝环保科技有限公司股权项目	英国赖盖特萨里郡	四川美丰加蓝环保科技有限责任公司注资120.01万美元，最终持有英国欧蓝环保科技有限公司70%股权，并使用四川美丰加蓝环保科技有限责任公司提供的车用级尿素，在英国设立混配站模式进行生产和销售车用级尿素。	120.01	省发展改革委备案
5	四川美乐集团实业有限公司	四川美乐集团实业有限公司收购美国蒙罗维亚市逸林酒店项目	美国洛杉矶蒙罗维亚市	四川美乐集团实业有限公司拟通过其在美国的全资子公司——美国加州美乐投资有限公司收购美国蒙罗维亚市逸林酒店。	4700	省发展改革委备案

（二）四川民营企业境外投资的特点

本项研究采取了问卷调查、深度访谈、座谈等方式进行调查。共发放问卷48份，收回43份，其中，有效问卷40份。调查显示，四川民营企业境外投资具有以下特点：

投资活动渐次展开。四川作为西部内陆地区，民营企业“走出去”起步较晚。在十多年的时间里，四川民营企业境外投资呈现出逐步推进、稳定发展的状态。问卷调查样本企业中，2002年以前“走出去”的企业只有3家，13家企业是2002~2008年间“走出去”的，24家企业则是在2008年后“走出去”的（见图1）。

投资空间日益扩大。四川民营企业对外投资主要集中在东南亚、中国港澳

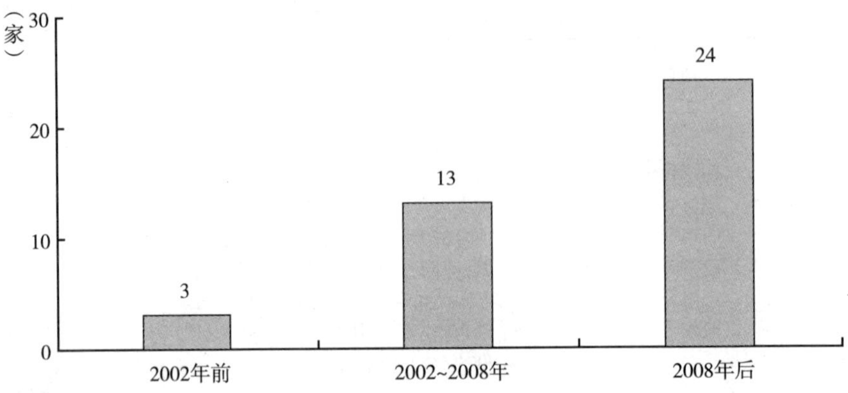

图1　境外投资的企业数量

等地，而欧美国家投资吸引力日益增强（见图2）。跨国经营是一个“学中干”、“干中学”的动态过程。缺乏海外市场知识和经验是四川民营企业对外直接投资的主要障碍。为规避风险，四川民营企业境外投资大多选择的是“先易后难，先熟悉后陌生，由近及远，逐步升级”的渐进路线。于是，便产生了“先亚非拉后欧美”的投资地理顺序，即先占据周边及发展中国家市场，最后打入发达国家。

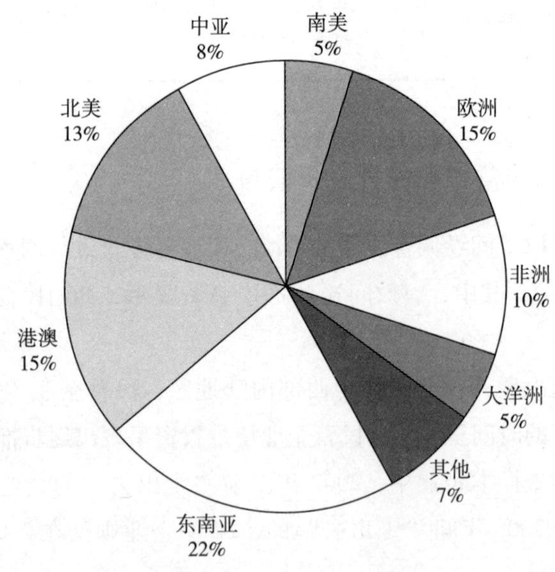

图2　境外投资的地区分布

投资行业较为集中。四川民营企业境外投资涉及多个行业类别，但以资源开采业、制造业等为主（见图 3）。四川民营企业在收购和开采海外矿产资源方面，进行了很多实践，并取得了明显成效。在澳大利亚，泰丰集团有铁矿；在南美洲，海宏星有金矿；在非洲，宏达集团有铁矿，新希望集团有金矿、铜矿、锡锂矿和钻石矿。中国世界工厂的独特地位决定全球资源获取的必要性。尽管我国资源总量较为庞大、结构上丰富多样，但随着国内经济规模的快速增长，资源供给不足的问题开始显现，尤其是对一些重要战略资源和能源的进口具有高度的依赖性。在这些领域，中国企业处于被动状态，缺乏话语权。因此，通过境外投资以增强对战略资源和能源的生产控制权、价格决定权，确保战略资源和能源的稳定供给，成为中国企业的必然选择。根据技术创新产业升级理论的观点：发展中国家跨国公司早期以自然资源开采为主的纵向一体化生产活动，随着时间推移逐渐演变为进口替代和出口导向为主的横向一体化生产活动。由于四川民营企业目前处于境外投资的起步阶段，资源开发是四川民营企业境外投资的重点，符合技术创新产业升级理论。与发达国家的跨国公司相比，四川民营企业的跨国投资活动尚存在实力上的差距，但拥有中间技术等方面的优势。中间技术适合不发达经济体的需要，并且价格上具有优势。借助于模仿与改良，四川民营企业在一些领域掌握了不少的中间技术。通过境外投

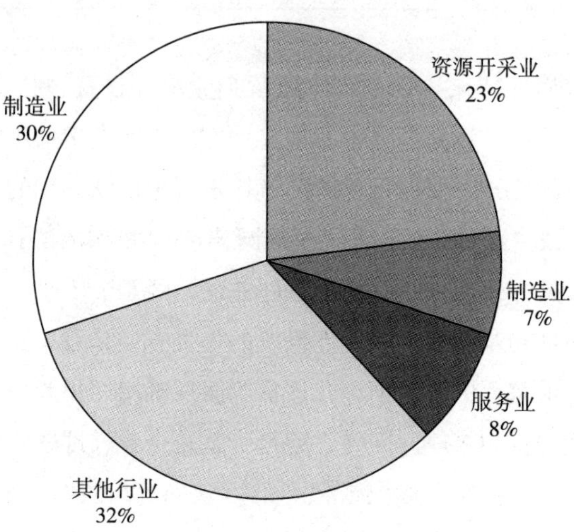

图 3　境外投资的行业分布

资，将四川民营企业“中间技术优势”转移到发展中国家，可以延长四川民营企业产品技术寿命周期。从近几年的情况看，四川民营企业境外投资结构正处于升级中，涉足高科技、金融等高端领域的企业日渐增多。

投资动机呈现多元化态势。随着产业升级和结构转型的发展，四川民营企业“走出去”的目标日益多元化。英国经济学家邓宁把跨国公司的对外直接投资目的概括为资源寻求型、市场寻求型、效率寻求型和全球战略型等四种。结合我们的调查（见表2），可以得知：四川民营企业在当前境外投资活动中拥有多种动机，获取更高的利润率、降低成本、获取原材料与矿产资源、开拓海外市场等是主要目的，并且一些企业已经把境外投资作为企业转型升级的根本战略举措，因而投资决策比较理性。

表2　境外投资的动机

动机	次序	动机	次序
获取更高的利润率	1	获得海外先进技术与管理	6
降低成本	2	回避贸易壁垒	7
获取原材料与矿产资源	3	分散经营风险	8
开拓海外市场	4	规避政府管制	9
缓解国内竞争压力	5	其他	10

投资方式多样性特点显著。四川民营企业境外投资包括新建（绿地）投资、并购、股权置换、建立研发中心等多种方式，但大多采用的是传统的新建独资或合资企业的方式，而对目前国际直接投资中广泛采用的收购、兼并方式则运用不多（见图4）。究其原因，一是国内缺少并购的法律保障服务平台，二是对兼并、收购方式不熟悉，缺乏国际并购的经验。

多元融资格局初步形成。从境外投资的筹资方式来看，自有资本是四川民营企业境外投资最重要的资金来源，这从侧面反映出四川开展境外投资活动的民营企业资金实力较为雄厚。同时，银行贷款是企业外部融资的主要渠道。此外，还有少数企业选择发行股票或债券的方式来筹集资金（见图5）。在四川有关商会的支持引导下，中嘉国际在新加坡上市、四川新荷花中药饮片公司在深交所上市、四川新筑路桥公司在国内上市，从而清除了其境外投资的资金障

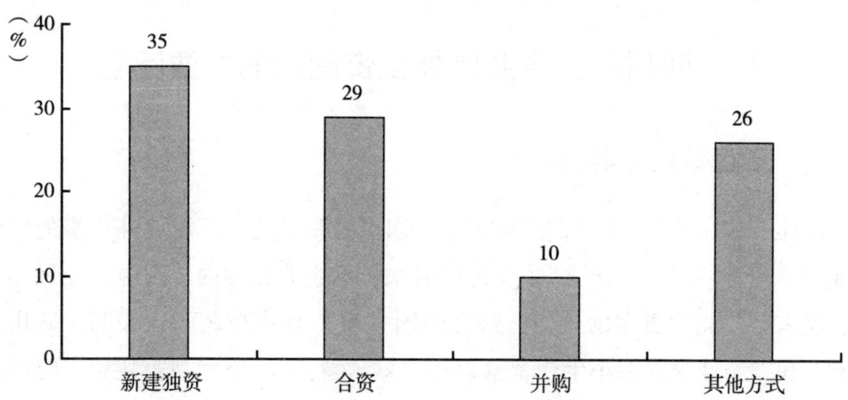

图4　境外投资的方式

碍。由此可以看出，融资渠道的拓宽使得四川民营企业开展境外投资活动的筹资难问题得到了一定的纾解。

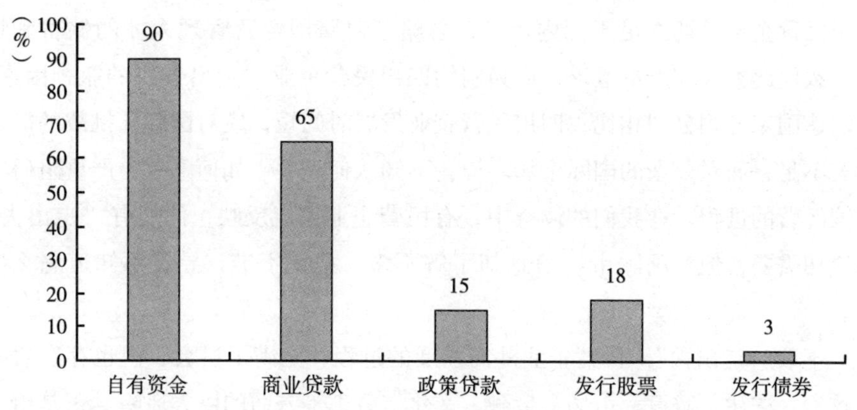

图5　境外投资的筹资方式

积极作用初步显现。四川民营企业通过境外投资拓展了发展空间，开拓了海外市场，提高了经营管理水平，增强了研发能力，缓解了四川资源不足、产能过剩难题，促进了全市产业结构调整。华侨凤凰集团 2002 年进入南非，开发房地产和农业项目，带动了包括四川企业在内的近百家国内企业产品长期出口南非，如四川的橱柜、家具等。

三　四川民营企业境外投资面临的主要问题

（一）民营企业素质制约

不愿“走出去”。在我们的调研中，四川一些有实力开展境外投资的民营企业家表示不愿意“走出去”。在他们看来，本企业在省内、国内已经做得很好，没有必要耗费更多的人力、财力到国（境）外去折腾。这表明，四川还有部分民营企业家存在小生产者意识和“盆地意识”，空间视野狭窄，时间眼光短浅，夜郎自大，小富即安，画地为牢，缺乏外向发展的积极性。

不能“走出去”。有的境外投资企业需要国内金融机构提供担保或其他信用支持，以便获得当地的融资贷款，但由于民营企业规模较小，国内金融机构往往又觉得境外投资风险大，加上难以掌握企业海外资产，因而这些机构往往不愿为境外投资的民营企业提供支持，这就阻碍了民营企业境外投资的步伐。四川民营企业长期立足于国内市场，忽略了对跨国经营管理人才的储备和培养，致使此类人才严重匮乏，成为制约四川民营企业“走出去”的瓶颈因素。与发达国家跨国公司相比，四川民营企业发展时间短，应对国际化挑战的能力先天不足，面对复杂的国际市场环境，不知从何下手、如何下手，严重阻碍了跨国经营的进程。在我们的调查中，有民营企业家就反映，他们有“走出去”的迫切需要，但对国际市场信息却了解不多、把握不准，导致不知道怎么去走。

不敢“走出去”。民营企业外向发展的过程，充满了机会，但也存在着来自政治、法律、政策、市场、金融、文化、劳工等方面的巨大风险。正是由于小生产者意识和“盆地意识”作祟，四川有部分民营企业谋求安稳，缺乏冒险精神，加以抵御风险、管理风险的能力较低，因而没有勇气“走出去”。

盲目“走出去”。据调查，第一次“走出去”的四川民营企业，有四成以上抱有走一走、看一看的心态，思想和业务准备不够充分，与国外企业面对面地对接洽谈时，资料准备、沟通能力、政策与行业知识、谈判技巧等都显得贫弱乏力。甚至有民营企业在对国际市场规则缺乏认知，对东道国的经济、政治、法律和文化环境的缺乏了解的情况下，贸然开展境外投资活动，导致实际投资之后运营面临诸多困难。

独自“走出去”。目前，四川民营企业进行境外投资时“单打独斗”的较多，“抱团”发展、通力合作的较少，有时甚至发生“内战”，使得企业无法实现共享资源、能力互补，无法形成合力增强谈判力与竞争力。

（二）国内体制、机制及政策障碍

政府服务有待加强。一方面存在政府“缺位”现象，有关部门尚未制定相关发展规划进行引导，对民营企业境外投资的政策支持力度不足，政府提供的信息、融资、税收等方面的服务不够到位。另一方面又存在政府“越位”现象，政府对民营企业境外投资存在监管过度的问题。我们的问卷调查显示，分别有20%、18%的民营企业对政府境外投资服务不太满意、不满意（见图6）。

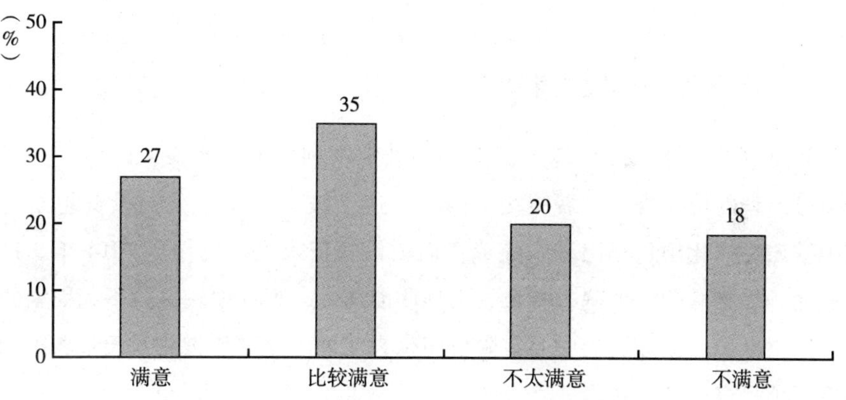

图6　政府服务满意度

社会服务体系有待健全。民营企业“走出去”需要大量专业公司和机构提供多方面的服务。然而，目前四川省专门为民营企业开展境外投资活动提供政策咨询、法律服务、专业人才、市场调研外包、投资风险预测、投资再保险等服务的中介机构的发展严重滞后，现有中介机构的服务意识和服务水平都有待提高。我们的问卷调查显示，认为四川中介机构境外投资服务水准较低和低的民营企业共占45%（见图7）。在我们的走访调查中，四川省贸促会一负责人即坦率表示，我们对企业“走出去”的需求掌握不够，收集到的国际市场信息很多，但难找到真正合适的对口企业。

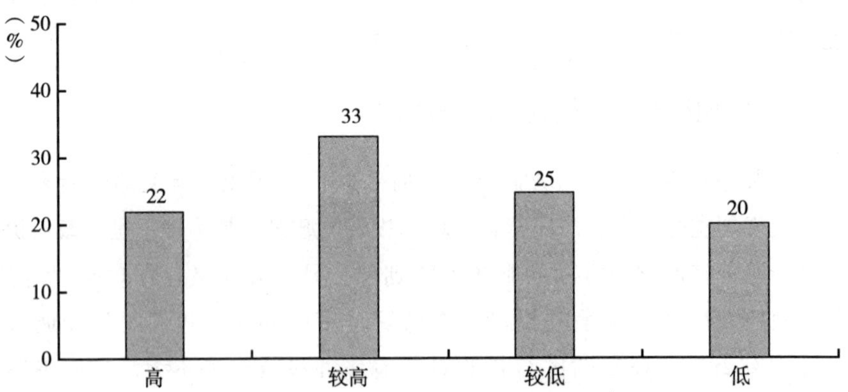

图7　社会中介机构服务水准评价

（三）东道国环境约束

2013年底以来，受世界经济形势和其他不利因素的影响，四川一些民营企业已启动的境外项目进展缓慢。四川宏达（集团）有限公司投资坦桑尼亚刚嘎铁矿一体化项目早已基本完成，但项目的正式报批工作至2014年9月还未启动。受雅浦州土地确权复杂、当地职能部门办事效率较低等不利因素的制约，四川世纪城国际会展中心有限公司密克罗尼西亚联邦雅浦州天堂岛国际旅游度假项目进展较为缓慢。

四　促进四川民营企业境外投资发展的对策

（一）从战略高度统筹民营企业境外投资

民营企业境外投资是一个具有前瞻性和综合性的问题。政府有关部门应在对国内外经济环境和市场演变趋势清晰把握的基础上，遵循产业国际化发展规律，按照“跳出四川、发展四川”的思路，以服务经济转型升级、统筹利用国际国内两个市场与两种资源、增强地区经济整体竞争力为主线，研究制定出符合四川省情的对外投资战略，加强对民营企业境外投资的政策导向。通过制定有关规划、政策，确定投资行业、投资区位、投资主体、投资方式及重点，引导民营企业进行正确的选择，从而促进全省产业、企业在全球优化布局、合理配置要素资源，不断壮大、提升四川本土经济，培育本土跨国公司，赢得国际竞争新优势，实现“闯天下”与“强四川”的有机统一。

在促进梯度投资的同时，激励民营企业加大对欧美发达国家逆梯度投资的力度，以获得大容量市场、高新技术、集中经济和区位禀赋的比较利益。推动民营企业抓住机遇，发挥优势，积极参与，搭上丝绸之路经济带和21世纪海上丝绸之路建设的快车“走出去”。

（二）完善财税支持政策体系

设立财政专项资金。省财政设立促进民营企业境外投资专项资金，并保持每年适度增长，对民营企业在境外设立研发机构、建立产业园区、资源开发、加工贸易、并购等方面给予补助或贴息。各市县也要在本级财政预算内，安排相应的专项资金，支持当地民营企业“走出去”。同时，大力支持企业积极争取并用好用足国家出台的各类政策性资金。积极配合落实国家援外政策，争取援外项目及资金，推动民营企业境外投资发展。

设立四川省海外产业投资基金。通过政府引导、市场化运作方式，设立四川省海外产业投资基金，专项支持包括民营企业在内的四川企业跨境投资合作业务。

实行税收优惠。根据避免双重征税协定，采取税收饶让、抵免等优惠政策，同时配合减免税等不同的政策，依法让境外投资的民营企业享受税收优惠。根据政府对外投资产业目录和国别目录，界定税收政策的激励范围。

（三）创新金融支持

完善政策性金融支持体系。充分用好国家的各项扶持政策，积极争取国家政策性金融机构对四川境外投资企业的信贷支持。鼓励政策性金融机构运用“优惠贷款+商业贷款”“直接融资+间接融资”“股权+债权”等方式，帮助“走出去”企业拓宽融资渠道。加强与丝路基金、中非、中葡、中委、中国—东盟等投资基金合作，促进其参股投资四川进行境外投资的民营企业。支持政府主导的融资性担保机构为境外投资项目提供融资担保服务。

鼓励商业性金融机构提供全面的金融服务。针对四川民营企业境外投资发展的特点，提升金融机构服务能力，创新运行模式和金融产品。完善民营企业境外投资的信贷审批和风险评估机制，降低融资成本，减小融资难度。完善“内保外贷”政策，允许企业以境内外的资产权益抵押获得境外贷款。

构建适应民营企业“走出去”的直接融资体系。对前景良好的境外投资重点企业、重点项目，支持发行中长期企业债券、短期融资券，鼓励有条件的企业上市融资。积极推进四川民营企业到海外直接融资，促进企业与海外私募股权资本联合投资，利用海外资本市场为民营企业境外投资提供服务。积极推动设立各类民间境外投资合作股权投资基金，通过境内外参股的方式为境外投资企业提供资金支持。

扩大人民币跨境使用。积极推进跨境贸易人民币结算业务，支持民营企业开展人民币境外直接投资业务。稳步推进境外投资人民币结算试点，鼓励银行直接或通过境外分行或代理行对境外投资项目发放人民币贷款，支持有实力的跨国公司总部申请纳入外汇资金集中运营管理试点。

（四）提高便利化水平

保障企业投资自主权。深化境外投资管理体制改革，简政放权，落实企业投资自主权，突出企业的市场主体地位。取消不必要的行政审批，采取“负面清单”管理方式，将审批制改为备案制，境外投资活动由企业自主决策、自担风险。

整合政府部门相关职责。创新境外投资管理体制机制，形成境外投资的部门协调机制，成立一个境外投资综合管理机构，使之成为事权统一的境外投资唯一归口管理部门。

促进出入境检验检疫、通关、外汇管理便利化。推广绿色通道，实施电子监管，为四川境外投资企业提供便捷高效的检验检疫和通关服务。改革外汇管理制度，大幅压缩外汇汇出前的审核周期，切实提升企业跨境投资和海外资金运作的便利化水平。

（五）加强服务平台建设

创建政府支撑平台。发展四川地方政府与境外地方政府的合作关系，充分利用国家商务部的多、双边合作洽谈机制，加强与我驻外使领馆、经商处以及境外驻华使领馆、办事处的联系与合作，为四川的境外投资企业提供强大的、能够涵盖当地的政府支持。

打造信息服务平台。建立全球信息资料中心，整合相关国别、政策、金融、法律和风险预警等公共信息资源，为企业进行海外投资活动提供信息参考，帮助民营企业进行海外项目评估、可行性研究等。

搭建中介服务平台。推动四川行业协会、中介机构与国际接轨，培育发展面向企业境外投资和跨国经营的中介服务机构，构建市场化、社会化、国际化的“走出去”中介服务体系。鼓励行业协会、中介机构为跨国经营企业提供国别风险、信用咨询、市场拓展和人员培训等服务。发挥海外华人侨商组织、我国境外贸促机构和商（协）会等作用，依法维护四川民营企业境外合法权益。

（六）培育壮大主体

实施跨国公司培育工程。根据四川优势产业及其国际化程度，制定打造本土跨国公司的发展规划和支持办法，选择优质民营企业重点予以扶持，着力打造具有全球视野、立足全球市场、资源全球配置的本土跨国公司。同时，发挥跨国经营绩效突出企业的示范带动作用，促进更多企业实施全球化战略，在国际竞争与合作中成长壮大，形成四川民营企业跨国经营的梯队效应。

推动建立现代企业制度。现代企业制度是民营企业拓展国际市场、参与国际竞争的内在动力，是实施跨国经营战略的有力保障。要着力推动民营企业建立多元化产权结构和科学的治理机制。

鼓励企业“集体出海”。引导四川民营企业建立境外投资战略联盟，形成集团作战优势。充分利用境外中资企业商会、进出口商会和行业协会的沟通协调作用，使企业之间的活动相互配合、彼此协同。积极利用混合所有制，整合民营企业、国有企业的各自优势，联手“走出去”。

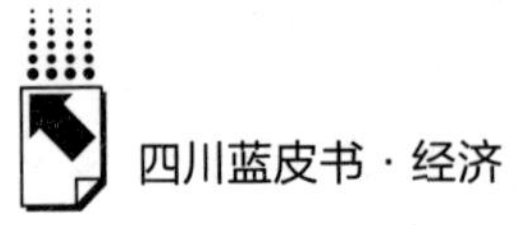

（七）强化人力资源保障

着力培养人才。制订并实施跨国经营管理人才培训计划，坚持政府扶持与企业自我培养相结合，鼓励企业通过与高校、行业协会、科研院所等合作办学、专业培训等方式，培养一支具有全球视野和国际化战略思维、熟悉国际法律法规、通晓跨国经营管理、外语熟练的复合型人才队伍。外经贸主管部门、行业协会、中介机构要积极对各类企业和政府相关人员进行培训，使其尽快熟悉有关政策和国际投资、贸易规则，更好地为企业“走出去”服务。组织“走出去”专项国际人才交流，充分利用现有经贸合作区、境外商品城等平台，建立海外“走出去”人才培训基地。

积极引进人才。依托国家高层次人才引进计划，积极引进高层次跨国经营管理人才。建立“国际经贸人才库”，广泛引进各类专业人才。

（八）构建风险防范和分担机制

完善风险防范机制。引导企业加强境外投资前期风险分析和论证，提高决策的科学性。引导企业规范经营，避免损害东道国公共利益的行为发生。引导企业建立风险管理体系，形成相应的分析、防范、控制、应对工作体系。政府主管部门要建立境外纠纷与突发事件处置应急机制，切实提高政府部门和对外投资企业境外纠纷处置能力。

健全风险分担机制。根据由对风险最有控制力的一方承担相应风险、承担的风险程度与所得的回报大小相匹配、承担的风险要有上限的风险分担原则，构建政府、金融机构、企业“三位一体”的立体风险分担模式，明确三大主体风险分担的重点与边界。

B.27

四川上市公司运行情况、问题及对策建议

杨成万*

摘　要：自我国证券市场建立以来，经过20多年的发展，目前四川上市公司已超过100家，在全国各省、市、区居第8位，在中西部地区居第1位。这是多年来四川积极培育拟上市企业，鼓励企业建立现代企业制度，走向资本市场的结果。四川上市公司汇聚了川内各行业的优秀企业，成为贯彻落实四川省委、省政府"三大发展战略"，实现"两大跨越"，推动四川经济社会发展，建设美丽繁荣和谐四川的一支重要力量。本文从四川上市公司在经济"新常态"下的生产经营、融资、资产重组、法人治理结构、投资者关系管理等方面分析其发展现状，剖析存在的问题，并提出相应的建议。

关键词：上市公司　生产经营　融资　资产重组　法人治理结构　投资者关系管理

一　四川上市公司生产经营有关情况

（一）基本情况

2015年1～6月，四川上市公司资产规模继续扩张，所有者权益（即净资

---

* 杨成万，金融投资报首席记者。

产，以下均同）大幅上升。截至2015年6月末，四川上市公司所有者权益共计3424.94亿元，比上年同期增加527.45亿元，增长18.20%。所有者权益位列前10位的四川上市公司合计拥有所有者权益1617.37亿元，占四川全部上市公司的47.22%，同比下降8.68个百分点（按可比口径计算），表明位列前10位的四川上市公司的分量有待进一步提升。

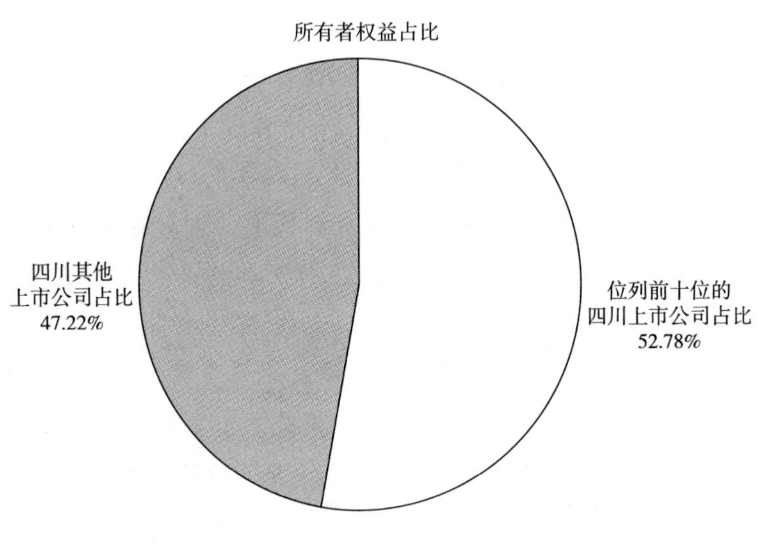

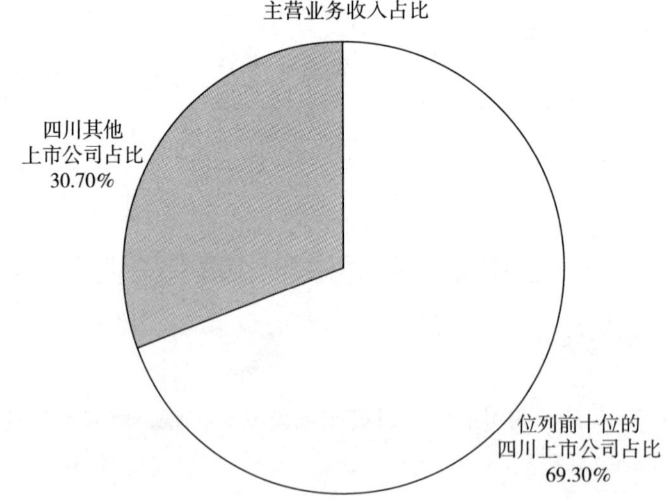

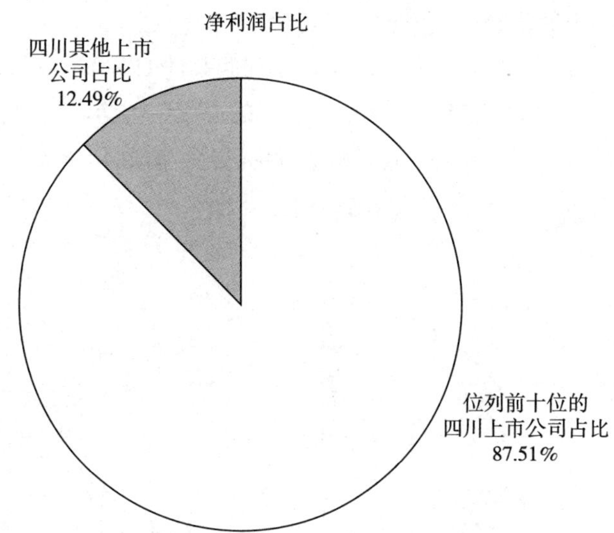

图 1　2015 年上半年四川部分经济指标前十位上市公司占四川全部上市公司比例

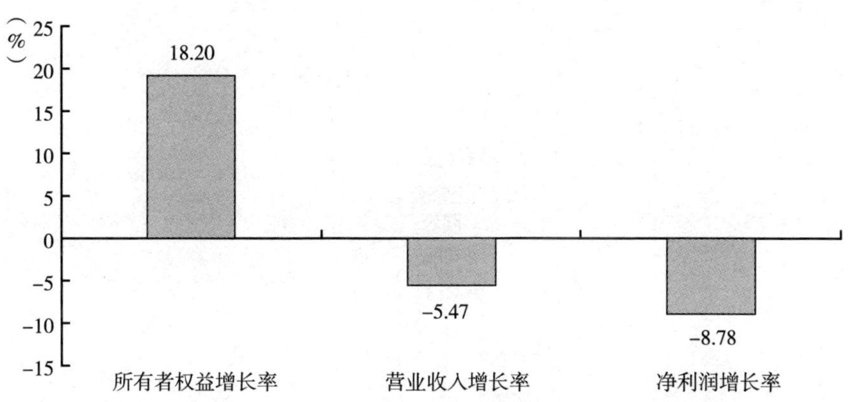

图 2　2015 年上半年四川上市公司相关经济指标与上年同期比较

2015 年 1 ~6 月，四川上市公司实现主营业务收入共计 2192. 41 亿元，比上年同期下降 126. 80 亿元，下降 5. 47% 。而 2015 年上半年 A 股 2780 家上市公司共计实现营业收入 13. 97 万亿，同比增长 1. 31%①。与全国上市公司比

① 摘自 2015 年 9 月 4 日中国网，刘小菲：《上市公司上半年赚 1. 42 万亿，九大板块强势领跑》。

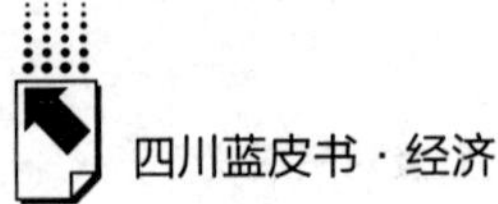

较，四川低6.78个百分点。

2015年1~6月，四川上市公司实现净利润共计116.22亿元，比上年同期下降11.18亿元，下降8.78%。其中，盈利的上市公司78家，共盈利134.21亿元，亏损的上市公司18家，共亏损17.99亿元。而2015年上半年A股2780

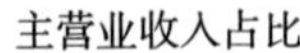

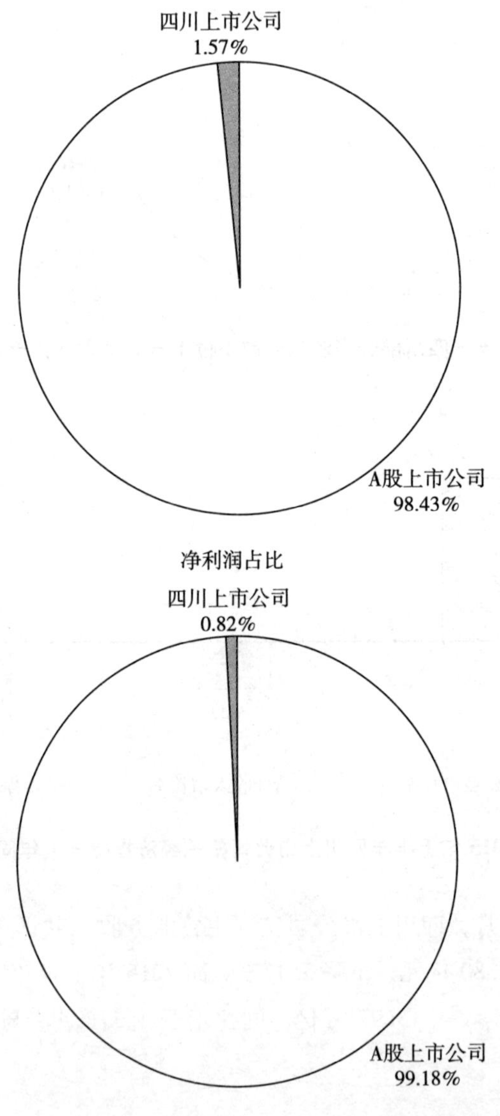

图3　2015年上半年四川上市公司部分经营指标与A股上市公司比较

家上市公司共计实现净利润 1.42 万亿元，同比增长 10.07%[①]。与全国上市公司比较，四川低 18.85 个百分点。同时，销售利润率比上年同期下降了 0.19 个百分点。

表 1　所有者权益前 10 位上市公司

证券代码	公司名称	所有者权益(亿元)
000858	五粮液	381.87
600839	四川长虹	193.54
600875	东方电气	191.32
000876	新希望	175.21
000629	攀钢钒钛	160.13
601107	四川成渝	118.73
600674	川投能源	116.40
002422	科伦药业	104.66
000568	泸州老窖	98.41
600039	四川路桥	77.10

表 2　所有者权益增速前 10 位上市公司

证券代码	公司名称	增长幅度(%)
600466	蓝光发展	1593.49
600644	* ST 乐电	792.28
300467	迅游科技	325.00
000628	高新发展	255.93
600331	宏达股份	251.27
300463	迈克生物	169.48
300471	厚普股份	162.97
300432	富临精工	153.54
002143	印纪传媒	149.66
300470	日机密封	148.85

① 摘自 2015 年 9 月 4 日中国网，刘小菲：《上市公司上半年赚 1.42 万亿，九大板块强势领跑》。

表 3　营业收入前 10 位上市公司

证券代码	公司名称	主营业务收入(亿元)
600839	四川长虹	298.54
000876	新希望	294.98
600528	中铁二局	241.14
600875	东方电气	182.05
000858	五粮液	112.15
600093	四川路桥	108.72
600691	ST 阳化	100.59
600438	通威股份	64.00
000629	攀钢钒钛	61.62
000693	华泽钴镍	55.63

表 4　营业收入增速前 10 位上市公司

证券代码	公司名称	增长幅度(%)
600466	蓝光发展	1718.65
000810	创维数字	257.86
600109	国金证券	181.11
600779	*ST 水井	173.94
600139	西部资源	169.68
002190	成飞集成	135.19
600353	旭光股份	60.49
002357	富临运业	57.95
000693	华泽钴镍	51.25
603077	和邦生物	48.25

表 5　净利润前 10 位上市公司

证券代码	公司名称	净利润(亿元)
000858	五粮液	32.98
600674	川投能源	15.37
600109	国金证券	12.33
000876	新希望	11.58
000568	泸州老窖	10.21
601107	四川成渝	5.56
600804	鹏博士	4.18
002422	科伦药业	4.09
600093	四川路桥	3.25
002143	印纪传媒	2.15

表 6　净利润增速前 10 位上市公司

证券代码	公司名称	增长幅度(%)
600691	*ST 阳化	51788.00
000731	四川美丰	17237.00
600779	*ST 水井	17187.00
000810	创维数字	16181.00
002143	印纪传媒	6004.55
300022	吉峰农机	5907.00
600321	国栋建设	3430.00
002190	成飞集成	2805.00
300101	振芯科技	265.31
600109	国金证券	225.70

表 7　每股净资产前 10 位上市公司

证券代码	公司名称	每股净资产(元)
300471	厚普股份	18.65
002422	科伦药业	15.39
300470	日机密封	14.22
002466	天齐锂业	11.13
000858	五粮液	10.66
002749	国光股份	10.54
300467	迅游科技	10.39
300463	迈克生物	10.11
300440	运达科技	9.77
600875	东方电气	9.75

表 8　每股净资产增速前 10 位上市公司

证券代码	公司名称	增速(%)
600039	四川路桥	240.29
600331	宏达股份	218.75
600466	蓝光发展	176.47
000628	高新发展	134.09
300440	运达科技	82.62
300425	环能科技	30.66
000801	四川九洲	27.53
300249	依米康	22.80
000693	华泽钴镍	19.13
600131	岷江水电	18.89

表 9　每股收益前 10 位上市公司

证券代码	公司名称	每股收益(元)
002749	国光股份	1.24
300471	厚普股份	0.93
000858	五粮液	0.87
300467	迅游科技	0.76
300432	富临精工	0.74
300463	迈克生物	0.74
000568	泸州老窖	0.73
300470	日机密封	0.63
002422	科伦药业	0.57
000876	新希望	0.56

表 10　每股收益增速前 10 位上市公司

证券代码	公司名称	增速(%)
002143	印纪传媒	850.00
002190	成飞集成	800.00
000803	金宇车城	500.00
600378	天科股份	372.73
002366	丹甫股份	350.00
600779	*ST 水井	350.00
000731	四川美丰	290.00
300101	振芯科技	275.00
300028	金亚科技	260.00
000810	创维数字	240.00

（二）存在的问题

（1）主营业务收入不升反降。2015 年 1～6 月，四川上市公司实现主营业务收入共计 2192.41 亿元，比上年同期下降 126.80 亿元，下降 5.47%。而 A 股 2780 家上市公司上半年累积实现营业收入 13.97 万亿，同比增长 1.31%①。

① 摘自 2015 年 9 月 4 日中国网，刘小菲《上市公司上半年赚 1.42 万亿，九大板块强势领跑》。

与全国上市公司比较，四川低6.78个百分点。据统计，与上年同期比较，营业收入下降的有42家，占到了四川全部上市公司家数的40%以上。

究其原因是多方面的，从宏观层面来看，经济下行压力较大。国家统计局发布的数据显示，2015年1～6月全国GDP增速为7%，比上年同期下降了0.4个百分点。2015年1～6月，四川省GDP增速为8%，虽然高于全国平均增速1个百分点，但与上年同期比较，仍下降了0.5个百分点①。

从微观层面来看，既有因为受市场需求下降而被动减少营业收入者。例如，由于国内电力市场增速持续放缓，发电设备产能过剩加剧，市场竞争异常激烈，导致东方电气主营业务收入下降了102.68亿元；又有主动减少营业收入者。例如，中铁二局为了加大物贸业务风险控制，主动收缩了物贸业务经营规模，使物贸业务收入较上年同期下降幅度较大；还有因为阶段性原因而出现阶段性下降。如上半年达到交房的房地产项目少，导致上半年中铁二局房地产业务收入较上年同期下降90.58亿元。

（2）赢利能力明显弱于全国平均水平。2015年1～6月，四川上市公司实现净利润共计116.22亿元，比上年同期下降11.18亿元，下降8.78%。而2015年1～6月A股2780家上市公司共计实现净利润1.42万亿元，同比增长10.07%②。与全国上市公司比较，四川低18.85个百分点。其原因是，一方面，由于产能过剩，市场销售困难，工业品出厂价格持续走低，2015年1～6月四川工业生产者出厂价格同比下降3.3%，降幅比上年同期扩大1.3个百分点③。另一方面，企业经营成本不断上升，直接影响企业盈利。

（3）净资产收益率下降。截至2015年6月末，四川上市公司净资产值共计3424.94亿元，实现净利润共计116.22亿元，其净资产收益率3.39%，比上年同期下降了0.62个百分点。其原因有三：一是盈利能力低下，一些企业虽然拥有规模庞大的净资产，但投入产出效益低下，如攀钢钒钛拥有净资产114.42亿元，却亏损了5.3亿元，ST川化亏损额也高达1.12亿元；二是部分上市公司的净资产是资产重组时置入的，在短期内还难以产生效益；三是部分

① 摘自四川省统计局发布的2015年上半年四川省GDP数据。

② 刘小菲：《上市公司上半年赚1.42万亿，九大板块强势领跑》，中国网，2015年9月4日。

③ 四川省统计局发布的2015年上半年四川省经济运行数据。

上市公司特别是科技型公司的无形资产，如发明专利占公司净资产的比重较大，但并不意味着在短期内能产生明显的效益。

（4）产品库存积压严重。由于宏观经济增速持续下行，市场需求不足，不仅使部分上市公司的营业收入下降，如东方电气、攀钢钒钛、四川美丰、五粮液、新希望的营业收入分别下降 36%、21.71%、19.08%、8.04% 和 3.84%，而且在产量没有相应减少的情况下，意味着产品库存积压严重。如 2015 年 6 月末，攀钢钒钛、五粮液、四川长虹的存货分别比上年同时点上升了 27%、16.27% 和 15%。

（三）对策建议

（1）实施转型升级战略。从 2015 年上半年四川上市公司的经营情况可以看出，经营情况较差的企业主要集中在传统且产能过剩行业，而从事新兴产业的企业，其经营情况明显好于传统行业的企业。因此，要认真贯彻落实四川省委、省政府制定的“三大发展战略”，特别是其中的“创新驱动发展“战略，淘汰落后产能，实现产业、企业及其产品的转型升级。而作为已经走向资本市场的上市公司，可以以资产重组为契机，实现转型升级。

（2）实施“互联网 +”战略。对于传统行业来说，要将互联网思维及技术应用于生产经营之中，用高新技术改造传统产业，实现生产模式、销售模式、管理模式和服务模式的转型升级。目前在生产环境上，如通威股份利用互联网技术采集各种养殖生产数据，形成大数据分析平台，为养殖户、养殖投入品供应商提供决策依据，构建全新的水产养殖商业模式。在市场营销方面，如新都化工、红旗连锁、吉峰农机等企业在实施“互联网 +”战略方面，已经走在了四川上市公司的前面，它们的经验，值得其他上市公司学习和借鉴。

（3）加强内部管理。在采购环节，要根据生产周期、产品销售周转时间等因素，研究和制定采购策略，在保证生产和市场销售能够正常进行的条件下，尽量降低存货规模，减少存货对资金的占压；在销售环节，要综合权衡货款结算时间及方式对资金风险、成本的影响，选择最佳方案。如果涉及进出口业务的企业，还需要考虑外汇的汇兑风险等因素。要加强对应收账款特别是对逾期未收回，有可能形成呆、坏账的应收账款的催收力度，如一旦出现风险，要及时采取包括向司法部门提出财产保全申请的措施，最大限度地挽回经济损失。

二　四川上市公司融资有关情况

（一）基本情况

在 IPO（即首次公开上市）融资方面，2015 年上半年，四川共有中光防雷、环能科技、富临精工、金石东方、运达科技、迈克生物、迅游科技、日机密封和厚普股份等 9 家企业在创业板上市，上市家数创近 6 年来的新高。这些企业涉及电子信息、节能环保、高端制造等行业。按照发行的股本数量及发行价格计算，9 家上市公司共计融资人民币 49 亿元，平均每家企业融资 5.4 亿多元。其中，融资额最多的是迈克生物，达 10.49 亿元，最少的是金石东方，融资额 1.80 亿元①。通过上市融资，将对这些公司的发展产生巨大的推动作用。

在再融资方面，以定向增发的股权融资为主。如四川金顶、川化股份、国栋建设、成商集团、高金食品，以及后来因故暂停的四川长虹、通威股份等。究其原因，一方面，并购重组热催生了上市公司定向增发。近年来各路资本正从"股权投资热"逐步过渡到"并购热"，一些企业更愿意选择并购方式认购其选中的标的；另一方面，相关政策的变化也为上市公司定向增发营造了宽松的氛围。中国证监会于 2015 年 4 月 24 日发布修订后的《证券期货法律适用意见》规定，上市公司发行股份购买资产同时募集配套资金的比例，由不超过交易总金额的 25%，扩大至不超过拟购买资产交易价格的 100%。

（二）存在的问题

（1）定向增发和并购重组存在套现之嫌。2015 年以来，A 股上市公司定向增发募资频频发生。据同花顺数据统计，截至 6 月 25 日，共发生 294 起定向增发事件，实际募资金额高达 4414.42 亿元，与上年同期 171 起定向增发事件和 2692.61 亿元的募资总额相比分别增长 71.93% 和 63.95%，其中也包括了四川上市公司。这些公司通过低价定向增发，吸引资金介入炒作，引发公司

---

① 李龙俊：《四川 A 股上市公司已满百家》，《四川日报》2015 年 6 月 16 日。

股价上涨，机构借此获利出逃，从而导致股价暴涨暴跌，有可能存在输送利益问题，损害了中小投资者的合法权益①。

（2）募资用途不明确或者出现偏差。目前部分上市公司募集资金后，没有找到合适的投资项目，定向增发的募资用途多为补充流动资金或实际意义不大的投资项目，或者将其放在银行“吃利息”，甚至用于购买理财产品或“炒股”，并未进行产业转型升级，不仅浪费了资金，还会增大企业的经营风险。在募集资金的专户监管制度，定期报告制度和责任追究制度方面仍然存在“漏洞”。

（3）上市公司回报股东的意识淡薄。目前四川上市公司债权融资占比小，究其原因是债券融资需要承担刚性支付压力，而股权融资只有当实现盈利时才向出资人分配红利，压力较小。而民营企业对发行公司债积极性相对较高，是因为大多数民营企业向银行贷款比较困难。

（三）对策建议

（1）积极争取再融资。虽然上市公司在IPO的时候融得了部分资金，但随着业务的发展，还需要通过资本市场以适当的方式，如公开或非公开增发股份、配股、发行可转债、公司债等进行再融资。在对再融资项目的选择上，要符合国家的产业政策和四川省政府确定的产业支持重点，为实现转型升级创造必要条件。

（2）积极争取银行业金融机构的支持。一是能够提供有效的反担保物的上市公司可以申请应急转贷资金；二是在转型升级中出现资金链紧张等暂时性困难的上市公司，要积极争取当地政府协调银行业金融机构实施金融帮扶，通过本金展期、降低利息等方面的优惠政策，维持正常生产经营；三是地处差别准备金动态调整、定向降准地区的上市公司，争取较多的贷款额度②。

（3）积极争取产业投资基金的支持。目前四川省级财政出资设立了多个产业投资基金，如四川集成电路和信息安全产业投资基金目前正在进行项目征

① 温济聪：《警惕定向增发背后的风险》，《经济日报》2015年6月26日。

② 四川省人民政府办公厅《关于进一步缓解企业融资难、融资贵问题的通知》（川办发〔2015〕32号），四川省人民政府网站，2015年4月21日。

集，原则上单个项目投资额不低于人民币1000万元，且不超过基金募集规模的20%、投资标的总股本的30%。在投资年限上，最长不超过7年，若经股东会审议通过，可适当延长。相关上市公司可以根据自身情况积极参与①。

三　四川上市公司资产重组有关情况

（一）基本情况

在经济发展新常态下，正是并购多发时段，四川上市公司抓住了资本市场走好的机遇，积极进行了资产重组。截至2015年5月末，四川8家上市公司完成并购重组，涉及金额174亿元；31家公司并购重组正在实施过程中，数量占全部四川上市公司3成，涉及金额495亿元②。

在重组类型上，出现了如下三种类型：其一，在同一行业内重组。正在进行资产重组的成商集团，拟以现金方式收购成都仁和春天百货有限公司100%的股权，以及成都青羊区仁和春天百货有限公司100%的股权。今年早些时候，还拟向公司控股股东深圳茂业商厦有限公司发行股份购买旗下多家公司的股权等。同样在同一行业内实施重组的还有，从事商业零售的红旗连锁兼并了同行业的互惠超市、红艳超市等。

其二，在自身所处产业链上进行纵向收购。如2015年上半年刚上市的环能科技，拟以发行股份及支付现金的方式收购江苏华大100%股权，使这家污水处理企业将向下游的污泥处理处置市场迈进。

其三，"脱胎换骨"式的重组。比如，四川金顶从生产水泥的企业转身"高大上"的云计算企业；三泰控股于2015年6月18日宣布以7.5亿元收购烟台伟岸股权，进军互联网保险业务，同时将中证信用增资2亿元，完善社区综合金融服务；利君股份从传统工程机械行业转型航空飞行器零配件制造领域等。

---

① 四川省经信委《关于开展集成电路和信息安全产业投资基金项目征集的通知》（川经信办电子函〔2015〕167号）四川省经信委网站2015年11月12日。

② 李龙俊：《四川A股上市公司已满百家》，《四川日报》2015年6月16日。

其四，“借壳”式重组。如原华润锦华被创维数字“借壳”后，从纺织加工、销售企业变为了电子信息类企业；又如高金食品被印纪传媒“借壳”后，从生猪屠宰、加工、销售企业变为了创意及影视制作类企业等。

通过并购重组产生了如下效应：一是使企业脱胎换骨，从传统产业跳向新兴产业；二是提高市场地位和市场占有份额；三是获得了开展主营业务所需资金（资产）；三是总资产、净资产、营业收入、净利润，以及对股东的回报水平将获得提高的机会。在这方面，高金食品是一个经典个案，该公司置入资产的评估值作价近61亿元，2015年1～9月，归属于上市公司股东的净利润同比增长55.87%，而在资产重组前的2013年则连续4个季度亏损。

（二）存在的问题

（1）重组效果不明显。有的上市公司虽然进行了资产重组，但资产、净资产、营业收入、净利润、就业岗位，以及上缴的税收并未相应增加；股权结构并未改变，控股股东依然“一股独大”，内控体制没有从根本上获得改善。

（2）主营业务不突出。有的上市公司进行资产重组的出发点不是为了做大做强做优主营业务，而是“追热点”、“赶潮流”，朝秦暮楚，即使通过资产重组融得了资金，但未来将资金用在主营业务上。甚至有的上市公司因为连续亏损戴上“*ST”的帽子，为了逃避“退市”遭遇而不得不进行资产重组，而并非为了主营业务的需要。

（3）对重组风险估计不足。一是管理风险。有的上市公司“贪大求全”，资产重组后未采取恰当的措施严格执行管理制度，造成管理失控，给公司的正常经营带来不可预知的风险，影响经营计划的实现；二是财务风险。公司发展所需资金如果主要依靠自筹和银行贷款解决，而公司不能保持良好的经营状况，获得稳定有效的现金流入，将会出现一定的偿债风险。

（三）对策建议

（1）重构上市公司产品及产业体系。四川上市公司的转型升级是四川产业转型升级在资本市场的反应，应该按照四川七大传统优势产业、七大战略性新兴产业、五大高端成长型产业及五大新兴先导型服务业来重构产品及产业体系，支持符合上述产业政策的上市公司进行资产重组，突出主营业务，提高重组效率。

（2）监管部门要加强对上市公司资产重组方案的审查。一是审查是否有利于优化上市公司的产品结构，突出主营业务？二是是否审查是否有利于提高盈利能力；三是审查是否会导致“一股独大”现象出现；四是对构成关联交易的资产重组，还需要审查上市公司控股股东是否存在将资产低价置出上市公司，而将其关联公司的资产高价置入上市公司，损害中小投资者合法权益的问题。

（3）督促兑现资产重组时的相关承诺。股东大会、监事会要采取有效措施防止部分上市公司借“资产重组”之名，行“圈钱”之实，要强化上市公司树立回报股东的责任意识。当控股股东没有实现承诺的业绩增长目标时，要根据上市公司发布的资产重组方案，督促控股股东及时采取措施兑现承诺，以保证中小投资者的收益分配权落到实处。

四　四川上市公司法人治理结构有关情况

（一）基本情况

目前四川上市公司的构成情况与全国其他地区一样，既有由国有企业改制后上市的公司，这类公司在主板市场居多，刚上市时绝大多数由国有资本绝对控股，有的上市公司国有股成分甚至高达90%以上，非国有股比例微乎其微，经过后来国有企业的改革和资产重组，这种现象在一定程度上有所缓解，但目前部分上市公司仍然是国有控股（包括绝对控股和相对控股）；又有民营控股的上市公司，这部分上市公司主要集中在中小板，特别是创业板。

由于股权结构的不同，在法人治理结构方面也表现出不同的风格。国有控股的上市公司往往是由当地国资委（或国有资产投资管理公司）派员担任董事长，有的还兼任党委书记或者总经理；而非国有控股的上市公司往往是由公司创始人出任董事长或总经理，或者由董事长兼任总经理，或者向社会公开招聘总经理。

目前四川所有的上市公司都建立了股东大会、董事会、监事会和独立董事制度，实施了信息披露制度，建立了投资者关系管理平台，有15位上市公司的董秘获得了由四川证监局评定的2014年度上市公司“优秀董秘”称号。

在信息披露方面，截至2015年6月末，证券监管部门公布的四川上市公司信息披露违规个案有所减少，而且已经开始有上市公司实施了自愿性信息披露。如创维数字已经多次进行了自愿性信息披露。

（二）存在的问题

（1）信托责任缺失。由于股份公司实行的是授权经营制度，作为控股股东的国有股出资人代表有的不在位，没有具体参与公司的经营决策的现象较为普遍，对上市公司的具体运作情况缺乏了解。而中小股东由于监督费用高昂，在维护自身权益时不仅力不从心，而且还因为收益微薄且不定而缺乏动力①。

（2）误将上市公司与非上市公司、公司治理与行政管理混为一谈。误认为公司治理结构的确定属于公司内部的事情，与公众无关，导致公司内部人员违法操作，侵害股东合法权益的现象时有发生。而部分上市公司的监事会不受重视，再加上部分监事会成员没有具体参与公司的经营决策，缺乏足够的公司经营信息，无法发挥应有的监督作用②。

（3）部分上市公司独立董事存在“花瓶现象”。究其原因，一是有人同时担任多家上市公司的独立董事，在时间和精力上都顾不过来，没有时间来认真细致地研究公司，履行法律规定的义务；二是个别独立董事缺乏承担诚信义务和勤谨义务的意识；三是目前部分独立董事缺乏上市公司特别是不少创业板公司所从事的行业细分的领域的专业知识。

（三）对策建议

（1）完善公司治理结构。可以通过此轮国企改革，引进民营资本入股国有控股上市公司，从而稀释国有股权，需要建立权力的配置与制衡机制，以强化对经营者的约束，同时要强化信托意识，建立信托责任制度，以保证公司经

① 蒋少龙：《完善上市公司法人治理结构的思考》。

② 蒋少龙：《完善上市公司法人治理结构的思考》。

营者以股东利益最大化为目标，防止经营者的败德行为，切实保护投资者特别是中小投资者的利益。

（2）进一步强化监事会的监督职能。为了有效实现监事会的监督职能，需要推选懂经营、懂法律、会管理的专业人士为监事会成员；要提高监事会的权威性，进一步明确监事会的职责和权限，有效发挥监事会的职能，国家有关部门可委托监事会对特定的事项进行调查；同时，要给监事创造良好的工作条件。

（3）确保独立董事的独立性。要进一步从法律上明确独立董事人数在董事会中应占的比例、任职资格、权利义务。一方面，独立董事要履行参与公司经营决策、进行财务审计、监控内部人控制等职能。特别是在参与公司重大决策，如企业并购、关联交易、公司股票回购、企业内部报酬制定等问题时必须发表意见，对股东特别是中小股东负责；另一方面，独立董事要花一定时间来研究上市公司，增加发言权，减少和消除“花瓶现象”。

五　四川上市公司投资者关系管理有关情况

（一）基本情况

在股东回报方面，随着强制分红机制的实施，中小股东权益保护力度有所提高。研究发现，自2013年底，中国证监会发布《上市公司现金分红指引》，对处于不同发展阶段的上市公司提出不同的现金分红要求，规定了现金分红的最低比例以来，大约1/3的四川上市公司在过去5年内通过现金分红的方式同中小股东分享了公司收益。同时对《公司章程》中关于利润分配政策进行了修订，提出了未来三年股东回报规划，明确了差异化分红机制。当然，也存在少数一毛不拔的“铁公鸡”式的上市公司。

此外，四川大部分上市公司在进行投资者关系管理方面，一是能够做到及时、真实和全面地进行信息披露；二是普遍建立了“投资者网上集体接待日”制度，而且由公司董事长、总经理、董秘、财务总监等高管人员回答中小投资者的提问。但也有部分上市公司对组织此类活动不积极，在回答中小投资者的提问时答非所问、敷衍塞责。

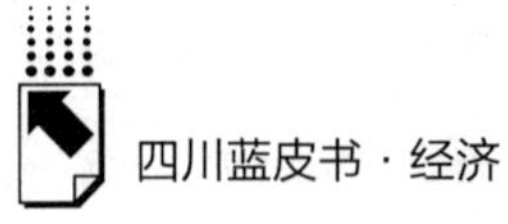

（二）存在的问题

（1）重融资，轻回报。目前在四川上市公司中，存在着只融资，不回报或者回报低，分红回报方式较为单一、结构不够合理，且分红的连续性和稳定性不足等问题。而二级市场股票价格却很高，股息率（即现金红利与股票价格之比）偏低。

（2）在回报方式上热衷于玩“送转股游戏”，无实质性回报。有的上市公司每年也进行了分配，但分配的不是现金，而是送股或用公积金转增股份，表面上看起来，投资者持有的股份增加了，而实际对应的净资产和收益没有任何变化，这也助长了投资者缺乏长期投资、价值投资理念，而过分看重短期利益，在二级市热炒“概念”“题材”之风的蔓延。

（3）大股东在增发股票时排斥中小投资者。比如，有的公司在业绩出现提升或者有投资者青睐的新项目注入时，往往推出非公开发行方案，即只让与管理层关系良好或者有必要照顾的机构得以突击低价获得新股，这就从事实上摊薄了中小投资者的权益①。还有一些大股东在减持前夕，推出一些高送转、投资热门项目等容易推高股价的方案，吸引投资者高价买入股票，而大股东借机高位减持，从而损害了中小投资者的利益。

（三）对策建议

（1）提高对股东的回报水平尤其是现金红利水平。股东投资的最大诉求就是需要持续、稳定的“真金白银”的现金红利，因此需要认真落实《上市公司现金分红指引》和经上市公司股东大会审议通过的《投资者回报计划》，保证现金分红的比例，全力保障投资者的回报权，与投资者分享发展成果。

（2）加强投资者关系管理。一方面，要严格信息披露制度，同时提倡进行自愿性信息披露，让投资者特别是中小投资者享受知情权。特别是今后随着上市公司注册制的实施，更应该加强上市公司的信息披露。另一方面，要有专人负责投资者关系管理工作，搭建沟通平台并保证沟通渠道畅通，维护市场“三公”，使保护投资者特别是中小投资者合法权益成为常态化。

---

① 周科竞：《上市公司要重视回报投资者》，《北京商报》2015 年 9 月 30 日。

（3）发挥相关各方的功能，共同做好投资者关系管理工作。一是证券监管部门要重点围绕上市公司内部治理结构、促进信息披露规范化，对投资者关系管理工作进行监督；二是上市公司协会作为行业自律组织，要利用平台优势，建立健全多元化纠纷解决机制，做好投资者教育和投诉纠纷处理工作；三是新闻媒体，要搭建监管部门、上市公司和投资者沟通的桥梁，通过信息传播和舆论监督，维护投资者特别是中小投资者的合法权益。

B.28

四川油气装备制造业知识产权战略研究*

刘鸿渊　刘 欣　刘金成　陈 明**

摘　要：　油气装备制造业是我国制造业的重要组成部分，在我国产业结构转型升级过程中扮演着重要的角色。四川作为我国油气装备制造业的重要基地，在新的形势下，如何进行技术创新，以创新驱动其可持续发展已经成为四川油气装备制造业的战略性问题。然而，企业的创新驱动发展离不开既有的知识产权制度安排和企业自身的知识产权战略管理。本文从四川油气装备制造业的知识产权环境分析入手，采用SWOT分析方法对其知识产权战略环境和策略选择进行了研究。

关键词：　知识产权　SWOT　四川油气装备　制造业

一　引言

知识产权是企业对其所拥有的智力成果的法定权利，是企业所拥有的重要资产，具有市场价值和使用价值，其合理的战略选择可以有效地提升企业的市场竞争能力，为企业带来更好的投资收益。企业知识产权是企业在长期的生产经营过程中所形成的注册商标、品牌、新产品、新技术以及企业从其他企业购

---

* 本文为四川省软科学2015年度课题：石油天然气装备制造业的知识产权战略选择、实施与评价研究——以四川省为例（2015ZR0037）阶段性成果。

** 刘鸿渊，西南石油大学经济管理学院，教授，主要研究方向：产业发展；刘欣，西南石油大学经济管理学院，硕士研究生，主要研究方向：产业组织；刘金成，四川省社会科学院，编审，主要研究方向：企业管理，企业改革；陈明，四川省社会科学院，经济师，主要研究方向：企业管理，企业改革。

买或引入的各种专利技术等。知识产权战略管理属于企业战略管理范畴，是企业对自身所拥有的知识产权而进行的合理定位、战略选择和实施的过程，具体而言是对企业知识产权的开发、保护、交易、转化、应用等而进行的环境识别、选择规划活动。据专家评估：在《财富》杂志排前100名的企业中，75%的市场价值来自企业的专利、版权、商标和商业秘密。这充分说明了知识产权在企业资产总额中的分量。企业充分合理地利用知识产权，并纳入企业的战略管理层面，与企业产品研究开发和整体营销战略并重，可以为企业带来丰厚的经济收益。企业的技术创新能力、专利的获取固然重要，但是利用知识产权和技术创新成果的商业化更为重要。一个企业如果拥有很多专利，但缺少知识产权战略发展的总体规划，企业的创新难以转化为企业的核心竞争力，由此可见，企业知识产权战略的核心是赢利模式[4]。新时期，随着世界科技的发展和经济竞争格局的变化，知识产权在企业的竞争优势的获取与保持中的作用越来越明显。宏观层面上，作为开发和利用知识资源的基本制度，知识产权制度的建立就是重视、鼓励和保护创新。2008 年 6 月，国务院发布了《国家知识产权战略纲要》，纲要明确指出实施国家知识产权战略，大力提升知识产权创造、运用、保护和管理能力。在国家知识产权战略框架下，四川省于 2009 年 6 月发布了《四川省产权战略纲要》，有力地促进了四川知识产权工作的开展，知识产权对经济社会发展的基础性、全局性和长期性作用得以充分发挥。在经济新常态下，国家已明确提出“双创战略”。显然地，加强企业的知识产权战略管理对提升企业乃至整个国家的创新能力，对中国经济的转型升级都具有划时代性意义。四川盆地是我国天然气主产区，在天然气勘探、开发过程中，四川的油气装备产业得到了发展，具有良好的发展基础，具有一定的规模和实力，也在四川油气装备制造产业发展过程中形成了自己的知识产权。在新的经济形势下，围绕四川盆地页岩气的勘探、开发和整个四川的转型升级，如何充分利用知识产权制度优势，充分发挥知识产权应有的作用，促进整个油气装备产业的发展理应成为行业的战略性决策。

二　四川省油气装备行业知识产权战略环境分析

自 2009 年《四川省知识产权战略纲要》颁布实施以来，四川省知识产权工作取得了令人瞩目的成绩。2013 年四川省新申请专利 82453 件，新获得专利授权 46171 件，专利申请数量居全国第 8、西部地区第 1；2014 年，四川省新申请专利 91167 件，新获得专利授权 47120 件，专利申请数量全国第 7、西部地区第 1；其中新申请发明专利 29926 件，新获得发明专利授权 5682 件。这些数据表明四川省对知识产权的重视和所取得的成绩，不仅从整体上促进了四川省知识产权管理工作水平的提升，而且也为四川油气装备产业的知识产权战略的实施奠定了一个良好的基础和环境条件。

知识产权资源是企业参与市场竞争的赢得要素。知识产权不仅体现在数量的多少上，也体现在企业作为市场主体所提供的产品、服务中的质量上。在市场经济条件下，如果企业所提供的产品的知识和技术含量越多、越高，那么其市场价值和竞争能力也会随之提升。知识产权本身只是一种静态的资产权利，需要从管理等多个角度上去促进知识产权的商业化和市场化，也只有通过商业化和市场化运作，知识产权才能转化为经济效益，实现其自身的价值。也就是说，企业的知识产权的价值决定于企业对其进行的管理，尤其是其战略性管理。目前，在大多数企业中，企业对知识产权管理重视的是对知识产权的保护，而不是利用。由此可见，要进一步发挥企业所拥有的知识产权的作用，企业就应该从战略层面对企业的知识产权战略进行定位，并将企业的知识产权战略纳入整个企业的战略框架内，将企业的知识产权作为核心要素整合到企业的战略管理流程体系中，从而形成企业知识产权应用平台。理论上，任何战略的定位、制定与实施都是建立在战略环境分析基础上的，是对环境与能力的匹配过程。

（一）四川油气装备制造业知识产权战略机会与优势分析

1. 市场前景看好

油气装备制造产业的发展依赖于油气产业的发展，而油气产业的发展不仅决定于经济社会发展对油气资源的需求，而且也决定于一定区域范围内的资源储量。国土资源部 2015 年 10 月 21 日发布《中国矿产资源报告（2015）》显示，2014 年中国石油勘查新增探明地质储量 10.6 亿吨、天然气 9438 亿立方米。其中，石油剩余技术可采储量增长 2.0%，天然气增长 6.5%，首次探明的页岩气地质储量 1068 亿立方米。探明的油气资源储量的增加预示着在未来很长一段时间内，我国油气资源的勘探、开发仍然会保持着一个增长态势，油气资源勘探、开发量的增加，必然会促进我国的油气装备制造产业的发展，为油气装备产业的发展提供巨大市场机会。更近一步，四川盆地的页岩气勘探开发也取得了令人瞩目的成绩。据中国石化最新消息，经国土资源部油气储量评审办公室评审认定，涪陵页岩气田焦石坝区块新增探明储量 2739 亿立方米。至此，国内首个大型页岩气田探明储量增加到 3806 亿立方米，含气面积扩大到 383.54 平方千米，成为除北美之外最大的页岩气田。涪陵页岩气田储量规模的扩大，不仅进一步证实了海相页岩气资源成为现实的增储上产领域，而且也标志着我国页岩气进入规模化、工业化开发生产阶段，其发展必然会带动油气装备产业的发展。截至 2015 年 8 月 31 日，涪陵页岩气田焦石坝区块已测试的 142 口井均获中高产工业气流，单井日均产气达 32.72 万立方米，最高 59.1 万立方米，已累计产气 25 亿立方米。由此可见，随着全国油气资源勘探工作的发挥和四川盆地海相页岩气资源的投入开发，其对油气勘探、开发等装备将形成新的市场需求，从而为四川油气装备制造产业的发展带来市场机会。

2. 产业组织生态好

四川油气装备制造产业主要集中在成都、德阳和资阳三个地市。近年来，德阳的油气装备制造产业发展势头强劲，其中以广汉市的油气装备制造产业的发展最为引人瞩目。为满足广汉市的油气装备制造产业发展的需要，由广汉市政府牵头，联合多家石油装备生产企业成立的广汉市油气装备制造产业专利联盟为形成良好的产业组织生态创造了条件，专利联盟成为带动园区油气制造行业的整体实力不断提高的助力器。目前，广汉市已聚集油气装备服务产业关联企业 213 家，拥有产值上亿元企业 28 个，基地的产业集聚度达 56.9%。园区油气装备行业规模以上企业实现产值 301 亿元，占园区总产值的 56.6%。涉及油气井测、钻井、采油、油气输送等多个领域，形成了完善的油气装备产业链。产品主要覆盖钻机、钻井泵、游吊系统、固控系统、电控系统、井口控制设备、顶驱系统生产、石油输送管线设备等，产品遍布美洲、非洲、中东、中亚、东南亚、俄罗斯等地，多年出口创汇位居行业首位。形成了以宏华石油、宝石机械等龙头企业为主导、三大国内顶尖的工程研究院为技术支撑、锦程石油等配套关联企业集群共生的特色石油装备制造集群。龙头企业四川宏华石油设备有限公司研制的我国首台万米大陆专用钻机“地壳一号”标志着我国地学领域对地球深部探测的“入地”计划取得阶段性重大进展。

3. “产学研”创新体系已形成

随着电子信息技术的发展，装备制造的自动化、智能化和信息化已成为一种技术趋势，这种趋势客观要求制造企业的不断创新，对产业创新能力提出了挑战。四川油气产业已形成以企业为主体、以科研机构、大专院校为支撑、科技服务中心为平台的“产学研”科技创新体系。目前，四川多家油气装备制造企业已与清华大学、浙江大学、四川大学、西南石油大学、北京航空航天大学等高等学府以及四川化工设计院、四川纺织科学研究院、中石油工程设计公司等科研机构建立了“产学研”合作关系。通过“产学研”项目的实施，四川油气装备制造业拥有了一大批自主知识产权的关键核心技术，有力提升了其市场竞争能力。以广汉市的油气装备产业园区为例，园区拥有亚洲第三、全国最大的石油灭火实验基地，国家重点实验室3家，博士后科研工作站5个，国家级高新技术企业26家，市级以上企业技术中心32个，累计授权专利794项（发明专利73项）。其中，园区企业近三年累计获得各级科技进步奖77项，承担科技计划项目36项。

4. 四川油气装备制造人才优势明显

四川油气装备制造业人才资源储量丰富，一方面，在原有的四川石油机械厂、资阳钢管厂等装备企业发展过程中积累了大量的人力资源，人力资源存量丰富；另一方面，近年来各企业通过与国内高校合作开展了人才培训、人才实习、定向招聘等方式，其人才质量得到有效的保证，促进四川石油装备企业人力资源的增量发展。截止到2015年，四川油气装备制造产业有从业人员总数为28140人，大专以上学历有14950人，占从业人数的53.1%，研发人员和工程技术人员有6580人，占从业人数的23.4%，明显高于四川其他行业的人力资源质量，为四川油气装备制造产业知识产权战略的实施提供了有力支撑。

（二）四川油气装备制造产业劣势与威胁分析

随着中国经济社会的发展和市场的进一步完善，企业之间的竞争方式和竞争要素发生了深刻的变化。企业知识产权是企业长期进行智力投资的结果。知识产权作为企业的智力资本，其管理的好坏直接影响着企业的竞争。同样地，立足于四川油气装备制造整个行业来看，受企业发展阶段、规模实力等多种因素的影响，四川油气装备制造行业内的企业在知识产权管理方面存在着明显的差异，存在着不足，面临着市场竞争压力。

1. 知识产权管理意识不强

四川油气装备制造产业知识产权管理意识不强，具体表现在以下 3 个方面。一是对知识产权战略管理与企业可持续发展的关系认识不够清晰，在整个四川油气装备制造业中除像宏华、宝石集团下属分子公司外，其他油气装备制造业对企业知识产权重视不够，具体表现在重产品的研发，而轻产品的知识产权，在专利申请方面缺乏系统的思考和统一安排。二是重新产品、新技术的市场开拓，而忽视与新产品、新技术相关联的商标、品牌的维护，具体表现在企业在产品的营销渠道建设和客户关系管理上投入了大量的人力、物力，而对与其有关的商标、品牌的深度开发却投入不够。三是在组织架构上对知识产权战略管理缺乏系统的设计。我们对广汉、新都两地的 21 家油气装备企业的调查发现 21 家企业中仅有 2 家企业在组织机构上独立设置了知识产权管理办公室，多数企业不仅没有知识产权管理机构，并且对知识产权管理重要性认知不足，普遍认为企业的知识产权战略管理就是一个商标、品牌、知识产权的维权问题，对知识产权在市场经济中的作用和地位认识不清楚。

2. 四川油气装备制造产业知识产权结构不合理

受制于四川石油装备制造产业内企业实力差异大，多数企业自主品牌建设和自主创新能力明显不够。近年来，随着整个社会对知识产权的重视，四川石油装备制造产业的知识产权管理工作也发生了许多变化，专利申请数量有了显著的增加，但从申请专利的类型上看，外观设计和实用新型技术专利比例大，而能够反映企业创新能力的发明专利却明显不足，国际专利申请量却集中在少部分企业，多数企业还没有实现专利数量零的突破。与此同时，四川石油装备制造行业的专利多数集中在少部分企业中，这说明多数企业在知识产权管理上处于起步阶段。

3. 四川油气装备制造产业知识产权制度不健全

企业的知识产权制度设计和健全程度是企业知识产权制度作用发挥的相关基础和前提条件。总体上，四川油气装备制造产业的制度建设虽有一定程度的完善，但与其他先进行业相比，其在制度建设方面仍存在着不足。一是缺乏专业的知识产权管理部门。知识产权在企业生产发展中的作用决定了知识产权规划、知识产权制度的建立和完善、品牌宣传和维护的重要性，然而这些工作本身具有其自身的特征和专业性，需要有专门的职能部门和相关人才去实现和完成。然而从整个四川油气装备制造企业的组织结构设计中，我们发现仅有2~3企业设置了知识产权管理部门，多数企业没有知识产权管理部门，也缺乏专业管理人才。二是企业知识产权管理制度缺乏。企业知识产权管理的目的是为了提高企业知识产权开发和利用效率，防止企业知识产权被侵占，知识产权管理目标的实现客观上要求企业应有一系列的措施和管理办法等制度层面的内容与之相适应[8]。也就是说，管理制度是企业知识产权管理的核心内容，应成为一种体系。然而在现实中，四川油气装备制造产业体系中企业的新技术的开发、产品生产和投放市场多处于盲目无序的状况，往往以满足市场需求为首要目标，对商标、专利和品牌等与企业知识产权相关的事务缺乏规划和具体的管理办法，企业的知识产权流失现象较为普遍。三是缺乏相应的激励制度。无论是企业新技术的发明、新产品的研制都离不开技术人员的投入，如何调动相关科研人员的创新积极性是企业知识产权管理制度应有的内容。经我们的调查，在四川油气装备制造产业中，仅有4家企业专门出台了与企业的知识产权相关的奖励制度。

三　四川油气装备产业知识产权战略选择策略研究

（一）四川油气装备制造行业的SO战略

绿色环保是中国制造业由低端向高端的发展目标，为此国家先后出台多项政策鼓励支持绿色环保装备的发展。为推动国内页岩气产业的健康发展，国家也出台了相关政策鼓励企业采取对外合作的方式引进国外企业的先进技术。一方面，四川油气装备制造业应当抓住当前行业优化转型与国家推动国际产能合作的历史机遇，在国家政策的大力支持下，不断提升企业的学习能力，提高企业的技术消化吸收能力，将国内外专利技术转化成为自己的技术优势。另一方面，企业应加大人才队伍建设力度，在大量引进人才的同时，不断完善企业内部的激励制度，通过有效的激励机制来激发科研工作人员的创新精神和创新能力，通过创新来实现企业的知识产权的增加和增值，从而提高企业的综合竞争力。

（二）四川油气装备制造行业的ST战略

油价下跌的压力必然会对石油企业的生产策略产生影响，勘探开发投资的减少势必会导致国内企业油气装备的需求数量的减少，国内油气装备制造产业面临严峻形势。目前，四川油气装备企业大多数面临着订单迅速减少的现实困难，生产任务不足已经成为四川油气装备行业内企业的普遍现象。面对当前的严峻的形势，四川油气装备制造产业应做何种选择已经成为关键。世界专利变化规律表明：在经济发展的高峰期，世界新增专利数量是下降的，因为这时企业往往将大部分资金放在发展生产上，增加产能，以赚取更多眼前利润；而在经济低迷时，世界的新增专利数量却在上升，这表明企业往往会在经济不景气的情况下加大基础研究和技术开发。由此可见，对于那些资金实力雄厚，技术创新能力强的油气装备企业，低迷的经济也许正是企业进行技术改造与技术创新的良好时机，企业不能因为外部市场需求的不足而减少企业技术研发方面的投入，降低知识产权管理方面的投入，反而更应该继续推进专利战略，将更多的资金投入企业的技术研发上，为经济好转后的发展积蓄力量。根据油气产业未来发展趋势，一是四川油气装备制造业中有能力的企业可以加快海洋油气开采设备的研发，以满足国家深海油气资源勘探开发的需要；二是通过产学研结合的方式加大对油气工业环保设备的研发力度，以满足油气行业绿色、低碳发展的需要；三是加大非常规油气开采设备的成型和配套，以尽快形成规模和能力，以满足我国非常规油气资源大规模开采的需要。四是加强对企业核心技术、商标等知识产权的保护与控制，将工程服务和技术服务结合，围绕产品增值服务提升企业品牌知名度，形成有世界竞争力的油气勘探开发成套方案的技术服务商。

（三）四川油气装备制造产业的 WO 战略

四川油气装备制造业除了少数龙头企业外，多数企业创新实力较弱，处于市场竞争中的不利地位。对企业自身能力不足的企业而言，采取技术追随型的知识产权策略不失为明智之举。以国内龙头企业与国外大型油气装备企业为标杆，通过学习、观察技术先进企业的创新活动和经验，收集追随企业的专利信息与情报，选择成功的创新技术对企业进行改进，不仅可以减少企业研发经费投入，而且可以降低企业创新风险。

（四）四川油气装备制造产业的 WT 战略

多数油气装备制造企业知识产权战略意识薄弱，管理体系不够完善，急需加强知识产权战略管理。在油气装备制造产业中，专利数量与质量是体现企业创新能力的重要因素，专利权是技术成果取得知识产权保护的主要形式，企业应根据国家颁布的《专利法》，制定本企业专利战略管理计划，并有效实施。虽然油气装备制造业是技术密集型产业，但由于生产系统的复杂性，油气装备制造业不仅在知识产权数量上不够，而且相应的知识产权保护制度和管理措施也欠缺和不到位，企业的知识产权战略管理处于起步阶段，上述事实客观上给油气装备制造行业知识产权的战略选择带来了不利，但油气装备制造业作为装备制造业的一个重要组成部分，企业可以参考国内装备制造业的知识产权保护制度，在对外合作、加工出口时寻求中介机构的帮助，以积极应对知识产权贸易壁垒，促进企业的知识产权管理水平的提升。

四 政策建议

（一）增强四川油气装备产业的知识产权战略意识

知识产权战略意识对于企业知识产权战略的制定和实施具有决定性作用，较强的知识产权管理意识有利于企业科技成果的积累和知识产权的保护。提高油气装备产业的知识产权战略意识，首先要转变企业高层管理者对知识产权的认识，从而在思想上引起对企业知识产权管理工作的重视。其次应认真学习知识产权法律知识，熟悉企业知识产权管理的规章制度，增强知识产权保护意识。再次应从文化层面形成企业知识产权文化。企业知识产权文化的建立能从价值观层面形成对知识产权管理的共识，能有效推进知识产权制度的实施，从而形成企业以专利、技术为核心企业知识产权的增加。

（二）加快实施四川油气装备产业知识产权战略管理

在企业的整个知识产权战略体系中，知识产权管理是企业知识产权工作的基础，是企业知识产权战略的核心。为此，首先四川油气装备产业要加快对科技创新型人才的培养，企业在不断提升技术人员的创新意识的同时，加大对创新的奖励，建立起多元化的奖励和激励措施。其次四川油气装备产业要加大知识产权开发的投入，油气装备产业应将一定比例的销售收入投入技术创新活动中。再次四川油气装备产业要结合自身的发展情况，应鼓励采取合作开放的战略，企业应与高校和科研机构开展深度合作，共同围绕油气产业发展的关键技术，开展技术攻关，实现企业和研发机构双赢的合作局面。

（三）完善四川油气装备产业知识产权战略体系

知识产权战略体系的建设是知识产权战略顺利实施的保障，只有在完善的知识产权战略体系支撑下，企业的各项知识产权工作才能顺利展开。首先，建立企业的知识产权管理部门，从组织上保证企业知识产权管理工作的顺利实施，组织上有了保证后，企业的知识产权发展长远规划才能得以落实和具体实施。其次，健全油气装备产业知识产权管理制度，油气装备产业要根据企业长期的发展战略，制定与之相适应的知识产权管理制度，包括企业技术的保密制度、专利信息的跟踪检索制度、技术创新奖励制度、企业知识产权价值评估制度等，对企业知识产权进行全方位的保护。

参考文献

陈家宏：《论企业知识产权能力的建设》，《政法论丛》2011 年第 4 期。

李培林：《企业知识产权战略定位及战略实施研究》，《科技管理研究》2014 年第 16 期。

唐国华：《不确定环境下企业知识产权战略选择的探讨》，《特区经济》2013 年第 10 期。

袁俊：《企业知识产权战略与核心竞争力》，《航空科学技术》2003 年第 6 期。

石萱：《涪陵气田探明储量增至 3806 亿立方米》，《中国石化报》2015 - 10 - 20001。

徐元、于洪平：《新形势下实施外贸知识产权战略的思路与对策》，《中国软科学》2014 年第 5 期。

徐元作：《制定和实施对外贸易知识产权战略的思考——写在〈国家知识产权战略〉实施五周年之际》，《财政研究》2014 年第 4 期。

彭红斌、石丽静：《美对华知识产权壁垒的特点、原因及对策分析》，《国际商务财会》2013 年第 5 期。

B.29 我国西部地区农村信用合作社发展模式的选择与分析

李　由*

摘　要：　在我国金融体系中农村信用合作社是非常重要的组成部分，它是农村金融体系的核心，是我国社会主义新农村建设的主力军，对缓解“三农”、小微企业融资难等问题发挥着极其重要的作用。在我国西部地区尤其是少数民族及贫困地区，农村金融的供给远不能满足农村金融的需求，农村金融的覆盖率远低于全国其他农村地区，由于其规模偏小，资金相对匮乏，发展严重不足。同时农村信用社在历史演变过程中其制度建设等方面还存在诸多问题和缺陷，而其他新型农村金融组织还有待发展和壮大。因此，如何创新发展西部农村金融，大力推进普惠制金融，积极探索西部地区农村信用合作社的发展模式，是摆在我们面前的主要任务和需要解决的主要问题，须引起高度重视和认真思考。

关键词：　西部农村信用社　发展模式选择　模式认识及分析

近年来，我国农村信用合作社的改革发展取得了明显的成效，主要在以下几点：第一，在经营管理体制上逐步探索出一套有效的管理模式；第二，在产

* 李由，四川省社会科学院金融与财贸经济研究所副研究员，经济学博士，主要研究方向：地方中小金融。

权制度改革方面取得了一定的成效；第三，农信社服务于“三农”和中小微企业的力度在加强；第四，农信社资产质量和经营管理水平都有明显的好转。但我们要清醒地认识我国农村信用合作社改革发展的最终目的是为了更好地服务于“三农”，不断满足广大农村地区尤其是贫困落后地区人们对金融的需求。然而，在我国西部少数民族地区和贫困山区农村金融供给同农村金融需求严重失衡，金融供给不能满足金融需求，金融的服务功能不能体现，长此以往它将影响到我国西部地区农村金融的健康发展影响到西部地区新农村建设和区域经济的协调发展，需要我们认真面对和解决。

一　我国农村信用合作社发展改革的历程及存在的缺陷和问题

合作社制度源远流长，早在1895年，国际合作社联盟（CIA）就在英国伦敦就成立了，它的基本宗旨是团结、代表同时服务于全世界的合作社组织，在整个世界范围内支持和促进合作组织相互间联络关系的互利合作与发展，推动人类社会经济的进步，并维护世界和平与安全。在（CIA）成立百年大会上，合作社的定义与价值又进行了一定的修改：即合作社组织是人们自愿联合的通过民主方式满足大家共同的经济、社会与文化的需求与抱负的自治联合体。合作组织的基本价值观是自助、民主、平等、责任自担、公平与团结。合作社制度早在20世纪初就已进入中国，在我国农村的局部地区就以农村信用合作社的方式出现了，但由于种种原因，其发展一直弱小。

新中国成立后我国农村信用合作社真正建立于1951年，当年党中央召开了全国性的第一次金融工作会议，决定试办我国农村信用合作组织。到1957年，我国农村信用合作社已发展到10.3万家。在1958～1979年期间，农村信用合作社的管理先是下放给人民公社，接着又进一步下放给生产大队管理，最后由农民自己管理。但后来其管理权限上收由人民银行管理，到了1979年我国农村信用合作社又划归中国农业银行统一领导，几经起伏农信社最终走上了“官办”银行道路的色彩。

在1980～1996年农村信用社由农业银行管理时期，合作社的身份仍然还是农民群众自己的合作组织，但其性质已经演变为国家金融机构在基层的组织。到1996年，党中央国务院决定，农村信合作社与中国农业银行脱离行政隶属关系，分别由县级联社和人民银行承担其业务管理和金融监管职责，农村信用合作社又走上了独立发展的道路。从2000~2003年，我国农村信用合作社股份制试点工作在我国江苏省率先展开，由此以县为单位统一法人制度推进多元化产权制度改革迈出了实质步伐。在2003年全国8省（市）开展改革试点的基础上，到2004年试点范围扩大至全国29省（区、市）。2006年末海南省农村信用合作社改革试点方案获得批准，此后，我国农村信用合作社全面融入改革的大潮之中。

与此同时，农村信用合作社在历史发展过程中自身内部存在的各种问题和制度缺陷也逐渐暴露出来，主要为三个方面：首先，行政干预严重，运行中行政色彩浓厚；其次，内部缺乏民主管理，对农村信用合作社的监管缺失；最后，功能趋于单一化，不能满足农村金融发展需要。因此，对农村信用合作社进行改革的呼声越来越大。

首先，农村信用合作社行政干预严重，“合作社”成为“行政社”。其一，由于农村合作信用社与“三农”问题紧密相关，其一举一动事关“三农”发展，为了降低农村信用合作社作为金融机构而存在的风险对“三农”发展的影响，各地政府对其采取严格的行政干预。根据国际公认的“合作社七原则”，合作社的成立应当是个体自愿的产物。事实上，农村信用合作社自成立起就已经违背了其作为合作社应当且必须坚持的自愿性原则，这种借自愿之名成立的非自愿的合作组织，在其运行过程中必将受到行政力量的控制。其二，“一些地方政府受不正确的‘政绩观’的驱使或‘地方赶超战略’的强烈刺激，将农信社作为‘汲取金融’的对象，成为政府的‘钱袋子’。农信社实际上替代了财政职能，其结果不仅造成农信社偏离其原有的经营方向，资金反而向大企业、大项目集中，风险越来越严重。”这种结果非农村信用合作社成立之初衷，不仅于“三农”发展无利，反而将其作为金融机构特有的金融风险引入了“三农”发展。其三，与政府职能机构混淆，如果政府主导农村信用合作社的建设，甚至出现了国家直接创办信用社的情况，那么，信用合作社的运作就如同一个行政事业单位，社员们的资金互助将被政府的贷款代替，社员的民主管理制度也将被行政权力所代替，社员之间的互利互惠也不复存在。

其次，监管不力，缺乏民主管理，容易导致内部腐败。国际合作社联盟确立的“合作制七原则”中的一人一票原则与信息原则，本可以确保普通社员参与监督甚至决策，然而，我国的农村信用合作社的管理几乎没有出现过民主。原因在于：第一，在农村经济欠发达地区，农民权利观念模糊，大多农民根本没有意识到自己对信用社享有的各项权利。在义务本位的农村社会，社员自己对信用社缴纳的股金，自己都意识不到自己是自愿还是被迫，“国家要求交，所以我就交了”的这种观念占普遍主导。农村基层政府主管一切，谁掌控权力，谁就能主导经济。第二，监管成本高，在目前的会计及管理制度下，所有社员监督信用社的成本太高。社员不会为了自己几十上百块的投入去耗费更多的成本监管这极少的投入，因为即使监管到位，这种极少的投入带来的收益远不能填补监管耗费的成本。所以，权衡得失利弊之下，社员会放弃对信用社的监督管理。第三，管理缺乏透明度。缺乏透明度民主无从谈起。如信用社主任的选举、信用社年度财务报表信息、信用社工作人员招聘与解除等重要信息，几乎很少公布。同时，明规则、潜规则、暗规则等各种规则并行。农村信用社从成立之初到全面改革之前，有一套悖于法律制度的规则，且无论是政府还是个人，对这套规则视若无睹。在这种极不透明的管理之下，腐败滋生是必然的结果。

最后，农村信用社功能趋于单一，不能满足农村金融发展。自 1997 年金融改革开始以后，部分国有银行退出县域及以下农村地区，农村信用合作社在此领域内一家独大，本以为它会借着改革的机会深深地扎根于基层，各个方面取得更大的发展。然而，事实恰恰相反，农村信用合作社不仅没有发展壮大，反而业务范围不断萎缩，业务水平不断下降，对农村金融的贡献作用不断变小。原因在于：其一，缺乏竞争对手，处于安定的环境中，丧失了自我发展与完善的动力。这种无竞争对手的环境，客观上促使其处于农村金融的垄断地位，借着这种优越的不平等的地位，合作社逐渐安于现状，开始落后于市场发展实际情况。其二，非营利性的初衷与商业化运行趋势的冲突，导致信用社发展裹足不前。信用合作社在理论上应由社员入股组成、实行民主管理、主要为社员提供金融服务的合作组织。可见信用社成立之处就没有以营利为目的。事实上，不以营利为目的的组织机构、特别是金融性质的组织机构，如果没有国家特别政策的扶持，是绝对难以长久发展的。因而基于我国农村金融发展的现状，必须要有一个主体出现，并且这个主体必须抛开营利为目的，支持农村金融事业的发展。由此前后冲突导致信用社为了减少更多的亏损，只能选择减少其业务功能。其三，目前农村金融发展不成熟，金融体系不完善。事实上，农村对金融的发展需求本身巨大，基于农村经济实体规模、交通发展程度、信息交流速度等各种原因，农村始终不能像城市一样建立一套完整的现代化金融体系。在这种经济环境中，具有金融机构性质的农村信用合作社难以发展成为具备全方位金融业务与技能的现代性金融机构。

二　我国农村信用合作社改革方向及模式选择

在我国农村信用社的改革过程中各专家学者对农信社的改革都表述了不同观点和建议，同时各地农村信用社结合各自的实际情况提出了不同的改革模式。从近几年的发展来看，我国农村信用社的改革模式主要有以下几种选择：第一种，“江苏模式”。即按照“一县一社、统一标准”的原则，把原来各信用社为独立法人的体制改制成县为统一法人的体制。这种模式最大的特征在于引入公司治理方式，在信用社实际运营与发展过程中，逐步规范公司治理结构，社员代表大会、理事会、董事会会议制度、议事规则和决策程序逐步完善，建立了公司法人治理结构新框架。第二种，“合并模式”。按照农村信用合作社主营目的为最终界定，如以商业性金融、特别是存贷款业务为主，则并入农业银行；如以支持“三农”的政策目标为主，则并入农业发展银行。这种模式贵在坚持农村信用合作社的设立初衷，以其最初的目的作为改革的方向。第三种，“联合重组模式”。实行农业银行和农村信用合作社重组，把县及以下农业银行和农村信用社统一重组为农业银行控股的股份制农业信贷银行，组建新的农业银行。第四种，“单一重组模式”。只对农村信用合作社进行改制重组，以地（市）县甚至以省为单位建立独立的农村股份制合作银行。该思路沿用“96 方案”。第五种，“单一社体制模式”。继续保留现存农村信用社的乡级单一社机构格局，通过清产核资加强管理和优惠政策导向，使其摆脱困境取得发展。第六种，“多元模式并存”。把组织模式的选择权力下放到各地方和信用社，由各省市根据自身实际情况选择发展模式，不搞“一刀切”，可合并为统一法人，可并购重组为其他类型金融机构，可独立保留等方式存在。

就目前我国农村金融发展的实际情况而言，我们认为农村信用社改革路径应当采取“权力下放、多元模式并存”即第六种模式为最佳。首先，我国各地区经济发展不平衡，金融发展程度各有差异。上述前五种发展模式在某地域内肯定可以取得很好的效果，但不一定适应全国各地情况。譬如第一种江苏模式，它的发展是基于江苏省雄厚的经济实力以及较为发达的金融体系。如果以江苏模式强加于湖南、湖北、陕西、山西等中西部省份，成功率难以保证。淮南为橘而淮北为枳的道理也适用于此。其次，当下农村信用社被行政权干预严重，理应给予其更多的自主选择权。这是从农村信用合作社改革路径模式上而言，权力下放不意味着放松民主监管，并且二者也不必然冲突。下放的是农村信用合作社自主选择改革的模式的权力，而不是对其监管权抛弃。事实上，缺乏民主监管的任何一种模式都不可能持久良性发展，最后，基于当下农村信用合作社的发展现状，应当采取措施激发其发展活力。事实上，农村信用合作社以存放贷为主要经营业务在某些地区就未必不好。如果必须按照某种统一的模式，要求所有的农村信用合作社必须创办一定的金融业务，反而会造成人员与资金的浪费。譬如，对西北牧区而言，关于信用社与草场维修、牛羊品种改良等贷款项目必定大受欢迎，如果必须要求北上广地区的信用社也有此类贷款项目，则不仅不适合当地的实际需求，更是造成资源浪费。所以，应当在农村信用合作社选择经营方式、业务范围等方面进行权力下放，但是在监督管理方面不能有丝毫懈怠。

无论采取何种模式，我们必须遵循一些基本原则和方向：第一，“农村信用合作社改革的目标是为了更好地为‘三农’服务，推动农村经济持续、稳定、健康发展。”这也是农村信用合作社所承当的历史性责任与使命，无论最终改革所选择的路径如何，绝对不能不顾其历史责任与使命不顾，甚至是从此取消农村信用合作社这种称呼，但是，其所承担的责任与使命必须有其他的金融主体继承。第二，改革的过程中，必须加强对其监管。我们始终认为改革与监管不仅不冲突，适当的监管更有利于改革的进行。我国社会主义市场经济自改革开放以来取得了举世瞩目的成就，但同时也伴随着诸多并发症状，根本原因在于社会监管的缺失。农村信用合作社关于农村金融稳定，更应当要防范因监管不力带来的金融风险。第三，权力下放、多元模式并存是就全国范围而言，而不是指地方完全可以不顾统一性与协调性，随意创新农村信用合作社的模式。虽然全国范围内必须要因地制宜，但在一定区域内必须要有统一性。农村信用合作社的改革必须有条不紊地开展，一定地域内保持同步性与协调性，就为全国农村信用合作社改革保证有序性的基础。

三　我国西部地区农村信用合作社发展模式的认识和分析

西部地区是我国少数民族和贫困人口主要聚集区，其自然环境险恶，生存条件较差，道路交通等基础建设相对滞后。同时由于其经济发展层次低，经济基础薄弱，民生问题较为突出，自我发展能力弱。在老、少、边、穷地区金融服务覆盖面远低于全国其他地区，农村金融组织发展严重不足，难以满足广大群众对金融的基本需求。根据中国人民银行有关金融报告，农村金融是我国金融体系的薄弱环节，目前还存在不少困难和问题，西部地区尤其是少数民族地区农村金融发展比全国发展更为严重、更为滞后。

因此，如何更好更快地推动农村金融发展，普及农村金融，推进农村信用社服务“三农”，不断完善其服务功能，同时积极探索西部地区农村金融组织模式，创建农村信用合作社监管新模式等，需要我们有新的认识和思考。

第一，西部地区农村信用合作社发展要以普惠制金融为目的。

“普惠制”金融是在2005年在联合国国际小额信贷年提出的一个新概念，主张要为所有有金融服务需求的个人和企业提供最普遍的金融服务，尤其是给低收入群体提供相适应的金融服务。尤纳斯教授曾说：每个人都应该有获得金融服务机会的权利，信贷权是人权，目的就是要让所有人平等享受金融服务。这就需要小额信贷或小型金融机构为贫困地区人们、低收入群体和小微企业提供金融服务。

西部贫困山区少数民族地区无论多么遥远，多么落后，人们对金融服务的需求是存在的。因此，我们认为普惠制金融应成为我国西部农村金融发展的目标和普及推广的重点，承担起金融服务的责任。首先，普惠金融的目的是对贫困地区及人口提供金融服务，通过金融机构给贫困和低收入群体提供相适应的金融产品，帮助他们依靠自己的能力，最终摆脱贫困。其次，普惠制金融与农村金融服务的对象是一致的主要服务于“三农”。目前仍未享受正式金融的那部分群体主要是偏远地区低收入者，在西部贫困地区及少数民族地区这部分人仍占有较大的比重，据有关统计截至2014年底，我国金融机构空白乡镇还有1570个主要集中在西部地区。再次，普惠制金融要满足最基本的金融需求，包括最基本的各种类型的储蓄、贷款、转账服务等，因此西部农村金融组织也应满足贫困偏远地区人们对金融服务的基本需要。最后，普惠制金融要有社会责任感肩负起一份社会责任，长期提供普惠金融，为贫困地区服务。西部地区由于服务对象的弱质性，因此农村金融组织机构应以社会功能为首要目标，帮助提高小微企业的生产能力、增加贫困人员收入、改善生活环境等。

第二，不断完善创新西部农村信用合作社现有管理模式。

改革发展多年，目前我国农村信用合作社管理模式发生了根本变化。按照国务院的有关要求“我国农村信用合作社的管理交由地方人民政府负责”，省级人民政府全面承担了辖区内农村信用合作社的管理和风险处置责任。基本形成了我国农村信用合作社新的监督管理模式即“国家宏观调控、加强监管，省级政府依法管理、落实责任，信用社自我约束、风险自担”。

我国农村信用合作社取得的一些重要突破和成绩，正是由于管理体系和监管方式的发展创新。农村信用合作社管理的新模式是以省级信用联社为平台的统一管理协调农村信用社为主，省级信用联社由下而上入股组建，又自上而下服务全省农村信用社的新体制。这种管理体制其实同德国金融合作发展模式非常相似，在德国中央合作银行由区域合作银行和基层合作银行共同投资入股组成。但我国信用社的管理和风险责任移交给省级人民政府承担，省级信用联社对下级信用社有一定的管理权。在德国合作金融组织间不存在隶属关系，中央银行对地方合作银行没有管理职能。在开展各种金融服务职能方面，我国省级信用联社和德国合作金融一样都进行行业间资金的调剂、融通并开展内部资金支付结算服务，共同开发各类银行产品等金融服务。我国现有合作金融管理制度和监管手段在实际中也暴露出一些问题和不足，这需要通过制度创新和完善法律体系来规范它，如地方政府同合作金融组织主体之间的法律关系，如何界定好各自的职责管理权限等关系，都需要我们在实践中不断完善和发展创新。

第三，积极推进西部地区农村金融差异化管理和政策扶持力度。

进一步制定和完善西部贫困区域金融优惠政策，加大区域内的金融支持力度。对西部地区农村金融实行差异化的管理体制和政策导向，适当下放对西部民族地区农村金融机构审批权限，放宽金融机构准入制度，鼓励金融机构到县乡开展金融服务业务，提高农村金融对贫困地区的覆盖率。同时给予农村金融机构在财政税收等方面优惠政策及业务发展支持，下调农村金融机构存款准备金利率，加大执行优惠存贷款利率，加大政府财政利差损失补贴，加大对农村金融机构费用补贴力度，提高扶贫贷款贴息比例以确保对“三农”信贷投入的稳定性和连续性。与此同时，不断提高政策性农业保险的保费补贴比例和范围并由财政全额补贴。

第四，创新构建我国西部地区农村信用合作社监管新体制

积极探索构建以各级地方政府为主体新的监管体系。打造形成以地方政府负责审核准入，银监管理部门以指标考核为主的多层次监控体系。最终形成以“地方政府审核为主、银监部门考核为辅、行业自律为补充”的农村金融监管新体制。我国早已构建了一套以各级银监管理部门为主由上而下的监管模式，但从西部农村金融覆盖面及地区发展金融供给来看，其监管难度加大效用不高，而地方政府基层组织管理的效用是很高的并且非常重要。从目前地方政府对农村信用合作社的监管模式来看，地方政府对农村金融的管理是有效的，责任是落实到位的。此外加强行业自律组织的作用也是非常关键的，同时提倡、鼓励民间直接监督地方金融业，形成有效的多方监管新模式。

参考文献

中国人民银行农村金融服务研究小组：《2014 中国农村金融服务报告》，中国人民银行网站。

胡言真：《对少数民族地区金融发展的思考》，《中国城乡金融报》2011 年 8 月 5 日。

李明贤、樊英：《普惠金融目标实现的企业组织形式创新研究》，《银行家》2010 年第 11 期。

陆舟：《我国农村信用合作社改革存在的问题与对策》，《当代经济》2013 年第 12 期。

周璐：《农村信用合作社改革刍议》，《上海农村经济》2010 年第 1 期。

B.30

四川省产业园区转型升级发展研究报告

王 磊*

摘 要： 近年来，四川省产业园区的整体规模和实力不断扩张，已成为全省实施“三大发展战略”的重要载体和平台。但与东部沿海省市相比，园区发展的整体层次和水平还不高，自主创新能力不强，空间布局、功能定位和发展方式也亟待优化。因此，积极适应新常态，创新发展模式，加快转型升级，提高产业发展层次，打造支撑“双创”平台，增强创新驱动能力，提升整体发展水平，就成为全省产业园区发展面临的主要任务。

关键词： 四川省 产业园区 转型升级

一 四川省产业园区发展现状分析

近年来，四川省产业园区数量和规模不断扩张，整体实力显著提升，已成为各市州承接产业转移、加快优势产业聚集、提升科技创新和促进产城一体化建设的重要载体，以及集聚效应突出、辐射带动力较强的产业集聚区，在促进全省经济发展中发挥了重要作用。

（一）园区已成为支撑全省三大发展战略的重要平台

目前，四川已有各类产业园区 204 个，其中国家级园区 17 个（国家级高

---

* 王磊，四川省社会科学院产业经济研究所副研究员，硕士，主要研究方向为产业经济学。

新开发区 7 个，经济技术开发区 8 个、综合保税区 1 个、出口加工区 1 个），省级园区 44 个。它们基本上是按照各地的区域优势、资源禀赋和经济产业基础分布在全省五大经济区域内。其中成都经济区共有 44 个，成都市有 17 个，绵阳市有 12 个，德阳市有 7 个；川南经济区共有 6 个；川东北经济区有 7 个；攀西经济区有 3 个；川西北生态经济区有 1 个。这一布局与各区域经济发展实力基本相吻合。尤其是 17 个国家级开发区的分布基本是为多极多点发展战略布局的，如乐山、遂宁、广安、广元、宜宾、自贡、德阳、泸州和攀枝花等地都新布局了国家级高新区或国家级经济技术开发区，将为这些地区的优势产业发展提供更好的平台。

（二）省级以上开发区已成为全省经济发展的重要增长点

“十二五”时期以来，全省产业园区发展较快，主要经济指标持续增长，综合实力明显提升。2014 年，全省 204 个产业实现主营业务收入 2 万亿元，占了全省工业总收入的 60%，园区从业人员达到 300 多万，全省规模企业的入园率超过了 6 成，集中率达到 68%。其中 61 个省级以上开发区，实现主营业务收入 18558.7 亿元，工业总产值 17948.2 亿元，成都高新区销售收入已超过 2000 亿元，成都经济技术开发区也超过了 1000 亿元，超过 500 亿元的有 5 个，包括绵阳高新区、德阳经济技术开发区、德阳高新区、双流经济开发区和资阳经济开发区；过 100 亿元的有 30 个。这些园区在聚集优势产业，特别是促进全省装备制造、电子信息、汽车、钒钛稀土、食品饮料和油气化工等优势产业发展方面发挥了重要作用。如成都、绵阳及乐山市的高新区及遂宁经济技术开发区等，有效促进了全省电子信息聚集发展；成都经济技术开发区、绵阳经济技术开发区、资阳经济开发区以及青白江工业园区等，则成为全省汽车产业发展的主战场。

（三）产业园区已成为全省开放合作和创新驱动的重要平台

经过多年的开发建设，全省产业园区建成了大量的基础设施和配套服务体系。硬件方面多数实现了“八通一平”，并规划建设了商贸及生活服务等配套设施，承载能力不断增强。在逐步完善硬件设施建设的基础上，各园区还不断提高服务管理水平，构建各类公共技术、信息、金融及其他服务平台，完善法律、财务、评估、审计等中介服务，使园区的承载能力和投资环境不断改善，已逐步成为当地投资、创业、经商、工作甚至居住生活最好的区域。吸引大批优秀企业、人才、技术、资金等高端要素聚集发展，在承接产业转移和构建开放型经济方面发挥了重要作用。2014 年，全省开发区实际利用省外资金 2985.9 亿元，占全省的 35%；实现进出口总额 495.8 亿美元，占全省比重达到 70%。近年来，省内引进的一批重大产业项目均落户在产业园区内。

各产业园区还坚持把科技创新作为加快发展的主要动力，努力构建局部优化的自主创新体系，提高自主创新能力，促进科技成果转化，创新驱动和内生增长能力明显提升。2014 年，全省开发区聚集直接从事研发的人员达 89034 人，研发经费支出 302 亿元，建立省级以上企业技术中心 371 个，拥有高新技术企业过千家，实现销售产值 3421.4 亿元，已成为区域创新体系建设的重要平台。

（四）产业园区已成为两化互动和产城一体建设的重要载体

由于建设初期，我省多数产业园区都建在城镇郊区或城乡接合部，属于未开发区域。经过多年的发展，多数园区，特别是省级以上开发区不仅聚集了大量的企业，促进了产业集聚，形成了具有比较优势的产业集群。还加快了人口聚集，特别是农村剩余劳动力向园区聚集，由此带动了周边房地产、金融商贸、餐饮住宿、仓储物流、交通运输和网络通信等服务业的发展，逐步发展成为产城一体的城镇新城区，有效促进了所在区域新型工业化与城镇化的互动发展，成为加快产城一体建设的重要载体。不少产业园区在规划建设的初期，就将其功能定位为产城一体的城镇新区，在发展过程中，不断加强园区基础设施和配套服务体系建设，优化投资创业和生活居住环境，已成为所在城镇最宜居、宜商、宜业的区域之一。如成绵德、乐山、泸州、内江、遂宁、自贡及达州等地的产业园区，不仅带动了产业聚集，还促进了人口聚集，有效加快了当地新型城镇化建设进程。产业园区内聚集的众多企业，吸纳了大量周边农村剩余劳动力入园就业，并逐步转变为城镇居民，有效促进了城乡统筹发展。

二　四川省产业园区发展面临的挑战和机遇

目前，产业园区已成为四川省经济发展的重要支撑力量。但与东部省市相比在数量、整体规模和实力等方面还存在较大差距，产业发展层次较低，创新能力和聚集效应不强，区域布局不合理、发展不均衡、产业结构趋同等问题严重，很大程度上限制了其引导带动作用的发挥。因此，加快转型升级，提升产业及整体发展层次和水平，增强引导和辐射带动能力，就成为园区发展的主要任务。随着国家和全省的支持，以及国内外产业转移的趋势和四川省“三大发展战略”的实施，也为产业园区转型升级和提质增效创造了极为有利的条件。

（一）四川省产业园区建设存在的问题

1. 园区数量少、规模小，整体发展水平不高

我省经济总量居全国第8位，但仅有61个省级以上开发区，与东部沿海发达地区相比，只有山东省的1/3、江苏的2/5，目前，全国共有国家级经济技术开发区219家，其中江苏省26家、浙江21家、山东15家，四川仅8家；全国有国家级高新区145家，其中江苏省15家、山东和广东各11家、福建和浙江各8家，四川仅有7家，差距较为明显。产业园区整体实力和规模与发达地区也有较大差距。

2. 园区产业结构和发展模式亟待改进

产业发展的整体层次和水平不高，只有成都高新区、绵阳高新区和成德绵地区的部分园区，以及乐山、遂宁、自贡等地的几个高新区以发展高新技术和战略性新兴产业为主，多数园区以发展传统产业为主，产业的创新驱动能力和聚集效应不强，引导和辐射带动能力有限。全省只有成都高新区在国家级高新区的排名中位居第四位，已被批准升级为国家级自主创新示范区，其他园区在全国同类园区的排名中基本在50位以后，发展实力都不强。并且多数园区在企业聚集和产业发展过程中，主要依靠招商引资和承接产业转移，很少通过建立孵化培育体系，培育出具有国际竞争力的大型龙头企业和优势产业集群。这与中关村培育出联想、清华紫光、北大方正，深圳高新区培育出华为、中兴通讯、大唐电信，蛇口工业园区培养出平安保险、招商银行、中集集团，以及硅谷培育出苹果、英特尔、Google等世界知名企业还存在很大差距，也与国家实施“大众创业、万众创新”战略的要求不符。因此，加快建立孵化、转化平台和企业培育扶持体系，通过培育本土企业，壮大产业规模，走创新驱动和内

生式发展道路，就成为园区建设的主导方向。

3. 园区布局和功能定位亟待改进

从区域分布来看，我省省级以上开发区主要集中在成都、绵阳、德阳等地区，川南、川东北、攀西和川西北开发区数量太少，凉山州没有一家省级以上开发区，阿坝州只有一家。并且从经济产业发展实力来看，成都高新区、成都经济技术开发区、德阳经济技术开发区和绵阳高新区等开发区，远远强于川南、川东北、攀西和川西北地区的开发区，这与多点多极发展战略的要求是不符的。

并且产业园区在建设规划过程中，缺乏全省层面的统筹协调，不同市州的园区在产业选择及功能定位上，很少考虑区域分工协作和协调配合发展，而是选择了相互竞争，造成不少园区主导产业相似、功能定位相近，不可避免地造成了同质化竞争。全省 61 个省级以上园区的主导产业主要集中在电子信息、机械制造、生物医药、食品饮料等方面。其中有 40 个园区重点发展机械制造业，22 个园区发展生物医药，选择食品饮料和电子信息的分别有 21 个和 23 个。这就使园区间在产业发展、市场开拓和招商引资过程中存在较激烈的竞争，不利于区域协调配合，形成发展合力，促进全省开发区整体竞争力的提升。

4. 环境资源约束加强，亟待培育发展新优势

随着全省经济发展的加快，能源、土地、工资及原材料价格也在持续上涨，致使产业园区内的企业生产成本不断增加，园区用水、电、气及其他资源消耗也大幅提升，“三废”排放总量不断增加，对生态环境影响的压力较大。随着我国生态建设和对环保要求的提高，强化节能减排和生态环境保护已成为园区发展面临的主要挑战。

全省产业园区在发展初期，主要是通过实施具有比较优势的财税、土地、费用减免等优惠政策来吸引和聚集企业发展的，这些措施在园区建设初期，发挥了重要作用。但随着我国经济发展水平的提高和政策法规体系的完善，相关的优惠政策已逐步取消，尤其是近几年，国家对土地利用及税费减免管理更加严格，逐步走上法制化的轨道，使得产业园区在招商引资和承接产业转移中的政策优势逐步弱化，优惠空间不断缩小。如何应对这些变化，重建竞争新优势，吸引特色优势产业到园区聚集发展，就成为园区建设亟待解决的问题。

（二）面临的机遇和有利条件

随着我国和全省新的发展战略的实施，四川产业园区发展迎来了重要战略机遇期，无论是国内外环境，还是四川经济产业发展基础，都为全省产业园区的转型升级创造了极为有利的条件。

1. 国家和省市对园区发展的高度重视

产业园区在承接国内外产业转移，加快优势产业聚集，推动工业化、城镇化建设，发展循环经济、促进科技创新、节能减排及转变经济发展方式等方面具有重要作用。因此，国家和各级政府都非常重视园区建设，不断加大投入，制定各种优惠扶持政策促进园区发展。自 2009 年起，国家重新启动了国家级高新区和经济技术开发区的审批，各省也放开了省级开发区的审批工作。科技部、商务部以及各省的主管部门不断出台优惠扶持政策支持开发区发展。目前，四川省政府已建立多个专项资金，用于支持开发区的基础设施、科技创新、产业发展、融资平台及配套服务体系建设。并且制定了“51025”重点产业园区发展计划，力争自 2013 年起，通过 5 年的努力，培育出 5 个营业收入超过 2000 亿元、10 个营业收入超过 1000 亿元的、25 个营业收入超过 500 亿元的开发区，有力支持了全省开发区的建设。此外，除 61 个省级以上开发区外，各市州政府还兴建了近 150 个各类产业园区成为全省经济发展的重要支撑力量。

2. 四川雄厚的经济及科研技术实力有利于园区转型升级

四川省经济产业基础和科技实力雄厚，环境资源条件优越，为产业园区加快转型升级提供了良好的条件。目前，四川省地区生产总值已接近 3 万亿元，位居全国第八。西部第一，拥有门类齐全的现代工业体系，成德绵地区的电子信息、汽车、重大装备制造、高新技术、化工、航空航天、生物医药等产业发达；攀西地区则以钒钛、钢铁、煤炭、电力为主；川南地区化工、盐业、煤炭、制糖、酿酒、食品工业实力较强；川东北则以天然气、丝绸、食品为主；川西以生态资源为主。拥有中国工程物理研究院、中科院成都分院、四川大学、电子科大、西南交大等著名科研院校，在生物医药、电子信息、航空航天、核能和高效节能等技术领域保持着国内领先水平。拥有长虹、新希望、五粮液、东方电气、富士康、英特尔、一汽大众等一批规模大、技术水平高、产业带动力强的骨干企业。并且生态环境优越、能源电力及矿产资源丰富，为全省产业园区加快转型升级创造了良好的条件。

3. 国内外经济形势有利于园区转型升级

受金融危机和世界新技术革命的影响，国际产业结构调整和转移仍在持续，我国东部沿海地区生产成本的上涨，也加快了企业向中西部转移的步伐。而四川作为我国西部的人口、资源和经济大省，能源、土地和劳动力等要素成本相对较低，拥有良好的经济、科技及产业基础，基础设施和配套服务体系建设不断完善，并且是西部最大的商品和生产要素市场，因此，在承接国际国内产业转移时具有较强的比较优势。并且随着国家“两带一路”战略的实施，位于长江与丝绸之路结合部的四川，将在新一轮区域开放合作中，迎来更多的发展机遇。而国家对成渝经济区建设的重视，把天府新区建设上升为国家战略，也为全省产业园区加快转型升级，提升整体发展水平提供了重要机遇。

三　加快转型升级提升产业园区在四川发展战略中作用的建议

积极申请并增加省级以上开发区数量，尽快扩大规模，推动园区产业转型升级，重点发展高新技术和战略性新兴产业，增强整体实力；按照精简高效的原则，完善开发区管理体系，优化发展规划，努力建立布局合理、特色鲜明、功能突出、聚集效应明显的开发区体系；全面优化园区投资创业环境，完善基础设施和配套服务体系，提高综合承载能力；强化招商引资，吸引更多高端生产要素进入园区发展；加大科技创新力度，完善孵化培育体系，增强创新驱动和内生增长能力；努力将园区建成各市州调整和优化经济结构，转变发展方式，加快新型工业化和城镇化建设，增强创新驱动能力，发展开放型经济的载体，成为支撑“三大发展战略”的重要力量。

（一）加快国家级开发区的申请及省级开发区的审批

借助国家放开国家级开发区审批工作，并放宽准入条件的有利时机，鼓励和帮助省内更多开发区申请成为国家级高新区和经济技术开发区。在国家已对我省 39 个重灾区县开发区扩区升级做出明确指示的情况下，积极做好全省各类开发区扩区升级的前期准备工作。制定全省开发区发展绩效的动态评价指标体系，并根据评价结果选择符合条件的各级开发区分别做好升级和扩区准备。特别是帮助川南、川东北、攀西和川西北地区的开发区做好升级扩区工作，尽快增加这些地区的国家级及省级开发区数量。各地应抓住“十三五”发展规划启动和新一轮土地利用总体规划修编和的机会，抓紧研究编制开发区升级扩区发展规划，尽快使全省园区数量达到合理水平。

（二）完善管理，明确定位，科学规划，优化布局

按照“精简、高效、统一”的原则，加快完善产业园区内部管理体制。一方面要进一步明晰园区管委会的法律地位和职能职责。园区管委会作为政府派出机构，应把管理职能的重点放在制定规划和政策、引导产业发展、组织招商引资、协调各方关系、组织实施监督等经济宏观管理上，运用政策导向和宏观调控手段引导企业健康发展。另一方面要积极创造有利条件，加快金融、财会、审计、评估、咨询和法律等中介服务体系建设，并充分发挥它们的桥梁作用，协调各方关系，营造良好的发展环境。

学习借鉴发达国家和先进地区的规划理念，科学编制全省产业园区发展规划。并将其纳入全省经济和社会发展总体规划、土地利用、城市建设和环境保护等规划，注重多规协调甚至合一。园区发展布局，原则上按照一个市（县）不超过一个为宜，防止精力分散、资源浪费和恶性竞争。各地园区要按照发挥优势，错位竞争，差异化发展的原则，明确功能和产业定位，努力形成特色，并加强分工协作和相互协调，形成区域发展合力，提升园区整体发展水平。

（三）加快产业转型升级，增强辐射带动能力

加快园区产业结构的调整和优化升级。高新区和省级以上开发区应重点发展高新技术、战略性新兴及高端成长型产业，加快培育一批具有国内甚至国际影响力的大型龙头企业，带动相关配套服务产业聚集发展，努力成为高端产业聚集区，引导和带动全省产业结构的优化升级和发展方式的转变。加快生产性服务业发展，同时加快金融商贸、仓储物流等现代配套服务业建设，为主导产业转型升级创造更加有利的条件。市（州）级园区应加快特色优势产业发展，

提高产业集群效应。根据园区自身的特色和优势，加快优势产业集聚，提升聚集效应和辐射带动能力。

（四）分类指导，突出重点，促进园区整体转型升级

进一步加强产业园区在我省产业集聚、改革创新和开放合作中的先头引导作用，着力强化优势产业发展，形成特色和品牌，提高整体发展水平。以成都高新区创建国家自主创新示范区为标杆，推动省内国家级开发区学习其经验，提高产业发展和创新驱动能力，提升在国内同类开发区中的综合竞争力，努力创建国内乃至世界一流开发区，增强对全省经济发展的辐射带动能力。对于双流经济开发区，青白江、新都工业园区等发展势头强劲、辐射带动作用较大、区位优势明显的省级开发区，鼓励和扶持他们尽快做大做强，全面提高总体实力和发展水平，在条件成熟时，申请升级为国家级开发区。对于近年来发展较快，经济社会效益较好、区位条件优越、土地利用效益较高、发展空间受限的开发区，如广安、眉山经济开发区，资阳机车产业园，锦江、武侯、新津等工业园区，可以根据发展需要，按规定进行扩区申报，以扩大规划发展面积，扩展发展空间，提高发展潜力。推动其他省级园区加快转型升级，努力提高集约发展水平和投入产出效益，带动区域经济提质增效。选择部分发展较好，特别是位于39个重灾区县市的开发区，作为重点培育对象，鼓励和扶持他们加大整合力度，扩大产业规模。同时，加大扶持力度，按照分类指导，突出重点，全面推进的原则，支持优势开发区扩大规模，加快发展，发挥引导带动作用；加大对中小开发区的整合力度，努力形成特色，提高我省开发区整体实力和发展水平，更好地支撑各区域经济产业发展。

（五）完善基础设施和配套服务体系，全面优化投资创业环境

努力完善园区基础设施和配套服务体系建设，转换运行机制、健全管理体制，全面优化开发区发展环境，吸引更多的企业入园创业发展。加快基础设施建设，以增强开发区功能和辐射力为目标，完善“八通一平”等公用设施以及连接中心城市、空港、铁路或高速公路的运输通道。把“八通一平”建设与加强环境保护、资源综合利用和生态建设相结合，加快污水、工业固废集中处理等环保设施建设，提升开发区综合承载力。除基础设施配套外，完善生产配套、

创业环境和生活居住条件，对吸引投资创业、加快园区建设同样重要。应按产城一体的要求，优化生活居住环境，努力打造优美和谐、生态环保的自然环境。

进一步转变政府职能，提高行政效率，降低商务成本。着力完善开发区的法治、制度和市场环境，切实保护投资者的合法权益。进一步完善服务方式，建立绿色服务通道，提高行政效能。积极推广电子政务，建立网络信息服务平台，加快打造集网络化办公、信息化服务、智能化管理、国际化交流于一体的信息化园区。在着力完善基础性、行政性服务的基础上，加强完善生产性、生活性服务以及中介务体系建设，构建社会化服务体系，逐步建立服务管理的长效机制，不断增强创业投资环境新优势。

（六）强化招商引资，提高创新驱动和内生增长能力

各产业园区应围绕主导产业，明确发展目标，创新招商引资方式，按照弥补和延伸产业链，促进集群发展的原则，继续招大引强，带动配套企业发展，吸引更多企业进入开发区投资创业。同时要积极鼓励投资创业，建立完善的中小企业创业孵化体系，调动社会存量资本进入开发区创办企业；建立成长型企业助推扶持体系，扶持已有企业，逐步发展壮大，培育具有国际影响力和竞争力的大型企业集团。努力构建科技创新体系，帮助企业提高自主创新能力，增强创新驱动和内生增长能力。按照企业成长路线图，制定本土企业创业发展的培育扶持体系，全力支持“双创”。建立完善中小企业创业孵化体系，促进投资创业；建立成长型企业助推扶持体系，帮助成长性较好的企业尽快发展壮大，做大做强；支持有实力的本土企业面向全国，走向世界，尽快培育一批具有国际竞争力和影响力的大型跨国企业，使开发区成为促进本土企业发展壮大的重要基地。

参考文献

四川省人民政府办公厅：《四川省“十二五”开发区发展规划》（川办发〔2011〕64号）。

四川省人民政府办公厅：《四川省“51025”重点产业园区发展计划》（川办发〔2011〕44号）。

B.31

四川省混合所有制经济实行企业员工持股问题研究

达 捷　吴建强　王 磊　袁 境　林 楠　余仁杰*

摘　要：　面对新形势新任务和国企改革发展中的新问题，党的十八届三中全会《中共中央关于全面深化改革若干重大问题的决定》指出："允许混合所有制经济实行企业员工持股，形成资本所有者和劳动者利益共同体。"在省委省政府贯彻落实《决定》和中央经济工作会议精神，出台具体规定和指导意见的过程中，混合所有制经济实行员工持股作为调整优化所有制结构，积极发展混合所有制经济的重要内容，必然是不可或缺的部分。本文对四川省实行混合所有制员工持股企业的各个方面进行了深入的调查研究，总结过去的成功经验和所存在的问题，并提出了一系列关于混合所有制经济实行企业员工持股的政策建议。

关键词：　混合所有制　员工持股　国有企业改革

一　四川省混合所有制企业实行员工持股的现状分析

特别说明，本研究中的混合所有制企业是指国有企业进行混合所有制改制

* 达捷，经济学博士，研究员，四川省社会科学院产业经济研究所所长，主要研究领域为产业经济、金融投资与资本市场；吴建强，四川省社会科学院产业经济研究所副研究员，经济学博士；王磊，四川省社会科学院产业经济研究所副研究员，经济学硕士；袁境，四川省社科院产业经济研究所副研究员，经济学博士；林楠，四川省社会科学院金融与财贸经济研究所副研究员，经济学博士；余仁杰，四川省社会科学院产业经济学硕士研究生。

而形成的非上市的企业，突出混合所有制在国有企业改革中的重要作用，员工持股制度对国有资产的保值增值和监督作用。

（一）四川省混合所有制企业实行员工持股的总体情况

1. 数量情况

截止到2014年底，全省共有国有企业3736家，其中省属国有企业24家。这24家省属国有企业的一级企业中，没有一家实行混合所有制员工持股。但在四川国有资产经营管理公司、四川外贸、川投水务、川商集团等4家企业集团下属的13家二级、三级子公司实行了混合所有制员工持股改革。

全省各市州及区县所属国有企业实行混合所有制员工持股的企业共有96家，占全省3736家国有企业的比重为2.56%，其中市州所属企业67家，县属企业29家。统计显示，目前全省21个市州中有15个市州存在混合所有制员工持股企业，其中绵阳、宜宾、凉山和巴中相对较多，分别有21、19、16和16家企业；其余各市州都较少，基本不超过5家企业；达州、眉山、内江、广元、阿坝和自贡等6个市州则没有（见表1）。①

表1 四川省各市州实行混合所有制员工持股企业情况

单位：家

市州名称	员工持股企业数	市属企业	县属企业	上市公司	股权结构			企业规模	
					国有控股	员工控股	其他控股	大	中小
成　都	5	5			4		1	2	3
绵　阳	21	20	1	2	14	1	6	5	16
德　阳	2	1	1	1	2				2
凉山州	16	5	11		12	4		1	15
宜　宾	19	19		1	17	2		3	16
乐　山	2	2			2				2
雅　安	1	1			1				1
南　充	3	3			2	1			3
资　阳	1		1		1				1
遂　宁	2	2			2				2
攀枝花	2	2			2				2

① 注：数据资料由全省21各市州的经信局、国资委、工商局及工商联联合搜集整理，提供给省经信委和国资委，并由课题组根据搜集的资料最终整理所得，本章以下各表相同。

续表

市州名称	员工持股企业数	市属企业	县属企业	上市公司	股权结构			企业规模	
					国有控股	员工控股	其他控股	大	中小
泸　州	1	1			1				1
巴　中	16	4	12		6	9	1	2	14
广　安	2	0	2		2				2
甘　孜	3	2	1		2	1		1	2
内　江	无								
达　州	无								
眉　山	无								
自　贡	无								
阿　坝	无								
广　元	无								
合　计	96	67	29	4	70	18	8	14	82

2. 股权结构

从企业股权结构来看，省属 13 家实行员工持股的企业中，有国有控股 7 家，员工控股 6 家（员工持股超过 50%）；其中实行高管及骨干持股的有 6 家，实行全员持股的有 7 家；有 5 家企业员工持股比例低于 10%，2 家员工持股比例分别为 48.98% 和 48.97%，其余 6 家超过 50%。

市州所属 96 家实施员工持股的企业中，有国有控股 70 家，员工控股 18 家，社会资本控股 8 家；其中实行全员持股的企业有 58 家，只实行管理层和生产技术骨干持股的有 36 家，还有 2 家仅普通员工持股，管理人员没有持股。从持股数量来看，员工持股总额占企业总股本 10% 以下的有 42 家，占比在 10% ~50% 的有 36 家，占比 50% 以上的有 18 家。管理层和骨干人员持股总额占企业总股本 10% 以下的有 59 家，在 10% ~50% 的有 30 家，超过 50% 以上的有 7 家。总体看，员工持股总额相对较小，多数占企业总股本在 20% 以下，超过 50% 的仅有 18 家（详见表 2）。

3. 股份来源

四川省 13 家省属混合所有制员工持股企业，员工股份基本为新设公司时，由员工出资购买所得。市州所属 96 家混合所有制员工持股企业中，员工股份来源为新设企业的有 41 家，通过增资扩股获得的有 17 家，通过国有股权转让获得的有38家。还有部分员工所持股份是通过继承或购买其他员工股份获得的（见表3）。

表2　四川省市州所属混合所有制员工持股企业股权结构情况

单位：家

市州名称	全员持股	高管及骨干持股	员工持股比例			管理层持股比例		
			10%以下	10%～50%	50%以上	10%以下	10%～50%	50%以上
成　都	4	1	4	1		4	1	
绵　阳	5	16	17	3	1	17	4	
德　阳	2		1	1		1	1	
凉山州	16		2	10	4	7	6	3
宜　宾	10	8	7	9	3	10	7	2
乐　山	2		1	1		2		
雅　安	1		1			1		
南　充	3		2	1		2	1	
资　阳		1		1			1	
遂　宁	2		1	1		2		
攀枝花	2			2		1	1	
泸　州	1			1		1		
广　安	1	1	2			2		
巴　中	6	9	4	3	9	7	7	2
甘　孜	3			2	1	2	1	
合　计	58	36	42	36	18	59	30	7

表3　四川省市州所属混合所有制员工持股企业股份来源情况

单位：家

市州名称	员工持股企业数	股份来源		
		新设	增资扩股	转让国有产权
成　都	5	3		2
绵　阳	21	11	6	4
德　阳	2			2
凉山州	16	3	4	9
宜　宾	19	12	5	2
乐　山	2	2		
雅　安	1			1
南　充	3	1		2

续表

市州名称	员工持股企业数	股份来源		
		新设	增资扩股	转让国有产权
资　阳	1			1
遂　宁	2	1	1	
攀枝花	2	1		1
泸　州	1			1
广　安	2			2
巴　中	16	6	1	9
甘　孜	3	1		2
合　计	96	41	17	38

4. 持股方式

在四川省实行混合所有制员工持股的企业中，规模和人数较小的，由职工本人以自然人身份直接持有企业的股份。但企业规模较大的，职工人数众多，在改制时，持股员工人数超过了我国股份制及有限责任公司登记注册所规定的法定人数，只好由工会或成立职工持股会集中持有及管理员工股份。还有少数企业还尝试由员工作为出资人设立新公司，或专门成立持股公司持有员工股权，新公司以员工入股的资金作为出资购买本公司的股权，员工间接持有本公司的股权。

调查显示，全省 13 家省属实行员工持股的企业，员工股份基本由股权所有人个人直接持有。市州所属 96 家实行混合所有制员工持股企业中，员工股份由个人直接持有的有 73 家；由个人直接持有和委托他人持有同时存在的有 19 家；成立持股会，由持股会代为管理和持有的有 2 家；通过其他公司间接持有的有 3 家（见表 4）。

5. 退出机制

目前，全省 13 家省属实行员工持股企业中，基本都建立了较完善的员工持股流转和退出机制。96 家市州所属实行混合所有制员工持股的企业，建立较完善的员工持股流转和退出机制的有 29 家，另有 67 家没有员工持股退出机制（见表 5）。

表4　四川省市州所属混合所有制员工持股企业持股方式情况

单位：家

市州名称	员工持股企业数量	持股方式			
		个人自持	个人及委托代持	持股会	公司持有
成　都	5	5			
绵　阳	21	18	3		
德　阳	2	2			
凉山州	16	12	2	1	1
宜　宾	19	10	8		
乐　山	2	2			
雅　安	1	1			
南　充	3	1	2		
资　阳	1	1			
遂　宁	2	2			
攀枝花	2	1	1		
泸　州	1	1			
广　安	2	2			
巴　中	16	12	3		1
甘　孜	3	1		1	1
合　计	96	73	19	2	3

表5　四川省市州所属混合所有制员工持股退出机制情况

单位：家

市州名称	员工持股企业数量	有无退出机制	
		有	无
成　都	5	1	4
绵　阳	21	12	9
德　阳	2	1	1
凉山州	16	3	13
宜　宾	19	7	12
乐　山	2		2
雅　安	1		1
南　充	3		3
资　阳	1		1
遂　宁	2	2	

续表

市州名称	员工持股企业数量	有无退出机制	
		有	无
攀枝花	2	2	
泸　州	1		1
广　安	2		2
巴　中	16	1	15
甘　孜	3		3
合　计	96	29	67

6. 出资方式

调查显示，全省 13 家省属实行员工持股企业中，员工股份基本都是以现金出资方式购买所得。市州所属 96 家实行混合所有制员工持股的企业中，员工持股出资方式为现金购买的有 71 家企业，以现金和其他方式混合获得的有 21 家，另有 4 家是企业改制时，以买断员工身份，下岗安置费等无偿量化给员工的（见表 6）。

多数企业在员工出资购买股份时会实行一定的优惠，如职工购股一次性付清款项的可给予 10% 的优惠，或者直接规定员工出资购买股份的，可在股价的基础上实行一定的折扣。部分市州还对员工购买本企业股份给予了一定的税收优惠。

表 6　四川省市州所属混合所有制员工持股出资方式情况表

单位：家

市州名称	员工持股企业数	出资方式		
		现金	混合	无偿量化
成　都	5	5		
绵　阳	21	18	2	1
德　阳	2	1	1	
凉山州	16	6	9	1
宜　宾	19	19		
乐　山	2	2		
雅　安	1	1		
南　充	3	2	1	

续表

市州名称	员工持股企业数	出资方式		
		现金	混合	无偿量化
资　阳	1			1
遂　宁	2	2		
攀枝花	2	1	1	
泸　州	1		1	
甘　孜	3	3		
广　安	2	2		
巴　中	16	9	6	1
合　计	96	71	21	4

（二）成功经验

1. 大胆探索、勇于创新，积累了较丰富的经验

自“十一届三中全会”以来，四川省对国有企业改革的理论探索和实践创新进行了大胆的探索，积累了较丰富的经验，一些方面甚至走在了全国的前列。对于股份制及混合所有制员工持股从20世纪90年代初期，就开始探索实践，对于其实现形式、预期目标、现实效果等进行了持续不断的改革创新，众多的国有企业在改制时，实行了这一制度，目前存续的企业仍有上百家。在确定员工持股的实施方案、持股范围、持股比例、持股方式、退出机制等方面积累了较丰富的经验，为进一步深化改革打下了坚实的基础。

2. 员工持股改善了企业的治理结构，提高了经营效益

国有独资企业通过引进社会资本进行股份制及混合所有制改造，并实施员工持股，实现了投资主体的多元化，促使国有资本与社会资本相互融合，员工与企业形成利益共同体，极大改进了企业的治理结构和经营管理体系，有效激发了企业生产经营的活力。我省改制后的企业基本都建立了较规范的董事会、监事会及股东大会制度，董事会和经理人员各司其职，企业的所有权与经营权实现了有效分离，逐步建立起了较规范的现代企业制度，使企业的经营决策趋于规范合理，更加适应市场经济运行的要求。经过几轮国企改革，我省留存下来实行混合所有制及员工持股的企业，通常资产规模及经营效益要比改革前提升了很多倍，企业适应市场变化的能力和综合竞争力都有明显提升。

3. 使员工与企业成为利益共同体，激发了员工的积极性

国有企业通过股份制及混合所有制改造，实行员工持股，使员工获得部分企业股份，成为企业资产的所有者，分享和分担企业生产经营的收益及风险，既增加了员工的收入，也增加了员工的责任，在企业内部建立起了利益共享、风险共担机制，将企业经营效益与员工收益紧密结合在一起，形成了资本所有者和劳动者利益共同体，极大调动了员工的积极性，有效激发了企业生产经营的活力。尤其是有效吸引和激励了企业的核心经营管理人员和生产技术骨干，使他们更专注地投入企业的生产经营，并愿意长期为企业服务，避免核心人才不稳定而给企业持续发展带来影响，并促使高管在决策时不仅关注企业的短期利益，还会更加注重长远发展利益，为企业的委托代理问题提供了一种有效的解决方案。

4. 员工持股改革应先行试点，积极稳妥地推进

国有企业试行混合所有制员工持股，应充分结合经济发展实际，统筹规划，稳步推进，在充分发挥市场作用的基础上，按照企业自主自愿的原则，成熟一个、推进一个；并根据企业的实际情况，实行“一企一策”，选择最符合企业实际情况的方案进行改革，不能搞一刀切和运动式的改革，不应强设时间表和完成期限等，应以完善企业治理结构，调动员工积极性，激发企业经营活力，促进企业持续健康发展为主要目标。

国有企业实行混合所有制员工持股，应严格遵守现行法律法规，在现有政策体系及相关规定的框架内，严格依法依规，合理选择和制定实施方案，充分照顾各方利益，从长远发展的角度，积极稳妥地推进，以利于形成资本所有者和劳动者利益共同体，避免引发不必要的矛盾和遗留潜在的后续问题。

（三）存在问题

1. 企业实施员工持股目标不明确，效果存在较大差异

四川省现有实行混合所有制员工持股的企业，是在经过几轮国企改革后留存下来的，是特定历史条件的产物，不同企业由于实行员工持股的原因、背景、方式和目标不同，实施后效果也存在较大差异，部分企业取得了很好的效果，但部分企业效果并不明显，甚至失败了。

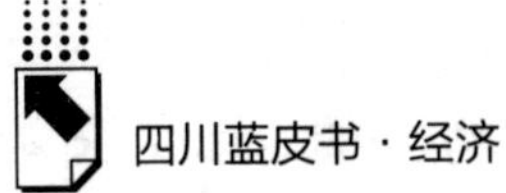

很多企业实行混合所有制员工持股目的只是为了改制或进行股份制改造，或者只是为了转让国有企业的产权，有的甚至只是为了集资或脱困，并不是单纯为了激励和吸引员工，再加上一些不规范的操作，不少企业改制后，反而逐步被市场淘汰，破产或消失了，还有部分续存企业，因为各种原因，经营存在较大困难，企业股份贬值严重，已经无法起到激励员工和改善企业经营管理的作用。

2. 部分企业员工持股方案不合理，引发较多后续矛盾

我省部分企业在改制和实行员工持股计划时，实施方案存在不少不合理之处，在确定员工持股范围、出资方式、持股方式、股权流转及退出机制等方面还有许多需要改进的地方，有些甚至引发了不必要的后续矛盾，给企业经营带来了困扰。

部分企业在确定持股范围时缺乏代际公平，没有考虑离退休职工和未来新进员工的权益，只允许在职员工购买股份，而没有将退休职工纳入持股计划，也未给将来新进员工留存部分股权；同时部分企业又未制定合理的股权流转及退出机制，对于员工退休、离职后股份的收回和处理等都未做出明确合理的规定，造成新老员工事实上的不平等，影响了新员工的积极性。

3. 员工持股比例和方式不合理，影响企业的经营决策

部分企业股改时确定全体员工持股的比例较小，一般不超过20%，每个员工持股的数量也较少，占总股本的比重很小。因此，职工较少关心企业的长远发展，而只关心分红收益，完全失去了员工持股改善企业经营管理的作用。

另有部分企业实行全员持股，覆盖很面广，但重点不突出，企业股份并没有有意识地向企业的生产经营骨干人员倾斜，而是简单地搞平均，骨干人员在经营决策时很难发挥主导作用。极端的情况是企业股权过于分散，持股员工众多，往往意见也众多，相互掣肘，很难达成一致，反而影响和牵制了企业的经营决策，降低了企业的运营效率，影响了企业的经营业绩。

另外，在持股方式上很多企业因员工数量较多，而选择由工会或设立职工持股会集中管理员工股份。但由于没有建立完善的管理和议事制度，众多股份持有人常常很难达成一致，而在企业决策中无法体现其意志。而且部分企业员工所持股份在后期流转和处置时，往往因为个人和持股会无法达成一致意见而引发诸多矛盾和问题。

4. 员工持股方案与现行法律法规存在一定冲突

直到目前，混合所有制员工持股改革与部分法律法规和相关部门的政策规定存在一定冲突。尤其是非上市企业，问题较为突出。我国公司法明确规定，有限责任公司由五十个以下股东出资设立；设立股份有限公司，应当有二人以上二百人以下为发起人。而实行员工持股的企业，往往人数众多，持股人员很容易就会超过公司法的规定。为符合规定，企业员工只能通过工会或成立持股会来管理所持股份，而国家工商局又明确规定不能为持股会办理注册登记，而由民政局办理注册登记，但目前，民政局也不受理登记。因此，员工持股的权益很难得到相关部门的保障，只能通过企业内部规定来明确。

二　四川省混合所有制企业实行员工持股的总体思路、基本原则和主要目标

（一）总体思路

以党的十八届三中全会和四川省委十届四次全会精神为指导，以《中共中央、国务院关于深化国有企业改革的指导意见》为根据，鼓励混合所有制经济实行企业员工持股，形成资本所有者和劳动者利益共同体。在从事一般性竞争业务的混合所有制企业中实施员工持股，支持企业经营管理者、核心技术人员和业务骨干持股。设定合理的员工持股比例上限，保证国有资本的控股地位。允许员工个人出资入股，或以股权信托、员工成立的投资公司和有限合伙企业等方式持股。建立完善的员工持股退出机制，使股份为在岗的员工所持有。员工购买股份以合法现金出资，以评估值作为基本定价依据。鼓励企业采取增资扩股的方式实行员工持股，员工持股与引入战略投资者同步实施，在引入社会资本的同时，按同股同价的原则实施员工持股。支持国有企业与外部投资者、项目团队共同出资新设混合所有制企业，在新设混合所有制企业时引入员工持股。制定混合所有制企业员工持股的指导意见和管理办法，规范员工持股工作。强化制度建设，保证“同股同权、同价同酬”。选择部分条件成熟的省属国有企业开展员工持股试点，并逐步推广。

（二）基本原则

（1）公开透明原则。坚持阳光操作，规范审计评估，强化信息披露，加强合规性检查监督。

（2）自愿参与原则。遵循员工意愿，公司不得以摊派、强行分配等方式强制员工参加持股计划。

（3）风险自担原则。坚持同股同权，持股员工盈亏自负，与其他投资者权益平等。

（4）激励为主原则。根据员工的贡献大小确定持股数量和持股比例，不搞“平均主义”。

（5）试点先行原则。分类分层次推进员工持股，在从事一般性竞争业务的国有企业、集团公司所属的二、三级企业先行试点，防止一哄而上。

（6）稳妥推进原则。改革不设时间表，不设量化考核指标，成熟一个，推进一个。

（三）主要目标

（1）建立和完善劳动者与所有者的利益共享机制，使员工利益与公司长远发展相结合，使公司利益、员工利益与股东利益相一致，促进公司可持续发展。

（2）保持人才队伍稳定，使企业能够吸引人才，留住人才，稳住人才，避免人才的流失，使其长期或终生为企业效力，提升企业的核心竞争力。

（3）改善公司治理结构，转换企业经营机制，优化公司股权结构，加强企业监督约束，增强企业活力，提高企业效益。

（4）充分调动员工的积极性，增强员工的主人翁精神，提升公司的凝聚力和向心力，使员工更为积极主动地参与公司事务，更多地关注公司的中长期发展。

（5）深化收入分配制度改革，建立长效的激励机制，增加职工的财产性收入，使员工能够得到产权收益，分享企业发展的成果。

（6）充实企业资金，降低公司的资产负债率，减少融资成本，优化资本结构，增强公司实力，提高盈利能力，拓宽外部融资渠道和融资方式。

三 政策建议

（一）改善发展混合所有制经济的制度环境

完善国有企业退出的配套政策，妥善处理包括人员安置、医疗和养老保险接续等相关问题。研究建立国有企业改制重组成本分担机制，完善并认真执行国有企业改革涉及的国有资产转让、工商登记、财税管理、土地使用权性质改变、劳动保障等方面的政策规定。

（二）国家尽快出台顶层设计

由于国家关于混合所有制企业员工持股的指导意见尚未出台，地方出台的国有企业改革意见又较为原则，一定程度上不利于员工持股制度的实施，导致许多企业对员工持股改革持观望态度。建议国家尽快出台相关的指导意见和管理办法，明确可以实施员工持股的企业范围、持股的比例、出资价格等问题，使员工持股具有可操作性。

（三）修改和完善相关法律法规

现行的法律法规在一定程度上制约了员工持股工作的开展，主要体现在：关于持股人数的限制以及关于工会和职工持股会限制。

根据这些规定，拟上市公司中如存在职工持股会和工会持股，股份代持以及发行前实际股东人数超过200人的情况，都将构成公司发行上市的障碍。混合所有制企业实行员工持股，不能超越法律法规。所以，当务之急是修改现行公司法、证券法等法规，对员工持股超过200人的公司出台相应政策，为这类公司进入资本市场奠定基础，为员工持股制度提供法律依据。

（四）完善产权交易市场

混合所有制经济实行企业员工持股改革，产权流转必须顺畅。因此，产权市场将成为混合所有制改革的重要保障。只有建立起产权自由流动的机制，才能实现股权的优化配置和建立完善的法人治理结构。由于产权市场具有的公开性，能够提供市场化的价格，企业实施国有股权转让或增资扩股，都应在产权市场等公开进行，防止在改革过程中发生暗箱操作而导致国资流失。要健全和完善产权交易市场的机制和功能，加强产权交易信息网络建设，提高系统化和网络化水平；加强产权交易专业人才队伍建设，提升产权交易规范水平；降低产权交易成本，提高资金配置效率；加快建立和完善产权交易市场相关法律法规，健全产权监管制度；严格执行产权交易进入市场制度，提高产权交易的市场化运作程度。

（五）对员工持股计划实施税收优惠和信贷支持

员工持股改革，还需要税收政策的支持。税收支持是员工持股计划的内在要求，应建立起相应的税收制度安排，激发员工对该制度的热情，同时使员工持股计划逐渐向国际接轨。借鉴西方发达国家成熟市场的做法，现阶段对员工持股计划实行税收优惠可考虑以下几个方面：一是对银行发放员工持股贷款而获得的利息收入给予税收优惠，二是对员工持股获得的股息收入减免个人所得税，三是对员工转让股票所得暂免个人所得税，四是对大股东赠予股票给员工予以税收优惠。员工持股实施税收优惠政策，可以在某些行业或地区先行试点，再逐步推广。

支持员工以信托、股权质押等方式向金融机构筹集资金购买本企业股份，但利息须由个人承担，且企业不得为其融资提供担保。鼓励商业银行以低息贷款的方式对员工购买本企业股票提供帮助，并对实行员工持股的企业给予优惠的贷款利率。

（六）严格国企资产评估

推进员工持股改革，国有企业应严格按照程序规范操作，由具备法定资格的资产评估机构对资产进行评估，评估结果报国有资产管理部门确认。在对国企资产进行严格评估的基础上，合理确定员工获取股票的价格，严禁将国有资产低价折股、低价出售或者无偿分给个人。员工持股定价应坚持公开公平的原则，不对员工持有股份实行“内部价格”，而是与外来投资者同股同价。

（七）明确开展员工持股的企业范围

由于国有企业的社会经济职能是不一样的，所以不是所有的国有企业都适合推行员工持股改革。从行业上来看，从事一般性竞争业务的混合所有制企业才可以实施员工持股，对于从事自然垄断、行政垄断业务、具有国家特许经营资质、政策性企业，以及其他非竞争性企业，不太适合引入员工持股。

对垄断性企业而言，垄断性收入既不是劳动所得部分，也不是资本所得部分，而是一种靠垄断性的力量来获得的收入。在这种情况下，如果在垄断企业推行员工持股的话，那就意味着这些员工除了要获得资本收入以外，还要获得垄断收入，这种垄断性收入容易造成社会的不公。

对政策性业务为主、国家定价为主的企业而言，企业效益与员工的积极性并不直接挂钩，这些企业实行员工持股的正面效应并不明显，国有资产流失的可能性却较大。

此外，为杜绝关联交易，防止利益输送，避免国有资产流失，与国有股东关联交易占其主营业务收入比例较大的企业也不宜实施员工持股。

（八）合理确定员工持股的范围、比例和方式

（1）从持股范围来看，全员持股并不是值得推广和鼓励的方式，持股范围应主要是企业经营管理层、核心技术人员和业务骨干。员工持股改革应规避全员持股等以前走过的弯路，根据不同企业、不同岗位有针对性地设计持股方案。

（2）在员工持股改革的过程中，应该坚持激励为主的原则，根据员工对企业实际贡献的大小，将股份按不同的持股比例进行量化，以增强企业发展内生动力。员工持股总比例应该设置上限，以保证国有经济的控制力，避免由于持股人较为分散而带来的决策效率低下问题。

（3）对员工持股方式，可根据企业的性质、需求和激励手段，采用不同的持股方式。即可由员工直接持股，也可采取间接持股的方式，通过员工成立的投资公司持股或通过员工成立的有限合伙企业持股，还可通过信托公司等持股。

（九）建立和完善退出机制

员工持股计划必须完善对股权授予、股权流动、股权退出的相关规定，建立退出机制，持股员工因为辞退、调任、退休等应该把股权转让给企业内部符

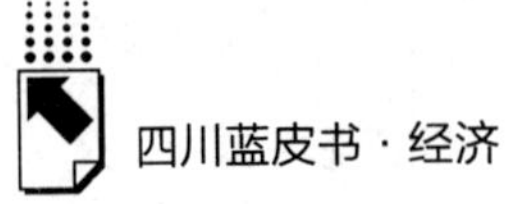

合条件的受让者，或者作为内部股权，以防止员工股权外部流失，防止被私下恶意收购，使持股员工范围始终处在为企业做贡献的范围内。员工持股不能变成终身制，成为特定一批人的固化利益，否则随着企业员工和管理层的新老交替，将不可避免产生新的矛盾和摩擦。初次引入员工持股的时候，可以预留部分股权设立动态股，以吸引新的人才加入，员工持股份额随着所在岗位和贡献的变化进行动态的调整。

（十）鼓励以增量改革的方式推进员工持股

采取增资扩股的方式来推进员工持股改革，不仅能保证国有存量资本不会减少，还能新增国有企业的资金，有利于国有资产的保值增值。对国有企业以转让存量股权的方式实施员工持股，必须进行公开的资产评估，合理确定股价，不对员工持有股份实行所谓的“内部价格”，在保证国有资产不流失的前提下审慎推进。

（十一）对集团公司采取多种激励方式

由于集团企业有频繁的骨干员工调动，员工持股可能使集团业务“板块化”变成“板结化”，不利于集团经理人在集团内部的合理流动。因此，可在国有企业集团推行实质跟员工持股一致、但操作成本低、改革风险小的多种长效激励机制，如超额利润分成、岗位分红、项目分红、虚拟股权等，核心是通过股东让渡部分分红权给管理团队和骨干员工，实现股东利益和管理团队、骨干员工利益相一致。

Abstract

Analysis and Forecast of Economy of Sichuan (*2016*) is completed by research from institute of Industrial Economy of Sichuan Academy of Social Sciences, together with the research capability from government departments, colleges and universities. The book consists of five parts: the first part is " General Report", which analyzes the overall situation of economic operation in Sichuan under the New Normal, and forecasts the tendency of economic development in 2016; the second part is " comprehensive reports ", including analysis and forecast in investment, consumption, finance, import and export , etc. ; the third part is "regional report", including analysis and judgment on economic development of the economic zones in Sichuan, including Chengdu Economic Zone, Sichuan's North-Eastern Economic Zone, PanXi Economic Zone, Sichuan's North-Western Economic Zone; the fourth part is "industrial and sectoral reports", including current situation and future development trend of three industrials in Sichuan, analyzing and forecasting some key industries and sectors; the fifth part is "special reports", including some major issues occurred in Sichuan economic development and the comprehensive deepening reform, such as new-type urbanization, county economic development, the development of diverse ownership, the development in ethnic regions, population and employment, housing of migrant workers, operation of the listed companies, etc.

Contents

Ⅰ General Report

Abstract: New characteristics occur in Sichuan's economic development in 2015. The growth rate declines, obvious lack of incentive, relatively stable consumption growth, and investment and exports continue to fall and some of the traditional Industries grow faster compared to last year, the growth rate of emerging industries slow down, particularly in key cities but the emerging cities grow more faster. Looking to the next few years, the growth rate of GDP is expected to hover between 7% and 8% . And consumption growth remains a level between 8% and 9% , with 4 percentage of annual contribution. Investment may go down to around 10% , with 3 percentage of annual contribution. "Trade deficit" of the inter-provincial trade will turn to "trade surplus" in the next 5 years.

Keywords: Economic Situation; Steady Growth; Sichuan

Ⅱ Comprehensive Reports

Abstract: In 2015, under the downward pressure of national economy, the fixed assets investment in Sichuan province continues to maintain a steady growth, with slightly higher growth rate than average, which shows the following characteristics: the investment grows fast in tertiary industry, the increase rate of funds falls, the growth rate of private investment is slightly improved, the demand in real estate market increases and etc. But there are also some problems, such as the development mode of investment-driven is inefficient, economic growth excessively depends on investment, the increase of industrial investment is also weak. Looking to 2016, fixed assets investment in Sichuan province will continue to maintain a steady growth, the growth rate of the investment in primary industry may fall, the growth rate of the investment in secondary industry may be slightly improved, and the growth rate of the investment in tertiary industry will maintain steady growth.

Keywords: Sichuan Province; Investment of Fixed Asset; Analysis; Forecast

B. 3 Analysis and Prediction of Sichuan's Financial Situation in 2016

Abstract: Based on Sichuan financial operational aspect in the first half of 2015, the characters and major future influential factors of Sichuan financial system are analyzed. Besides, historical data methods and correlation methods are used to focus on analysis and prediction of Sichuan financial sector's major economic development indicators in 2016. It is concluded that the depth and process of our country's financial reform has played a leading and decisive role on regional economic development, and the development acceleration of local finance itself has a more direct and prominent influence on the real economy. Currently, further deepening the reform is in urgent need to improve the effectiveness of the regional financial risk prevention and control system.

Keywords: Regional Finance; Financial Risk Prevention; Sichuan

B. 4 Analysis and Forecast of Sichuan's Consumer Goods Markets in 2016

Abstract: Consumer goods markets in Sichuan continue to maintain a rapid growth in 2015, the total retail sales of social consumer goods are higher than the national average. The thrift, pragmatic consumption concept respected by the government has been deeply rooted in common people. Mass consumption grow steadily, the new sales modes like Internet + consumption are emerging, and consumer structure is further optimizedand the leading and radiation ability of consumer goods sales in key areas is strengthened. Looking to 2016, facing the pressure of downward national economic growth, the development of consumer goods markets in Sichuan will face new opportunities and challenges, real estate, automobile, luxurious products and other sales are likely to decline, but the general consumer sales will continue to be prosperous, and consumer markets will continue to be structurally adjusted.

Keywords: Sichuan; Consumer Markets; Supply and Demand Analysis

B. 5 Analysis and Forecast of Import and Export in Sichuan in 2015 –2016

Abstract: In 2015, affected by multiple factors, the import and export of Sichuan province decreased by a large margin which have not existed for several years. At the same time, the foreign trade between Sichuan and the countries along One Blet and One Road has witnessed a great breakthrough in adverse situation. In 2016, Sichuan faces many challenges, such as slowing-down increase of world economy, downward pressure of domestic economy, and the urgent task of transformation and upgrading of Sichuan's foreign trade. Sichuan should more actively integrate into the One Blet and One Road construction, further advance international market development activities, concentrate on cultivating new competitive advantage, and consolidate new pillar of inland opening-up strategic highland.

Keywords: Sichuan; Import and Export; One Belt and One Road

Ⅲ Regional Reports

B. 6 Analysis and Forecast of Economy in Sichuan's Chengdu Economic Zone in 2016

Chen Ying, *Tao Chaoan* / 069

Abstract: The global economy will enter a deep adjustment period and China is entering a crucial period of the deepen reform in 2016. Opportunities and challenges of economic development coexist . Chengdu Economic Zone will have to face not only a complex world economic environment, but also other domestic unfavorable factors, such like economic downward pressure, insufficient demand, investment growth slow and business difficulties. However, with the effects of steady growth policy, other positive factors of economic development concentrate such as reform dividend further release, Chengdu Economic Zone is expected to maintain steady growth, the economic indicators are expected to show a steady development trend.

Keywords: Chengdu Economic Zone; Economic Situations; Sichuan

B. 7 Analysis and Forecast in Sichuan's Northeastern Economy Zone in 2016

Yang Qizhi, *Lin Qiao* / 094

Abstract: In the first half of 2015, the economy in Sichuan's northeastern area maintained steady development, which was under the environment of slow growth in the global economy and continuing increase of economy downward pressure in domestic economy. In the last half of this year, the GDP in Sichuan's northeastern area is 2291. 135 billion Yuan, increased by 8. 14% compared to last year, 0. 14% faster than the average growth rate of Sichuan province. With the imbalance of regional development, the overall economy trend of this area is stable. With the development of international and domestic situation, and the implementation of "the key work plan of the economic zone in northeast Sichuan in 2015", the economy in

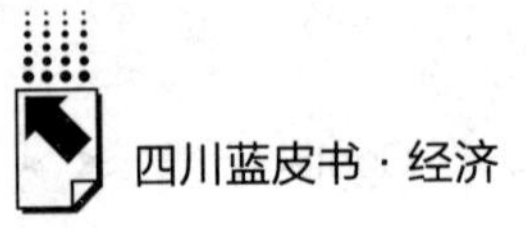

northeastern Sichuan is expected to maintain steady and slow growth in 2016.

Keywords: Economic Situation; Sichuan's Northeastern Economic Zone; Sichuan

B. 8 Analysis and Forcast of Economic Situation in Panxi Economic Zone in 2016 *Wu Zhenming* / 107

Abstract: 2016 is first year of the 13th Five-Year Plan. The major problem of Panxi economic zone is how to realize the smooth transition of power of economic growth. Facing the relatively loose international economic environment and favorable policy support, how do Panxi economic zone deal with the short - term economic downward pressure? and to resolve the long-term existence of various contradiction in the economic and social development? It is still needed to consider in the long run to explore the transition path that suits the characteristics of Panxi economic zone.

Keywords: Economic Situation; Panxi Economic Zone; Sichuan

B. 9 Analysis and Forecast of Economic Development in Sichuan's Northwestern Eco-economic Zone during the Period of "13th Five-Year Plan" *Liao Haiya* / 116

Abstract: In the Eco-economic Zone of the northwest region of Sichuan, although the economic development has achieved great success during the period "12th five-year plan", but the overall development is still lagging behind, and there are a lot of problems. During "13th five-year plan" period, its economic development face many opportunities and challenges, such as arduous task about stable growth, transfer mode, adjust the structure, tamping foundation, improvement of people's livelihood, and ultimately realize the spanning development. We must clarify the ideas of development. During the "13th five-year plan" period, it is expected that the economic development will appear the trend of stability at first and rise soon.

The development of the NPSOE will be accelerated, and maintain the healthy development in agriculture, fluctuating industrial growth, and hydropower industry and tourism will play key role. Service industry will become a new growth point, and rural residents' income will increase dramatically, the income gap between urban and rural residents will be further reduced.

Keywords: Sichuan's Northwest Eco-economic Zone; Economic Development; "13th Five-Year Plan" Period

Ⅳ Industry Reports

Abstract: Reviewing the development of Sichuan's agricultural economy, the level of agricultural modernization in Sichuan province has been rising since the first year of the Twelfth Five-year, and farmers' income has been increasing, the new rural construction has been promoting steadily ever since. In 2015, faced with harsh economic environment at home and abroad, the overall development of Sichuan's agricultural economy remains stable. And the development of the new type of urbanization, industrialization and agricultural informatization has been speeding up. Looking ahead to 2016, Sichuan's agriculture will continue to maintain steady growth; Sichuan will enter the acceleration of modern agricultural development stage; The increasing power of farmers' income will recover, presenting the stable growth of income; Crucial for poverty alleviation work continues to steadily push forward, which will strongly promote the further development of agriculture and rural areas in Sichuan province.

Keywords: Sichuan; Agricultural Economic; Income

B.11 The Analysis and Forecast of Sichuan Industrial Economic Development in 2016 *Wang Lei, Da Jie* / 148

Abstract: January to September 2015, Sichuan industrial economy overall smooth running, growth has slowed, structural adjustment intensified, leading industry differentiation, rapid high-tech development, investment and benefit growth fell. In 2016, affected by domestic and international macroeconomic downward pressure, the province's industrial growth is likely to continue decreasing trend, the growth rate remained at around 7%, the industrial structure will be further optimized, increasing the quality and efficiency will be getting better.

Keywords: Leading Industry; Sichuan Province; Industrial economy

B.12 Analysis and Forecast on the Development of Service Industry in Sichuan Province 2015 –2016 *Liu Yanting* / 161

Abstract: Under the current situation of greater economic downward pressure, to accelerate the development of service industry is very important in order to boost the economy. In 2015, service industry in Sichuan province maintained a relatively fast pace of development, which played an important role to maintain a higher economic growth rate of Sichuan province. Compared with the eastern regions and the national average level, the proportion of service industry in Sichuan is still low, and there will be huge space for development. Sichuan's service industry is expected to continue to maintain a relatively fast growth in next two years. This paper puts forward countermeasures and suggestions on promoting the reform, improving the management system, promoting the development of regional coordination, and increasing support strength.

Keywords: Sichuan Province; Service Industry; Situation Analysis

B. 13 Situation, Problems and Countermeasures in the Development of Sichuan Automobile Industry in 2015

Abstract: In this paper, the overall downturn in the car industry, Sichuan automobile industry growth rate was frustrated, especially in the second half of this year, Sichuan's auto industry has a more obvious turning point. Sichuan automobile industry still faces many problems and contradictions, such as: lack of overall planning and cooperation; the existence of the phenomenon of vehicle products is outstanding; too much policy support in Sichuan's automobile industry is lack of development potential, continued poor; location / channel problem makes it lack of sustainable strength. The author points out that 2016 will be a critical year for the development of the automotive industry in Sichuan, Sichuan automotive industry growth will slow down, but in the country's ranking is still likely to continue to improve, but the restructuring of the auto industry will be strengthened, and new energy vehicles will be the focus in Sichuan's auto industry, and they have a wider space for development. In the meanwhile, we should pay attention to and encourage the improvement of self-innovative ability of local automobile industry.

Keywords: Sichuan; Automobile Industry; New Energy Vehicles

B. 14 Analysis and Forecast of the Development of Sichuan's Energy Power Industry in 2016

Abstract: The development of clean energy industry in Sichuan province has become an important part in western and national energy system. This paper analyzes the development status and characteristics of clean energy industry, such as hydropower, natural gas, wind energy, solar energy and so on in Sichuan province. Through the analysis of the relationship between energy consumption and economic growth in the province, two regression models (energy consumption and economic growth, electricity consumption and economic growth) in Sichuan province are established. It is forecast that the energy and electricity production in Sichuan in 2016, will continue to maintain the growth rate of 3% to 5%, the energy consumption will be increased by 3. 99% to 4. 56% , the total energy demand is expected to reach 200 million tons of standard coal; the province's electricity consumption will be increased by 6. 23% to 7. 12% , the total electricity demand is expected to reach 250 TWh.

Keywords: Sichuan Province; Energy and Electricity

B. 15 Analysis and Forecast of Development of Sichuan's Tourism Industry in 2016

Yang Qizhi, *Lin Qiao* / 203

Abstract: With the launching of theme— "beautiful China-the silk road tourism year", putting forward and implementation of the "515strategy", and the implementation of the tourism industry policies, the tourism industry ushered a good time to have a rapid development since the financial crisis. Tourism consumption turns out to be a new economic growth point while the economic downward pressure continues to increase.

In the first half of 2015, Sichuan tourism industry presents a fast growth momentum. The province's tourism revenue reached 307. 005 billion Yuan, increased by 28. 6% compared to last year, 14. 2% higher than the national tourism industry growth; Inbound tourists grew by 15. 5% , higher than the national average growth rate of 11% . In 2016, the tourism industry is expected to be as following: The three tourism market of Sichuan will have a steady growth, while the outbound tourism market is growing faster; The international popularity of Sichuan tourism rises high, which will drive the rapid growth of inbound tourism; The "Internet +" would boost tourism new modes, and the online travel will have an opportunity to develop faster; Tourism market will be more bringing, standardization and normalization; Rural tourism and Tibetan tourism will develop at a high speed.

Keywords: Sichuan Province; Tourism Industry

Abstract: In 2015, stimulated by the new policy in real estate, Sichuan's real estate shows warming trend after continued downturn, increase of area in house sales has accelerated for six months, the growth rate of investment and supply in real estate also increased in August, but not steady. Both fell slightly in September. The current Sichuan's real estate market is still in adjustment period, and there are also some problems, such as, the pressure of cutting inventory is heavy; market differentiation is serious; funding requirements in real estate development is short, etc. Looking to 2016, it is difficult to see strong recovery in Sichuan's real estate, but more likely to see a modest rise, and the adjustment of real estate market will last for some time.

Keywords: Sichuan Province; Real Estate

Abstract: With the change of market environment, the industrial economic growth of Sichuan province has continued to slow down, the industrial development has entered a period of transformation and upgrading. Sichuan insists on the innovation-driven strategy, the implementation of major technical equipment "3 +9" project, start to develop whole machine, to strengthen supporting, to enhanc integration, to seize the high-end, promote the development of the three major equipment manufacturing base and nine key chain products. In this paper, the development situation of Sichuan machinery and equipment manufacturing industry in the 2014 year, the development characteristics and problems are analyzed, and the policy suggestions for the development of the machinery and equipment manufacturing industry in Sichuan are put forward.

Keywords: Sichuan Province; Machinery and Equipment Manufacturing Industry

Abstract: In recent years, Sichuan's information security industry is characterized by good increasing trend, gradually complete product chain, high technical level, and strong ability of independent innovation. At present, the favorable factors to the growth of this industry are as followed: good development condition, solid foundation, large quantity of high quality enterprises, orderly government work, and positive reaction from enterprises; at the same time, the negative factors in the growth of this industry include: not forming assembing trend, weak market capacity, inadequate industry investment, hard to achieve autonomous control. In the trend of innovation drive, strategic tendency, market demand stimulus, enterprise merger and acquisition and product integration, Sichuan's information security industry will maintain a good growth momentum, and it is expected to reach an industry scale of 35 billion Yuan in 2016.

Keywords: Information Security Industry; Industry Development Situation; Factor Analysis.

V Special Reports

Abstract: In recent years, the new-typed urbanization in Sichuan has achieved initial success, but also there are many difficulties and contradictions. Currently, Sichuan urbanization has been in a critical period of transformation and devel opment, both opportunities and challenges exist. Therefore, rapid and healthy development of the new urbanization should be based on scientific planning and leading, optimizing the layout of urban space, strengthening urban industry support, enhancing urban comprehensive carrying capacity, promoting the innovation of urban management system, improving the urbanization development mechanism.

Keywords: Sichuan; New-Typed Urbanization; People-oriented; Restructuring and Development

B. 20 Research Report of Sichuan's County Economy (2016)

Abstract: Currently, the county's economic development in Sichuan faces a new historical period, Strategies like Silk Road Economic Zone strategy, Yangtze River Economic Belt strategy, a new round of western development strategy, form the important national strategic system which is so crucial for the Western and Sichuan Province. Whether Sichuan can seize the strategic opportunities and meet the challenges will directly affect the socioeconomic development of Sichuan, its development strength, as well as its status in the western region under new normal. County economy is the the cell of national economy, the county's economic development level and the overall strength is a solid foundation for the national economy, therefore, in the new historical period, the Sichuan county economy should change ideas to adjust policies, set priorities, realize efficiency for equal and sustainable development.

Keywords: Sichuan Province; County Economy; Strategic Opportunity

B. 21 Research Report on Sichuan's Migrant Workers' Housing Security

Abstract: Comparing with other provinces, Sichuan migrant workers' housing security demand is characterized by its huge quantity, complicated structure, and quick changes. So the security task has superior difficulties and big pressure. At earlier stage, a lot of efforts are put and certain progress is made in terms of coverage in cities and towns and pattern selection to assure housing for migrant workers. But if we want to further promote and complete migrant workers' housing security, it is necessary to accurately hold their effective requirements, form a complete ideas and system, thereafter put forward and implement a series of corresponding countermeasures.

Keywords: Sichuan Province; Migrant workers; Housing Security

Abstract: In the strategic context of "One Belt and One Road", the relevant economic cooperation in the field of bio pharmaceutical industry has great space for win-win cooperation, however, there are still many problems in the field of biological medicine industry in terms of implementing intellectual property protection. To this end, this paper takes the Sichuan biological medicine industry as the object, particularly analyzing the necessity, current situation, problems, opportunities and challenges in the protection of intellectual property in biological pharmaceutical industry in the context. At the same time, it also introduces the main economic entities in the area of "One Belt and One Road" . On this basis, this paper puts forward some countermeasures and suggestions for the protection of intellectual property rights in the biological medicine industry in Sichuan Province.

Keywords: "One Belt and One Road" strategy; Bio Pharmaceutical Industry; Intellectual Property Protection

Abstract: This paper reviews and analyses the basic features of the social economic operation from January to September 2015 in Sichuan minority areas, also commit the policies and measures taken to deepen the economic and social development in these areas. On the base of this the paper, it points out main problems existing in the economic and social development of ethnic regions in

Sichuan. Finally it predicts the major measures which will be taken on the development of economic and social in Sichuan minority areas in 2016.

Keywords: Sichuan Minority Areas; Analysis; Economic and Social Development

Abstract: There are abundant resources of traditional Chinese medicine in sichuan province, and having strong scientific and technological strengths, and having good industrial bases. The development of modern industry of traditional Chinese medicine (TCM), conforms to the national industry development strategy which is advantageous to developing and utilizing traditional Chinese medicinal materials scientificly in Sichuan Province. It is advantageous to the transformation and upgrading of traditional Chinese medicine industry. It is also helpful to improve competitiveness of traditional Chinese medicine, Chinese medicine yinpian, proprietary Chinese medicine, and other products in the domestic and international market, which will help whole sichuan farmers' income to become rich.

Keywords: Sichuan Province, Modern Chinese Medicine; Industrial Development

Abstract: The article analyzes Sichuan banking financial institutions' major economic data from 2003 to 2014, using the method of historical data analysis and correlation analysis. It predicts and inspects the Sichuan banking's main economic indicators in 2015 and 2016, basing on the assumption of good stability credit growth. After that, taking the conversion rate for the hypothesis, forecasts and inspects Sichuan regional gross domestic product in the year of 2015 and 2016 in the terms of correlation and conversion rate between credit growth and regional economic growth.

Keywords: Keywords: Sichuan's Banking; Regional Economy; Growth

Abstract: The development of private enterprises' "Going-out" is the engine of economic transformation and upgrade of Sichuan province. The "Going out" strategy for private enterprises is restricted to their self-quality, domestic mechanisam and system, policy obstacles and environmental constraint from host country. In order to promote the "Going out" strategy, comprehensive measures should be taken from the strategic height to manage overseas investment of private enterprise, to improve tax and financial supporting policy system, to innovate financial support, to improve convenience level, to strengthen construction of service platform, to cultivate entities, to strengthen ensurance of human resource, and to set up sharing mechanism for risk prevention and control.

Keywords: Private Enterprise; Overseas Investment

Abstract: Since the establishment of the securities market in China, after 20 years of development, the Sichuan has more than 100 listing Corporations which rank eighth in whole country and rank first in the Midwestern China. It is the result that Sichuan actively cultivates the proposed listing enterprises, encourages enterprises to establish a modern enterprise system and goes to the capital market for many years. Sichuan listed Company gathersthe outstanding enterprises in the industry within

Sichuan, which becomes the important force for Sichuan Provincial Party Committee and Provincial Government "three development strategies" to achieve "two big leap", to promote socioeconomic development of Sichuan, to build a beautiful and prosperous harmonious Sichuan. This paper analyzes the current development situation of production and operation, financing, asset restructuring, corporate governance structure, investor relations management in Sichuan listing Corporation in the context of new normal, analyzes the problems existed, and puts forward the corresponding suggestions.

Keywords: Listed Corporation; Production and Management; Financing Asset Restructuring; Corporate Governance Structure; Management of Investor Relations

Abstract: The oil and gas equipment manufacturing industry is an important part of the manufacturing industry in our country, which plays an important role on the transformation and upgrading of industrial structure in our country. Sichuan is an important base for oil and gas equipment manufacturing industry in China, it becomes a strategic problem to carry out technical innovation, innovation-driven mode for sustainable development under new situation. However, the development of enterprises' innovation cannot sustains without existing arrangement of intellectual property system and their own intellectual property rights strategic management. This article analyses intellectual property strategyic environment and strategic choices by using SWOT methodology, from the perspective of environment of intellectual property of Sichuan's oil and gas equipment manufacturing industry.

Keywords: Intellectual Property Rights; SWOT Sichuan's Oil and Gas Equipment Manufacturing Industry

B. 29 The Choice and Analysis on the Development Modelsof Rural Credit Cooperatives in Western China *Li You* / 410

Abstract: The rural credit cooperatives, as an important part in the financial system in China, the core of the rural financial system and the main force of China's socialist new rural construction, play an essential role in easing financing difficult problems in the "agriculture, rural areas and farmers" and small micro enterprises. In Western China, especially in some ethnic minorities and poverty-stricken areas, the rural financial supply cannot meet the demand, and rural financial coverage is far less than the rest of the country. Due to its small scale, scarce capital, rural finance is less developed. At the same time, the rural credit cooperatives have some historical and institutional problems and defects during the development and other new type of rural financial organizations need to develop and expand. Therefore, how to innovate and develop rural finance in western China, promote financial GSP, actively explore the new developing models of rural credit cooperatives, is the main task and the main problem to solve with great importance and serious thinking.

Keywords: Rural Credit Cooperatives in Western China; Choice of Developing Mode; Understanding and Analysis

B. 30 Transformation and Upgrading of the Industrial Park in Sichuan Development Report *Wang lei* / 419

Abstract: In recent years, the overall size and strength of the continuous expansion of industrial parks in Sichuan Province, has become the embodiment of the province's "three major development strategies," an important carrier and platform. However, compared with the eastern coastal provinces and cities, the overall level and the level of development of the park is not high, independent innovation ability, spatial layout, function and development also need optimization. Therefore, the new normal economic development initiative should accelerate the transformation and upgrading of the park, improve industrial development level, to build support "double hit" platform, enhancing innovation drive capacity, improve the overall level of development, it has become the main task of development of the park.

Keywords: Sichuan Province; Industrial Park; Transformation and Upgrading

Abstract: Facing new situation, tasks and issues occurred in the Reform of State-owned Enterprises, CPC released "Decision of the CCCPC on Some Major Issues Concerning Comprehensively Deepening the Reform on the Third Plenary Session of the 18th Central Committee, which points out to allow enterprise employee's stock ownership in mixed ownership economy. In the process of Sichuan Provincial Government issuing specific regulations and giving guidance instruction, based on the essence of this "Decision" and the Central Economic Working Conference, employee stock ownership in mixed ownership economy is an important part in adjusting and optimizing ownership structure, in actively develop mixed ownership economy. This article makes depth investigation from every aspect, sums up past successful experiences and existing problems, proposes a series of policy recommendations for enterprise employee stock ownership.

Keywords: Mixed Ownership; Employee Stock Ownership; Reform of State-owned Enterprises

皮书起源

“皮书”起源于十七、十八世纪的英国，主要指官方或社会组织正式发表的重要文件或报告，多以“白皮书”命名。在中国，“皮书”这一概念被社会广泛接受，并被成功运作、发展成为一种全新的出版形态，则源于中国社会科学院社会科学文献出版社。

皮书定义

皮书是对中国与世界发展状况和热点问题进行年度监测，以专业的角度、专家的视野和实证研究方法，针对某一领域或区域现状与发展态势展开分析和预测，具备原创性、实证性、专业性、连续性、前沿性、时效性等特点的公开出版物，由一系列权威研究报告组成。

皮书作者

皮书系列的作者以中国社会科学院、著名高校、地方社会科学院的研究人员为主，多为国内一流研究机构的权威专家学者，他们的看法和观点代表了学界对中国与世界的现实和未来最高水平的解读与分析。

皮书荣誉

皮书系列已成为社会科学文献出版社的著名图书品牌和中国社会科学院的知名学术品牌。2011 年，皮书系列正式列入“十二五”国家重点出版规划项目；2012~2015 年，重点皮书列入中国社会科学院承担的国家哲学社会科学创新工程项目；2016 年，46 种院外皮书使用“中国社会科学院创新工程学术出版项目”标识。

中国皮书网

www.pishu.cn

发布皮书研创资讯，传播皮书精彩内容

引领皮书出版潮流，打造皮书服务平台

栏目设置：

- □ 资讯：皮书动态、皮书观点、皮书数据、皮书报道、皮书发布、电子期刊
- □ 标准：皮书评价、皮书研究、皮书规范
- □ 服务：最新皮书、皮书书目、重点推荐、在线购书
- □ 链接：皮书数据库、皮书博客、皮书微博、在线书城
- □ 搜索：资讯、图书、研究动态、皮书专家、研创团队

中国皮书网依托皮书系列“权威、前沿、原创”的优质内容资源，通过文字、图片、音频、视频等多种元素，在皮书研创者、使用者之间搭建了一个成果展示、资源共享的互动平台。

自 2005 年 12 月正式上线以来，中国皮书网的 IP 访问量、PV 浏览量与日俱增，受到海内外研究者、公务人员、商务人士以及专业读者的广泛关注。

2008 年、2011 年中国皮书网均在全国新闻出版业网站荣誉评选中获得“最具商业价值网站”称号；2012 年，获得“出版业网站百强”称号。

2014 年，中国皮书网与皮书数据库实现资源共享，端口合一，将提供更丰富的内容，更全面的服务。

法律声明

“皮书系列”（含蓝皮书、绿皮书、黄皮书）之品牌由社会科学文献出版社最早使用并持续至今，现已被中国图书市场所熟知。“皮书系列”的LOGO（）与“经济蓝皮书”“社会蓝皮书”均已在中华人民共和国国家工商行政管理总局商标局登记注册。“皮书系列”图书的注册商标专用权及封面设计、版式设计的著作权均为社会科学文献出版社所有。未经社会科学文献出版社书面授权许可，任何使用与“皮书系列”图书注册商标、封面设计、版式设计相同或者近似的文字、图形或其组合的行为均系侵权行为。

经作者授权，本书的专有出版权及信息网络传播权为社会科学文献出版社享有。未经社会科学文献出版社书面授权许可，任何就本书内容的复制、发行或以数字形式进行网络传播的行为均系侵权行为。

社会科学文献出版社将通过法律途径追究上述侵权行为的法律责任，维护自身合法权益。

欢迎社会各界人士对侵犯社会科学文献出版社上述权利的侵权行为进行举报。电话：010－59367121，电子邮箱：fawubu@ssap.cn。

社会科学文献出版社

权威报告·热点资讯·特色资源

皮书数据库

ANNUAL REPORT(YEARBOOK) DATABASE

当代中国与世界发展高端智库平台

WWW.PISHU.COM.CN

皮书俱乐部会员服务指南

1. 谁能成为皮书俱乐部成员？

- 皮书作者自动成为俱乐部会员
- 购买了皮书产品（纸质书/电子书）的个人用户

2. 会员可以享受的增值服务

- 免费获赠皮书数据库100元充值卡
- 加入皮书俱乐部，免费获赠该纸质图书的电子书
- 免费定期获赠皮书电子期刊
- 优先参与各类皮书学术活动
- 优先享受皮书产品的最新优惠

3. 如何享受增值服务？

（1）免费获赠100元皮书数据库体验卡

第1步 刮开附赠充值的涂层（右下）；

第2步 登录皮书数据库网站（www.pishu.com.cn），注册账号；

第3步 登录并进入“会员中心”—“在线充值”—“充值卡充值”，充值成功后即可使用。

（2）加入皮书俱乐部，凭数据库体验卡获赠该书的电子书

第1步 登录社会科学文献出版社官网（www.ssap.com.cn），注册账号；

第2步 登录并进入“会员中心”—“皮书俱乐部”，提交加入皮书俱乐部申请；

第3步 审核通过后，再次进入皮书俱乐部，填写页面所需图书、体验卡信息即可自动兑换相应电子书。

4. 声明

解释权归社会科学文献出版社所有

皮书俱乐部会员可享受社会科学文献出版社其他相关免费增值服务，有任何疑问，均可与我们联系。

图书销售热线：010-59367070/7028
图书服务QQ：800045692
图书服务邮箱：duzhe@ssap.cn

数据库服务热线：400-008-6695
数据库服务邮箱：database@ssap.cn
兑换电子书服务热线：010-59367204

欢迎登录社会科学文献出版社官网（www.ssap.com.cn）和中国皮书网（www.pishu.cn）了解更多信息

社会科学文献出版社 SOCIAL SCIENCES ACADEMIC PRESS (CHINA) 皮书系列

卡号：483276900795

密码：

S 子库介绍
Sub-Database Introduction

中国经济发展数据库

涵盖宏观经济、农业经济、工业经济、产业经济、财政金融、交通旅游、商业贸易、劳动经济、企业经济、房地产经济、城市经济、区域经济等领域，为用户实时了解经济运行态势、把握经济发展规律、洞察经济形势、做出经济决策提供参考和依据。

中国社会发展数据库

全面整合国内外有关中国社会发展的统计数据、深度分析报告、专家解读和热点资讯构建而成的专业学术数据库。涉及宗教、社会、人口、政治、外交、法律、文化、教育、体育、文学艺术、医药卫生、资源环境等多个领域。

中国行业发展数据库

以中国国民经济行业分类为依据，跟踪分析国民经济各行业市场运行状况和政策导向，提供行业发展最前沿的资讯，为用户投资、从业及各种经济决策提供理论基础和实践指导。内容涵盖农业，能源与矿产业，交通运输业，制造业，金融业，房地产业，租赁和商务服务业，科学研究，环境和公共设施管理，居民服务业，教育，卫生和社会保障，文化、体育和娱乐业等 100 余个行业。

中国区域发展数据库

以特定区域内的经济、社会、文化、法治、资源环境等领域的现状与发展情况进行分析和预测。涵盖中部、西部、东北、西北等地区，长三角、珠三角、黄三角、京津冀、环渤海、合肥经济圈、长株潭城市群、关中—天水经济区、海峡经济区等区域经济体和城市圈，北京、上海、浙江、河南、陕西等 34 个省份。

中国文化传媒数据库

包括文化事业、文化产业、宗教、群众文化、图书馆事业、博物馆事业、档案事业、语言文字、文学、历史地理、新闻传播、广播电视、出版事业、艺术、电影、娱乐等多个子库。

世界经济与国际政治数据库

以皮书系列中涉及世界经济与国际政治的研究成果为基础，全面整合国内外有关世界经济与国际政治的统计数据、深度分析报告、专家解读和热点资讯构建而成的专业学术数据库。包括世界经济、世界政治、世界文化、国际社会、国际关系、国际组织、区域发展、国别发展等多个子库。